02 부여군백제신서

불교의 나라 백제, 사비성

주류성출판사

부여군 백제신서 02

불교의 나라 백제,
사비성

발행처 / 부여군청 문화관광과
충남 부여군 부여읍 동남리 725
Tel. 041)830-2241 Fax. 041)830-2239
www.buyeo.go.kr

제작·판매·주문처 / 주류성 출판사
서울특별시 서초구 서초동 1305-5 창람(蒼藍)빌딩
TEL : 02-3481-1024(대표전화)
FAX : 02-3482-0656
HOMEPAGE : www.juluesung.co.kr
E-MAIL : juluesung@yahoo.co.kr

Copyright ⓒ 2006 by 부여군청
값 12,000원
ISBN 89-87096-73-4

이 책에 실린 글과 사진은 부여군 및 저자와의 사전 동의 없이 무단으로 전재 또는 복제할 수 없습니다.
부여군과 협약하에 인지는 생략합니다.

정림사지의 추정복원 모습

백제성왕의 사비천도시에는 당시 중국도성제와 마찬가지로 도성에는 왕궁, 관부, 사찰, 시전, 사묘 등이 건립 되었을 것으로 추정되고 있다. 중국기록에 의하면 사비도성에는 사원과 불탑이 많이 존재한다고 표현했으며, 특히 정림사지는 도성 중심에 있는 백제왕실의 기원 사찰임과 동시에 도성사원의 대표사원으로 여겨진다. 정림사지는 부여지방의 다른 사원과는 달리 석탑을 갖춘 것이 특이하며 주변에 부속건물 없이 중문, 탑, 금당, 강당을 회랑으로 둘러싼 아주 절제된 공간개념을 갖고 있다.

정면도

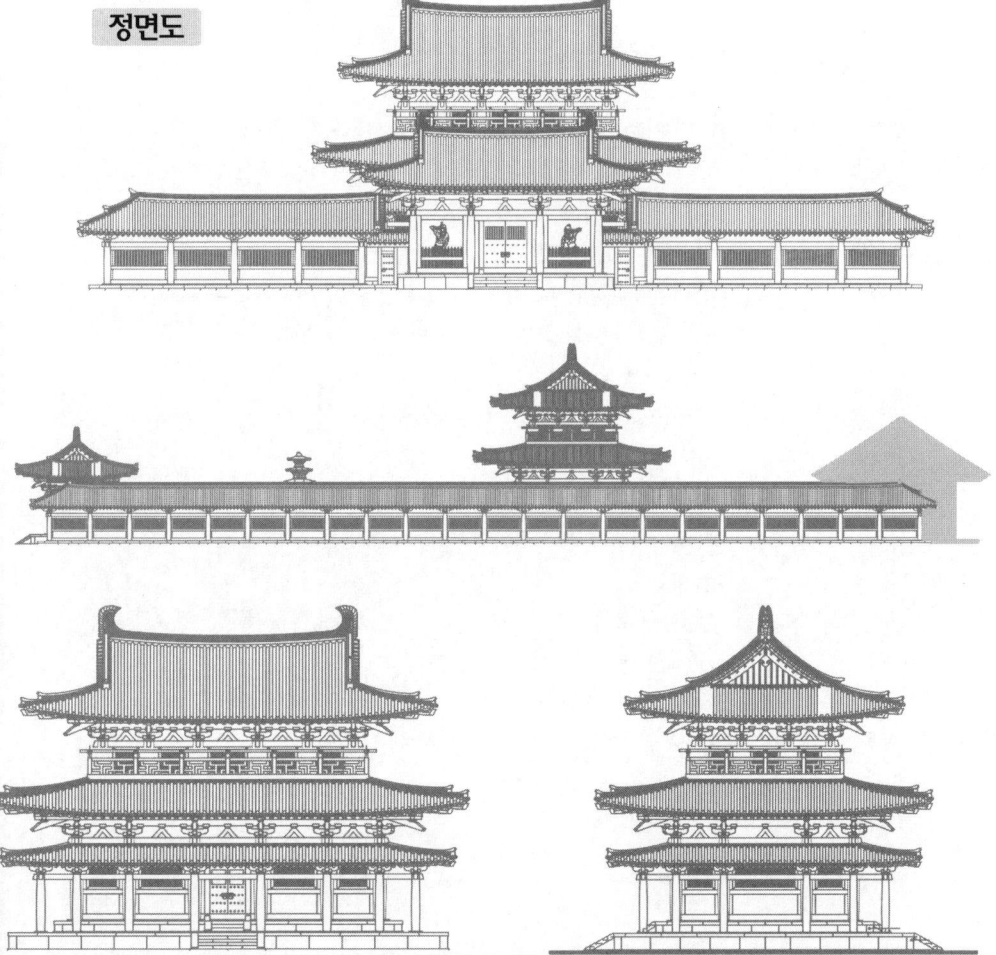

| 백제사불교연표 |

왕	년 도	기 사
침류왕	384	9월, 호승 마라난타가 동진에서 옴, 왕이 이를 맞아 궁안에 모셔 禮敬하니 불법이 이로써 시작 되었다.
침류왕	385	2월, 한산에 절을 세우고 승려 10명을 둠
성왕	526	10월, 승려 겸익 인도에 감
성왕	527	大通寺 창건
성왕	538	왜에 불교전수
성왕	541	양에 사신을 보내 모시박사, 열반등경의 공장화사 등을 요청함
성왕	545	9월, 왜를 위하여 장륙불상주조
성왕	552	10월, 금동석가상 1구와 미륵석불, 경론약간을 왜에 보냄 怒唎斯致契가 왜에 불교전파
위덕왕	554	담혜 등 승려 9명 왜에 건너감
위덕왕	562	왜의 和藥使主가 내외전, 약서, 불사, 기악조도 등을 가져감
위덕왕	567	백제금동향로, 창왕명사리감 제작
위덕왕	579	智惠가 安興寺 벽에 53불을 그림
위덕왕	583	9월, 왜에 불상을 보냄
위덕왕	584	10월, 왜의 鹿深臣이 미륵상을 佐伯連이 불상을 가지고감
위덕왕	588	사신, 승려, 건축가 등을 왜에 보내어 불사리를 전하고 飛鳥寺건립, 왜의 승려 善信尼가 옴
위덕왕	592	백제의 기술자 들이 왜 法興寺의 불당 완성
위덕왕	596	建興銘 금동석가여래좌상 제작
위덕왕	597	阿左太子, 일본에 건너가 聖德太子상을 그림
법왕	599	살생을 금하고 어로를 불살라 버림 1월 왕흥사 창건, 칠악사 기우
무왕	602	10월 승려 觀勒이 왜에 건너가 천문, 지리, 역서, 방술서 등을 전함
무왕	627	승려 惠現 죽음
무왕	634	2월 왕흥사 준공됨, 왕이 매번 매를타고 들어가 향을 행함
무왕	639	일본왕이 백제천옆에 백제대사를 세움
의자왕	648	개심사창건
의자왕	654	사택지적비 건립

| 백제사비성 사원 분포도 |

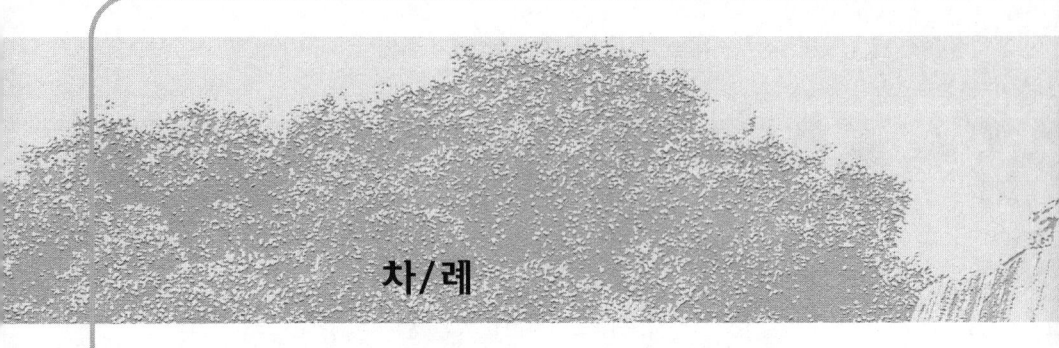

차/례

1장 불교의 도입과 발전

백제 불교의 도입과 발전

Ⅰ. 침류왕 원년의 불교 수용 문제 _ **15**

Ⅱ. 마라난타의 도착지 _ **23**

■ 참/고/문/헌 _ **31**

2장 사비시대의 백제왕실과 불교

사비시대 백제 불교

Ⅰ. 성왕대의 불교 _ **36**
 1. 불교 관련 성왕의 치적 _ **36**
 2. 겸익의 인도 파견 _ **40**
 3. 겸익의 귀국과 역경(譯經) 사업 _ **42**
 4. 대조사 전설 _ **44**

Ⅱ. 위덕왕대의 불교 _ **46**
 1. 성왕의 전사와 위덕왕의 출가 논의 _ **46**
 2. 능사(陵寺)의 조영 _ **49**
 3. 백제금동대향로의 세계 _ **57**

Ⅲ. 위덕왕대의 불교를 통한 대왜 관계 _ **62**

Ⅳ. 법왕대의 불교 _ **65**

불교의 나라 백제, 사비성

Ⅴ. 무왕대의 불교 _ 70
  1. 관음신앙 _ 70
  2. 미륵신앙 _ 71
  3. 백제 불교의 성격 _ 77

Ⅵ. 고승 열전 _ 78
  1. 혜현(惠現) _ 78
  2. 관륵(觀勒) _ 80
  3. 발정(發正) _ 82
  4. 현광(玄光) _ 85

■ 참/고/문/헌 _ 87

3장
佛塔의 나라 百濟

佛塔의 나라 百濟

Ⅰ. 불탑의 기원과 유래 _ 91

Ⅱ. 목탑의 조영 _ 100

Ⅲ. 목탑에서 석탑으로 _ 107

Ⅳ. 백제 석탑의 시원과 전개 _ 111

　　　　　　　　1. 백제 석탑에 대한 조사와 연구 _ **112**
　　　　　　　　2. 백제 석탑의 형식과 양식 _ **118**
　　　　　　　　3. 건립 시기 _ **133**

　　　　　Ⅴ. 백제 석탑 양식의 특징과 지속 _ **142**

4장　　**백제의 불상, 백제의 미소**
백제의 불상,
백제의 미소　　Ⅰ. 머리말 _ **151**

　　　　　Ⅱ. 백제 불상의 유형과 특징 _ **153**
　　　　　　　　1. 6세기의 불상 _ **153**
　　　　　　　　2. 7세기의 불상 _ **170**

　　　　　Ⅲ. 미륵반가사유상 _ **183**

　　　　　Ⅳ. 백제의 미소 _ **187**

　　　　　Ⅴ. 맺음말(끝나지 않은 백제) _ **192**

5장　　**일상에서의 불교 장식**
일상에서의
불교 장식　　Ⅰ. 백제 불교문화의 형성 배경과 융성 _ **197**

불교의 나라 백제, 사비성

Ⅱ. 한성시기의 불교 장식 _ **213**

Ⅲ. 웅진시기의 불교 장식 _ **220**

Ⅳ. 사비시기의 불교 장식 _ **230**

Ⅴ. 백제 불교 장식의 양상과 특징 _ **237**

6장
절을 짓는 놀라운
기술과 솜씨

백제 장인의 절 짓는 기술과 솜씨

Ⅰ. 사비시대 정림사를 생각하다 _ **245**

Ⅱ. 정림사(定林寺)는 어떤 모양으로 지었나 _ **247**
   1. 정림사의 변천 _ **247**
   2. 정림사 주변의 모습 _ **248**
   3. 정림사 배치계획 _ **249**
   4. 정림사 건축계획 _ **250**
   5. 정림사를 통해 본 백제 사찰의 조형성 _ **255**

Ⅲ. 정림사 절 짓는 기술 _ **258**
   1. 공사준비와 절터잡기 _ **259**
   2. 규준틀 설치 _ **263**
   3. 지반(地盤) 다지기 _ **263**
   4. 기단(基壇) 만들기 _ **267**

5. 초석 만들기와 놓기 _ **275**
6. 기둥(柱, 楹) 만들기와 세우기 _ **280**
7. 보(樑)와 도리(道里) 걸기 _ **287**
8. 공포(栱包) 짜기와 조립하기 _ **290**
9. 지붕 만들기와 꾸미기 _ **299**
10. 창호 설치하기 _ **311**
11. 백제 절짓는 기술은 무엇이 특징인가 _ **312**

Ⅳ. 백제인들이 사용했던 건축연장과 기술 _ **315**
  1. 자(尺) _ **316**
  2. 먹통(墨桶) _ **323**
  3. 톱(鋸) _ **326**
  4. 자귀(鐁) _ **329**
  5. 끌(鑿) _ **333**
  6. 목메(木鎚) _ **338**
  7. 도끼(斧) _ **341**
  8. 대패(鉋) _ **344**
  9. 백제의 건축연장과 치목기술의 특징은 무엇인가 _ **350**

Ⅴ. 맺은말(정림사를 통해 본 백제의 건축기술) _ **353**

■ 참/고/문/헌 _ **357**

| 7장
일본에 전래된
백제불교 | **일본에 전래된 백제불교문화** – 사찰을 중심으로 –

Ⅰ. 머리말 _ **361**

Ⅱ. 백제불교의 일본 전래 _ **364**
    1. 백제불교의 일본 전래 시기 _ **364**
    2. 백제불교의 일본 전래 과정 _ **367**

Ⅲ. 백제불교의 일본 정착 _ **372**
    1. 문헌기록을 통해 본 飛鳥寺(法興寺) 창건 _ **374**
    2. 기와생산을 통해 본 飛鳥寺 창건 _ **381**
    3. 조불공·조사공 _ **401**

Ⅳ. 일본에 전개된 백제불교 _ **407**
    1. 豊浦寺 _ **408**
    2. 斑鳩寺 _ **412**
    3. 四天王寺 _ **417**
    4. 백제대사(百濟大寺) _ **421**
    5. 동명이사(同名異寺) _ **425**

Ⅴ. 맺음말 _ **432**

■ 도면·사진 출전 _ **439**

불교의 도입과 발전

1장

이도학
한국전통문화학교 문화유적학과 교수

1장

Ⅰ. 침류왕 원년의 불교 수용 문제
Ⅱ. 마라난타의 도착지

백제 불교의 도입과 발전

I. 침류왕 원년의 불교 수용 문제

일반적으로 불교는 공식적인 국가간의 교류를 통해서 전해지기 이전에 민간 차원에서 전래되는 경우가 많았다. 고구려의 경우 동진(東晋)의 지둔(支遁: 314~366)이 고구려의 한 도인(道人)에게 축잠(竺潛) 법심(法深: 286~374)이라는 인물의 덕(德)을 소개하는 서신을 보냈다는 기록을 통해 그러한 사실이 확인된다. 여기서 도인은 불교의 승려를 가리킨다. '울주천전리서석'이나 '진흥왕북한산순수비문'에서도 그러한 용례가 보인다. 그런데 지둔은 366년에 사망했다. 그러므로 지둔이 고구려 도인과 교류한 시점은 최소한 고구려에 불교가 전진에서 도입되는 372년보다 6년이나 앞선다는 것이다. 더욱이 지둔은 '당시 조야(朝野)에서 신망이 높았는데, 그와 서신을 보내는 등 교류가 있다면 반드시 대단한 인물이었을 것이다. 더욱이 외국 사람으로서 특출난 인물이 아니라면 어찌 이와 같은 과보(果報)가 있었겠는가?(『해동고승전』)'라고 했던 거물이다. 그러한 지둔이 고구려 도인과 서신을 왕래했다는 것은, 고구려에도 이미 불교에 대한 조예가 깊은 이들이 많이 배출되었음을 뜻한다. 동시에 고구려에 불교가 널리 유포되었음을 암시해준다. 더욱이 동진은 고구려와 국경을 접하지도 않은 실정이었다. 고구려는 중국대륙의 주로 양자강 이남에 소재한 동진과

해로를 통해 교류를 가졌던 것이다.

백제의 경우도 왕실에 불교가 전래되기 이전에 민간에 그것이 유포되었을 가능성은 높다. 물론 그러한 구체적인 증거는 아직까지 확인되지 않았다. 그런데 백제가 불교를 수용한 시기는 384년(침류왕 원년)으로 알려져 있다. 남중국의 동진으로부터 그 해 9월에 승려인 마라난타가 뱃길을 이용하여 와서 불교를 전래하였다. 『해동고승전』에 따르면 침류왕이 몸소 교외까지 나와서 영접했다고 한다. 침류왕은 마라난타를 궁중으로 맞아들여 예우를 다하여 공경하였다. 물론 백제에 불교가 처음 전래된 시기는 이보다 일렀겠지만, 국왕이 앞장서 융숭하게 승려를 대우하였다. 그러니 이로부터 백제 땅에 불교가 씨앗을 틔우게 되었다. 이에 관한 기사를 뽑아 보면 다음과 같다.

· 9월에 호승(胡僧) 마라난타(摩羅難陀)가 진(晋)으로부터 이르자 왕이 그를 맞이하여 궁안으로 모시고 공경하는 예(禮)를 다하였다. 불법이 이로부터 시작되었다(『삼국사기』 권24, 침류왕 즉위년 조).
· 2년 봄 2월에 한산(漢山)에다가 불사(佛寺)를 창건하고는 10명을 출가시켜 승려를 삼았다(度僧)(『삼국사기』 권24, 침류왕 2년 조).
· 백제본기에 이르기를 '제15대 침류왕이 즉위한 갑신년(동진 효문제 大元 9년)에 호승 마라난타가 진으로부터 이르자 맞이하여 궁중에 모시고 공경하기를 예로써 하였다. 다음 해 을유년에 새수도인 한산주(漢山州)에 불사를 창건하고는 10명을 출가시켜 승려를 삼았다. 이것이 백제 불법의 시작이다. 또 아신왕이 즉위한 대원(大元) 17년 2월에는 교(敎)를 내려 불법을 믿어 복을 구하라고 했다. 마라난타는 번역하면 동학(童學)이다. 그의 신이한 행적은 승전(僧傳)에 자세히 보인다(『삼국유사』 권3, 흥법 난타벽제)'.
· 중 마라난타는 호승이다. 신이(神異)와 감통(感通)은 정도를 짐작할 수 없으며, 여기

저기 돌아다니기로 뜻을 굳혀 한 곳에 머무르지 않았다. 고기(古記)를 살펴 보면 축건(쓰乾 : 인도)으로부터 중국에 들어 왔다. 말뚝을 박아 신(身)을 전하고 향(香)의 연기를 증거로하여 벗을 불러들였다. 그는 위험에 부딪치고 험난한 일을 겪었지만 어려움과 괴로움을 무릅쓰고 인연이 있으면 따라 나서니 아무리 먼 곳이라도 밟지 않은 곳이 없었다. 당시 백제 제14대(제15대 : 필자) 침류왕이 즉위한 9년(원년의 誤記 : 필자) 9월에 진으로부터 왔다. 왕이 교외로 나가서 그를 맞이했으며 궁중으로 맞아들여 공경하며 공양을 받들자 그 가르침을 받아서 윗사람들이 좋아하니 아랫사람들도 교화되어 불사를 크게 펼치고 모두 함께 불법을 찬양하고 봉행하게 되었다. 불법의 전파는 마치 파발을 두어 명을 전하는 것같이 빨랐다. 2년 봄에 한산에 절을 지어 10명을 출가시켜 승려를 삼았는데, 법사(法師)를 존숭했기 때문이다. 이로 말미암아 백제는 고구려 다음으로 불교가 흥성하게 되었다. 거슬러 계산하면 마등(摩騰)이 후한(後漢)에 들어온 지 280여 년이 되는 셈이다(『해동고승전』 권1, 석마라난타).

위의 기사를 통해 마라난타는 호승 즉 인도 출신의 승려였음을 알 수 있다. 비록 마라난타가 중국을 경유해서 오기는 하였지만, 백제 불교는 중국 불교가 아니라 인도 불교를 직수입한 것이다. 이 점이 고구려 불교와의 커다란 차이라고 보겠다. 그 이듬해인 385년에는 침류왕이 수도인 한산에 사찰을 창건하게 하고 10명을 출가시켜 승려로 삼았다. 여기서 위의 인용에 보이는 '도승(度僧)'의 의미를 살펴 본다. 도승에 대해서는 '도첩을 주었다'·'승려를 출가시켰다'는 등 여러 해석이 나오고 있다. 그러나 도(度)의 본래의 뜻은 '세속을 나와 생사를 떠나 곧 일정한 의식을 거행하고는 속인(俗人)을 출가하게하여 중[僧]을 삼는다'고 했다. 따라서 이는 속인이 승려가 되는 의식을 말한다.

그런데 384년에 동진에서 백제에 불교를 전래할 때 침류왕이나 귀족들의 반발이 없었다. 이러한 점에 주목하여 불교 전래에 대한 새로운 입장이 제기된 바 있다. 즉 백제는 372년에 동진의 책봉체제(冊封體制)에 들어 갔으므로, 384년의 불교 전래도 정치적 의도에서 연유한 하사 행위로 간주하는 것이다. 동진에서 하사한 불교를 백제가 감히 거부하기는 힘들었다는 논리가 된다. 그러나 이러한 견해는 호응을 얻지 못하고 있다. 다만 백제는 침류왕 원년에 동진으로부터 불교를 받아 들이기 2개월 전에 사신을 동진에 파견한 바 있었다. 이에 대한 답례로써 동진은 호승 마라난타를 백제에 파견하였다고 본다. 백제왕이 마라난타를 영접하기 위해 교외까지 출영(出迎)하였다. 이로 볼 때 오히려 백제측에서 불법을 동진에 요구하였을 가능성이다. 그에 대한 답례 차원에서 마라난타를 파견한 것으로 간주된다. 그러니까 백제측의 요구에 의해 동진에서 불승을 파견한 것이라고 해야 정황상 맞을 것 같다. 백제가 그 이듬해에 한산에 즉각 불찰을 창건한 것도 그에 대한 준비가 사전에 되어 있었기 때문에 가능했을 것이다. 또 이 문제로 귀족들간의 갈등이 없었던 것도 사전에 조율과 정지(整地)가 되었기에 가능한 현상으로 보겠다.

백제 침류왕은 마라난타를 궁중으로 모셔서 거처하게 하였다. 이로써 백제 궁중 안에 불교가 제일 먼저 파급되어 나가게 되었다. 즉 불교가 왕실을 중심하여 일반 지배 세력과 지방에까지 전파되는 전기가 조성된 것이다. 이와 관련해 궁중 안에는 불상과 마라난타라는 승려, 그리고 불공을 드리는 불전이 갖추어졌을 것으로 보인다. 불교의 이른바 불(佛)·법(法)·승(僧)의 3보(寶)가 궁성 안에 모두 갖추어진 상황을 상상할 수 있을 것이다. 침류왕은 궁중 불교를 기반으로 마라난타가 온 지 5개월 후에는 한산에 사찰을 창건하였고, 속인 10명으로 하여금 승려로 나가게 하였다. 385년 2월에는 백제 땅에 어엿한 사찰과 승려 그리고 불상을 갖춘 최초의 사찰이 탄생하게 된 것이다. 백제 궁성에 거처한 마라난타에 의해 10명의 승려가 배출되었다. 그러면 왜 10명일까? 10명이라는 숫자는 승려가 되기 위해서 받는 의식인 구족계(具足戒)의 최소한의 구성 인원이라고 한다. 백제는 마라난타가 배출한 10명의 최초의 승려에 의해 많은 승려들이 지속성과 체계성을 가지면서 배출될 수 있는 전기를 마련한 것이다. 아울러 보편적인 정신세계로서 불교의 수용과 보급은, 백제 영역내의 잡다한 여러 족속들이 지닌 신화와 설화들을 포용하게 되었다. 나아가 한 단계 고양(高揚)된 종교와 철학의 세계로 이들을 규합시켜 나갈 수 있게 하였다. 백제는 고구려와 마찬 가지로 호국호왕사상(護國護王思想)을 이용하여 왕권과 국가 질서를 강화시켜 나갈 수 있었다.

그런데 384년의 불교 전래 기록에 대한 회의적인 견해가 제기되었다. 그 논거는 첫째 『일본서기』 쓰이코[推古] 31년(623) 조에서 백제 승려 관륵이 '불법이 백제에 이른지 겨우 백년이 되었다' 라고 말했다는 다음의 기록이다.

· 추고(推古) 32년 4월 병오가 초하루인 무신일에 한 승려가 도끼로 조부를 때려 죽였다. 이 때 천황이 이 사실을 듣고는 대신을 불러 조서를 내려 말하였다. '대저 출가자는 3보에 귀의하여 계법(戒法)을 준수해야 하거늘 어찌 참회하고 삼가함이 없이 쉽게 악역(惡逆)을 저지르는가? 짐은 한 승려가 조부를 때려 죽였다는 일을 들었으니 모든 절의 승니들을 모아서 심문하겠다. 만약 사실이라면 중죄를 내리겠다.' 이에 여러 승니들을 모아서 심문하였는데, 악역승과 여러 승니들을 모두 벌주려 하였다. 이에 백제 승 관륵(觀勒)이 글을 올려 말하기를 '<u>대저 불법은 서국(西國)으로부터 한(漢)에 이르기까지 300년을 지나 이를 백제국에 전했다. 그리고서 겨우 1백 년이 되었다. 그러나 우리 왕이 일본 천황의 현철함을 듣고 불상 및 경전을 바쳤는데, 아직 100년이 차지 않았다.</u> 그러므로 지금 승니들이 아직 법률을 익히지 않아 문득 악역을 저지르게 되었습니다. 바라건대 악역을 저지르지 않은 승니들을 모두 용서하고 죄를 주지 마소서. 그리하면 큰 공덕이 될 것입니다.' 천황이 곧 그 말을 받아 들였다. 무오일에 조서를 내

려 말하기를 '대저 도인(道人)이 법을 어기면 어떻게 속인을 가르칠 수 있겠는가? 고로 지금 이후에는 승정(僧正)과 승도(僧都)를 임명하여 승니들을 감찰하라' 고 했다. 임술일에 관륵을 승정으로 삼고 안부덕실(鞍部德實)을 승도로 삼았다. 같은 날 아담연(阿曇連)을 법두(法頭)로 삼았다(『일본서기』권22, 推古 32년 4월 조).

둘째 384년에서 541(성왕 19)에 이르기까지『삼국사기』에서 불교관계 기사가 일체 공백으로 남아 있다는 점이다. 셋째 불교가 전래된 후 약 1세기 가까이 수도로서 역할을 했던 지금의 서울과 그 인근 지역에서 불교관련 유적이 전혀 확인되지 않고 있다는 데 있다. 이러한 시각에서 볼 때는 백제의 불교 수용 시기는 6세기 전반경이 되어진다.

그런데 쓰이코 32년(624) 조의 문구와 관련해 상기한 밑줄에 근거해서 백제에 불교가 452년 혹은 524년에 전래되었다는 견해가 제기된 바 있다. 우선 452년설은 서국(인도)으로부터 한(漢)나라에 불교가 전래된 것은 152년이고, 이때로부터 300년이 지나서 백제에 전래되었다면 452년이 된다는 것이다. 백제에 불교가 전래된 452년부터 겨우 100년이 지난 552년에 왜에 불교를 전파했다. 이때는 관륵이 말하는 642년으로부터 아직 100년이 되지 못했다는 것이다. 반면 524년설은 인도에서 중국의 한나라에 불교가 전래된 시점을 224년으로 설정한데서 출발하였다. 그로부터 300년이 지난 524년에 백제에 불교가 전래되었다. 이 때는 관륵이 말하는 624년부터는 아직 100년이 채 되지도 않았다. 그런데 이러한 2가지 설은 중국에 불교가 전래된 통설인 67년을 취하지 않고, 152년경의 안세고(安世高)나 224년경 지겸(支謙)의 그것을 기준으로 한 것이다.

여기서 중국에 불교가 전래된 통설인 67년을 취해서 해석해 보자. 그렇다면 67년에서 300년이 지나 백제에 불교가 전래된 것이라고 할 때 367년경으로서, 384년의 불교 수용과 대략 맞아 떨어지고 있다. 그리고 왜에 불교를 전래해 준 사실을 가리켜서 관륵이 왜에 온 624년에서 100년이 채 안되었다고 했다. 백제에서 왜에 불교를 전래해준 시점으로는 538년 설이 통설이 되고 있다. 그렇다면 역시 100년이 되지 않기 때문에 틀린 말은 아니라고 하겠다. 문제는 '겨우 1백 년이 되었다'는 구절에 대한 해석이 서로 걸리고 있다. 이 구절은 '(A) 대저 불법은 서국(西國)으로부터 한(漢)에 이르기까지 300년을 지나 이를 백제국에 전했다. <u>그리고서 겨우 100년이 되었다.</u> (B) 그러나 우리 왕이 일본 천황의 현철함을 듣고 불상 및 경전을 바쳤는데, 아직 100년이 차지 않았다'라고 하듯이 (A)와 (B) 문구의 중간에 게재되어 있다. 중국에 불교가 전래된 지 300년만에 백제에 불교가 전래되었다고 해 놓고서는 '그리고서는 겨우 100년이 되었다'는 것인데, 무엇이 100년이 되었는지 명확하지가 않다. 그렇지만 (A)와 (B)의 구절이 모두 타당한 언사로 밝혀지고 있다고 할 때 밑줄친 문구는 관륵의 당초 문장이 생략된 가운데 나온 구절이었다. 즉 (A)가 아닌 (B) 문구에 대한 당초 모두(冒頭)였던 것으로 보인다. 그러니까 (B)는 밑줄친 구절에 대한 부연 설명이라고 할 때 상호 모순없이 내용이 자연스러워진다. 『일본서기』 편찬자를 주체로 할 때 '그리고서 (우리 왜에 불교가 전래된지) 겨우 100년이 되었다'라는 문장으로 복원이 된다. 왜라고 하는 대상이 생략된 것이다. 따라서 관륵의 상표는 백제 불교의 전래 시점과 왜에 다시금 그것을 전래해 준 사실을 정확하게 말한다고 하겠다.

  물론 관륵의 상표에 근거하여 452년 설과 524년 설이 제기된 배경으로는 『삼국사기』의 불교 관련 기사는 지극히 소략한 데서도 이유를 찾고 있다. 그러나 이 기간 동안에 불교가 전래되지 않은 것은 아니었다. 『삼국유사』에 의하면 백제에 불교가 수용된 지 8년 후인 392년에 아신왕이 교서를 내리고 있다. 이는 중요한 의미를 지니고 있는데 다음과 같은 내용이다.

• 아신왕이 즉위하여 불법을 믿어 복(福)을 구하라는 교서를 내렸다(『삼국유사』 권3, 흥법, 난타벽제).

　불교를 수용한 침류왕의 아들인 아신왕은 즉위하자마자 불법을 믿어 복을 구하라는 교서를 내려 불교에 대한 포교 의지를 다시금 천명하고 있다. 그리고 내부가 연화문으로 장식된 무녕왕릉은 연화장(蓮華藏)의 세계를 재현해 놓은 것이다. 만약 『삼국사기』 기록만 가지고 이야기한다면 384년에서 무려 200여 년이 지난 600년(법왕 2)에 와서야 왕흥사라는 사찰이 창건되는 기록을 접하게 된다. 그렇다면 왕흥사는 백제의 2번째 사찰이라는 말인가? 이것은 절대 그렇지 않다. 때문에 영성(零星)한 기사로서 구성된 『삼국사기』는 백제 불교를 살피는 데 절대적인 지표가 될 수 없다는 사실이 밝혀진다. 유명한 동양 최대의 가람인 미륵사의 창건이나 왜에 불교를 전래해 준 사실 등이, 『삼국사기』에 일체 보이지 않는 사실이 그것을 웅변하고 있다.

　그러면 백제에 불교가 전래된 후로 90년 남짓 한성에 도읍하던 시기의 유물과 유적은 남아 있는가? 예전에 뚝섬과 삼양동에서 금동불상이 출토되었지만, 국적이 명확하지 않았다. 그러나 지금은 훼실된 강남구 삼성동에 소재하였던 백제 토성에서 출토된 고식의 연화문 와당은 한성도읍기의 불교 수용을 암시해 준다. 그리고 하남시 객산폭포 마애불의 명문에 따르면 '오른쪽 석불(右石佛)'을 중수했다고 하였는데, 마애불의 오른쪽 바위에는 정 자국이 남아 있고 깊이 패여 있으므로, 석불을 떼어 간 것으로 보기도 한다. 혹은 이 명문을 '고석불(古石佛)'로 판독하기도 한다. 어쨌든 이 석불이 백제 때의 작품일 가능성이 조심스럽게 제기된다.

　그 밖에도 하남시 금암산 기슭의 머리 부분이 없어진 마애불이라든지, 『신증동국여지승람』에서 한산에 소재하였다고 한 약정사(藥井寺)의 명문

기와가 출토된 절골 부근의 절터, 명문 기와의 출토를 통해 드러난 격조 있는 사찰인 천왕사(天王寺)의 위치 등등이 속속 밝혀지고 있다. 천왕사는 975년(광종 26)에 건립된 원종대사혜진탑비에도 보인다. 그리고 '광주 천왕사의 사리 10개를 대궐에 바쳤다'라고 하여『세종실록』(28년 4월 23일 조)에 보이는 유서 깊은 사찰이었다. 절골에서는 엄지 손가락만한 금동불이 출토되기도 하였다. 이러한 점에 비추어 볼 때 남한산 일대는 경주 남산에 필적할만한 초기 백제의 불교 성지였을 가능성이 제기 된다. 남한산 일대의 불교 문화는 그 연원을 백제에 두고 있지 않았나 조심스럽게 생각하게 한다.

한편 마라난타와 관련한 지명과 전설들이 백제 도성이었던 한성 주변에 전하고 있다.『동국여지지』광주 조에 의하면 '검단산은 광주 동북 10리에 있는데 백제 승려 검단이 그곳에 거처하였기 때문에 붙여진 이름이다'고 하였다. 경기도 파주군 교하면 법흥리의 검단산에도 검단선사가 수도했다는 동굴과 검단사라는 사찰이 남아 있다. 백제 때 왕실 시조 사당인 동명묘(東明廟)가 소재하였기에 숭산(崇山)이라 불렸던 산악이 하남시의 검단산이다. 이처럼 검단선사와 관련된 산 이름이나 전설이 남아 있는 것은 그의 영향이 후대까지 전승되었기에 가능한 일이었다. 바꿔 말해 이는 공식적으로 백제에 처음 불교를 전한 검단선사의 위상을 잘 말해 준다.

II. 마라난타의 도착지

백제에 불교를 전파한 마라난타가 지금의 전라남도 영광(靈光)에 들러 불법을 전파했다는 전승이 숱하게 남아 있다. 영광 땅은 불법이 처음 전래된 초전지(初傳地)라는 것이다. 동진을 출발해서 항로로 백제 땅에 들어왔을 마라난타의 행로에 대해서는 정확히 알기는 어렵다. 다만 마라난타가 중국 양자강 하구에서 서해를 가로질러 흑산도를 거쳐 지금의 전라남도 해변가인 영광 칠산해의 법성포(法聖浦)에 상륙했을 가능성은 없지 않다. 또 이곳에서 한반도 서남해안을 거슬러 올라가 한강을 이용해서 한성으로 올라 왔을 가능성이다. 그런데 침류왕이 도성의 외곽인 교외에서 마란타를 영접한 것을 볼 때 해로로 한성에 왔을 가능성은 희박할 수도 있다. 마라난타가 백제 왕성이 소재한 풍납동토성이나 몽촌토성 근방 강변에 쉽게 상륙할 수 있기 때문에 교외까지 왕이 출영(出迎) 나갈 필요는 없기 때문이다. 실제로 풍납동토성 근방에서 선착장 유적으로 추정되는 유구도 발견되었기 때문에 더욱 그러한 느낌이 든다. 이러한 맥락에서 본다면 마라난타는 오히려 영광에서부터 육로로 북상해서 백제 수도에 이르렀을 가능성을 배제하기 어렵다.

　그러면 영광에 마라난타와 관련된 전승이 남아 있는 이유를 어떻게 해석해야 될까? 영광의 불갑사를 마라난타가 창건했다고 한다. 불갑사(佛甲寺)의 '불갑'이란 '부처님이 제일 먼저 나타나신 곳'이라는 뜻이다. '영광'이란 '영혼의 빛인 불법'의 뜻이고, '법성포'란 '성스런 불법이 다다른 포구'라는 뜻을 내포하고 있는 것으로 해석하고 있다. 나주군 다도면 마산리에 있는 불회사(佛會寺)도 마라난타가 창건했다고 전해진다. 전라북도 고창 선운산의 검단리에도 검단선사 관련 전설이 다음과 같이 남아 있다.

* 죽도포(竹島浦)에 돌배가 떠 와서 사람들이 끌어 올리려 했으나 자꾸 바다쪽으로 떠나갔다고 한다. 소문을 들은 검단선사가 바닷가로 가니 배가 저절로 다가 왔다. 배 안에는 삼존불상과 탱화·나한상·옥돌부처·금옷 입은 사람이 있었다. 그 사람 품 속에서 '이 배는 인도에서 왔으며 배 안의 부처님을 인연 있는 곳에 모시면 길이 중생을 제도 이익케 하리라'고 쓰여 있는 편지가 나왔다. 검단선사는 본래 연못이던 곳을 메워 지금의 절을 세웠다. 동불암 마애불 왼쪽 산길 위에 있는 자연 석굴은 검단선사가

연못을 메우던 때에 쫓겨난 이무기가 다급하게 서해로 도망가느라고 뚫어놓은 것이라 하여 용문굴이라 불렀다.

* 절을 세울 당시 선운사 계곡에는 도적들이 들끓었는데 검단선사가 들어가 그들을 교화하여 소금과 종이 만드는 법을 가르쳐 양민으로 살게 하였다. 반성한 도적들이 소금을 구우며 살던 마을을 검단리라고 하며, 그들은 해마다 봄 가을에 보은염이라는 이름으로 선운사에 소금을 시납하였다.

이러한 전설 뿐 아니라 비록 시대는 늦지만 조선 후기의 사적기(寺蹟記) 등에 의하면 역시 관련 기록들이 보인다. 『호남담양법운산옥천사사적(湖南潭陽法雲山玉泉寺事蹟)』에 의하면 다음과 같은 기록이 있다.

* 신승(神僧) 순도가 고구려에 왔대진(晋) 함안 2년 임신에 진왕(秦王) 부견이 그를 보냈는데 곧 소수림왕 때이다.… 또 호승 마라난타가 진(晋)으로부터 마한에 왔는데[진태원 9년 갑신년인 즉 백제 침류왕 때이다] 이에 삼국이 서로 경쟁하며 받들었다.

1741년에 편찬된 『불갑사 고적기』에 따르면 불갑사의 초창을 '신라와 백제의 시작이요 한(漢)과 위(魏)의 사이였다(羅濟之始 漢魏之間)'라고 하였다. 물론 신라와 백제의 건국은 기원 이전이고 한과 위의 사이는 3세기 전반 이전을 가리킨다. 따라서 이 문구는 불갑사가 소재한 영산강유역에 불교가 전래된 시점이 몹시 오래되었음을 뜻하는 것일 뿐 실제적인 연대는 의미가 없다고 보겠다. 즉 백제에서 가장 먼저 불교가 전래되었음을 과시하기 위한 목적이라고 하겠다. 그리고 나주 불회사 대법당 상량문과 대용문(大用門) 상량문에 다음과 같은 구절이 보인다.

* 초창주(初創主) 마라난타 존자는 백제의 초조(初祖)이며 삼한의 고승이다. … 연대

는 동진 태화(太和) 원년이다. 백제의 초조인 마라난타 존자가 비로소 개창하였다.

위의 기록에 의하면 나주 불회사도 마라난타가 창건했다는 것이다. 그리고 불갑사 홈페이지에 보면 그 연혁을 다음과 같이 수록하였다.

〈마라난타존자(摩羅難陀尊者)의 전법(傳法) 및 창건(創建)〉

불갑사(佛甲寺)는 호남(湖南)의 명찰(名刹)로 유서(由緖) 깊은 고찰(古刹)이다. 삼국시대 백제에 불교를 처음 전래한 인도 스님 마라난타존자(摩羅難陀尊者)가 남중국 동진(南中國 東晋)을 거쳐 백제 침류왕 1년에 영광땅 법성포로 들어와 모악산에 최초로 사찰을 창건하였는데, 이 절이 제불사(諸佛寺)의 시원(始原)이요 으뜸이 된다고 하여 불갑사라고 이름지었다고 한다.
이러한 사실은 옛 백제 지역의 고찰(古刹)들 대부분이 백제가 멸망되면서 백제서기가 유실되어 그 창건 역사를 고증할 수 없는 것처럼 완벽한 고증은 현재로서는 어렵지만, 불갑사 고적기(古蹟記)에서 불갑사의 최초 창건을 '羅濟之始 漢魏之間'이라고 하여 불갑사가 백제 초기에 창건된 사찰이라고 기록하고 있는 점과, 이 지역에 전해내려오는 구전(口傳)과 지명(地名)·사명(寺名), 그리고 마란난타존자의 행적을 살펴봄으로써 어느 정도의 확신은 가능하다.
마라난타존자가 최초 상륙했다는 법성포(法聖浦)의 백제시대 옛 지명은 아무포(阿無浦)로 불리웠으며, 고려시대 부용포(芙蓉浦), 고려말 이후 법성포로 되었다. 아무포는 나무아미타불의 음을 함축적으로 포함하고 있는 지명으로 보인다. 이는 마라난타존자가 중국에서 백제에 당도할 때 아미타불상을 모시고와 처음 도착한 포구 가에 모셔 놓았다는 구전과 마라난타존자가 극락정토신앙과 염불을 중심으로 불법을 교화했었다는 점, 그리고 인도 스님에 의한 백제 포교의 사실을 반영하고 있는 일본쪽 설화(살아있는 몸을 가진 아미타 여래가 천축에서 교화를 마치고 백제로 날아와 내전 위에 나타나 눈부신 빛을 내어 궁중을 다 비추니…용안이 빛을 잃고 신하들이 혼비백산하였다. 이때 여래가 군신에게 이르기를, '너희들은 근신하지 마라. 너희 왕이 옛날 천축에서 월개 장자로 있을 적에 극락세계의 나를 청하여 공경하고 공양하였기에 지금 이 나라 임금이 되었으나 향락에 빠져 주야로 악업을 지어 3악도에 떨어지게 되었다. 그래서 너희를 제도하기 위해 이 나라에 왔느니라…' 그 뒤 큰절을 지어 여래를 받들게 되니 비구들이 별같이 절 안에 늘어서서 주야로 경전을 외고 군신이 밖에 구름처럼 모여 조석으로 그 명호를 불렀다. 온 나라 백성들이 오랜 세월 공경하며 예배하였다)는 선광사 연기(善光寺 緣起)의 기록을 볼 때 마라난타 스님은 포구에 상륙한 후 아미타불 정토신앙을 전파했을 것이며 이로부터 아무포라고 불리다가, 불법을 꽃피웠다는 의미의 부용포, 뒤에는 더 명확하게 성인이 불법을 전래한 포구라는 의미의 법성포로 개칭되었다. 그리고 고려 태조 때부터 불리우게 된 영광(靈光)이라는 지명은 우주 법계와 억만생령이 본래부터 함유하고 있는 깨달음의 빛이라는 뜻이며, 불법을 들여온 은혜로운 고장이라는 의미도 담겨 있다. 또한 아미타불을 다른 말로 '무량광불'이라고도 하는데 이것은 무량한 깨달음의 빛이라는 뜻이며, 영광이라는 말과도 의미가 통하는 것이기 때문에 영광이라는 지명도 불교 명칭이라고 보아야 한다.

『삼국사기』에 의하면 '백제 침류왕 원년(384년)에 마라난타 스님이 동진에서 오자 왕이 교외로 나가 궁궐안으로 맞아들여 예경함으로써 백제 불교가 시작되었다. 그 이듬해 한산에 사찰을 세우고 열명을 출가시켰다' 고 기록되어 있다. 여기서 한 가지 짚어 보아야 할 것은 마라난타존자는 공식적인 국가적 전교사절로 온 것이 아니라면 국왕이 처음부터 마라난타존자를 영접했다고 보는 것은 부자연스럽다. 오히려 마라난타존자가 법성포에 당도하여 영광의 법성포 및 불갑사 지역·나주의 불호사 지역 등 남쪽 지역에 교화의 발길을 재촉한 뒤에 당시의 수도인 한산으로 향해 온다는 이야기를 국왕이 듣고 나서 궁궐로 영접해 들여 가르침을 받았다고 보는 것이 자연스럽다.

… '마라난타존자는 여환삼매(如幻三昧)를 얻어, 불에 들어가도 타지 않으며 쇠붙이나 돌로 변신할 수 있는 등 무궁무진하게 화현(化現)하였다' 라고 하였다. 『해동고승전』

에서는 '신통한 이적으로 사물에 감통(感通)하니 그 변화를 헤아릴 수 없었다. 사방으로 돌아 다니는데 뜻을 두어 어느 한 곳에 머무르지 않았으며, 교화의 인연이 닿는 곳이면 아무리 먼 곳이라도 나서서 갔다' 라고 하여 마라난타존자의 신통력과 불법 전파의 열정을 나타내 보여 주고 있다. 또한, 나주 불호사의 상량문과 단청기에는 마라난타존자 창건이라는 기록이 있는데 이것은 마라난타존자가 법성포로 상륙하여 불갑사와 불호사를 창건한 후 한산으로 올라가 불법을 전파했다고 전래 되어오는 사실을 뒷받침 해주는 간접적 고증자료 이기도 하다.

마라난타존자의 불법 전래 후 392년 백제 아신왕은 불법을 믿으라는 교령을 전국적으로 내리게 된다. 그 후 약 140년간 불법에 관한 기록은 나타나 있지 않고 단지 『미륵불광사 사적』의 '백제 성왕 4년(526년)에 겸익이 인도에서 배달다삼장과 함께 범어(梵語) 원전 논장(論藏(아비달마))과 5부 율장(律藏)을 가지고 귀국하자 왕은 나라 안의 명승 28인을 소집하여 겸익 법사와 함께 율장 72권을 번역하게 했다' 는 점과, 『조선도교사』(이능화 著)의 '백제에서는 고구려와 달리 도교가 발을 붙이지 못할 정도로 불교가 성행하여 승려와 사람이 매우 많았다' 고 하는 기록을 통하여 백제시대에 불교가 융성하였음을 알 수 있으며 역시 불갑사도 백제 말기까지 여전히 사원의 역할을 유지하고 수행 교화의 도량으로 융성하였을 것으로 여겨진다. 그러나 660년 나당연합군의 공격으로 백제가 멸망할 때 영광 지역의 저항이 거세었다는 점으로 미루어 불갑사도 전화를 면치 못하고 쇠퇴했었으리라 짐작된다.

검단선사가 영광 법성포에 상륙했다는 전설과 관련된 물증들을 지목하기도 한다. 가령 불갑사 대웅전의 용마루 건축 양식과 결부지어 그 위에 얹혀진 보주의 형식을 지목한다. 즉 이것을 남방 불교권에서 부처 열반 후에 조성되어 예배의 대상이 되었던 스투파(Stupa)라고 하는 것이다. 불갑사가 인도 승려인 마라난타가 창건한 사찰이므로 특이한 용마루 전통이 남아 있는 것으로 해석한 것이다. 그리고 세 개의 동그란 공을 제일 작은 것부터 차례로 배열한 형태가 불갑사 들어 가는 오른쪽 마을 어귀의 민가 중에 조선조 성리학자인 강항 후손의 문중 3채의 용마루에서도 그것이 남아 있다. 따라서 이러한 전통이 민간에까지도 퍼져 있었음을 알 수 있다고 한다.

지금까지 서술한 내용은 마라난타의 영광 법성포 상륙 전설과 관련한 초전 불교지에 관한 언급이었다. 그러나 이러한 기록들은 후대의 것들로서 사료 가치가 떨어지는 경우가 많다는 지적을 받고 있다. 즉 18세기 이후의 자료들에서 나온 것으로서, 사격(寺格)을 높이기 위한 조작일 가능성이 큰 것으로 간주되어진다. 그렇다고 영광을 비롯한 지금의 전라남도 해안 부근에 불교가 일찍부터 전래되었을 가능성을 부정하기는 쉽지 않다. 왜냐하면 영산강유역의 고분 문화 속에서도 불교의 흔적이 포착되고 있기 때문이다. 가령 나주 복암리 고분에서 출토된 개배 뚜껑의 윗면과 접시의 아래면에 '卍' 자가 붉은 글씨로 씌어져 있다. '卍' 은 경사스러운 일과 많은 덕행을 행한다는 길상만덕(吉祥萬德)을 뜻한다고 한다. 죽은 자에 대한 불교적 의미의 기원이 담긴 것으로 추측되고 있다. 그리고 불교적인 문자를 내세관과 관련 있는 무덤의 부장품으로 이용했다는 것은 이미 불교에 익숙해 있는 상황을 뜻한다고 보아야 할 것이다. 이러한 점과 더불어 영암을 비롯한 영산강유역은 일찍부터 대중국 교섭이 용이한 입지적 조건을 갖추고 있었다. 따라서 마라난타의 초전불교지 전설은 비록 가탁(假託)되었을 가능성은 배제하기 어렵겠지만 그렇다고 전적으로 부정하기 어려운 측면도 있다.

2006년 5월 13일에는 영광군 법성면 진내리에서 '백제 불교 최초 도래지 준공 및 불교 전래 재현식' 이 성대하게 개최된 바 있다. 신령스런 빛의 고장이라는 뜻을 지닌 영광(靈光)은 지명에 걸맞게 우리나라 대표적인 종교 성지가 여러 곳에 있으다. 또 그곳을 종교 메카로 조성하기 위한 노력을 기울이고 있다고 한다. 영광군 법성포 진내리는 마라난타가 불교를 전파하기 위하여 최초로 도착한 곳이다. 불갑면 모악리의 불갑사는 마라난타가 최초로 건립한 사찰이라 하여 부처 '불(佛)'에 으뜸 '갑(甲)'자를 쓰고 있다고 한다. 백제 불교 최초 도래지와 관련한 중요 시설로서는 '사면불상'이 있다. 이 불상은 아미타불을 주존불로 모시고 관음세지보살을 좌우 부처로, 그리고 마라난타가 부처님을 받들어 모시고 계신 모습을 다른 한면에 배치하였다. 약식 석굴 사원 형식을 띤 독특한 형태의 간다라 양식 사면 대불로 조성되어 있다. 그리고 참배 및 서해 조망용 누각인 '부용루'는 1층 석벽에는 간다라 양식의 불전도 부조 조각이 23면에 걸쳐 조각되어 있다. 즉 부처님의 전생 인연담과 일대기가 생동감 있게 조각되어 있는 것이 특징이다. '탑원'은 간다라 지역 사원 유구 가운데 가장 잘 남아 있는 탁트히바히 사원의 주탑원을 본떠서 조성한 탑원이다. 이곳은 마라난타 존자의 출신지인 간다라 사원 양식의 대표적이고 전형적인 모습을 보여주고 있다. '만다라 광장'은 백제 불교 최초 도래지의 중심 광장으로 만다라 도형을 상징화하여 조성하였다. 그 중심에는 보리수 나무를 식재하여 불교 최초 도래지의 의미에 부합되도록 했다. 광장 주변에는 연지가 시설되어 있다. '상징문'은 백제 불교 최초 도래지 기념 성역의 일주문 역할을 하는 기념물로서, 간다라 양식의 건축 개념을 도입하여 건립된 불교 도래지의 상징적 이미지를 입구에서부터 느낄 수 있도록 세워져 있다. '유물전시관'은 대승 불교의 본 고장인 간다라의 2세기~5세기 경의 불전도 부조 및 불상 등 진품 유물을 전시하여 간다라 불교 문화예술의 특징적 요소를 직접 관람하고 느낄 수 있도록 하였다. 그 건축 양식도 간다라 건축 요소를 담아내도록 했다.

■참/고/문/헌

『삼국사기』・『삼국유사』・『해동고승전』・『일본서기』

이능화, 『조선불교통사』, 1918.

충남대학교 백제연구소, 『백제 불교문화의 연구』, 1994.

오순제, 『한성백제사』, 1995.

이도학, 『고대문화산책』, 1999.

조경철, 「백제 불교사의 전개와 정치 변동」, 한국학중앙연구원 박사학위논문, 2006.

사비시대의 백제 왕실과 불교

이도학
한국전통문화학교 문화유적학과 교수

2장

2장

Ⅰ. 성왕대의 불교
Ⅱ. 위덕왕대의 불교
Ⅲ. 위덕왕대의 불교를 통한 대왜 관계
Ⅳ. 법왕대의 불교
Ⅴ. 무왕대의 불교
Ⅵ. 고승 열전

사비시대 백제 불교

 백제는 도읍을 웅진성(충남 공주)으로 옮기면서 불교는 급속한 성장을 이루었다. 서해안에 소재한 태안반도의 충청남도 서산과 태안·당진 등지를 통해 중국 불교 문화가 유입해 왔다. 백제는 이들 지역을 거점으로 해서 남조와 교류를 추진하였다. 수도인 웅진성이나 사비성은 태안반도와는 육로로 연결되어 있다. 그 밖에 금강 수로를 이용해서 중국 남조와의 교류를 활발하게 추진하기도 했다. 사비성도읍기에 제작된 서산과 태안의 마애 삼존불은 이러한 사실을 방증해 주고 있다. 서산 지역에 조성된 대표적인 불교 유적인 서산 마애불은 사비성 도읍기에 조영된 것으로 추정되고 있다.
 서산 마애불을 비롯한 태안 마애삼존불 등은 당시 중국과의 해상 통로이기도 했던 이곳에서 출항하는 선박들의 안전을 기원하기 위한 데 목적을 두고 조성된 것으로 볼 수 있다. 실제로 백화산 정상에 오르면 태안반도상의 연안과 여러 섬들을 한 눈에 굽어 볼 수 있다. 이곳에 대외교섭과 교역에 종사하는 이들의 안전을 기원하기 위해 태안 마애삼존불이 조성되었던 것이다. 특히 태안 마애삼존불이 소재한 백화산은 관음보살과 깊은 관련을 지니고 있는데, 고통을 해결해 주는 관음보살의 힘으로 안전한 항해를 기원하는데 목적을 두고 조영되었다. 어쨌든 이곳은 중국 대륙의 문화를 빠르게 접할 수 있는 지리적 이점을 지닌 관문이었던 것이다.『택리지』에 보면 '서산의 성연(聖淵)은 비록 하항(河港)이지만 조수가 통하는 까닭에 모든 상선이 거류하여 물자를 수송하는 곳이 된다'라고 하였다. 그렇듯이 서산 일대는 물류의 관문 역할을 하였던 것이다. 이와 관련해 언급해야 될 대상인 보원사지의 경우 현재 남아 있는 유구는 고려시대 것이다. 그러나 보원사는 통일신라 때 화엄10찰 가운데 하나였고, 또 거슬러 올라가면 이 절터 근처에서 백제 금동불상이 출토되었다. 이 점을 유의한다면 백제 때 오합사가 통일신라 말에는 성주사가 되었듯이 보원사의 연원도 백제 때까지 소급시키는 게 가능하다. 또 그렇다면 보원사지는 서산 마애불의 조성과도 자연스럽게 연결될 수 있다.

그 밖에 무령왕릉에서 출토된 유물들은 불교의 융성을 단적으로 입증해 준다. 일례로 왕비의 목제 베개에 그려진 그림은 정토왕생의 간절한 염원을 담고 있다는 분석이 나왔기 때문이다.

I. 성왕대의 불교

1. 불교 관련 성왕의 치적

백제 제26대 왕인 성왕(聖王)의 성품을 『삼국사기』에는 '지혜와 식견이 뛰어나고 일에 결단성이 있었다'·'나라사람들이 '성왕'이라 일컬었다'고 할 정도로, 이상적인 군주의 면모를 갖춘 것으로 기록하였다. 생전에 거룩할 '성(聖)'자가 붙여진 '성왕'이라는 이름으로 불리었다면 그의 위엄 뿐 아니라 백성들로부터의 존경도를 헤아리는 것은 어렵지 않다. 『일본서기』에서는 밝을 '명(明)'자까지 덧붙여서 그를 성명왕(聖明王)으로 일컫고 있다. 역시 그의 권위를 잘 함축해주는 이름이 된다. 또 같은 책에서 '성왕은 천도(天道)와 지리에 신묘하게 통달하였기에 명성이 사방에 나 있었다'라고 평할 정도였다.

무령왕의 아들로서 즉위한 성왕은 이름에 걸맞는 빼어난 업적을 남겼다. 그는 회복된 국력을 바탕으로 국호를 '남부여'로 고쳤다. 그럼으로써 부여에서 이어지는 역사적 법통을 분명히 밝히는 한편 고구려와의 대등한 자세를 확고히 하였다. 그리고 538년(성왕 16)에는 도읍을 협착한 지금의 충청남도 공주인 웅진성에서 비교적 넓은 평야를 끼고 있는 사비성(충청남도 부여)으로 옮겨서 원대한 국가 경영의 토대를 마련하였다. 부정적인 측면에서 볼 때 웅진성이라는 도읍은 음모와 내분의 땅이었다. 2명의 국왕이 피살되고 반란으로 점철되어지는 등 칙칙한 그늘이 짙게 드리워진 도시였다. 성왕 일 개인의 입장에서 볼 때 웅진 땅은 탈출하고 싶은 곳일 지언정 애정을 가질만한 곳은 전혀 아니었다. 성왕은 부여적인 전통을 계승하여 내분을 종식시키고 국정의 분위기를 일대 쇄신하고자 했다. 성왕의 의지는 국호 교체와 사비성 천도로 구현되었다.

그런데 천도는 일조일석에 이루어지는 게 아닌만큼, 오랜 기간에 걸쳐 준비가 이루어진 것으로 보아야만 한다. 성왕은 사비성 천도와 짝하여 지방에는 방(方)-군(郡)-성(城)체제를 시행하여 전면적인 지방지배를 단행했다. 그리고 16관등제의 정비와 더불어, 국왕을 축으로 하는 효율적인 국정 운영을 위해 22개의 관서(官署)를 설치하였다. 그런데 이 가운데 공덕부(功德部)는 불교 관련 제반 업무를 관장했던 부서로 밝혀지고 있다. 22개 관서 이름 가운데는 『주례(周禮)』에 등장하는 명칭이 다수 보이므로, 중국의 옛 관제(官制)의 영향을 받은 것으로 말해진다. 지금의 충청남도 부여 땅은 유교의 예치와 불교에 의한 이상국가를 한꺼번에 구현할 수 있는 공간적 조건을 지니고 있었다. 사비성 천도를 단행한 성왕은 불교를 국가 이데올로기로 이용하고자 크게 흥륭시켰다. 불교는 왕권을 강화할 수 있는 이데올로기였기에 성왕은 많은 사찰을 도성안에 창건했다. 나성

Ⅰ. 성왕대의 불교

으로 둘러싸인 사비도성 구역 안에서만 정림사지 · 군수리사지 · 가탑리사지 · 천왕사지 등을 헤아릴 수 있다. 중국 역사서에서 백제에 '절과 탑이 매우 많았다'고 한 것은 사비도성을 이루는 건조물로서 사찰의 비중이 지대했음을 웅변해 준다. 시가지 한복판에 사찰과 탑들이 별처럼 총총히 박히고 기러기처럼 늘어선 광경을 연상하는 일은 어렵지 않을 것 같다. 이처럼 불교 신앙에 깊이 뿌리를 박고 있던 백제인들의 생활상을 표현한 다음의 글이 적이 인상적이다.

> 풍진 세상 살면서도 때 묻지 않은 연꽃의 맑은 마음 배우기를 희망했다. 그리고 미륵불이 출현하는 아름다운 불국토를 희구하면서 불전에 향을 사르는 공양을 게을리 하지 않았다. 그들이 꿈꾸던 행복은 서산 마애불의 따뜻하고 평화로운 웃음같은 것이기도 했다. 불국(佛國)은 향기로 가득한 나라다. 계(戒)의 향기, 삼매(三昧)의 향기, 그리고 해탈의 향기가 가득 피어나기를 불전에 기원하는 백제인의 염원은 최근에 출토된 아름다운 향로에도 스며 있다. 백제의 향기가 그토록 아름다운 것은, 또 그 작은 향기에 사람과 동물이 함께 있고 음악이 또 거기에 있음은, 자신을 향기롭게 닦고 세상을 향기롭게 꾸미려는 진실된 마음의 발로이기도 한 것이다(김상현,「'불국정토' 건설을 꿈 꾼 백제인의 불교사상」).

실제로 2000년과 2001년도에 걸쳐 이루어진 부여 능산리 절터에 대한 발굴 조사 과정에서 적어도 23개체분 이상의 목간이 출토되었다. 이들 목간에서는 '보희사(寶憙寺)' · '자기사(子基寺)'와 같은 사찰 이름이 등장하고 있다. 그리고 '숙세결업동생일처(宿世結業同生一處)'라는 문구도 보인다. 이는 '전생(前生 : 宿世)에 맺은 인연으로 한 곳에서 함께 살고 있다'는 내용으로서 불교적 연기설(緣起說)이 된다. 왕실 사찰인 능사에서 출토된 이러한 내용의 목간을 통해 연기설이 백제인들 사이에 크게 유포되었음을 알려준다. 불교적 사생관이 백제인들의 생활에 뿌리내렸음을 뜻한다고 하겠다. 말할 나위없이 이는 전적으로 불교를 크게 흥륭시킨 성왕의 공로라고 하겠다.

성왕은 양(梁)나라의 문물 수용에 적극적이었다. 534년(성왕 12)과 541년(성왕 19)에 거푸 양나라에 사신을 파견하여 『열반경』에 대한 의소(義疏)와 모시박사(毛詩博士)를 비롯하여 공장(工匠)·화사(畵師)를 구해왔다. 이밖에 불교 교단의 정비, 왜에 불교를 전파하여 종교·문화적인 기여랄까 중흥을 마련해 주었다. 이와 관련해 종전에는 백제로부터 왜에 불교가 전래된 시기에 관해서는 552년으로 간주하였으나 538년이 타당한 것으로 밝혀졌다. 552년에 백제 성왕이 달솔 노리사치계를 파견하여 왜왕에게 금동석가불 1구와 반개(幡蓋 : 불상 위를 덮는 비단으로 만든 일산) 약간, 경론(經論) 약간 권을 보냈다. 이때 성왕은 불법을 찬미하기를 '이 법은 모든 법 중에서 가장 훌륭한 것이다. 이해하기 어렵고, 입문하기 어려우며, 주공(周公)과 공자(孔子)도 알지 못하였다. 이 법은 무량무변한 복덕과보를 낳고 무상의 보리(菩提)에 도달할 수가 있다. 비유하여 말하자면 사람들이 여의주를 품고 필요에 따라 모두 마음 먹은대로 되는 것과 같이 이 묘법의 보물도 그러하다…' 라고 하였다.

성왕의 글 속에는 불법을 포교하겠다는 의지가 매우 강렬함을 느끼게 된다. 이후 백제로부터 승려와 사원관련 기술자들이 끊임없이 왜로 파견되었다. 승려들은 불교 신앙의 스승일 뿐 아니라 제반 생활과 문화 발전을 촉진시키는 역할을 하였다. 이들이 왜의 정신 세계와 문화면에 끼친 영향은 가히 절대적이었다. 가령 담혜(曇惠)는 554년(성왕 31)에 왜로 건너와 먼저 와 있던 도심(道深)과 교대하였다. 백제에서 파견한 승려들의 체왜(滯倭) 기간이 정해져 있었을 정도로 체계적인 교류가 이루어졌다. 또 선신아니(善信阿尼)와 같은 여승들이 백제로 유학하여 계법(戒法)을 배우는 등 불교를 매개로 한 양국간의 교류는 일층 활기를 띠었다. 583년(위덕왕 30)에는 선니(禪尼)가 불경을 외어서 야마토 정권의 권세가인 나카도미노 가마다리[中臣鎌足]의 병을 치유하였다. 584년(위덕왕 31)에는 백제에서 건너간 가후카노 우미[鹿深臣]가 미륵석상 1구를, 사에키노 무라치[佐伯連]가 불상 1구를 보내었는데, 소가노 우마코가 불전에 안치하였다고 한다. 595년(위덕왕 42)에 혜총(惠聰)은 호코지[法興寺]가 창건됨에 따라 고구려승 혜자(惠慈)와 더불어 이곳에 거주하였다. 두 사람 모두 야마토 정권의 실권자였던 쇼토쿠 태자의 스승이 되어 태자의 폭넓은 불교관 형성에 지대한 영향을 미쳤다. 602년(무왕 3)에는 백제에서 역법(曆法)에 밝은 관륵(觀勒)이 왜에 건너 갔다. 그는 역서(曆書)와 천문지리서를 비롯하여 도교에 관한 서적인 둔갑방술(遁甲方術)에 관한 서적을 전하였고, 623년(무왕 24)에는 승정(僧正)에 임명되었다. 또 도장(道藏)은 기우제를 집전하는 일을 맡기도 하였다. 그 밖에 도다이지[東大寺] 창건에 공을 세운 기요우키(行基 : 668~749)라는 고승(高僧)도 백제계 인물이었다. 기요우키는 민간 포교에 진력하여 빈민 구제와 같은 사회 사업을 하였고, 일본 최초의 대승정(大僧正)이 되었다. 이처럼 왜에 파견된 백제 승려들은 여러 방면에 활동하면서 그 문물의 눈부신 발전에 기여하였다. 게다가 그들은 왜인들의 사유(思惟)의 폭을 심화시켜주는 역할을 했다.

2. 겸익의 인도 파견

성왕은 태자시절 겸익(謙益)을 인도에 파견하여 율부(律部)를 연구한 후 산스크리트어로 적힌 '아담장오부율문(阿曇藏五部律文)'을 가지고 돌아오게 했다. 그 때가 526년(성왕 4)이었다. 성왕은 율부 72권을 번역하게 하였다. 그 뒤 담욱(曇旭)과 혜인(惠仁)이 율소(律疏) 36권을 저술하여 성왕에게 올렸다. 성왕 자신도 '비담신율(毘曇新律)'의 서문을 지었다고 전할 정도로 불경에 조예가 깊었다. 이러한 율부의 번역과 율서의 편찬을 통해 백제 불교는 계율주의적인 성격을 지녔음을 알 수 있다. 백제에 불교를 전래해 준 이가 인도 승려였던 인연이 작용하였는지는 알 수 없다. 그렇지만 백제에서는 불교 발상지의 문자로 적힌 불경을 직접 가지고 와 번역했던 것이다. 백제 불교의 격을 말하는 것이 아니고 무엇이랴!

백제 율종(律宗)의 비조라고 할 수 있는 이가 겸익이었다. 여기서 율종이란 불교의 계율을 전문적으로 연구하는 유파를 가리킨다. 이들이 의거하고 있던 기본 경전은 『4분률』이었다. 이 책에는 주로 불교도들의 생활 방법, 생활 규칙과 그들에 대한 통제 등 250여 가지의 계율이 적혀 있다. 그 가운데서 가장 중시되었던 계율은 생물을 죽이지 말 것, 남의 물건을 훔치지 말 것, 음란하지 말 것, 거짓말하지 말 것, 술 마시지 말 것 등이었다. 이 계율을 어기면 불교도가 될 수 없도록 규정하였다. 백제 율종의 비조격인 겸익에 대한 기사가 『미륵불광사사적』을 인용한 『조선불교통사』에 다음과 같이 보인다.

· 병오(丙午) 4년(신라 법흥왕 13년, 고구려 안장왕 8년, 梁 보통 7년)에 백제 사문(沙門) 겸익이 중인도 상가나대율사에 이르러 범문(梵文)을 배우고 율부(律部)를 공부하고 범승(梵僧) 배달다삼장(倍達多三藏)과 같이 범문 율문(律文)을 가지고 귀국하여 72권을 번역하여 완성하였다. 이것으로 백제 율종의 시작으로 삼는다. 담욱(曇旭)과 혜인(惠仁) 두 법사가 율소(律疏) 36권을 저술하였다.

· 미륵불광사사적에 이르기를 백제 성왕 4년(526) 병오(丙午)에 사문 겸익은 마음을 다하여 율을 구하러 바다 길을 통해 중인도(中印度) 상가나대율사에 이르러 범어를 5년 동안 배워 깨우치는 한편 율부를 깊이 공부하여 계체(戒體)를 장엄하고 범승 배달다삼장과 더불어 범문 아담장(阿曇藏)과 오부율문(五部律文)을 가지고 귀국하였다.

백제왕은 우보(羽葆)와 고취(鼓吹)로 교외에서 맞이하여 홍륜사(興輪寺)에 안치하였다. 국내의 명승 28인을 불러들여 겸익법사와 더불어 율부 72권을 번역하게 하니 이가 곧 백제 율종의 비조이다. 이에 담욱과 혜인 두 법사가 율소 36권을 지어 왕에게 바쳤다. 왕이 비담과 신율(新律)에 서문을 써서 태요전(台耀殿)에 보관하였다. 장차 판각하여 널리 펴려고 하였으나 겨를이 없다가 성왕이 죽자 뜻을 이루지 못하였다.

위에서 인용한 두 기록에 의하면 백제 승려 겸익은 바닷길을 이용해서 인도에 건너 갔음을 알 수 있다. 한반도 출신의 구법승으로 인도를 방문했던 인물로서는 7세기대 신라 출신인 아리야발마(阿離耶跋摩)와 혜업(惠業)·현조(玄照)·혜륜(惠輪) 등 10여 명이 알려졌다. 초지(初志)를 이루고 무사 귀국한 승려로서는 8세기의 신라 출신 혜초(慧超)를 꼽을 수 있다. 이러한 맥락에서 볼 때 겸익은 한반도 출신으로는 최초로 인도에 간 구법승으로서 이 방면의 선구자였다고 하겠다. 그러한 겸익이 인도에 가게 된 것은 당시 중국에서는 오부율이 인도에 존재한다는 믿음에 따른 것으로 보인다. 겸익이나 백제 조정 역시 그러한 확신을 품고 있었기에 5부율을 스스로의 것으로 만들기 위해 구법(求法)을 결행한 것이었다.

3. 겸익의 귀국과 역경(譯經) 사업

겸익은 범어(梵語)와 율(律)을 배우고 범본(梵本)을 가지고 526년에 귀국하여 승려들과 함께 이것을 번역하였다. 범본 즉 5부 율문을 번역했다는 사실은 한국 불교사에 있어서 획기적인 사건이라고 아니할 수 없다. 그랬기에 성왕은 우보와 고취로 성대히 겸익을 맞아 주었다. 또 성왕은 겸익으로 하여금 홍륜사(興輪寺)에 머물게 하는 한편 전국의 명승 28명을 뽑아 율부 72권을 번역하게 하였다. 이것을 새로 전래되었고, 또 새로 번역한 율이라는 의미로 '신율'로 불리었던 것 같다. 그러나 무엇보다도 이는 인도에서 직접 바다를 건너 백제로 건너온 새로운 율(律)이라는 뜻을 지니고 있었다. 그것은 중국 전래가 아닌 인도에서 직수입했다는 점에서 커다란 의의를 지니고 있다. 그리고 율소 36권을 왕에게 지어 바친 담욱과 혜인은 당시 율(律)의 전문가였던 것이다. 흥륜사의 '륜'은 '전륜성왕이 굴리는 정법의 바퀴'라는 의미로 해석되므로, 미륵신앙과 관련된 사찰로 짐작된다. 율부를 번역했던 흥륜사는 미륵신앙에 의해 전륜성왕 이념을 보급시키는 사찰로도 해석하고 있다.

그런데 겸익이 귀국한 시기가 526년이라고 한다면 5년 동안 중인도에 체류한 사실과 항해 기간을 고려한다면 521년 무렵에 백제를 출발한 것으로 보여진다. 521년은 백제 무령왕 21년으로서 이때는 국력이 회복되었고, 또 왕권이 강화되면서 사비성 천도 준비가 진행되던 때였다. 겸익의 인도 구법 여행은 무령왕대부터 성왕대에 걸쳐 행해진 것이었다. 그런데 중인도까지의 기나긴 항해는 개인 차원에서는 도저히 상상할 수 없는 일이었다. 겸익이 귀국했을 때 성왕이 의례와 격식을 갖추어 몸소 나와서 맞았다. 이 사실은 백제가 국가적 차원에서 겸익의 항해를 전폭적으로 지원했음을 짐작하게 한다. 당시 백제는 이국(異國)의 문물이나 불교 문화 수용에 비상하게 국력을 기울였을 정도로 그에 대한 열망이 강렬했다. 실제 백제에서는 낙타·노새·양·흰꿩·앵무새·당나귀 등과 같은 진귀한 동물들이 서식하였다. 그리고 백제가 왜에 파견한 인물들은 거의가 국가에서 파견하였다. 이러한 점에 비추어 볼 때 겸익의 구도 행적은 백제의 국가 정책과 결부된 것으로 볼 수 있다.

겸익 이전에 인도를 찾은 승려로서는 중국 승려를 꼽을 수 있는데, 『불국기』를 지은 법현(法顯 : 339~420)이 399년에 찾아 온 바 있었다. 겸익 이후에는 『대당서역기』를 지은 현장(玄奘 : 602~664)과 『남해기귀내법

전」을 지은 의정(義淨 : 635~713)이 있다. 중국 승려들이 중인도에 찾아온 이유는 원본 율부를 구하기 위해서 였다고 한다. 겸익도 이러한 차원에서 상가나대율사를 찾은 것이라고 하겠다. 겸익은 이곳에서 꾸준히 범어와 율장을 배워 나갔다. 그런 지 5년 후 겸익은 율장의 경전과 여타 경전들을 배에 싣고 인도 승려 배달다삼장과 함께 귀국 길에 올랐다.

4. 대조사 전설

 겸익의 귀국 전갈을 받은 성왕이 교외까지 나가 마중하였다. 그러한 겸익과 관련한 전설이 부여 땅에는 남아 있다. 백제의 대표적인 산성으로서기 501년에 쌓은 임천 성흥산성 아래에는 황금새의 전설을 간직한 대조사(大鳥寺)와 미륵석불이 있다. 백제 성왕 5년부터 5년간에 걸쳐 창건했다는 대조사는 신비스러운 전설이 내려 온다. 백제 때 성흥산 중턱의 커다란 바위 아래에 한 노승이 조그만 암자를 짓고 살고 있었다. 어느 따뜻한 봄날 노승이 양지바른 곳에서 경건한 마음과 자세로 참선삼매 도중에 그만 잠이 들었다. 그런데 꿈속에서 한 마리의 커다란 새가 서쪽에서 날아와 신기하게도 황금빛을 발산하면서 현재의 대조사가 있는 곳에 앉아 큰바위를 향해 계속 날개를 저었다. 그러자 햇빛에 반사된 한줄기 광명이 바위에 집중되더니 그곳에서 관세음보살이 나타났다. 이후에도 노승은 여러날 동안 같은 시각에 같은 꿈을 꾸게 되어 이를 가림 성주에게 알렸다. 성주는 곧바로 그 사실을 성왕에게 보고하였다. 성왕은 사비성으로 천도할 시기가 왔음을 알고 이곳에 대사찰을 짓도록 하였다. 10년이 걸릴 대규모 사업이었으나 사공(寺工)을 주야로 투입하여 공사를 서둘렀다. 그때마다 신기하게도 공사 현장에 새가 날아와 울면서 주위를 밝혔다. 새소리에 사공들은 피곤을 잊고 공사에 매진하여 5년만에 대사찰을 완공할 수 있었다고 한다. 절 이름을 황금빛 큰새가 나타났다 하여 대조사(大鳥寺)라 지었고 관세음보살이 나타난 큰바위에 석불을 조성하였다고 전해온다. 전설 속에 등장하는 이 노승은 겸익으로 말해지고 있다.

혹은 『대조사 미륵실기』에 의하면 인도에 수학하고 온 겸익이 5부 율문을 가져다가 72권의 역본을 만들어 흥륜사에 두었더니 어느 날 꿈에 관음보살이 손에 광명주를 들고 나타나서 역본이 잘 되었다고 칭찬하였다. 그러더니 그 보살이 어느덧 큰 새(大鳥)로 변하여 날아가 가림성 위에 와서는 사라졌다. 이에 겸익이 꿈을 깨어 새가 앉은 곳을 찾아 보니 바위 위에는 큰 새 대신에 관음보살이 앉아 있었다. 이러한 연유로 인해 석불을 조성하였는데, 지금 대조사 뒤편에 있는 석조 미륵불이고 창건한 절을 대조사라고 한다는 것이다. 물론 대조사의 백제 때 창건 여부는 불확실하다. 그러나 적어도 미륵불이 조성된 고려시대에는 존재했던 사찰임은 분명하다. 어쨌든 겸익은 평생 아비달마와 율(律)의 정비에 박차를 가하였다. 그럼으로써 백제 불교의 수준을 크게 심화시키는 데 기여하게 되었다.

이와 관련해 1907년 부여군 규암면에서 출토된 높이 26.5㎝의 금동관음입상에 대한 평가가 주목된다. 당시 일본인 연구자 세키노 타다시[關野貞]는 이 불상을 가리켜 '이 면상(面相)은 중국 북조 양식의 특색을 가장 잘 나타내고 있는데, 보관 장식품 옷의 무늬가 매우 정밀하고 치밀하여 멀리 중인도의 굽타 양식과의 관계를 연상케 한다'고 평가했다. 이러한 지적이 타당한 지는 알 수 없지만 겸익의 중인도 유학과 관련해 의미심장한 평가가 아닐 수 없다.

II. 위덕왕대의 불교

1. 성왕의 전사와 위덕왕의 출가 논의

성왕의 업적 가운데 가장 두드러진 것은 76년만의 한강유역 회복이었다. 551년 성왕은 신라와 연합하여 옛 땅을 회복하였는데 실로 뜻깊은 장거(壯擧)였다. 그렇지만 2년 후 신라의 배신적인 기습공격으로 백제군은 고토에서 쫓겨나고 말았다. 이것이 바로 성왕의 운명을 결정지었다. 『일본서기』에 의하면 성왕의 아들이요 뒤에 위덕왕이 되는 부여창은 권신들의 반대에도 불구하고 신라 공격을 단행하였다. 오랫동안 부여창이 전쟁을 지휘하는 것을 보고, 성왕은 격려차 직접 군대를 이끌고 전선의 백제군 진영으로 향하였다. 신라측에서는 성왕이 몸소 군대를 이끌고 온다는 정보를 입수하고 나라 안의 모든 병력을 일으켜 도로를 막고 격파하였다고 한다. 오늘날의 충청북도 옥천에서 있었던 유명한 관산성(管山城) 전투가 된다. 『삼국사기』에 의하면 성왕이 보병과 기병 5십 명을 이끌고 밤에 구천(狗川)을 통과하다가 신라 군대의 매복에 걸려 전몰한 것으로 되어 있는데, 일본 궁내성본(宮內省本) 『삼국사기』에는 '步騎五千'으로 되어 있다. 전쟁의 규모에 비추어 볼 때 후자 기록이 타당하다고 하겠다. 이 회전(會戰)에서 성왕과 4명의 좌평 그리고 사졸 29,600명이 몰살되어 필마(匹馬)도 돌아가지 못하였다고 한다.

『일본서기』에 의하면 성왕의 최후를 비록 설화적이기는 하지만 보다 구체적으로 전하고 있다. 즉, 성왕이 출진하였다는 말을 들은 신라측에서는 말먹이꾼인 고도(苦都)에게 '그대는 천한 종이지만 성왕은 훌륭한 임금이다. 지금 천한 종이 훌륭한 임금을 살해하게 된다면 후세에 전하여져 입에서 잊혀지지 않을 것이다'라고 말하면서 부추겼다. 이 말에 고무된 고도가 분전하여 결국 성왕을 붙잡아 왔다. 고도는 이때 임금에 대한 예우로서 성왕에게 두 번 절한 후 '왕의 머리를 베게 하여 주십시요' 라고 말하자 성왕은 늠연한 자세로 '왕의 머리는 종의 손에 맡길 수 없다' 라며 거절하였다. 고도가 그 말을 받아 '우리나라 국법에는 맹세한 바를 어기면 비록 국왕이라 하더라도 마땅히 종의 손에 죽습니다' 라고 말하였다. 그러자 성왕은 체념한 듯 걸터 앉아 있던 의자에서 차고 있던 칼을 풀어주면서 하늘을 우러러 크게 탄식하고는 만감이 오가는듯 눈물을 연신 흘렸다. 잠시 후 성왕은 비장한 어조로 '과인은 매양 뼈에 사무치는 고통을 참고 살아 왔지만, 구차하게 살고 싶지 않다' 라고 말하고는 머리를 늘여 베임을 당하였다.

동일한 『일본서기』에 의하면 신라인들은 성왕의 시신 가운데 몸은 백제측에 돌려주고 머리는 북청(北廳)이라는 관청의 계단 밑에 묻었다고 한다. 성왕은 백제 중흥의 꿈을 옥천땅에 묻었고, 신라인들은 성왕의 머리를 밟고 다니면서 삼국통일을 향해 약진해 나갔던 것이다. 반면 귀족들의 반대에도 불구하고 전쟁을 주도하였다가 참패를 당하였고 성왕의 죽음까지 자초하였던 부여창은 즉위하지 않고 출가하여 부왕의 명복이나 빌고자 하였다. 『일본서기』에 의하면 위덕왕의 즉위까지에는 몇 년간의 공위(空位)가 있었던 것처럼 되어 있는데, 사실 여부를 떠나 관산성 패전으로 인한 백제측의 충격을 생각하게 한다.

554년 성왕 이하 3만 명의 군사가 전몰되는 관산성 패전 이후, 백제는 그 영향권에 있던 가야가 신라에 잠식되는 것을 방관할 정도로, 그 국력은 뚜렷한 약화의 조짐을 보였던 것으로 인식되었다. 게다가 신라와의 전쟁을 주도하다가 패전한 관계로 위덕왕의 왕권은 취약했던 것으로 평가받는다. 그러나 관산성 패전 2개월 후 백제는 전격적인 보복전을 단행하여 신라의 진성(珍城 : 지금의 금산군 진산면)을 공격하였다(『삼국유사』 기이

편 진흥왕 조). 백제는 주민 3만 9천여 명과 말 8천 필을 노획하는 전과를 올렸다. 이 승전은 백제의 체면을 세워주는 역할을 하였을 것이다.

관산성 회전에서 간신히 포위망을 벗어나 돌아왔던 위덕왕은 성왕의 맏아들로서 즉위하였다. 그러나 자신의 실책으로 인해 부왕이 전사하게 되었던 바 심정적인 부담이 여간 크지 않았다. 이것이 567년에 성왕을 위한 능산리 원찰 창건에 나서게 된 배경이었다. 위덕왕이 출가(出家)하려고 한 논의는 『일본서기』에 다음과 같이 보인다.

백제의 여창(餘昌 : 위덕왕)이 여러 신하들에게 말하기를 '나는 지금 세상을 뜬 부왕을 위해 출가하여 수도하려고 한다' 고 말하였다. 여러 신하와 백성들이 '이제 군왕이 출가하여 수도를 하겠다는 것은 잠시 가르침을 받드는 것입니다, 아 전에 충분히 고려하지 않았었기 때문에 후에 큰 화를 불렀으니 누구의 잘못이었습니까. 고구려 · 신라와 다투어서 백제가 망하려고 하고 있습니다. 처음 나라를 세운 이래 이 나라의 종묘와 제사를 어떤 나라에 주려고 하는 겁니까? 지켜야할 도리를 분명히 가르쳐야 합니다. 만일 기로(耆老)들의 말을 잘 들었다면 오늘과 같은 처지에 이르지 않았을 것입니다. 청컨대 전과를 뉘우치고 출가하는 것을 그만 두십시오. 만약 성명왕의 명복을 빌자는 원을 풀 것을 생각하신다면 국민을 출가시켜 주십시오' 라고 말하였다. 여창이 '알았다' 라고 대답하고, 신하와 상의하였다. 신하는 100인을 출사시켜 많은 번개를 만들고 여러 가지 공덕이 있는 일을 하였다(『일본서기』 권19, 欽明 16년 조).

위덕왕은 부왕인 성왕의 패사에는 기로들의 반대를 무릅쓰고 전쟁을 밀어붙였던 자신에게 있었음을 시인하고 있는 것이다. 그로 인해 그는 정치에 뜻을 잃고 출가 수도하면서 자신의 실책으로 세상을 뜬 성왕의 명복을 빌면서 참회하는 일생을 살고자 했던 것이다. 그러한 위덕왕의 뜻은 이루어지지 못하였지만, 대신 100명을 출가시킴으로써 대속시키고 있다. 그리고 위덕왕은 선왕을 위하여 능사(陵寺)를 창건하였으며, 왜의 호류지[法隆寺] 몽전에 성왕을 상징하는 구세관음상을 조성하였다.

그런데 성왕의 패사는 백제 불교의 일대 위기를 초래하였다. 성왕의 전사에서 비롯된 국가적 일대 위기의 원인을 찾는 과정에서 나왔다. 백제가 건국신인 건방지신(建邦之神)을 멀리하고 불교를 혹신한데서 원인을 찾았기 때문이다. 그러나 위덕왕은 이러한 위기를 잘 극복했을 뿐 아니라 오히려 불교를 통해 왕권을 만회하고자 하였다. 『법화경』에 보면 대통불(大通佛)을 '큰 위덕(威德) 갖추신 세존'이라고 했다. 바로 이러한 의미에서 위덕이라는 시호가 생겨난 것으로 볼 수 있다.

2. 능사(陵寺)의 조영

1) 능산리의 백제 절터

백제의 마지막 수도였던 충청남도 부여군에 소재한 '능산리(陵山里)'는, 지명에서 암시하듯이 백제가 부여에 도읍을 하던 시기(538~660)의 왕릉군이 자리잡은 곳이다. 능산리고분군(사적 제14호)으로 일컬어지고 있는 이 왕릉군 왼편에는 백제 당시의 수도였던 부여 읍내를 둘러싸고 있는 나성(羅城 : 사적 58호)이라는 성벽이 길게 뻗어 있다. 이 나성과 능산리 백제 왕릉군 사이에서 1993년 말에 건물터가 확인 되었다. 또 이 자리에서 백제 고고학의 최대 성과요 세기적 발견이라고 일부에서 말하는 백제금동대향로가 기적적으로 출토되어 백제 미술의 정수를 보여 주었다.

그런데 발굴이 진행되면서 능산리의 건물터는 당초 생각했던 왕릉에 부장되는 기물(器物)을 제작하는 공방(工房)이 아니라 절터였음이 확인되었다. 1탑1금당과 1강당의 가람배치를 가진 사찰로 밝혀졌다. 이러한 가람배치는 부여의 군수리(軍守里) 절터의 그것 뿐 아니라 일본의 시텐노지[四

天王寺]와도 동일하여 사비성 도읍기(538~660) 백제 사찰 양식의 한 전형을 알게 해 준다. 동시에 고대 일본 문화의 뿌리로서 백제 문화가 지닌 의미를 되새기는 계기를 마련해 주었다.

그와 더불어 생각해야 될 것은 이 절터의 성격이다. 다른 곳도 아닌 왕릉군과 불과 100m 떨어진 지점에 사찰이 들어선 데는 그럴만한 이유가 있었다고 보여진다. 왕릉을 수호하고 이곳에 묻힌 백제왕들의 추복(追福)을 기원하는 능사(陵寺)였음을 생각하게 한다. 이러한 경우로는 고구려에서 소위 동명왕릉과 관련된 추복 사찰로서 정릉사(定陵寺)의 존재가 확인된 데서도 방증이 되어진다.

2) 명문이 담긴 사리감의 출토

그러면 능산리의 능사가 창건된 시기에 관한 문제가 남는다. 이에 관한 해답을 이곳에서 출토된 사리감(舍利龕)에 새겨진 명문이 주고 있다. 화강암 석재로 제작된 사리감은 탑의 내부에 사리구(舍利具)를 담아 두는 시설인데, 백제금동대향로가 출토된 곳에서 불과 남쪽으로 20m 떨어진 지점에 소재한 목탑터에서 확인되었다. 사리감은 목탑터 중앙에 있는 장방형 심초석 남쪽 부분 지하 114cm 깊이에서 비스듬히 놓인 채 발견되었다.

사리감은 높이 74cm에 가로·세로 각 50cm 크기로서 윗 부분이 아치형을 하고 있어 마치 우체통 모양을 연상시킨다. 그 앞면의 양쪽에는 '百濟昌王十三季太歲在 / 丁亥妹兄公主供養舍利'라는 20자의 글자가 또박 또박 새겨져 있는데, 1971년 공주에서 출토된 무령왕릉매지권의 필체를 닮은 해서체이다. 내용은 '백제 창왕(昌王) 13년 정해년에 누이동생인 형공주(兄公主)가 공양한 사리'라는 뜻이 되겠다.

이 짧은 문장을 통해 몇가지 중요한 사실을 추리하는 게 가능하지만, 그에 앞서 정리해 둘 사안이 있다. 즉, 창왕은 『삼국사기』에서 백제 27대 임금으로 기록된 위덕왕의 이름이라는 것이다. 그러므로 백제에서는 국왕이 사망한 후에 부여되는 시호와는 달리, 국왕의 생존시에는 왕의 이름 자체가 공식 호칭이었음을 알게 된다. 그 다음으로 주목해야 될 글자는 '兄公主'가 되겠다. '兄'자는 550년에 새겨진 북제(北齊) 『장백용형제조상기(張伯龍兄弟造像記)』에 보이는 '兄'의 별자(別字)이다. 별자는 본글자와 뜻은 같지만 문자체가 다른 일종의 이자(異字)로서, 문자체의 선후 관계에서 나온 고자(古字)와는 의미가 전혀 다르다. 즉, 같은 문자에서 점이나 획수 혹은 변(偏)이나 방(旁)의 글자형을 달리하는 문자인 것이다. 별자는 북조 계통의 여러 나라들에서 많이 출현하였다. 요컨대 백제가 별자를 사용하였음은 그 서법(書法) 체계에 미친 중국 북조(北朝 : 317~581)의 영향과 문화적 세련도를 생각하게 한다. 이러한 맥락에서 본다면 525년에 제작된 무령왕릉매지권의 자형(字形)이 북조의 그것과 흡사하다는 지적과, 백제와 빈번한 교섭이 이루어진 것으로 전하는 남조(南朝)보다 오히려 북조 계통 역사서의 백제전(百濟傳) 내용이 구체적이고 정확한 이유를 생각해 보게 한다. 즉 전하는 문헌기록과는 달리 백제와 북조 간에는 어떠한 형태로든 빈번한 교류가 이루어졌음을 엿 보여주거니와, 그러한 관계를 재검토하는 계기를 마련해 주었다.

문제는 '兄'의 고유명사 여부가 되겠는데, 위덕왕의 여동생 이름으로 단정하기 쉽다. 그러나 유의할 점이 있다. 중국에서는 한(漢)나라 때 이래 황제의 누이를 장공주(長公主)라고 하였다. 또 신라 말의 '지증대사비문'에서 사찰을 짓는데 필요한 토지를 기진한 경문왕의 누이를 장옹주(長翁主)라고 한 '장(長)'이라는 글자가 주목된다. 이 '장'과 유사한 의미를 담고 있는 글자가 '형(兄)'인 점을 고려한다면, 형공주(兄公主)는 국왕의 자매에 대한 호칭일 수 있다. 그러나 누이를 가리키는 '매(妹)'라는 글자가 있는 것을 보면 석연치 않은 해석이 된다. 오히려 '맏 공주' 혹은 '큰 공주'의 뜻으로 해석하는 것도 가능하지 않을까 한다. 여하간 위덕왕의 여동생이요 성왕의 딸이 사리를 공양한 사실을 알게 되었다. 나아가 그녀가 이 사찰의 창건에 핵심적인 역할을 하였음을 생각하게 하면서, 능산리 절터는 왕실 사찰임을 알려준다.

3) 사리감 명문은 무엇을 알려 주는가

보다 중요한 것은 사리감 명문을 통해 다음과 같은 사실을 확인하였다는 점이다. 첫째, 백제 당시의 칭원법(稱元法)을 살필 수 있게 되었다. 사리감 명문에 의하면 위덕왕 13년은 정해년(丁亥年)이 되는데, 『삼국사기』에 의하면 그 13년은 병술년(丙戌年)으로서 간지(干支)가 맞지 않는다. 위덕왕 14년이어야만 정해년이 되는 것이다. 그렇다고 할 때 위덕왕의 즉위 원년은 연표 등에서 그 즉위 2년째로 기록된 555년이어야만 한다. 그러면 이러한 차이는 왜 발생하였을까? 이는 두 갈래로 추리할 수 있다. 하나는 위덕왕의 즉위가 성왕 사망 후 1년 정도의 공위(空位) 기간을 가진 후 이루어졌다는 생각을 해 볼만하다. 『일본서기』에 의하면 위덕왕은 성왕의 전사를 자신의 과오로 간주하여 고뇌하였고, 성왕 사후 3년이 지나 즉위한 것으로 기록되었기 때문이다. 즉 『일본서기』에서 위덕왕의 즉위년은 557년으로 되어 있으나, 사리감 명문을 통해 그 즉위 원년은 555년으로 밝혀졌으므로 일부 학자들을 혹하게 하였던 공위설(空位說)의 타당성은 일단 희박해졌다. 다만 위덕왕은 즉위하지 않고 부왕을 위해 출가수도(出家修道)하려고 하였으나 단행되지는 못했다. 하지만 그러한 염원이 종국적으로 능산리 절터와 같은 원찰(願刹)의 창건으로 이어졌음을 생각하게 한다.

그리고 다른 하나는 『삼국사기』에 적용되는 즉위년칭원법(卽位年稱元法 : 前王이 사망하는 해가 곧 새 왕의 즉위 원년이 되는 즉위 연대 표기법)은 금석문 자료와 맞추어 볼 때, 삼국 당시의 칭원법으로 간주하기 어렵다는 점이다. 칭원법과 직접 관련은 없지만 여기에 문제가 있음은, '광개토왕릉비문'에 의하면 광개토왕의 즉위 원년은 『삼국사기』에 의거한 392년이 아니라 1년 앞당겨진 391년으로 밝혀진 바 있기 때문이다. 그런데 사리감 명문을 통하여 확인된 사실은 성왕이 전사한 554년 7월의 이듬해인 555년이 위덕왕의 즉위 원년으로 밝혀지게 되어 유년칭원법(踰年稱元法 : 전왕이 사망한 다음 해를 새 왕의 즉위 원년으로 삼는 연대 표기법)을 사용한 사실이 밝혀졌다. 따라서 『삼국사기』의 칭원법에 대한 전반적인 재검토가 불가피해졌다고 하겠다. 참고로 '무령왕릉매지권'에는 무령왕이 사망할 때의 연령과 그 해 간지가 기재되어 있으므로, 그가 출생한 해는 알 수 있지만 즉위한 해는 알 길이 없다.

또 사리감 명문에 의하면 연(年) 다음에 '태세(太歲)'라는 용어가 기재되어 있다. 태세는 목성(木星)이 하늘을 운행하는 기간이 12년이 소요되는 것을 이용하여, 12지(支)의 순서에 따라 해를 표기하는 방법이다. 이러한 태세기년법은 삼국 관련 문헌에는 보이지 않지만, 금석문 자료를 통하여 고구려와 신라에서는 확인된 바 있다. 사리감 명문을 통해서 백제에서도 이같은 기년법이 사용되었음이 밝혀졌다.

둘째, 사리감 명문에 연호(年號)가 기재되어 있지 않았다는 점이다. 이는 『한원(翰苑)』의 기록을 비롯하여 백제 지역에서 출토된 금석문 자료에 연호가 없었던 사례와 부합되고 있다. 즉 『한원』에 의하면 백제에서는 기년(紀年)을 표시하는데 특별한 연호없이 6갑(甲) 간지만 사용하였음을 밝히고 있다. 그리고 '무령왕릉매지권'이나 '사택지적비문'을 비롯한 백제의 금석문 어디에도 연호를 사용한 흔적이 확인되지 않았다. 따라서 일본 나라 현[奈良縣] 텐리 시[天理市]의 이소노가미 신궁[石上神宮]에 봉안된 칠지도에 기재된 태화 연호(泰和年號)를 백제의 고유 연호로 간주하거나 그 제작 시기를 무령왕대(501~523)나 그 이후로 간주하는 견해는 모두 미몽(迷夢)에 불과한 것으로 드러나게 되었다. 요컨대 백제는 근초고왕대 (346~375)에 동진(東晋)의 연호를 채용한 적은 있었지만, 그러나 이후 줄 곧 고구려나 신라와는 달리 고유 연호 없이 간지로써 기년(紀年)을 명시 한 사실이 확인되었다. 이 점 백제만의 특색이라고 하겠다.

  셋째, 사리감 명문은 능산리 절터의 창건 내력을 밝혀주고 있다. 567년 에 목탑의 심초석에 사리를 공양하였다는 사실은 567년이나 그 직전에 불 사(佛寺)가 시작되었음을 뜻한다. 이 시점에 능산리에 묻힌 왕자(王者)는 위덕왕의 아버지인 성왕을 제외하고는 없었다. 성왕은 신라에 의해 살해 되었지만, 『일본서기』에 의하면 두골(頭骨)을 제외한 유체(遺體)는 돌려 받 았으므로 백제 땅에 묻힌 것이 분명하다. 그런데 그 장지(葬地)에 관해서 는 과거에 공주 송산리 왕릉군 가운데 한 기(基)를 지목하기도 하였지만, 능산리 절터가 위덕왕 때 창건된 능사로 밝혀진 만큼, 성왕의 능은 부여 능산리에 소재한 것으로 드러나게 되었다. 이는 중요한 시사를 던져 준다.
  즉 도읍지를 옮기게 되면 천도를 단행한 국왕의 유택도 신수도에 조영 된다는 것이다. 북위의 효문제는 당초 평성에 능을 조영했으니 낙양으로 천도한 후에는 신수도인 낙양의 북망산에 유택을 조성하여 그곳에 실제 묻혔다. 백제 무왕이나 조선 정조의 능이 천도와 관련된 익산이나 신도시 로 건설한 수원에 각각 마련된데서도 방증이 된다. 나아가 이는 현재까지 미궁에 싸여 있는 고구려 광개토왕의 능을 지목할 수 있는 근거를 제기해 준다. 광개토왕릉은 능비(陵碑)가 존재함에도 불구하고 논란이 있었는데, 태왕릉설과 장군총설로 나뉘어져 있었다. 중국 현지에서는 태왕릉을 광 개토왕릉으로, 장군총을 장수왕릉으로 간주하는 게 통설화 되다시피 하 였다. 그러니까 장수왕은 평양으로 천도하였지만 사후에는 조상들이 묻 힌 만주 집안(集安)으로 귀장(歸葬)되었다는 것이다. 그러나 능산리 절터

사리감 명문을 통해 사비성 천도를 단행한 성왕이 천도지에 묻힌 것이 확실시 됨에 따라 귀장설은 근거가 희박해졌다. 반면 광개토왕릉의 장군총설이 한층 힘을 얻게 되는 결과를 가져왔다.

넷째, 문헌에 등장하지 않는 폐사지의 창건자가 밝혀진 유일한 절터로서 사원고고학의 절대 연대를 제공해 주었다. 567년을 창건 연대로 하고 있는 이 절터는, 593년에 건립되어 일본에서 가장 오래된 국립 사찰로 알려진 시텐노지와 동일하게 탑·금당·강당이 남북 일직선상에 늘어선 가람 배치의 조형(祖形)임이 밝혀졌다. 종전에 일본의 시텐노지를, 창건 연대를 알 수 없는 부여 군수리 절터에 보이는 가람 배치의 영향을 받은 것으로 간주하였는데, 다소 막연한 느낌을 주던 백제 문화의 영향을 구체적으로 확인하는 계기가 되었다. 또 능산리 절터에서 출토되는 기와를 비롯한 모든 유물의 상한(上限)이 확정되어졌다. 종전에 7세기경에 제작된 것으로 추정하였던 백제금동대향로의 제작 시기를 6세기 중반으로 설정하는 게 가능할 수 있게 되었다.

다섯째, 사리감은 심초석 주변에서 함께 출토된 흙으로 만든 불두(佛頭)와 금동 및 은제고리·금동방울을 비롯한 595점의 유물과 함께 삼국시대 사리 장치(裝置) 연구에 획기적인 유물로 평가되어진다. 참고로 사리감은 윗 부분이 아치형을 하고 있는 특이한 형태이다. 그런데 능산리 백제 왕릉군 가운데 관(棺)을 안치해 두는 방(房)인 현실(玄室)의 형태가 이와 유사한 게 있다. 석실분(石室墳)인 능산리 제2호분(중하총)의 현실이 바로 아치형이다. 고고학자들은 전축분(塼築墳)인 공주 무령왕릉의 형태를 계승한 이 고분의 조영 시기가 능산리에서는 가장 이른 것으로 주장한다. 그렇다면 뜻모를 사리감의 형태는, 성왕의 관을 안치한 현실 구조에서 따왔을 가능성을 시사하고 있다. 필자의 추정이 옳다면 이제사 그 깊은 뜻을 헤아릴 것만도 같다. 그러면 독실한 불교 신자였던 성왕의 시신이 안치된 현실의 모양을, 성왕을 위한 원찰의 목탑안에 그것도 사리를 봉안하는 사리감의 형태로 재현시켰음은 무엇을 의미할까? 필자는 왕이 곧 부처이다 라는 '왕즉불(王卽佛)' 사상의 발현이 아니겠는가라고 생각해 보고 싶다.

4) 능산리 절터의 폐사(廢寺) 시기와 사리감 명문의 의의

그러면 능산리 절터는 언제 폐사가 되었을까? 이것을 시사해주는 것이 탑의 가운데 기둥을 박아두는 심초석이 1m 깊이의 흙 아래서 기울어진 상태로 출토되었다는 점이다. 파괴를 입었음을 뜻하는데, 사리를 담아 두었던 사리구 또한 없어졌던 것으로 판명났다. 그리고 심초석에 박힌 나무 기둥에 도끼자국이 나 있는 것으로 미루어 백제가 멸망할 무렵 당나라 군대에 의해 도굴되었을 가능성을 제기해 준다고 한다. 이 시점이 능산리 절터의 최후일 가능성을 짙게 시사해 준다.

지금까지 살펴 본 부여군 능산리 절터의 사리감 명문을 통해 고구려에서 확인된 바 있는 능사의 존재가 백제에서 최초로 밝혀졌다. 그리고 『삼국사기』의 백제 기년(紀年)에 대한 전반적인 검토의 필요와, 백제에서는 연호를 채용하지 않았고, 성왕의 능은 능산리에 소재하였고, 광개토왕릉은 장군총이 타당하다는 점이 확인되었다. 게다가 절대 연대를 가진 몇 안되는 백제 절터로서 사원 고고학 연구에 획기적인 기여를 하게 되었다. 또 백제금동대향로의 제작 연대를 6세기 중반으로 설정하는 게 가능하였고, 백제 가람 건축이 왜(倭)에 영향을 미쳤음이 입증되었다. 그 밖에 왕실의 원찰(願刹)이었기에 당나라군에 의한 도굴과 방화가 의식적으로 자행되었고, 폐사(廢寺) 시기에 대한 유추가 역사적 상황 속에서 가능하였다.

3. 백제금동대향로의 세계

1) 백제금동대향로 출토지의 내력

　백제 수도였던 충청남도 부여에는 흡사 제방같은 모습으로 나성(羅城)이 시가지를 에워싸고 있다. 부여 읍내에서 논산으로 향한 국도변에 자리잡은 동쪽 나성에 잇대어서 갈대가 우거진 저습지가 좁게 펼쳐져 있었다. 이곳에서 천 수백년의 잠에서 깨어난 백제금동대향로(국보 제287호)가 그 능란하고도 신이(神異)한 자태를 세상에 드러낸지도 어언 13년이 흘렀다. 향로는 제사 때 향(香)을 지피는 용기(容器)를 가리킨다. 그러한 향로의 기능은 여러 가지였지만 불교의 전래와 함께 부처에게 향과 꽃을 공양하는 향화공양(香華供養) 의식과 주로 관련있다.
　고고학적으로 볼 때는 유물이 출토된 장소와 편년 즉 조성 연대가 몹시 중요한 의미를 지니고 있다. 연이은 지속적인 발굴을 통해 백제금동대향로가 출토된 장소는 절터로 밝혀졌다. 아울러 목탑의 심초석 부분에서 사리를 봉안해 놓은 장치인 사리감의 겉면에 명문이 새겨진 게 확인되었다. 이 명문을 통해 위덕왕 13년인 567년에 사리가 목탑에 봉안되었음을 알 수 있었다. 탑은 부처상을 봉안한 금당과 더불어 사찰을 구성하는 양대 기본 요소가 되는 것이다. 따라서 이 사찰의 조성 시기를 명문에 적힌 대로 위덕왕의 여동생이 사리를 공양한 567년 무렵으로 간주하면 틀리지 않을 것 같다.
　이 사찰의 기능은 그 입지적 조건을 통해 접근할 수 있다. 현장을 방문해 보면 금방 알 수 있겠지만, 이 절터는 왕도(王都)의 구획을 명시한 구간인 나성과 능산리 왕릉군 사이에 소재하였다. 그러므로 이 곳은 왕릉군과 긴밀한 연관을 맺고 있는 사찰로 짐작할 수 있다. 그런데 567년에 이 사찰이 창건될 당시 능산리에는 성왕의 무덤 밖에는 존재하지 않았다. 따라서 왕릉군에 인접하여 조성된 이 사찰의 기능은 당초 성왕의 무덤을 관리하면서 성왕의 복(福)을 기원하는 역할을 했던 곳으로 추측하는 게 어렵지 않다. 그래서 이 사찰을 능사(陵寺)로 간주하는 것이다.

554년의 관산성 전투에서 패하여 전사한 성왕의 능이 능산리에 조영되었다. 그러한 성왕을 위해 창건한 사찰이 능사였고, 바로 그 부지에서 백제금동대향로(앞으로는 '대향로'로 줄여서 표기한다)가 1993년 10월에 실로 기적적으로 출토된 것이다. 대향로는 건물터의 바닥에 구덩이를 판 진흙 속에서 눕혀진 채 거의 완전한 형태로 발견되었다.

2) 대향로의 도상(圖像)

대향로는 몸체와 뚜껑, 그리고 받침의 세 부분으로 구성된 61.8㎝ 높이였다. 그러나 뚜껑 꼭대기의 큰새 장식까지 포함해서 모두 4개의 부위를 주물로 따로 제작해서 서로 결합시킨 것이다. 뚜껑의 정상에는 여의주를 목에 끼고 날개를 활짝 펴서 힘차게 날아 오르려는 큰 새가 장식되어 있다. 이 새를 일반적으로 봉황으로 지목하고 있지만, 형상적으로 봉황과 주작은 구별되지 않는다. 봉황이 주작의 일부에 포함된 것으로 간주하기도 한다. 이 새의 여의주 밑에 뚫려 있는 2개의 향연 구멍을 통해 나오는 연기는 봉황이나 주작의 서기(瑞氣)를 연상시킨다.

대향로의 뚜껑에 장식된 박산(博山)은 중국의 동쪽 바다 가운데 불로장생의 신선들이 산다는 삼신산(三神山)을 상징적으로 표현한 것으로 말해진다. 중첩된 산을 정돈하여 보면 모두 5단(段)이며 각 단은 5개의 봉우리로 이루어진 결과 모두 25개의 봉우리가 나타난다. 이 산에는 17인의 인물과 36마리의 동물이 측면 모습으로 조성되었다. 인물을 정면에서부터 왼쪽으로 살펴 보면 동물을 부르는 듯한 사람, 호수 옆의 바위에서 낚시하는 사람, 머리를 감고 있는 사람, 말을 달리며 뒤를 돌아 보며 멧돼지를 향해 활시위를 겨누는 사람, 봇짐 지고 코끼리 등을 탄 사람들이 보인다. 그리고 악사들이 연주하는 서역 악기인 완함(阮咸)·피리·배소(排簫)와 남방계의 북, 고구려계인 거문고를 통해 백제 악기 체계의 국제성을 엿볼 수 있다. 동일한 순서로 동물들을 살펴 보면 곰·새·호랑이를 비롯해서 얼굴은 사람이지만 몸은 새인 인면조신(人面鳥身), 부리가 긴 새, 코끼리와 사슴 등의 동물들이 나타나고 있다.

몸체에는 연꽃의 연판(蓮瓣)이 5겹 즉 5단으로 조성되었다. 수중을 나타낸다고 볼 수 있는 이곳에서는, 물고기를 먹는 새, 날개 달린 동물, 길짐승처럼 보이는 새 등이 부조되었다. 받침은 꿈틀거리는 반룡(蟠龍)이 힘차게 승천하려는 기상이다. 그 세 발은 바닥을 딛고 한쪽 발톱은 위로 치켜 세운채로 목을 곧추 세우고서 대향로의 몸체를 이루는 연꽃의 줄기를 입으로 물어 떠 받들고 있다. 그러므로 반룡은 마치 한 송이의 연꽃을 물고 있는 형상으로 몸체를 지탱하고 있는 것이다. 반룡은 머리와 뿔, 다리와 비늘 등이 매우 생동감 있게 표현되었다. 특히 반룡의 정수리에서 솟아오른 뿔은 두 갈래로 갈라져 목 뒤까지 길게 뻗어 있고 길게 찢어진 입 안으로 날카로운 이빨까지도 세밀히 묘사되었다. 그리고 바닥을 딛고 있는 반룡의 발가락 끝에는 물결을 생생하게 표현하였다. 물결과 다리 사이에 여섯 잎의 연꽃 무늬도 나타내었다. 반룡의 세 다리와 물결이 둥근 원형을 이루게 구성하여 안정감 있는 구도를 나타낸다. 향로에 용을 받침으로 삼은 예는 중국에도 있지만, 표현이 미약하고 그러한 사례는 많지 않다고 한다. 대향로처럼 향로의 받침을 용이 실제로 역동적인 용트림을 하는 표현을 구사한 작품은 찾기 힘들다는 것이다.

3) 대향로의 상징성

대향로에는 상징적인 내용들이 숱하게 장식되어 있다. 그것 자체는 말이 없기 때문에 해석에 맡길 수밖에 없다. 또 그러한 해석은 말을 거는 이에 따라 다르게 나오기 마련이다. 일단 뚜껑은 도교에서 말하는 일종의 이상향인 삼신산 혹은 방장선산을 가리키는 것으로 말해진다. 인면조신은 천년을 산다는 장생(長生)의 표상으로서 등장시켰을 수 있다. 그리고 대향로에 보이는 동물들은 가위 진금(珍禽)과 기수(奇獸)로 부를만 하므로 도교적인 요소를 이야기할 만하다. 이와 더불어 대향로에는 연화장(蓮華藏)의 세계가 재현된 것으로 간주하기도 한다. 물론 대향로에서는 방금 거론한 그러한 요소가 담겨 있기는 했다. 그러나 이것은 당초의 의도라기보다는 일반적인 향로의 모티브를 따온 데서 연유한 것으로 보인다. 살생과 관련한 짐승을 사냥하는 모습이나 낚시하는 모습이 불교적 일 리는 없기 때문이다. 이는 말할 나위없이 속세의 모습을 담은 것이라고 보아야 한다. 산봉우리들 사이에는 수목과 인물·짐승과 귀신 등이 꽉 차 있는 번잡한 모습이다. 따라서 이 곳은 신선이 사는 곳 같지 않다는 지적이 있다. 날개 있는 신선도 없을 뿐더러 구름도 표현되지 않았기 때문이다.

대향로 뚜껑 꼭대기에 장식된 봉황(주작)은 다리 아래쪽에 커다란 타원형의 알을 움켜쥐고 있다. 봉황은 태양과 빛을 상징한다고 할 때 타원형의 알은 일광(日光)에 의한 탄생 직전의 상황을 표현한 것일 수 있다. 난생설화를 연상시키는 것이다. 그 아래쪽의 다섯 방향에는 다섯 마리의 작은 새들이 자리 잡았고, 그 사이에는 악사들이 있다. 이와 관련해 대향로의 산은 5단이며, 각 단은 5개의 봉우리로 구성되었고, 5명의 악사와 5개의 연기 구멍의 숫자가 주목된다. 대향로가 제작된 사비성 도읍기에는 도성을 5부(部)로, 전국은 5방(方)체제였다. 5방은 천하만민 의식과 관련한 백제 천하관의 발로였다. 그러한 기원은 5라는 숫자를 기본 단위로 해서 사회편제가 이루어진 부여 국가에서 찾을 수 있다. 부여와 고구려는 전국을 각각 5부로 구획해서 통치했던 것이다. 고구려의 악공(樂工)들이 5색의 노끈을 매었다는 것도 이와 무관하지 않을 정도로 부여계 국가들은 5라는 숫자와 친밀한 관계를 맺고 있었다. 이러한 맥락에서 볼 때 백제가 지금의 충청남도 부여인 사비성으로 천도한 후에 국호를 남부여로 고친 사실이 주목된다. 이것을 부여로부터 내려오는 계승 의식의 강화라고 할 때 대향로 꼭대기의 새는 사신(四神) 가운데 남방의 주작을 의도했을 가능성도 있다. 어느 때 보다도 남방에 대한 의미가 강화된 시점이었기 때문이다.

대향로에는 앵무새나 악어를 비롯해서 코끼리·원숭이·양(羊)·사자에 이르기까지 백제에서 서식하지 않은 진귀한 동물들이 등장한다. 이는 백제가 왜에 선물한 낙타·노새·양·흰꿩·앵무새·당나귀 등과 같은 동물들의 실재와 결부 짓는 게 가능하다. 백제 의자왕이 왜의 호족인 후지와라노 가마타리에게 선물한 바둑함에도 코끼리 모습이 담겨 있다. 그러므로 대향로의 동물들은 이 같은 천하의 만물이 집결하고 서식한다는 백제인들의 자국 중심의 천하관을 반영한다. 실제로 대향로가 출토된 능사에서는 서역과의 교류를 암시해 주는 유리편까지 출토된 바 있다. 요컨대 대향로는 물산의 풍부함을 과시하면서 자국의 위상을 높이는 한편, 신화에나 등장하는 환상적인 귀신의 모습인 외수(畏獸)나 괴수(怪獸)를 비롯해서 각종의 기이한 동물과 초목들을 가미시켰다. 게다가 현악기·타악기·관악기로 구성된 5종류의 악기가 마치 연주되는 것 같은 분위기 속에서 향이 피어오르는 모습은 신비감을 증폭시켰을 것이다. 대향로는 이 같은 낙토(樂土)의 이미지를 과시하려는 의도가 담긴 것으로 평가된다.

4) 대향로에 대한 평가

대향로는 기본 구성에 있어서 중국의 박산 향로에 뿌리를 두고 있지만, 백제적인 새로운 요소와 변화가 가미된 것으로 평가되고 있다. 중국에서는 아직껏 이와 유사한 향로가 출토된 바 없기 때문에 백제 조형미술의 대표작으로 꼽는다. 대향로가 지닌 미술사적인 의미를 백제인의 창의성과 조형성에 두면서, 그것을 대향로 전체의 구성미와 비례미, 장식의 조화미와 세련미 그리고 곡선미와 율동미에서 찾기도 한다. 요컨대 대향로는 동아시아 향로 역사에 있어서 시대와 국가를 불문하고 가장 우수한 걸작품으로 평가하는데 이견이 없다. 즉 가장 정교하고 복잡한 장식성을 지니고 있다는 것이다.

그러한 대향로는 백제의 몰락과 운명을 함께 하였다. 황산벌에서 백제군을 깨뜨리고 사비도성으로 세차게 진격해 오는 신라군의 발자국 소리가 점점 커지는 것을 능사의 승려들은 듣게 되었을 것이다. 국가 최대의 위기를 맞아 국난(國難) 극복을 위한 법회에서 마지막으로 향화공양했을 대향로는 칠기(漆器)에 넣어졌다. 그리고는 능사에 부속된 공방(工房)에서 필요한 물을 저장하는 구유 모양 목제 수조(水曹)에 황급히 들어 갔다. 그것이 몇몇 백제인들이 목격했을 대향로의 마지막 모습이었다. 그로부터 1300여 년의 성상(星霜)이 훌쩍 지난 가을날, 진흙과 물로 뒤섞인 구덩이에서 뚜껑이 벗겨져 받침대 좌측 아래에 쓰러진 상태로 대향로는 그 신비스러운 모습을 세상에 드러냈다. 이것을 진흙 구덩이 속에서 연꽃이 피는 것에 비유할 수 있을까. 이제 바르게 세워진 백제금동대향로는 자부심의 표상으로서 한국인들의 마음에 자리 잡았다.

III. 위덕왕대의 불교를 통한 대왜 관계

위덕왕은 백제 불교와 사원 기술자들을 대거 왜에 파견하였다. 일본 오사카에서 6세기 말에 세워진 시텐노지[四天王寺]의 창건은 당시 야마토 정권 내부의 권세가인 소가씨[蘇我氏]와 모노노베씨[物部氏]의 세력 다툼으로 내분이 발생한 일과 관련 있다. 이 와중에서 쇼토쿠 태자는 불교 진흥을 목적으로 소가씨 편을 들고 배불파(排佛派)인 모노노베씨를 타도하기 위한 전승 기원 차원에서 시텐노지 창건 계획을 세웠다. 시텐노지는 모노노베씨 토벌이 시작된 후인 593년에 건립되었다. 남대문·중문·오층탑·금당·강당이 남북 일직선상에 늘어서 있는 가람 배치는 '시텐노지' 양식이라고 하는 일본에서 가장 오래된 사원 양식의 하나이다. 이는 567년에 창건된 부여 능산리사지나 군수리사지(軍守里寺址)·정림사지와 동일한 가람 배치 구조이다. 게다가 시텐노지는 군수리사지와 탑과 금당 간의 거리를 비롯하여 각 건물의 비례까지 일치하고 있으므로 백제의 영향임이 한층 분명해진다. 또 호류지의 전신이라고 하는 와카구사지 지[若草寺址]는 군수리사지처럼 남북 일직선상에 탑과 금당이 배치되어 있다. 게다가 군수리사지의 탑지(塔址)의 크기를 비교해 보면, 와카구사지지와 군수리사지 간에는 크기의 차이가 있지만, 와카구사지지의 탑지를 이중기단으로 가정하고 계산하면 양자가 대단히 가깝다는 결론에 이르게 된다. 게다가 시텐노지와 와카구사지지 그리고 군수리사지에서는 기와가 소연(素緣)이며, 단변(單辨)의 팔변연화문(八辨蓮花文)을 새기고 있는 공통점까지 있는 만큼, 백제 사원 양식의 영향임은 너무도 뚜렷해진다. 그리고 현재 남아 있는 호류지의 금당은 세계 최고의 목조 건축물로 이중기단 위에 서있는 모습이 전체적으로 간결하며 장중한 분위기를 감돌게 하는 건물이다. 특히 호류지의 5층목탑은 부여에 소재한 정림사지 5층석탑과 재질과 규모는 서로 다르지만 구성 수법이 비슷한데, 똑같이 고려자를 척도로 하여 건축되었고 매 층의 높이와 너비의 합이 모두 같은 것으로 알려졌다.

  이와 짝하여 577년(위덕왕 24)에 백제에서 경론(經論) 약간 권과 율사(律師)·선사(禪師)·비구니(比丘尼)·주금사(呪禁師)를 비롯하여 불상조각공

[造佛工] · 사원건축 기술자[造寺工] 등이 파견되어 나니와[難波]의 오베시오우치 사[大別王寺]에 거주하였다. 백제에서 왜에 전해진 경론은 『부상략기』에 의하면 200권으로 구체적으로 기록에 보인다. 588년(위덕왕 35)에는 불사리를 비롯하여 승려 · 사원건설공, 탑의 맨 윗 부분인 상륜부를 받쳐주는 노반(露盤 · 鑪盤)을 만드는 노반박사, 기와 만드는 기술자인 와박사(瓦博士), 그밖에 화공(畵工) 등과 같은 많은 기술자들이 대거 왜에 파견되었다. 이로써 시텐노지[四天王寺] · 호류지[法隆寺] · 아스카지[飛鳥寺 ; 法興寺] · 구다라지[百濟寺] 등 숱한 사원들이 나라 분지를 중심으로 창건되었다.

이 가운데 아스카지(호코지)는 588년(위덕왕 35)에 백제에서 사신과 불사리(佛舍利)를 보냈고, 또 사공(寺工) · 노반박사(鑪盤博士) · 와박사(瓦博士) · 화공(畵工)을 파견함으로써 창건이 시작되었다. 592년에 불당과 회랑이 만들어졌고 596년에 아스카지의 탑이 완공되었고, 절은 609년에 완공되었다. 창건 당시 아스카지의 가람 배치는 1탑3금당 양식으로 밝혀졌는데, 평양의 청암리사지와 동일한 양식이다. 고구려 양식이 백제를 통해 왜로 전래되었음을 말해준다. 이는 아스카지의 최초 승려가 백제에서 파견된 혜총(惠聰)과 더불어 고구려의 혜자(惠慈)인데서도 짐작되어진다. 게다가 부여의 금강사지에서는 판축법(版築法)이라는 견고한 흙쌓기로 건물의 기단을 다져 놓았는데, 아스카지에서도 그것이 확인되었다. 또 아스카지의 회랑 기단은 동남리 건물지와 금강사지 강당의 경우에서처럼 판석을 세워서 만들었다. 따라서 일본 최초의 본격적인 사원인 아스카지는 문헌 기록에서처럼 백제인들에 의해 창건된 게 확인되었다.

IV. 법왕대의 불교

　남북조로 분열되어 있던 중원대륙이 6세기 말 수나라에 의해 통일되었다. 그럼에 따라 300년간 분열되었던 다원적인 동아시아 세계는 중국 중심의 일원적인 세계관을 확립해 갔다. 그러한 맥락에서 백제는, 수나라가 고구려의 요동을 침공한다는 소식을 듣고는 사신을 파견하여 군사의 길잡이가 되겠다고 알렸다. 고구려가 이 소식을 듣고는 격분하여 군대를 출병시켜 백제의 변경을 공격해 왔다. 위덕왕 말년인 598년(위덕왕 45) 신라의 한수유역 점령에도 불구하고, 교통로를 따라 기습전을 시도한 고구려군의 돌연한 침공은 백제 조정을 크게 동요시켰다. 왜냐하면 이 전투는 백제로서 기록상 21년만에 재개된 것이었기에 긴장감을 크게 조성한 것으로 보이기 때문이다. 어쩌면 이때 백제는 관산성 참패를 연상하여 사기가 크게 위축되었을 소지마저 있었다. 그러나 무엇보다도 당시의 백제는 고령인 위덕왕 말년이기에 국왕의 통치력이 쇠퇴한 상황이었다. 게다가 위덕왕의 태자인 아좌(阿佐)가 왜에 건너가 있는 상황이었기에, 이 전쟁을 이끌어 나갈 수 있는 실체가 뚜렷하지 않았다. 그러한 상황임에도 불구하고 백제는 고구려군의 침공을 격퇴하였다.

　그 직후인 뒤에 법왕(法王)이 되는 효순태자(孝順太子)는 전승 원혼을 위해 오합사(烏合寺)를 창건하였다. 오합사에 관한 기사는 다음과 같다.

· 여름 5월에 붉은 말이 북악(北岳) 오합사에 들어가 울면서 절을 돌아 다니다가 며칠 만에 죽었다(『삼국사기』 권28, 의자왕 15년 조).

· 현경(顯慶) 4년 기미(己未)에 백제 오회사(烏會寺 또는 烏合寺라고도 한다)에 크고 붉은 말이 나타나 밤낮으로 여섯 시간이나 절 주위를 돌아 다녔다(『삼국유사』 권1, 기이 태종춘추공 조).

· 백제가 신라를 정벌하고 돌아 왔을 말이 절 금당을 돌아다니면서 밤낮으로 쉬지 않았다. 다만 풀을 뜯을 때만 멈췄다 혹본에는 이르기를 경신년(庚申年)에 적(敵)에게 멸망할 조짐이다(『일본서기』 권26, 齊明 4년 조).

위에 인용한 『일본서기』에 수록된 '절 금당'도 오합사를 가리키는 것으로 보는 데는 이견이 없다. 이와 관련해 법왕의 태자 적 이름인 '효순'이라는 이름의 의미를 상기하지 않을 수 없다. 『법망경』 서품(序品)에 보면 다음과 같은 기사가 있다.

· 그 때 석가모니 부처께서 보리수 아래에 앉아서 위없는 바른 깨달음을 이루시고 처음으로 보살의 바라제목차(波羅提木叉)를 말씀하시니 부모와 스승 그리고 삼보(三寶)에 효순(孝順)하는 것이니라. 효(孝)를 이름하여 계(戒)라고 하고 또한 이름하여 제지(制止)라고 함이니라.

위의 기록을 통해 법왕의 이름인 효순은 『법망경』에서 연유했음을 알 수 있다. 그리고 법왕이라는 시호도 『법망경』에서 석가모니를 진리의 왕인 법왕으로 일컬었던 데서 유래한 것이었다. 게다가 법왕의 엄격한 계율주의도 『법망경』에 기초했다고 본다. 그러면 앞의 이야기로 돌아와 보자. 신라말 구산선문(九山禪門)의 하나인 충청남도 보령에 소재하였던 성주사(聖住寺)의 창건 내력을 적고 있는 『숭암산성주사사적(崇嚴山聖住寺事蹟)』에 의하면 성주사의 전신이 오합사임을 밝히고 있다.

· 성주선원(聖住禪院)은 본래 수양제(隋煬帝) 대업(大業) 12년 을해(乙亥)에 백제국 28세 혜왕의 아들 법왕이 세운 오합사로서 전승(戰勝)한 원혼(冤魂)들이 불계에 승천하기를 바라는 원찰이다.

위의 사적기에서는 오합사의 창건 연대를 대업 12년(을해)으로 적고 있지만, 을해년은 대업 11년(615)이다. 그런데 대업 연간(605~616)은 무왕의 재위 기간으로서 법왕이 창건할 수 있는 계재가 되지 못한다. 김입지(金立之)가 글을 지은 성주사사적비편에도 오합사의 창건자로서 '백제국헌왕태자(百濟國獻王太子)'라고 하였다. 헌왕은 혜왕(惠王)을 가리키므로 그 태자는 법왕인 효순을 가리키는 것이다. 그러므로 오합사의 창건 시기는 법왕이 태자로 있던 시기인 동시에 전승을 한 시점이어야 한다. 이러한 2가지 조건에 맞는 시기는 고구려 군대가 침공해 온 598년에서 1년 뒤인 599년이다.

오합사는 백제 왕실의 각별한 배려하에 창건된 호국원찰이었다. 이는 백제 멸망과 관련한 일련의 예언 기사 속에 오합사가 등장하고 있는 데서도 그 성격을 짐작할 수 있다. 그런데 오합사 창건을 당시 백제 중앙권력의 향배를 암시해 주는 지표로써 간주할 때 다음과 같은 추정이 가능하여진다. 우선 효순 태자의 집권 과정이다. 598년에 고구려와의 전쟁에서 승리한 지 3개월 후, 위덕왕이 사망함에 따라 전왕의 아우인 혜왕이 70세 전후 고령으로 즉위하게 된다. 여기서 위덕왕의 아들인 아좌 태자가 존재함에도 불구하고 왕제가 즉위한 것은 어딘가 부자연스럽다. 효순의 정변을 생각하게 하여준다. 왜냐하면 백제의 통수권이 불투명한 상황에서 전개된 고구려군의 기습 공격이었다. 이러한 일련의 정황을 감안해 볼 때, 위덕왕의 조카인 효순 주도 아래 격퇴된 것으로 볼 여지가 크다.

전승을 배경으로 효순의 권위는 신장되었을 것이다. 게다가 그 전승 직후 위덕왕이 사망하는 비상 국면이 조성되었다. 그러한 와중에서 왕위계승 문제가 거론되었겠지만, 아좌 태자의 왜 체류 등에 편승하여 권력을 장악하게 된 이가 효순이었다. 효순은 이때 자신의 아버지를 즉위시켰는데 그가 혜왕이 되겠다. 여기서 효순이 직접 즉위하지 않은 이유는, 자신과 같은 항렬이요 더구나 전왕의 태자인 아좌가 생존한 상황이었다. 그러므로 위덕왕의 아우인 혜왕이라면 전왕의 왕자를 제치고 즉위하는데 따른 귀족세력 내부의 반발을 어느 정도 희석시킬 수 있다고 판단했기 때문이었다. 당시 혜왕은 고령이었다.

효순 태자가 598년 고구려와의 전승에서 희생된 장병들을 추념하여 호국사찰인 오합사를 창건하였다. 그 배경은 곧 그 전승이 자신의 집권기반이 된 데 다름아닐 것이다. 오합사에서는 전승을 염원하는 불교 의식 등이 거행되었고, 이같은 전승기념 사찰에 백제 멸망을 암시하는 조짐이 나타나는 것은 그 호국적 성격을 생각할 때 결코 우연한 일이 아니라고 하겠다.

단명(短命)한 혜왕을 이어 즉위한 효순 태자 즉 법왕은 살생(殺生)을 금하는 영을 내렸다. 민가에서 기르는 사냥에 쓰이는 매나 새매 등을 놓아주었으며, 고기잡고 사냥하는 도구들을 모아서 태워버렸다. 즉 법왕은 고기잡이나 수렵도구를 불태우고 사냥하는 매를 방생하는 등 엄격한 계율을 시행하도록 교(敎)를 내린 것이다. 법왕은 살생을 금하는 불교 윤리를 국민들의 생활 속에 심어두고자 했다. 이러한 불살생(不殺生)은 자비를 적극 실천하는 일이었다. 겸익이 중인도에서 오부율문을 싣고 온 이래로 백제는 계율을 강조한 바 있다. 588년(위덕왕 35)에는 왜에서 유학온 선신니(善信尼)는 율학을 배워 왜로 돌아 간 후에 그곳 율학의 비조가 되었다. 겸익과 미륵불광사가 관련 있는데다가 인도에서 가져 온 율부의 번역과 주소(註疏) 작업의 산실인 흥륜사는 전륜성왕(轉輪聖王)의 이념을 포용한 데서 연유했다고 한다. 이렇듯 백제의 미륵신앙은 계율주의와 표리를 이루고 있었다. 또 이러한 계율의 계(戒)는 유교의 예(禮)와 통할 수 있는 성질을 지녔다고 본다. '계'의 정신은 나쁜 행위를 막고 대신 훌륭한 일을 권장하는 데 본질을 두었다. 즉 인간으로서 인간다운 행실을 지키게 끔

하는 일종의 행동 규제였던 것이다.

 아울러 법왕은 왕실 홍륭을 기원하기 위한 목적으로 왕흥사(王興寺)를 창건하게 된다. 이밖에 그는 금산사 등의 사찰도 창건하였다. 이 무렵 법왕은 국가적 제사 대상이며 국토보호령으로 인식된 국토 4방의 경계에 소재한 산악을 설정하였다. 동계(東界)의 계람산(鷄藍山 : 계룡산), 서계인 단나산(旦那山 : 월출산), 남계인 무오산(霧五山 : 지리산), 북계인 오산(烏山 : 오서산)이 되겠다. 이러한 사방경계에 소재한 산악에 짝하여 호국사찰이 창건되었다. 이를테면 오합사는 북악과 짝하여 '북악 오합사'로서 기록에 보인다. 이는 곧 국토보호령인 기존 4방계산(方界山)의 역할을 사찰이 떠맡은 것이 아니면 산악신앙과 불교적 사방수호관념이 결합된 것으로 볼 수도 있다. 그러나 법왕대에 칠악(漆岳)이 소재한 칠악사(漆岳寺)에서 기우제가 거행된 점을 생각할 때, 오히려 산악신앙이 짊어졌던 역할을 사찰이 대신한 것으로 생각된다. 한성도읍기에 횡악의 경우에서 보듯이 기우제는 산악신앙과 관련된 것인데, 그것까지 사찰이 떠맡고 있기 때문이다. 한편 법왕은 사비성 천도 직후 설정되었으리라고 짐작되는 왕도 주변의 수호 산악인 3산 가운데 부산(浮山)과 짝하여 왕실 기복사찰인 왕흥사를 창건하였다.

 불교 이념의 깊숙한 사회 저변 침투를 통해 왕권의 기반을 확대하려고 한 법왕은, 보수적 유제(遺制)이며 국가적 제의였던 산악신앙의 소임까지 불교신앙으로 대신하고자 하였다. 그러나 법왕의 이같은 급격한 조처는 귀족들의 거센 반발을 초래하였던 같다. 귀족들로서는 산악신앙적인 토착 기반을 고수한 채 왕권과 공존하기를 바랬을 것이다. 어쩌면 이 문제를 둘러싼 왕권과 귀족권 간의 갈등이 법왕 단명의 요인이 되지 않았을까 한다.

 요컨대 법왕은 정비된 불교 교단을 통하여 얻어진 정리된 불교이념을 구체적으로 사회 각 방면에 침투시켜, 그것을 주재하는 왕의 지위를 부처의 지위로까지 끌어 올려 왕권을 강화하고자 하였다. 이러한 법왕의 왕권 강화 구도는 그의 희생을 딛고 즉위한 무왕대에 와서 구현되었다.

V. 무왕대의 불교

1. 관음신앙

무왕은 왜에 불교를 전파해 주는 데 역시 비중을 두었다. 602년(무왕 3)에는 관륵(觀勒)이라는 승려가 왜에 건너가 역본(曆本) 등을 전하고 가르쳐서 역법(曆法)이 왜에 채용되었다. 그 결과 야마토 조정은 604년 정월을 기하여 역일(曆日)을 반포하였다. 백제에서 전래된 유송의 원가력(元嘉曆)을 채택한 것이다. 백제에서 전래된 역법은 뒷날 『일본서기』와 같은 역사서 편찬의 골격을 이루는 기년(紀年)의 설정에 영향을 미쳤다. 고대 일본의 기년체계를 확립시켜주었던 것이다.

무왕대의 익산 천도와 관련해 흔히 거론되는 『관세음응험기(觀世音應驗記)』에 보면 다음과 같은 기사가 있다. 『관세음응험기』의 아래와 같은 내용의 요체(要諦)는 정관 13년(639)에 제석정사가 재해(災害)를 입었음에도 불구하고 기적이 일어 났다는 것이다. 즉, 제석정사 목탑 밑의 초석에 장치되었던 종종의 칠보(七寶)와 불사리(佛舍利) 및 동판 금강파야경 중 오직 불사리병과 파야경을 넣었던 칠함(漆函)만이 그대로 남아 재난을 모면했다는 응험(應驗) 기사가 되겠다.

> 탑(塔) 밑의 초석 안에는 종종의 칠보(七寶)가 있었다. 역시 불사리(佛舍利) 채색의 수정병(水精甁) 또는 동(銅)으로 만든 종이에 금강반야경(金剛波若經)을 적어놓은 사경(寫經)과 이들을 담은 목칠함(木漆函)이 있었다. 초석을 열고 보니 모두 다 불타 불

타 없어지고 오직 불사리병(佛舍利甁)과 금강반야칠함(金剛般若漆函)만이 그대로 남아 있었다. 수정병은 안팎이 모두 보이지만 뚜껑이 역시 움직이지 않았다. 사리는 모두 없어져 나간 곳을 몰랐다. 수정병을 가지고 대왕(大王)에게 돌아가자 대왕이 법사(法師)를 청하여 참회한 직후에 병을 열어서 보니 불사리 6개가 모두 병 안에 갖추어져 있었는데, 밖에서도 이것을 모두 볼 수 있었다. 이에 대왕 및 여러 궁인(宮人)들의 신심이 배가(倍加)하였다. 공양(供養)을 올리고는 다시금 절을 지어 (사리를) 봉안하였다.

위의 기사는 관세음보살의 응험을 알리기 위한 목적에서 신이한 내용의 견문담을 옮겨 놓은 것이다. 이 기사를 통해 백제 왕실에서는 관음신앙이 유행했음을 알 수 있다. 익산 왕궁명에 소재한 제석사지의 7층목탑이 639년에 낙뢰로 소실되었으나 심초에 봉안하였던 사리병과 칠함은 무사하여 다시 봉안하였다는 이적(異蹟)에 대한 소개가 된다. 제석사지 목탑지에서 사리와 함께 발견된 금강파야경 동판은 백제의 법사리 신앙을 알려주는 사례가 된다. 중국에서는 당나라 후기 이전의 문헌 기록에 법사리나 경전을 탑에 안치한 예를 찾아 보기 어렵다. 그러므로 『관세음응험기』의 기록은 백제에서 남북조시대의 보주사리 신앙와 함께 고유한 법사리 신앙이 발전했음을 알려준다. 이러한 백제의 고유한 법사리 신앙의 존재는 통일신라에 법사리 신앙이 성행했던 것과 연결되는 것이다. 한국 고유의 사리신앙의 면면을 잘 보여 준다고 하겠다.

2. 미륵신앙

한편 무왕은 익산에 왕궁 축조와 짝하여 사찰도 창건하였다. 전라북도 익산시 금마면 기양리에는 우뚝 솟은 미륵산 밑으로 동양 최대라는 가람터가 펼쳐진다. 오랜 기간에 걸쳐 발굴된 가람터에는 주초석과 석재들을 비롯하여 계단과 건축 유구들이 즐비하게 깔려 있는 게 장엄한 느낌마저 준다. 백제 무왕의 꿈과 낭만이 깃들여 있는 미륵사지(彌勒寺址 : 사적 제150호)가 되겠다.

　누구든 미륵사지 경내에 접어 들면서 좌측편으로 가장 먼저 시야에 잡히는 석탑을 바라 보게 된다. 이때 우리나라에서 가장 오래 되었고 가장 크다는 『신증동국여지승람』의 평이 실감날 정도이다. 14m가 넘는 우람한 이 석탑은 현재 6층까지의 면모를 가까스러히 전하고 있다. 그나마도 흥하지만 측면과 뒷면을 시멘트로 두텁게 발라 붕괴를 막았기 때문이었다. 그러나 최근 복원을 위해 미륵사지 서탑은 해체되었다. 원래 미륵사지에는 3기의 탑이 동서로 한 직선상에 배치되어 있었다. 현재 남아 있는 미륵사탑은 서탑(국보 제11호)이고 중앙에는 양편의 석탑보다 규모가 큰 목탑이 있었던 것으로 밝혀졌다. 그리고 탑재만 뒹굴고 있던 동탑은 9층으로 복원되었는데 금색을 뿜으며 창공에 빛나는 상륜부는 백제 문화의 찬연한 모습을 상징하고 있는 듯하다. 동탑은 현재 남아 있는 서탑과 잔존하는 탑재를 토대로 컴퓨터로 분석하여 복원한 것이다. 미륵사지 석탑은 목조 가옥의 형태를 석재로 옮겨 재현하고 있다. 이는 우리나라 석탑의 초기 양식으로 평가되어진다.

　미륵사지에 들어서면 파헤쳐진 흙 속에서 드러나는 갯펄층을 볼 수 있었다. 이곳은 미륵사 창건과 관련된 연못이 있던 자리였다. 미륵사 창건 연기설화가 『삼국유사』에 다음과 같이 전하고 있다.

제30대 무왕(武王)의 이름은 장(璋)이다. 그 어머니는 과부가 되어 서울 남쪽 못가에 집을 짓고 살고 있었는데, 그녀는 그 못의 용(龍)과 관계하여 장을 낳았다. 아이 때 이름은 서동(薯童)이다. 재기(才器)와 도량(度量)이 커서 헤아리기가 어려웠다. 늘 마를 캐어 팔아서 생업을 삼았으므로 나랏사람들이 그 때문에 서동이라 이름했다. 그는 신

라 진평왕의 셋째공주 선화(善花)[혹은 선화(善化)라고도 쓴대가 아름답기 짝이 없다
는 말을 듣고 머리를 깎고 신라의 서울로 가서 마를 동네 아이들에게 먹이니, 아이들
이 친해져 그를 따르게 되었다. 이에 그는 동요를 지어 여러 아이들을 꾀어서 그것을
부르게 했는데 그 노래는 이렇다. 선화공주님은 남 몰리 얼려 두고 서동방을 밤에 몰
래 안고 간다.

동요가 서울에 퍼져서 대궐에까지 들리니 백관이 임금에게 극력 간하여 공주를 먼 곳
으로 귀양 보내게 했다. 떠날 때 즈음 왕후는 순금 한 말을 노자로 주었다. 공주가 장
차 귀양터에 이르려 하는데 서동은 도중에서 나와 절하면서 모시고 가겠다고 했다. 공
주는 비록 그가 어디서 왔는지는 알지 못했으나 우연히 믿고 좋아했다. 이로 말미암아
서동을 따라갔으며 몰래 관계했다. 그런 후에야 서동의 이름을 알았으며, 동요의 영검
을 알았다. 함께 백제로 와서 모후(母后)가 준 금으로 생계를 도모하려 하니 서동은 크
게 웃으면서 물었다. '이것이 무엇이오?' 공주는 말했다. '이것은 황금입니다. 한평생
의 부를 이룰 만합니다.' '나는 어릴 때부터 마를 파던 곳에 황금을 흙처럼 많이 쌓아
놓았소.' 공주는 이 말을 듣고 크게 놀라면서 말했다. '그것은 천하의 진귀한 보배이
니 당신이 지금 그 금이 있는 데를 알면 그 보물을 부모님이 계신 궁전으로 수송하는
것이 어떻겠습니까?' 서동은 말했다. '좋소.' 이에 금을 모아 언덕처럼 많이 쌓아놓고,
용화산(龍華山) 사자사(師子寺)의 지명법사(知命法師)에게 금을 수송할 계책을 물으
니 법사는 말했다. '내가 신통한 도의 힘으로 보낼 수 있으니 금을 가져오시오.' 공주
는 편지를 써서 금과 함께 사자사 앞에 갖다놓으니, 법사는 신통한 도의 힘으로 하룻
밤 사이에 신라 궁중으로 보내어 두었다. 진평왕은 그 신비로운 변화를 이상히 여겨
더욱 서동을 존경해서 늘 편지를 보내어 안부를 물었다. 서동은 이로 말미암아 인심을
얻어 왕위에 올랐다.

하루는 왕이 부인과 함께 사자사(師子寺)에 행차하고자 하여 용화산(龍華山) 밑의 큰
못가에 이르렀다. 못 가운데서 미륵삼존(彌勒三尊)이 출현하므로 수레를 멈추고 경배
(敬拜)하였다. 부인이 왕에게 이르기를 '모름지기 이 땅에 대가람을 창건하는 게 진실

로 소원입니다'고 하였다. 왕이 허락하고는 지명(知命)에게 가서 못을 메울 일을 묻자, 신력(神力)으로 하룻밤에 산을 무너뜨려 못을 메워 평지를 만들었다. 그리고는 미륵삼존상을 본떠서 전(殿)·탑(塔)·낭무(廊廡)를 각각 3곳에 창건하고는 이름을 미륵사(彌勒寺)라고 하니 진평왕이 백공(百工)을 보내어 도와주었다. 지금도 그 절이 남아 있다(『삼국유사』 권2, 기이 무왕 조).

그런데 위에서 인용한 서동설화에 대해서는 최근 다음과 같은 해석이 제기되었다. 즉 미륵사 창건은 백제의 미륵신앙과 밀접히 관련되어 있다는 것이다. 미륵사라는 사원 공간 전체에서는 탑이 유독 강조되고 있다. 미륵사를 조성하고 거기에 큰탑을 세운 연기(緣起)가 못에서 미륵삼존이 용출한 데에서 비롯된 것은, 『법화경』에서 탑의 용출과 동일한 수사적 표현이다. 더욱이 미륵이 법화경과 밀접히 관련 있는 점이나 미륵사의 거대한 탑 건립의 사상적 배경이 『법화경』의 조탑 공양과 연결될 수 있다고 보여진다. 이러한 서동설화는 완전한 하나의 불교적 상징으로 구성되어 있다. 서동의 신분은 빈천하나, 용의 정기를 받았기에 뛰어난 역량을 가지고 태어날 수 있었다. 서동의 출생에 등장하는 용은 설화 후반부에서 출현하는 미륵삼존과 수미쌍관을 이루는 미륵불과 관련한 용이다. 서동이 용의 아들이라는 전제는, 결국 미륵사라는 거대한 가람을 지어 불법을 홍포하는 대역사의 임무를 부여받았다는 암시가 깔려 있다. 신라 진평왕의 셋째딸인 선화공주는 미륵선화(彌勒仙花)와 연관을 가지며, 미륵인 불교신앙과 선화인 토착신앙을 아울러 갖춘 무불융합신앙의 상징이었다. 그리고 서동설화의 본질은 불교적 상징이었기에 당시 백제와 신라 사이의 원수 관계는 별로 문제되지 않는다. 선화공주를 만나기 위해 서동이 머리를 깎은 것은 구도(求道)의 불교적 상징이다. 서동은 선화공주와 혼인하기 이전까지 능력이 뛰어난 영웅적 존재였다. 그러나 미륵선화를 상징하는 선화공주를 만난 다음부터는 거의 바보형의 인간으로 역할이 전락한다. 이러한 설화 구조는 서동이 불보살에 귀의하고, 그 불보살의 인도를 받아 열렬한 신앙으로 마침내 큰 공덕을 이룬다는 것을 의미한다. 지명법사는 『법화경』과 밀접한 관련성을 보이고 있으며, 그가 상징하는 바는 『법화경』에서 표현된 불보살의 성격을 지닌 것이었다. 요컨대 서동설화의 큰 흐름은 백제 불교의 성격과 연관이 깊은 것이다. 빈천한 서동이 왕위에 오르고 마침내 대규모의 미륵사를 창건하여 커다란 불교적 공덕을 쌓기에 이른다. 『열반경』에 대한 신앙이 서동설화에도 영향을 미친 것으로 파악되고 있다.

그리고 사자사(師子寺)라는 이름은 도솔천 내의 사자상좌(師子床座)에서 유래한 것이므로 미륵신앙과 깊이 연관되어 있다. 미륵보살은 상생(上生)하여 도솔천 칠보대(七寶臺) 안의 마니전상(摩尼殿上)에 있는 사좌성좌에 앉아 설법하고는 화생(化生)하였다고 한다. 사자상좌나 사자사는 미륵의 출현과 그에 얽힌 신앙을 담고 있다. 따라서 사자사의 주존불은 도솔천에서 주야(晝夜) 6시(時)에 설법하고 있는 교각의상(交脚倚像)의 미륵보살로 추측되었다. 도솔천에서 설법을 마치고 화생한 미륵존을 위해 건립한 사찰이 미륵사가 되는 것이다.

미륵사지 발굴을 통해서 일부 구역에 국한되기는 하지만 미륵사 부지에는 『삼국유사』의 기록처럼 당초에는 못이 있었고 또 그것을 메우고 창건되었음이 입증되었다. 그리고 미륵산 중턱에는 사자사라는 이름의 암자가 있다. 이곳에서 비록 고려시대 것이기는 하지만 실제로 '사자사'라는 명문이 적힌 기와가 출토되어 지명 법사가 거처하던 곳임이 밝혀졌다. 또 세 곳에 탑과 금당 그리고 회랑이 각각 소재한 것으로 드러나게 되어, 『삼국유사』의 기록이 정확하다는 사실과 더불어 동양 유일의 3탑 대가람으로 위용을 자랑하게 되었다. 그럼에 따라 무왕의 미륵사 창건은 실감있게 와 닿게 되었다. 무왕은 미륵신앙에 따라 이상적인 불국토(佛國土) 국가를 이 땅에 세우려 하였다. 그 중심 도량으로 미륵사를 창건하였던 것이다. 또 자신을 전차(戰車)처럼 생긴 바퀴(輪寶)를 굴리며 모든 악을 물리치고 온 세상을 다스린다는『미륵하생경』의 전륜성왕(轉輪聖王)에 견주었는데, 수도였던 부여보다 익산을 중시한 데는 까닭이 있었다. 자신의 성장지였기 때문이요, 교통의 요충지인 이곳을 중심으로 팽창해 나가려는 의지의 산물이기도 했다. 그런 관계로 무왕은 유서 깊은 이 도시에 미륵국토의 이상을 구현하고자 했다.

　이와 관련해 미륵신앙에 대한 설명이 필요할 것 같다. 무왕이 용화산(龍華山) 밑에 건립한 미륵사는 미륵하생신앙(彌勒下生信仰)에 근거한 것이었다.『미륵하생경』에 나오는 용화수(龍華樹)를 상징한 용화산 밑에 미륵삼존불이 출현했다. 그 인연에 따라 미륵삼존상과 더불어 전(殿)과 탑(塔) 그리고 낭무(廊廡)를 각각 3개소에 설치하였다. 이는 곧 미륵이 하생할 장소가 익산 지역이라는 믿음에 근거한 것이다.『미륵하생경』에 의하면 시두성(翅頭城)에 하생한 미륵이 용화수 아래서 성불(成佛)하였다. 그러면 이 세상은 낙토로 변모하고 나라에는 갖은 재난이 사라지는 태평성대가 열린다는 것이다. 이러한 미륵의 하생에서 연유한 미륵신앙은 유토피아적 이상세계에 대한 동경과 열망이 담겨 있는 것이다. 그런데 미륵이 성불한 곳으로 가서 그를 영례(迎禮)한 이가 전륜성왕이었다고 한다. 이는 미륵사창건 연기설화에서 무왕이 용화산 밑의 큰 연못에서 출현한 미륵삼존에게 경배한 이야기와 연결이 된다.

　미륵삼존을 맞은 무왕이 곧 전륜성왕에 해당이 되는 것이다. 전륜성왕은 수미사주(須彌四洲)를 통일하고 정법(正法)으로 세상을 다스리는 제왕이다. 그가 다스리는 세상은 풍요롭고 화락한 이상세계라고 한다. 전륜성왕 사상은 수세기에 걸친 전란에 지친 주민들에게 단비와 같은 희망이었을 것이다. 무왕은 유례없이 격렬하게 신라를 몰아붙였고 또 전쟁을 승리로 이끌어 나갔다. 이러한 고달픈 정복전쟁은 불원간 백제의 완전한 승리로 귀결될 것이다. 따라서 전쟁이 없고 평화로운 이상세계가 멀지 않았다는 그러니까 주민을 독려하는 메시지가 강하게 담겨 있었다.

의자왕대의 불교에 대해서는 잘 알기 어렵다. 다만 부모에게 효성이 지극한 관계로 해동증자라고 불리었던 의자왕이 선왕의 열정이 배어 있는 익산 왕궁평의 궁성을 송두리째 원찰로 삼아 추념했던 것 같다. 아버지인 무왕의 열정이 배어 있는 왕궁평성을 고스란히 부왕과 왕모의 명복을 빌기 위한 사찰로 전환시켜 극진한 효성을 표하였다.

3. 백제 불교의 성격

사비성 도읍기의 백제 불교는 국제적인 양상을 띠었다. 구법승들이 중국은 물론이고 불교의 발상지인 인도까지 찾아가서 직접 싣고 온 불경을 번역하기까지 했다. 왜의 구법승들이 그러한 백제를 찾았던 것이다. 백제 불교의 위상을 말해준다고 하겠다.

한편 백제 승려들에서는 법사(法師)·율사(律師)·선사(禪師)·주사(呪師) 등의 호칭이 보인다. 부소산성에서 출토된 불상 광배명에 보이는 '하다의장법사(何多宜藏法師)'라는 승려를 통해서도 법사의 존재가 확인된다. 요컨대 백제에서는 불교의 여러 분야 가운데 어느 하나를 전문적으로 수행하는 승려가 있었던 것이다. 기록에 보이는 경전만 보더라도 『열반경』·『법화경』·『유마경(維摩經)』·『반야심경』 등이 있었다. 여기서 열반(涅槃)은 누구나 이상으로 삼고 있는 모든 고통에서 벗어나 영원한 정신적 안식처에 이르는 경지를 가리킨다. 『열반경』에서는 극락세계에 대해서와 누구나 부처가 될 수 있다는 '불성(佛性)' 문제에 대한 해답을 주고 있다. 541년(성왕 19)에 성왕은 양나라로부터 『열반경의(涅槃經義)』를 구해 왔었다. 백제의 불교 신앙은 그 밖에도 관음·묘견·미타 신앙 등이 성행하였다. 이러한 신앙은 현세위주의 실천적인 특징을 지닌 것으로 파악되고 있다. 그리고 천태학(天台學)이나 삼론학에도 조예 깊은 승려들이 많이 배출되었으며, 성실종(成實宗)도 연구되었다. 대승불교 사상인 삼론종은 혜현과 관륵이 대표적이었다. 승려 도장(道藏)은 『성실론소』 16권을 지어 세상에 내 놓았으며, 왜에 초빙되어 가서 그곳의 성실종 발전에 크게 기여하였다.

 백제에서의 불교는 신분간의 갈등을 완화시키는 동시에 사상 통합을 이루는데 큰 역할을 하였다. 그리고 조상숭배 신앙에서도 변화를 가져 오게 했다. 장대한 규모와 엄청난 부장품을 요하는 후장(厚葬)에서 차츰 벗어나 박장(薄葬)을 유행시켰고, 조상에 대한 숭배 기능을 점차 사찰이 떠 맡게 되었다. 대표적인 예가 비극적으로 세상을 뜬 성왕을 위해 창건된 부여 능산리 절터라고 하겠다. 그리고 조형미술의 수준을 크게 높여 주는 계기를 마련하여 '문화하면 백제'를 내세울 수 있게끔 해 주었다. 그밖에 사족을 불허할 정도로 일본 고대 문화의 형성과 발전에 지대한 영향을 미치게 하였다. 수없이 배출된 고승들은 우리 민족에게 사유의 폭을 확대시켜 주는 동시에 깊이 있는 철학의 세계로 인도해 주었다. 이 점 부인할 수 없는 백제 불교의 공로라고 하겠다.

VI. 고승 열전

1. 혜현(惠現)

 혜현(惠現)은 당나라 정관 연간(627~649) 초에 58세로 사망하였다고 한다. 이로 볼 때 그는 대략 572년(위덕왕 18) 무렵에 출생한 것으로 보인다. 그렇다고 할 때 혜현은 600년경인 무왕대부터 활약했을 것으로 생각된다. 혜현은 어려서 출가하여, 애를 써 뜻을 한곳에 모아『법화경』을 외움으로써 직업을 삼았다. 그가 부처에게 기도하여 복을 청했더니, 영묘한 감응이 실로 많았다고 한다. 그는『중론(中論)』·『십이문론(十二門論)』·『백론(百論)』과 같은 삼론(三論)을 다 배워 수도를 시작하니 신명에게 통했다. 처음에 그가 현재의 충청남도 예산군 덕산면 덕숭산에 소재한 북부 수덕사(修德寺)에 주석할 때였다. 599년(법왕 원년)에 지명(智明)이 처음 세웠다고 하는 수덕사에서 그는 신도가 있으면『법화경』을 강하고 없으면 혼자서 불경을 염송(念誦)했다. 사방의 먼 곳에서도 그의 학풍을 흠모하여 찾아오는 이들이 많았기에 문 밖에 신발이 가득했다고 한다. 그러니까 그가 주석하고 있던 수덕사에는 혜현의 강론을 듣기 위해 찾아오는 이들로 문정성시를 이뤘던 것이다. 이는 당시 승려들이나 귀족들이『법화경』에 깊은 관심을 표시했음을 뜻하는 동시에 그의 명성이 크게 떨쳤음을 의미한다. 최근의 연구 성과에 따르면 의자왕대 대좌평을 역임했던 사택지적(砂宅智積)의 '지적'이라는 이름은『법화경』의 지적보살(智積菩薩)에서 따온 것이라고 한다. 그럴 정도로『법화경』이 백제 귀족 사회에 끼친 영향은 심대했음을 알 수 있다.

 그러나 그는 점차 번거롭고 시끄러움을 싫어하여 마침내 강남(江南)의 달라산(達拏山)에 가서 살았다. 달라산은 지금의 전라남도 영암의 월출산을 가리킨다. 백제에 늦게 복속된 영산강 유역의 옹관묘 문화가 꽃을 피웠던 지역이 된다. 하필 혜현이 이곳을 찾게 되었는지는 정확하게 알 수는 없지만 수덕사를 중심으로한 백제 북부 지역에서의『법화경』 포교가 소기의 성과를 거두자 미개척지인 영암으로 내려 온 것으로 보인다. 그러나 월출산을 가리키는 달라산을 '그 산은 매우 험준하여 사람들의 내왕이 힘들고 드물었다'고 했으며, 또 그러한 산에 혜현이 들어오게 된 것이다. 이로 볼 때 혜현은 영암 땅에서 적극적으로 포교하려는 의지는 없었던 것으로 보인다. 혜현은 고요히 앉아 세상살이에 대한 생각을 잊고, 산속에서 세상을 마쳤다. 동학들이 그 시체를 옮겨 돌방 속에 모셔두었더니, 호랑이가 혜현의 유해를 다 먹어버리고, 다만 해골의 혀만 남겨두었다. 그런데 추위와 더위가 세 번 지나가도 그 혀는 썩기는커녕 오히려 붉고 연했다. 이는 혜현이 생전에 『법화경』을 열심히 외운 공덕으로 인해 그 사후에도 여전히 혀만은 생생히 살아 남고 있었다는 영험설화라고 하겠다. 물론 이러한 종류의 설화는 중국에서는 일찍부터 전승되어 왔다. 그러나 혜현의 경우는 그 의미가 각별하다고 하겠다. 혜현의 혀는 그 후에는 변해서 붉고 단단하기가 돌과 같았는데 승려와 속인들이 그것을 공경하여 석탑에 간직해두었다.

혜현은 중국으로 가서 배우지도 않았고 고요히 물러나 일생을 마쳤던 고승이었다. 그럼에도 학식과 덕행이 뛰어나다 보니까 혜현의 이름은 중국에까지 유포되어 그의 전기가 고승전에 씌어져 당나라에까지 명성을 떨쳤다.

2. 관륵(觀勒)

관륵은 6세기 후반 위덕왕대(554~558)에 출생하였다. 관륵의 백제 국내에서의 행적은 알려진 바 없다. 그런데 그는 602년(무왕 3)에 왜로 건너 갔다. 그가 왜와의 외교 관계를 한층 강화시키는 백제 조정의 외교 전략에 따라 파견된 것이다. 이로 볼 때 관륵은 백제를 대표할 수 있는 위상을 지닌 고승이었음을 알 수 있다. 관륵이 왜에 가지고 간 책은 역법에 관한 책을 비롯해서 둔갑방술에 관한 책도 전해 주었다. 관륵은 야고노후비토[陽

胡史]의 조상인 다마후루[玉陳]에게 역법을, 오호도모노쓰쿠리가우소우[大友村主高聰]에게 천문과 둔갑술을, 야마시로노오미히다데[山背臣日立]에게는 방술(方術)을 가르쳤다. 당시 왜 조정에서는 백제 문물 수입에 적극적이었던 소가씨가 실권을 쥐고 있었다.

성왕대에 왜로 전파된 각종의 고급 문화는 당시 야마토 정권을 장악하고 있던 소가씨 세력의 적극적인 지원에 힘입어 화려하게 꽃 피웠다. 소가씨는 백제의 유력한 가문인 목씨 세력으로 추정되고 있다. 고구려의 침공으로 백제 수도인 한성이 함락되는 국난(國難) 속에 웅진성 천도에 공을 세웠던 목려만치(木荔滿致)가 왜로 건너가 지금의 소가[曾我] 지역에 터를 잡았다고 한다. 6세기 중엽에는 급기야 그 후손들이 야마토 정권의 권력을 좌우하는 세력가로 성장하였던 것이다. 이러한 가문의 배경으로 인해 소가씨 세력은 백제 문물에 대한 이해가 깊을 수밖에 없었다. 그러므로 소가씨는 불교 수용에 앞장섰고 그 과정에서 강대한 모노노베 씨[物部氏]를 타도하고 실권을 장악하였는데, 불교를 축으로 한 관련 백제 문화 수용에 대한 열정은 강렬하였다. 아스카지[飛鳥寺]의 완공을 앞두고 사리함을 찰주 속에 안치하는 행사에서 소가노우마코[蘇我馬子]를 비롯한 100여 명의 인사들이 모두 백제옷을 입었더니 보는 사람들이 한결같이 기뻐했다고 한다. 이는 당시 왜에서 백제 불교문화 수용의 주체를 알려주는 동시에, 적어도 왜인들에게는 백제 문화가 선망과 동경의 대상이었음을 함축해 주고 있다. 639년(舒明 11)에는 백제천 곁에 높이 100m에 이르는 장대한 9층탑을 가진 백제대사(百濟大寺)라는 사원이 조영되기 시작하였다.

그런데 624년(推古 32)에 한 승려가 자신의 조부를 살해한 사건이 발생하였다. 추고천황은 대신들을 불러 모아 놓고 '무릇 출가하여 삼보(三寶)에 귀의한 사람은 계행(戒行)을 갖추어야 함에도 불구하고 어찌 제 조부를 때려 죽일 수 있겠는가? 모든 사찰의 비구와 비구니를 불러들여 추국(推

鞫)할 것이다. 만약 계행에 어긋난 자가 있으면 모두 중죄를 내리겠다' 라고 하면서 죄를 지은자 뿐 아니라 죄가 없는 비구와 비구니까지도 죄를 주려고 하였다. 그러자 관륵은 백제에서 왜에 불교를 전래해 준 지 100년도 되지 않았음을 역설하면서 그런 관계로 승려들이 계율에 밝지 못하여 악역(惡逆)을 저질렀음을 말하였다. 나아가서 관륵은 악역을 저지르지 않은 승려들은 모두 용서해 주기를 간청했다. 이 때 스이코 천황은 '도인(道人)이 법을 어긴다면 어떻게 속인(俗人)을 교화할 수 있겠는가' 라고 말하면서 승관(僧官)을 설치하여 비구와 비구니를 단속하게 했다.

왜의 초대 승정(僧正)에는 관륵이 임명되었다. 승도(僧都)에는 구라쓰쿠리노도쿠시야쿠([鞍部德積]를, 법두(法頭)에는 아츠미노무라치[阿曇連]를 임명하였다. 그럼에 따라 왜에서도 624년에는 승관제가 갖추어질 수 있었다.

3. 발정(發正)

『관세음응험기(觀世音應驗記)』와 『법화전기(法華傳記)』에는 발정에 관한 행적이 보인다. 발정은 양(梁)나라의 천감(天監) 연간(502~519)에 남중국에 들어가서 스승을 찾아 불도(佛道)를 배웠다. 발정은 의해(義解)와 정진(精進)으로 30여 년을 공부한 후에 귀국길에 올랐다. 그는 도중에 월주(越州) 지방을 지나다가 관음도량이 있는 산에 관음도실(觀音堵室)이 있다는 말을 듣고 그곳에 가 보았다. 그곳에는 서까래가 다 삭고 허물어져 담장만 남아 있었다. 그런데 이 산에는 일찍부터 두 사람의 수도자가 찾아와서 각각 한 골짜기에 자리를 잡아 도실(堵室)을 만들고는 그곳에 머물면서 기간을 정해 놓았다. 그런 다음 그 기간 안에 한 사람은 『법화경』을 외우고, 또 한 사람은 『화엄경』을 외우기로 서로 약속하였다. 그런데 『화엄경』을 외우기로 한 이는 기간 내에 다 외울 자신이 있었지만 『법화경』을 외우기로 한 이는 걱정이 되었다. 해서 그는 『화엄경』을 외우기로 한 친구에게 찾아 갔더니 아직 한 권을 암송하지 못하였다. 그러므로 그는 친구에게 '약속한 기간이 다가 왔는데, 양식도 얼마 남지 않았고 했으니 도저히 그 기간 안에 외울 자신이 없거든 그 가운데 한 부분인 관세음보문품(觀世音普門品)이라도 외우도록 하라'고 하고는 자신의 처소로 돌아 갔다. 이에 『법화경』을 외우는 자는 마음 속으로 우둔한 자신을 비통해 하면서 밤낮으로 쉬지 않고 열심히 소리내어 외우기 시작하여 겨우 반쯤 외울 수가 있었다.

 그 뒤 외우기로 약속한 기간이 되어 『화엄경』을 외우기로 한 친구가 찾아 왔다. 그러자 『법화경』을 외우기로 한 친구가 아직 다 외우지 못한 사실을 고백하자 『화엄경』을 외우기로 한 친구가 이런 말을 하였다. '나는 이미 『화엄경』을 다 외었는데 아직도 보문품의 반밖에 못 외었다니 어쩌면 좋은가? 양식도 다 되었고하니 한 2~3일을 더 기다렸다가 그 때까지 모두 암송하지 못하면 부득이 나 혼자라도 가겠네. 내일 또 올테니 부지런히 외우게!'라고 말하고는 자기 처소로 돌아 갔다. 『법화경』을 외우기로 한 이는 더욱 열중하여 외운 관계로 가까스러히 모두 외울 수가 있었다. 이튿날 아침에 그 친구가 다시 찾아 와서 얼마나 외었는가를 묻기에, 그는 간밤에 겨우 다 외었다는 사실을 알렸다. 그러자 『화엄경』을 외우기로 한 친구는 몹시 기뻐하면서 서로 암송한 것을 시험해 보기로 하였다. 그 친구가 먼저 『화엄경』을 암송하는데 하나도 빠짐없이 잘 외웠다. 그 다음에 『법화경』을 외우기로 한 친구가 암송하였다. 그가 소리를 내어 외우기 시작하자 공중에 갖가지 꽃내음이 내려와 도실 안에 꽃이 넘치고 향기가 온 골짜기에 퍼졌다. 그리고 상서러운 기운이 하늘에 가득차서 이루 다 헤아릴 수가 없었다. 그러자 『법화경』을 외운 이는 곧 땅바닥으로 내려 가 머리를 조아려 피를 흘리면서 참회하고 사과를 했다는 것이다.

이제 서로가 목표했던 공부가 끝났으므로 그곳을 떠나게 되었을 때였다. 『법화경』을 외었던 이가 『화엄경』을 외었던 이를 향하여 '항상 나에게 밥을 가져다 준 한 노인이 있었는데 오늘도 가져 올테니 조금 기다렸다가 같이 먹고 가자'고 했다. 그런데 아무리 기다려도 그 노인은 오지 않았다. 그러자 『화엄경』을 외었던 이는 기다리다 못해 그만 혼자 가버렸다. 그러자 『법화경』을 외웠던 이가 물을 긷기 위하여 우물로 향하였다. 그런데 마침 길가 풀 밑에 그 노인이 숨어 있는 게 눈에 띄었다. 이상하게 생각한 그는 '노인께서 가져오는 음식을 친구와 함께 먹기 위해 기다리다가 친구는 가버렸는데, 왜? 무슨 일로 거기에 숨어 계십니까?'라고 물었다. 그러자 그 노인은 '그 사람이 나를 너무 업신여기니 어찌 참고 볼 수가 있어야지요'라고 답하였다. 그제서야 그는 노인이 관세음보살이라는 것을 알고는 곧 땅에 엎드려 정성스럽게 절을 올렸다. 그런데 그 직후에 고개를 들어 보니 노인은 보이지 않았다. 관음보살의 공양을 받고 또 꽃내음이 하늘에 그득 차게 하였던 이적(異蹟)을 보여주었던 현장이 그 도실이었다. 그러한 도실이 그대로 남아 있다기에 발정이 일부러 찾아 갔던 것이다. 그런데 발정이 찾아 갔을 때는 서까래가 없어지고 담장만 남아 있었다고 한다.

이 설화는 중국 월주의 관음도량에 얽힌 이야기이지만 발정이 귀국길에 직접 듣고 또 현장을 목격하고 온 것으로 되어 있다. 그런 만큼 이 설화는 비록 중국에서 발생한 것이지만 백제의 관음신앙와 무관하다고 보기 어렵다. 발정을 통하여 백제에 전해진 관음신앙의 일면을 엿볼 수 있는 사례라고 할 수 있다.

4. 현광(玄光)

중국의 『송고승전(宋高僧傳)』과 고려 때 편찬된 『법화영험전(法華靈驗傳)』에 의하면 현광의 전기가 실려 있다. 그런데 『송고승전』에서 현광의 전기 제목을 '진신라국현광전(陳新羅國玄光傳)'이라고 한 관계로 신라 승려로 오인하는 경우가 있었다. 현광은 웅주(熊州) 즉 지금의 공주에서 출생했다고 한다. 물론 웅주라는 행정지명은 통일신라 때 지명이 되는 것이다. 그런데 중국의 진(陳)나라는 557년~589년 동안 존속한 나라이고, 현광의 스승인 중국의 남악(南岳) 혜사(慧思)는 생몰년이 515년~577년이다. 그리고 중국에 유학한 현광이 귀국한 곳이 웅진이었다. 그러므로 현광은 백제인으로 간주할 수 있다. 그는 위덕왕대(554~597) 후반기에서부터 무왕대(600~640) 전반기에 걸쳐 활약한 승려였던 것이다.

현광은 성장하면서 선법(禪法)을 구하려고 바다 건너 진나라로 들어 갔다. 그는 당시 남악 형산(衡山)에 머물고 있던 혜사를 찾아 그의 훈도(薰陶) 아래 『묘법연화경(妙法蓮華經)』 안락행품(安樂行品)의 법문(法門)을 중심으로 수학하였다. 마침내 그는 선(禪)을 위주로 하는 입장에서 법화삼매(法華三昧)를 증득(證得)하여 사승(師僧)으로부터 인가를 받은 후에는 그 사승의 부촉(付囑)에 따라 귀국하였다. 그는 귀국하는 도중에 해상에서 천제(天帝)의 요청으로 용궁(龍宮)에 들어가 친히 증득한 법화삼매를 강설해 주었다. 그런 연후에 공주로 돌아와 옹산(翁山)에 자리잡고 교화에 힘썼다. 남악(南岳) 회양(懷讓 : 677~744)이 남악의 조사(祖師)인 혜사의 영당(影堂)을 구축하여 혜사의 제자 28명의 고승 진영을 봉안했을 때도 그 중의 하나로 모셔졌다.

그리고 백제의 웅천주 출신으로서 신라 신문왕 때 국로(國老)가 되었던 경흥(憬興)을 상기하지 않을 수 없다. 그는 유식학(唯識學)의 대가로서 당시의 대표적 고승이었다. 유식학은 만물의 원리를 자기 마음의 인식 여하에 달려 있는 것으로 간주한 불교 철학이다. 경흥은 그 위상이 높았기에 백제를 멸망시킨 신라의 국로(國老)가 되었다. 이것을 통해 백제 불교가 통일신라의 불교 발전에 영향을 끼쳤고, 또 기여했음을 알려준다. 끝으로 의영(義榮)은 비록 현재 전하지는 않지만 『약사본원경소(藥師本願經疏)』와 『유가논의림(瑜伽論義林)』을 저술하였다.

■참/고/문/헌

『삼국사기』・『삼국유사』・『해동고승전』・『택리지』・『법망경』・『법화경』・『일본서기』・『송고승전』

이능화, 『조선불교통사』, 1918.

과학백과사전종합출판사, 『조선전사』 4, 1991.

충남대학교 백제연구소, 『백제 불교문화의 연구』, 1994.

오순제, 『한성백제사』, 1995.

최몽룡 외, 『백제를 다시 본다』, 1998.

부여군, 『백제를 빛낸 인물』, 2001.

국립부여박물관, 『백제의 문자』, 2002.

이도학, 『꿈이 담긴 한국고대사 노트』 하, 1996.

이도학, 『고대문화산책』, 1999.

이도학, 『살아 있는 백제사』, 2003.

주경미, 『중국 고대 불사리장엄 연구』, 2003.

한국사상사학회, 『한국사상사입문』, 2006.

김영태, 「백제의 관음사상」, 『마한백제문화』 3, 1979.

김주성, 「백제 법왕과 무왕의 불교정책」, 『마한백제문화』 15, 2001.

小玉大圓, 「求法僧謙益とその周邊(上)」, 『마한백제문화』 8, 1985.

김두진, 「백제의 미륵신앙과 계율」, 『백제불교문화의 연구』, 1994.

이내옥, 「미륵사와 서동설화」, 『역사학보』 188, 2005.

이도학, 「사비시대 백제의 사방계산과 호국사찰의 성립」, 『백제연구』 20, 1989.

이도학, 「백제의 대왜 교역의 전개 양상」, 『민족문제연구』 13·14, 2006.

조경철, 「백제 불교사의 전개와 정치 변동」, 한국학중앙연구원 박사학위논문, 2006.

佛塔의 나라 百濟

3장

엄기표
단국대학교 사학과 강의전임강사

3장

I. 불탑의 기원과 유래
II. 목탑의 조영
III. 목탑에서 석탑으로
IV. 백제 석탑의 시원과 전개
V. 백제 석탑 양식의 특징과 지속

佛塔의 나라 百濟

Ⅰ. 불탑의 기원과 유래

 불교의 교주인 고타마 싯다르타[1]는 기원전 6세기경 오늘날 인도와 네팔의 국경 지대에 위치한 석가족의 작은 나라였던 카필라왕국의 태자로 태어났다. 그는 유복한 젊은 시절을 보내며 결혼도 하였고 자식도 있었다. 그리고 장차 왕의 자리에 오르기로 되어 있었다. 그런데 그는 29살에 이르러 생로병사를 겪는 인간들의 모습을 보고 인생에 대해 회의감을 느낀다. 그래서 유복하고 안정된 생활을 포기하고 성 밖을 뛰쳐나와 고행과 수행에 전념한다. 실로 고통스러운 나날이었다. 그는 6년간 수행에 몰두하여 마침내 마가다 지방의 보드가야 보리수나무 아래에서 마귀들을 물리치고 깨달음을 얻는다. 그래서 그는 석가족의 성자로서 '석가모니(釋迦牟尼)' 즉, 깨달은 자라는 의미의 '붓다'라고 불리게 된다. 그리고 열반할 때까지 40여 년간 그가 깨달은 진리를 널리 가르치고, 자비를 베풀며 수많은 중생들을 교화하였다. 그래서 불교는 서서히 인도 전역으로 퍼져 나갔으며, 수많은 사람들이 석가모니의 가르침에 호응하였다. 불교는 점차 조직화되어 갔고, 이에 따라 사원이 생겨났다. 또한 사원의 규모가 확대

---

1) Siddhartha, 悉達陀, 모든 것이 뜻대로 이루어진다는 의미이다.

되면서 교단과 교파가 생겨나 불교는 수많은 사람들이 믿는 종교로 발전하게 된다.

고대 인도에서는 불교가 발생하기 이전부터 정신적인 위대한 덕망을 쌓고 죽은 사람에 대하여 그를 기념하는 장소에 기념물을 세워 주었다. 고대 인도에서는 불교가 발생하기 전부터 사람이 죽으면 화장하여 신골(身骨)을 매장하는 종교적 풍습이 전해지고 있었다고 한다. 이러한 기념물 중에 하나가 무덤과 비슷한 스투파(stupa)였다. 이것은 죽은 사람의 무덤이나 시신을 모신 신성한 장소나 기념물을 의미한다. 고대 인도 사람들은 죽은 사람의 영혼을 상징하는 기념물인 스투파 주위를 해가 떠서 지는 방향인 왼쪽에서 오른쪽으로 돌며 경건하게 숭배하는 마음을 가졌던 것이 하나의 풍습으로 자리 잡고 있었다고 한다.[2]

이러한 역사적 배경을 가지고 있었던 고대 인도에서 석가모니에 의하여 불교가 성행하게 되었고, 교주였던 석가모니가 열반하자 그를 기념하기 위한 상징적인 조형물을 세우게 되었다. 즉, 고대 인도 사람들은 석가모니가 입적하자 그 유해를 모시기 위하여 분묘의 형태로 무덤을 만들었는데, 이를 스투파라 했으며 처음에 건립된 스투파는 일종의 무덤으로 우리나라 봉분의 형태와 유사하였다. 그래서 스투파의 원뜻은 신골을 일정한 장소에 모시고 흙과 돌을 쌓아 올려 석가모니의 진신사리인 불신골(佛身骨)을 봉안하는 묘라는 의미를 갖고 있다. 이것이 후세에 전해져 불탑(佛塔)의 시원이 되었다. 따라서 불탑은 인도의 스투파에서 유래되었다고 할 수 있다. 당시 세워진 스투파는 사발을 엎어놓은 듯한 모양을 취하고 있어 복발형 분묘(覆鉢形 墳墓)라고 하며, 의역하여 방분(方墳) 또는 고현처(高顯處)라 말하기도 한다. 이곳에는 석가모니를 화장하고 나온 분골(粉骨

---

2) Dietrich Seckel · 백승길 역, 『불교미술』, 열화당, 1993, p.25.

: 시신을 태우고 남는 뼛가루)을 모셨다.

 불탑은 탑파라고 하는데 탑파는 부처의 사리를 모신 기념물로서 예배와 신앙의 중심 대상물이다. 이러한 탑파는 팔리어(巴梨語)의 'thupa'가 중국으로 불교가 전래되면서 이를 음역하여 한자로 표기된 것이다. 탑파는 중국이나 한국으로 불교가 전래되면서 탑으로 줄여서 말하게 된 것이다. 이와 같이 부처님의 사리를 봉안한 곳이 스투파이며, 이것이 오늘날 불탑의 시원이 되었으며, 불교미술이 본격적으로 시작되는 기원이 되었다. 불탑은 부처의 사리를 모신 기념물로 불가에서 불상과 함께 가장 성스러운 예배의 대상이 되어 왔으며, 불교 신앙의 중심을 차지하고 있었다. 불탑은 불교가 발생한 인도에서부터 중국, 한국, 일본 등 사원에 필수불가결한 요소였다.

 석가모니가 쿠시나가르 사리쌍수(沙羅雙樹) 아래에서 80세의 일기로 열반하자 그의 제자들은 시신을 관에 넣어 6일간 향과 꽃 등으로 공양한 후에 향나무를 쌓아 화장(茶毘)한다. 그리고 유골을 거두었는데, 바로 이것이 오늘날 말하는 진신사리(眞身舍利)이다. 이때 인도의 여덟 나라가 사리를 차지하기 위하여 쟁탈이 일어나게 되자 도로나(徒盧那)라는 제자의 의견에 따라 불타의 사리를 똑같이 나누었는데, 이를 '분사리(分舍利)' 또는 '사리팔분(舍利八分)'이라 한다. 그래서 여덟 나라가 사리를 나누어 봉안한 8기의 탑이 세워지는데, 이를 8대탑(八大塔) 또는 시원적인 불탑이라는 의미에서 근본팔탑(根本八塔)이라 한다. 그리고 각 나라는 사리를 정성스럽게 봉안할 수 있는 탑을 세우고, 병탑(瓶塔)과 회탄탑(灰炭塔)을 각 한 개소에 세워 모두 10기의 탑을 세운다.

 이것이 불교에서 불탑의 시원이 되었다. 결국 불탑을 세운 목적은 기능적인 측면에서 석가모니의 사리를 잘 봉안하기 위한 시설이며, 종교적인 측면에서는 위대한 진리를 터득한 석가모니의 분신이라 할 수 있는 사리에 대한 신앙심에서 기원한 것이라 할 수 있다. 탑파가 만들어지면서 사리신앙이 싹트기 시작하였고, 석가모니는 죽은 후에도 신성한 존재로 많은 사람들의 추앙의 대상이 되었다. 불탑은 단순한 구조물이 아니라 진리의 정각을 이룬 석가모니가 묻힌 신성한 기념물로서 많은 불도와 사람들의 예배와 신앙의 대상이 되었다. 이러한 불탑은 세속인들에게는 공양 예배처가 되어 공덕을 쌓는 신앙의 대상물이 되었으며, 출가자들에게는 수행과 참회의 귀의처가 되었다. 따라서 이곳은 단순히 석가모니의 유골을 봉안한 장소가 아니라 불교에서는 진리와 열반의 상징인 하나의 기념물로 많은 사람들로부터 신앙되었다. 따라서 그 안에 모셔진 사리도 자연스럽게 신성시되었고 점차 신앙화 되었다. 그래서 사리를 모신 불탑을 중심으로 수행과 예배의 공간이 마련되면서 큰 사원이 형성되었다.

인도 사람들의 사리에 대한 종교적인 깊은 신앙은 마우리아왕조 아쇼카왕대(Asoka, 阿育王, B.C. 269~233년)에 오면서 비약적인 발전을 하게 된다. 아쇼카왕은 당시 인도의 많은 종교적인 집단에 대하여 아낌없는 관대함과 후원을 아끼지 않았던 왕으로 알려져 있다. 그는 특정 종교에 대한 관심보다 종교는 다르더라도 모든 국민이 화합하고 사회적 선행을 쌓는 일에 노력하기를 희망하였다. 그래서 인도 역대 왕들 중에서도 가장 경건하고 신앙심 깊은 불교도가 되었다. 그는 불교에 대하여 열렬한 신앙심과 열의로 오랫동안 불교 성지를 순례하고 석가모니의 가르침을 각지에 전파하고 실천하는데 많은 노력을 기울였다.[3] 이러한 노력의 일환으로 인도 전역에 석가모니의 사리를 모신 불탑을 세우게 된다. 아쇼카왕은 석가모니가 입멸한지 100여 년이 지나 대인도제국을 건설한 후 불사리(佛舍利)를 안치한 8기의 탑 중 7기의 탑을 해체하여 사리를 꺼내어 다시 8만4

---

3) 조길태, 『인도사』, 민음사, 1994, pp. 107~108.

사진 1. 인도 산치탑

천으로 나누어 전국에 걸쳐 8만4천 기의 사리탑을 세웠다고 전한다. 당시 아쇼카왕은 전국에 탑파를 세워 불교를 크게 융성시키고 전파시켰다. 이때 세워진 탑이 오늘날까지 전하고 있어 탑파의 시원적인 모습을 보여주고 있다(사진 1).

특히 아쇼카왕은 석가모니의 생애에 중요한 역할을 했던 장소에 불탑을 세워 성지(聖地)를 기념하는 상징적인 역할을 하도록 하였다. 즉 불교 4대 성지로 일컬어지는 출생지인 카빌라바스투, 득도처인 부다가야, 첫 설법지인 사르나트, 열반한 쿠시나가라 등에 불탑을 세워 많은 불도들의 신앙심과 경배의식을 불러 일으켰다. 이러한 전통은 기독교에서 예수와 관련된 장소에 기념물을 만들고 순례하며 신앙심을 높이는 것과 같다. 인도 아쇼카왕의 불교에 대한 적극적인 장려와 부흥을 위한 노력은 이후 불교와 그에 따른 불교미술이 비약적으로 발전하는 기초가 되었다. 또한 불교가 외국으로 전파되는 전기를 마련하였다.

사진 2. 인도 산치탑의 조각

당시 세워진 스투파들에는 돌로 만든 기둥(石柱)[4]과 난간 등으로 둘러싸여 있고, 각 면은 각종 조각상들로 장엄되었다(사진 2). 이러한 조각들은 부처의 일생과 본생담(本生譚)[5]에서 흡수한 소재를 주요 주제로 다루었는

---

4) 당시 아쇼카왕이 세운 돌기둥에는 황소, 사자, 코끼리, 말 등의 상과 연화문, 법륜(法輪)(붓다의 진리 자체와 진리의 설법을 상징하며 태양, 윤회, 권능의 상징이다) 등이 조각되어 있다. 이와 같이 기념물적인 기둥이나 원주(圓柱) 등은 페르시아에서 유래하여 인도·중국에 전래되었다. 이것은 원래 어떤 교리나 사상을 상징하는 상징물적인 기념물이었다고 한다.
5) 석가모니의 전생과 관련된 이야기이다. 석가모니가 전생을 여러 번 겪으면서 여러 종류의 생명체로 태어나 무수한 자기희생과 선업(善業)을 쌓았기 때문에 비로소 현생에서 불성을 얻어 붓다가 될 수 있었고 열반에 도달할 수 있었다는 것이다. 이것은 부처 전생에서 따온 교화적인 전설로 인도 고대 이야기에 나오는 설화에서 유래된 것이다. 당시 인도에 팽배해있던 윤회전생(輪廻轉生)의 사상에 바탕을 두고 있다. 이러한 내용들은 벽면 부조의 주요한 내용이 되었다. 본생담은 불교적인 교훈을 전하고 성불에 이르기까지 보살행의 실천을 강조하는데 그 의의가 있다.

데, 각종 신상(神像)·인물상·동물상 등이 벽면을 가득 메우고 있다. 특히 조각상의 종류는 매우 다양한데, 이는 당시 전래되고 있었던 인도 고유의 신들을 흡수하여 불교화된 것들이다. 또한 인도인들이 신앙하고 있었던 각종 수호신과 다산의 여신인 야차(夜叉)나 행운을 가져다준다는 사랑하는 남녀의 상 등을 새겨서 불교미술의 소재를 풍부하게 하는 계기가 되었다. 이와 같이 초기 불교미술의 주된 관심사와 주제는 부처의 전생이나 생애와 관련된 이야기를 그림이나 조각으로 표현하는 불전(佛傳)의 도해(圖解)가 주류를 이루고 있다. 그래서 이러한 내용이 표현된 것을 불전도(佛傳圖)라고 하며 기원전 1세기경부터 나타나기 시작한 것으로 추정되고 있다. 이것은 석가의 전생 이야기부터 현생에서 태어나 출가하고 득도하고 설법하고 열반할 때까지의 자세한 생애가 하나의 그림처럼 조각된 것을 말한다. 그리고 경전을 접하고 어렵고, 글을 읽을 수 없는 사람들에게 불교에 대한 이해를 높이는데 많은 도움을 주었다. 또한 부처의 수행과 공덕, 깨달음의 과정을 간접적으로 체험할 수 있게 하는 방편이 되었다.

이후 서기 1세기부터 3세기까지는 카니슈카(Kaniska)와 같은 쿠산(Kusan) 왕조의 왕들의 지원 아래 중앙아시아 전역에 걸쳐서 불교가 전파되고 크게 유행하였다. 당시 깊은 신앙심을 가진 승려들이 동남아시아와 동북아시아에 불교를 전파하려고 노력하였으며, 불교가 전역에 전파되면서 동시에 불탑도 각지로 전래되어 여러 종교와 혼합되기도 하고, 각 지역의 고유 신앙과 습합되면서 다양한 형태로 발전하게 된다. 불탑은 불교의 전파에 있어서 가장 중요한 역할을 하였다. 불탑은 각 나라나 민족들에게 전파되어 다양하게 발전하였지만 그 기본적인 원리는 허물지 않았다. 즉, 불교의 핵심인 사리신앙이나 부처신앙을 대표하는 상징물로서 불탑이 조성되었다.

이와 같이 초기에 만들어진 스투파는 야외에 대형으로 만들어지기도 하며, 석굴사원의 중심에 세워지기도 했다. 야외에 건립된 스투파는 일반적으로 원형으로 만들어지며, 난간을 돌리고 입구에 문을 마련하거나 돌기둥(石柱)을 세운다. 그리고 벽돌을 활용하여 복발형의 탑신부를 마련하는데, 계단을 통하여 올라갈 수 있도록 시설되어 있다. 정상부에는 산개(傘蓋) 등과 여러 조형물을 올려 장식을 한다. 한편 석굴사원들은 사원의 중심에 스투파를 세우고, 그 주위로 수도승들의 방이나 작은 형태의 봉헌용(奉獻用) 소형탑들을 건립하기도 한다. 시원적인 형태의 스투파들은 차차 시대가 흐르면서 높은 기단을 만들어 탑신을 받치고 주위에 난간을 돌려 아름다운 조각상을 배치하며 복발 상단부에 장식적이고 상징적인 상륜부를 마련하게 된다. 전체적인 스투파의 기본 형식은 기대-복발-평두-산간-산개 등으로 구성되며, 주위에는 난간과 같은 난순(欄楯)을 돌리고 출입을 위한 문을 세우기도 한다. 그래서 고대 인도의 불탑은 석가모니 생존 시에 반드시 필요하였던 발우와 일산을 탑의 형태에 반영한 것으로 추정되고 있다. 그리고 사리는 불탑마다 다양한 장소에 봉안되었는데 기단이나 복발, 평두 등에 모셔졌다. 불탑의 재료로는 인도에서 비교적 손쉽게 제작할 수 있고 내구성이 뛰어난 벽돌을 활용하였다. 그래서 흙으로 구워 만든 전탑(塼塔)이 많다. 그래서 불교가 전래된 중국에도 인도의 영향을 받아 전탑이 많이 만들어졌다.

　이러한 인도탑은 중국으로 전래되면서 다른 모습으로 발전하게 된다. 즉 복발형 인도탑은 상륜부에 그 형태가 계승된다. 그리고 탑신부는 누각식 건물의 형태를 취하게 된다. 이와 같이 인도의 스투파는 중국으로 전래되어 중국에서 새로운 형식과 양식의 불탑이 만들어져 부처의 사리를 봉안하게 된다. 또한 중국에는 전탑 뿐만 아니라 점차 나무를 활용한 나무탑(木塔)도 많이 건립된다. 나무탑은 동한시대에서 남북조시대

(25~589)까지 가람의 중심을 차지하며, 9층·11층·13층 등 고층으로 건립된다. 반면 수·당시대(581~618~907)에는 불교가 크게 융성하면서 많은 벽돌탑(塼塔)이 세워지게 된다(사진 3). 벽돌탑은 금나라 시대까지 불탑의 주류를 이루면서 지속적으로 건립된다.

  중국은 양질의 석재가 많지 않기 때문에 흙을 구워 만든 벽돌탑이 성행한다. 중국의 벽돌탑은 목탑을 모방하여 각부의 수법이 목조건축의 결구수법을 보여주고 있다. 그리고 벽돌탑의 평면이 4각, 6각, 8각에 이르기까지 다양한 평면으로 만들어지며, 동양의 어느 나라보다 규모가 크고, 탑의 내부를 통하여 꼭대기까지 오를 수 있도록 구성되었다. 중국은 수·당시대 이전에 건립된 나무탑들은 화재로 소실되거나 훼손되면서 점차 사라지고, 벽돌탑이 본격적으로 세워진다. 그래서 오늘날 중국에 남아있는 불탑은 벽돌탑이 주류를 이루고 있기 때문에 중국을 전탑의 나라라고 한다.

  이러한 중국의 목탑과 전탑이 우리나라에 불교의 전래와 함께 전해졌다. 우리나라도 처음에는 목탑과 전탑을 만들다가 석탑이 창출되면서 전국적으로 석탑이 크게 성행하게 된다. 그리고 불교가 전래되는 모든 나라의 탑 속에 부처님의 진신사리를 모실 수 없으므로 이를 대신할 수 있는 다른 사리나 불경, 작은 불탑(小塔), 불상 등과 같이 불교를 상징하거나 진신사리와 같이 공

사진 3. 중국 숭악사 13층 전탑

경이나 예배의 대상이 될 수 있는 것들을 모시게 된다. 이를 법신사리(法身舍利)라고 한다. 따라서 모든 탑 속에 부처님의 진신사리가 모셔져 있는 것은 아니며, 법신사리를 봉안하여도 탑파로서의 가치와 신앙의 대상으로 인정되었다.

한편 일본도 우리나라 영향을 받아 목탑과 석탑이 많이 만들어진다. 일본의 석탑도 기본적으로 목탑을 모방하여 만들어졌다. 그런데 일본의 석탑은 중국이나 한국과는 다른 독특한 양식을 갖고 있다. 그러나 우리나라 석탑과는 달리 기단부가 단순하게 마련된다. 그리고 탑신부는 목탑의 수법을 직접적으로 모방하기 보다는 두툼한 옥개석을 촘촘하게 다층으로 올려 외형상에서 차이를 보이고 있다. 이와 같이 외형적인 측면에서 중국이나 한국과는 다르게 탑신부를 구성한 점은 일본 석탑만이 가지는 특색이다. 예외적으로 백제유민이 세웠다는 일본 최초의 석탑인 석탑사 석탑은 백제 석탑의 영향을 받은 석탑으로 일본에서 성행한 전형적인 석탑 양식과는 다르다. 이 석탑은 일본 석탑의 시원적인 양식으로 알려져 있다.

II. 목탑의 조영

백제에는 384년 중국 동진을 거쳐 바다를 건너 들어온 인도스님 마라난타에 의하여 처음으로 불교가 전해졌다. 침류왕은 불교를 공인한 후 다음 해 곧바로 한산에 절을 짓도록 하고 10명의 승려가 머물도록 한다. 처음으로 백제 땅에 사찰이 세워진 것이다. 그러나 백제 한성시기 세워진 사찰에 대해서는 기록만 남아 있을 뿐 가람의 규모나 배치를 알 수 있을 만한 자료는 전혀 남아 있지 않다. 따라서 한성시기 세워진 백제의 사찰에 불탑이 있었는지는 알 수 없다. 다만 불가에서 신앙과 예배의 중심적인 대상이 사리(舍利)이고, 특별한 경우를 제외하고는 사찰에서 사리를 모신 조형물이 필수적으로 세워지기 때문에 불탑이 건립되었을 가능성이 높다.

이후 백제의 사찰 가람에 대해서는 475년 천도하여 64년간 수도였던 웅진시기, 오늘날 공주에 있었던 사찰들을 통하여 처음으로 알 수 있다. 그러나 공주에 남아 있는 백제 절터들도 파괴가 심하여 자세한 내용은 알 수 없는 형편이다. 다만 공주지역에 남아있는 일부 사찰터와 유적이나 유물들이 백제의 도심 속에 사찰이 있었음을 전해주고 있을 따름이다. 아직까지 웅진시기 창건된 사찰들도 정확한 위치와 가람의 규모 등이 밝혀지지 못하고 있는 실정이다. 다만 간략한 기록과 일제 강점기 이후 조사된 자료들을 토대로 사찰이 있었음을 알 수 있다. 특히 대통사지(大通寺址)로 전하는 사지에서 출토된 석조(石槽)와 기와들은 당시 사찰 가람에 목조건축물이 있었음을 알려주고 있다. 이외에도 웅진에는 동혈사, 서혈사, 남혈사 등의 사찰이 있었던 것으로 알려져 있다. 그러나 이들 사찰에 목탑이 있었는지는 알 수 없다.

이후 성왕은 방어에 불리하고 협소한 웅진을 떠나 백제의 새로운 도약을 꿈꾸며 538년 봄에 수도를 사비로 옮긴다. 사비는 백제가 멸망할 때까지의 수도였다. 수도를 사비로 천도한 성왕은 불교를 통하여 왕권을 안정시키고 국력을 모으기 위하여 적극적인 불교 정책을 펼친다. 성왕 때에는 불교가 융성하였으며 왜나라로 불교를 전해주기도 하였다. 또한 많은 왜나라 승려들과 신라 승려들이 불교를 배우기 위하여 사비로 모여들었다. 백제의 승려들은 한 차원 높은 불교를 배우기 위하여 중국이나 멀리 인도까지 모진 풍랑을 헤치며 진출하기도 하였다. 백제에서 사비시기는 불교문화가 가장 발달한 시기였기 때문에 오늘날 부여 일대에 남아 있는 사찰 관련 유적이나 유물들이 백제의 불교문화를 이해하는데 구체적인 자료들을 전해주고 있다. 오늘날 부여지방에 남아 있는 많은 절터와 그 흔적들은 백제 사비시기 불교가 얼마나 융성하였는지를 대변해주고 있다. 그래서 백제의 불교문화는 부여지역에 집중되어 있다고 해도 과언이 아니다. 그리고 바다 건너 왜나라로 건너가 불교를 전한 백제의 고승들과 기술자들은 일본 고대 문화의 형성에 지도적 역할을 하여 당시 백제불교의 위상과 역할이 대단했음을 가늠할 수 있게 한다.

이와 같이 당시 사비도성 안팎에는 많은 사찰들이 세워졌다. 기록이나 현재 남아 있는 절터만 해도 수십 개 이상이다. 신라 경주에 불교가 불꽃같이 퍼져 '절들이 별처럼 퍼져 있고 탑이 기러기처럼 늘어서 있다'고 일연(一然)이 기록한 것처럼, 중국 역사서에는 사비도성에 '승려와 절과 탑이 매우 많다'라고 기록되었다.[6] 오늘날 높은 건물위에 올라가 야경을 보면 많은 십자가가 세워져 있는 것과 같은 형국이었을 것이다.

백제 사비시기 세워진 많은 사찰들은 목탑이나 금당, 강당, 그리고 이를 둘러싸고 있는 회랑들이 주요 건축물들이었다. 사찰을 구성하고 있는 모든 건축적인 요소들을 가람(伽藍)이라고 하는데, 백제 가람은 부처의 사리를 모신 불탑이 중심을 이루고 있었다. 불탑은 처음에는 나무를 정교하게 짜 맞추어 올리고 그 위에 지붕을 올린 목탑이었다. 이와 같이 불교 전래 초기에는 석탑을 만드는 기술이 없었고, 목탑이 주류를 형성하고 있었다. 그래서 백제 뿐만이 아니라 고구려나 신라에서도 처음에는 사찰의 중심에 목탑이 조성되었음이 많은 절터에서 밝혀지고 있다. 삼국시대 사찰 가람에서 중심 공간에 목탑을 조성한 예는 고구려와 신라를 비롯하여 백제 사비시기의 사찰에서 다수가 확인되고 있다. 고구려는 청암리사지, 원오리사지, 정릉사지 등이 팔각형의 평면을 가진 목탑을 건립하여 사찰 가람의 중심공간에 배치하였다. 신라는 흥륜사지, 황룡사지, 망덕사지, 사

---

6) 『주서』 권49, 이역열전 제41, 백제.
'僧尼寺塔甚多'

천왕사지 등에 목탑을 세웠던 것으로 확인되었다. 백제는 부여의 군수리사지, 금강사지, 가탑리사지, 서복사지, 용정리사지, 능사지, 미륵사지 등에서 사찰의 한가운데에 목탑을 세웠던 것으로 조사되었다(사진 4). 따라서 삼국시대는 사찰 가람에서 목탑이 중심 공간에 배치되어 불교 신앙의 중심적인 역할을 하였음을 알 수 있다.

사진 4. 미륵사지 목탑지

그렇다면 과연 목탑은 어떻게 세워졌을까. 목탑은 못을 사용하지 않고 수많은 나무들을 용도나 기능에 따라 자르고 깎고 다듬어 맞추어야 하는 당시로서는 가공할만한 고도의 건축 기술이었다. 기록에 의하면 신라 수도였던 경주 황룡사에 건립된 9층 목탑이 우리나라 역사에서 가장 규모가 컸던 목탑으로 그 높이가 무려 225척이었다고 한다. 오늘날 우리가 쉽게 알 수 있는 도량법으로 환산하면 80m를 선회하는 높이다. 실로 어마어마한 높이였다. 그런데 황룡사 9층 목탑은 신라에서 초빙한 백제의 아비지(阿非知)라는 사람이 만들었다. 목탑을 건립하는 백제 사찰 건축술의 우수성은 신라 황룡사 건립시 백제의 목조 건축 기술자 아비지를 초청하였다는 사실에서 여실히 확인된다. 또한 바다를 건너가 일본 최초의 사원인 비조사(飛鳥寺)를 백제 사람들이 창건하였다는 사실에서도 알 수 있다. 일본 비조사에도 목탑이 세워졌으며, 이후 많은 일본 사찰에 목탑이 건립되었다. 일본 목탑의 원조가 백제인 셈이다.

　백제도 황룡사 9층 목탑과 같은 거대한 목탑은 아닐지라도 5층-7층-9층 높이로 많은 목탑을 만들었다. 크레인도 없었던 그 시절 그 높은 목탑을 과연 어떻게 만들었을까. 실로 궁금하지 않을 수 없다. 그러나 이를 알 만한 기록이나 그림은 전혀 없다. 다만 오늘날 건축 기술에 비추어 추정해 보도록 하겠다.

　먼저 도시 계획과 입지 조건을 고려하여 사찰이 들어설 자리를 정했을 것이다. 사찰의 중심에는 부처의 사리를 모신 불탑, 즉 목탑이 한가운데에 위치하도록 기본적인 구도를 잡았다. 그리고 목탑을 세우기 전에 전문 장인들과 승려들이 모여 설계도를 작성하였다. 설계도가 한 치의 오차도 없이 치밀하게 구성되어야만 고층의 목탑을 세울 수 있었다. 토목 건축기술에 대한 축적된 풍부한 경험이 있어야만 가능한 일이었을 것이다. 설계도가 완성된 다음에는 목탑이 들어설 자리에 높은 목탑을 세우기 위하여 많은 인부들이 땅을 파고 기초를 다졌을 것이다. 인부들은 먼저 목탑이 세워질 자리를 사각형으로 판 후 일정한 두께로 흙을 쌓으면서 견고하게 다져 나간다. 이러한 기초다짐을 판축(版築)이라 하는데, 규모가 크고 높은 건물을 세울 때에는 넓고 깊게 파서 판축을 해야 하기 때문에 굴광식 판축이라고도 한다. 판축을 하여 땅을 견고하게 다진 다음 초석과 기둥이 놓일 자리에 기단을 만들었다.[7] 건물의 권위와 건물을 물로부터 보호하기 위하여 지면에서 일정한 높이로 기단을 만들었다.[8] 그리고 그 위에 기둥이 놓일 초석을 놓는다. 초석은 건물의 기본 골격이 되는 기둥을 세우기

---

7) 崔孟植, 「百濟 版築工法에 관한 硏究」, 『碩晤尹容鎭敎授停年退任紀念論叢』, 1996, p.542.
　 판축수법은 지상에 세워지는 건축물의 하중과 규모, 최초 대지의 입지 여건 등을 고려하여 모든 건축물에 일반적으로 사용된 기초 다짐이었다.

위한 기초이며, 건물의 견고성을 좌우하기 때문에 정확하고 견고하게 놓아야 한다. 많은 인부들이 나무를 활용하여 큰 초석을 끌고 밀어 놓일 자리로 옮긴다. 다른 인부들은 굵은 나무를 기단부로 이동하여 기둥의 위치나 용도에 따라 목재를 다듬는다. 기둥은 그 위치나 용도에 따라 정확한 높이로 잘라야 한다. 기둥은 목탑의 기본 골격이기 때문에 굵은 나무를 활용하여 다듬는다. 또한 기둥은 건축물의 아름다움을

사진 5. 일본 법륭사(法隆寺) 5층 목탑

고려하여 부드러운 모양새가 되도록 하며, 가운데를 배부르게 다듬는 배흘림수법으로 한다.

  목탑을 세우는 이유는 부처님의 사리를 모셔 예불의 대상이 되도록 하기 위한 것이다. 그래서 사리는 건물의 한가운데 놓이는 심초석(心礎石) 아래에 모신다. 심초석 위에는 목탑에서 중심 기둥이라 할 수 있는 규모가 가장 크고 높은 기둥 찰주(擦柱) 또는 심주(心柱)를 세운다. 찰주는 건축적인 측면에서 목탑이 고층으로 많은 부재들이 올라가 구조적으로 수

---

8) 백제에서 기단부를 2층으로 마련한 예는 미륵사지 외에도 사비시대에 창건된 금강사지 목탑지, 정림사지 금당지, 부소산 폐사지 목탑지 등에서 확인되고 있다. 또한 596년에 백제 장인들에 의하여 창건된 일본 비조사지(飛鳥寺址(法興寺))에서도 보이고 있어 일찍부터 백제 사찰건축의 기단으로 일반화되어 있었다.

평횡력이 강하기 때문에 중심기둥 역할을 하는 대형 기둥으로[9] 심초석에서 상륜부까지 연결되어 목탑의 뼈대가 되어 건물을 견고하게 지탱시키는 역할도 한다(사진 6).

심초석 아래에 사리를 모실 때에는 큰 행사가 진행되었을 것이다. 심주는 정확하게 중심을 잡아야 하기 때문에 많은 인부들이 동원되어 작업을 진행하였을 것이다. 심주를 견고하게 고정시킨 후 주변에 있는 초석들 위에 기둥을 차례대로 세워나간다. 기둥과 기둥 사이에는 또 다른 부재들을 짜 맞추어 여러 기둥이 하나로 연결되도록 한다. 전문 장인들과 인부들은 각자 맡은 임무에 따라 작업을 진행한다.

사진 6. 미륵사지 석탑 심주석

공사 총책임자는 설계도에 따라 구조물들이 제대로 세워지고 있는지 면밀하게 검토하며, 잘못된 부분을 고치고 인부들을 지도한다. 기둥을 세워 건물의 기본 골격을 완성한 다음에는 벽체를 만들어 나간다. 문이나 창을 만들기도 하고 어떤 벽은 흙으로 막는다. 책임자는 건물의 출입구, 예불 장소, 불상 안치 장소 등 기능성을 고려하여 공간 활용을 하도록 지시한

---

9) 金東賢, 「木造塔婆考」, 『韓國佛教美術史論』, 민족사, 1990, p.167.

다. 오늘날로 치면 인테리어에 해당하는 작업이다. 각 층마다 지붕을 다 올리면 건물에서 가장 높고 화려한 상륜부를 올리기 위하여 지붕위에 받침을 견고하게 만든다. 이를 노반(露盤)이라 하는데 백제에는 노반만을 전문적으로 만드는 박사가 있었다. 그만큼 상륜부를 견고하게 만들어야 하기 때문에 노반을 만드는 일은 중요한 공사였다. 다른 인부들은 지붕위에 기와를 올려 비가 건물 내부로 스며들지 않도록 한다. 마지막으로 노반위에 철로 만든 기둥을 세우고 보륜, 보주, 용차 등 상륜부에 끼워져야 할 부재들을 순서대로 짜 맞춘다. 태풍에도 무너지지 않도록 견고하게 하여야 한다.

모든 일이 끝나면 왕이나 왕실, 많은 귀족들이 목탑 앞에 모여 준공식을 갖는다. 준공식은 승려들의 주도로 이루어지며, 목탑 공사가 원만히 끝났음을 기념하고 부처님의 가호로 나라와 개인의 안녕을 기원하는 대규모의 행사였을 것이다.

III. 목탑에서 석탑으로

불교에서 종교 활동이나 신앙의 중심체는 바로 부처님의 사리(舍利)이다. 그래서 사리를 봉안하기 위한 시설물이 사찰 가람의 중심에 위치한다. 우리나라에 불교가 전래되면서 최초에는 사리를 봉안하기 위한 시설은 목탑이었다. 목탑은 사찰에서 중심공간에 배치되어 신앙과 예배의 대상으로 상징적인 역할을 하였다.

그런데 목탑의 주재료는 나무와 기와이기 때문에 오래 가지 못하고 불타 버리거나 붕괴되는 경우가 많았다. 또한 처음 만들 때나 이후 수리할 때 드는 비용이 상당하여 국가 재정으로 충당하기에도 만만치 않은 경비가 들어갔다. 한편 불교 신앙의 중심 대상이 꼭 사리를 모신 목탑 뿐만이

사진 7. 중국 응현(應懸) 목탑

아니라 서서히 불상으로 다양화되면서 가람에서 차지하는 목탑의 비중도 상대적으로 약화되어 갔다.

　이에 따라 삼국시대 사람들은 목탑을 대신하여 사리를 봉안하고 신앙의 중심적인 역할을 할 수 있는 새로운 조형물을 생각하게 되었을 것이다. 새로운 조형물은 나무보다 내구성이 오래가고 비용도 적게 들며 만들기도 용이한 것을 가장 염두에 두었을 것이다. 그러나 목탑보다 불교의 상징성을 누그러뜨리거나 불교 신앙의 요체인 사리를 봉안하는데 허술해서는 안 될 것이라는 돈독한 신앙심도 가지고 있었을 것이다.

　따라서 새로운 재료와 형태를 만드는 출발점이 목탑이 되었을 것이다. 그것을 통하여 세부적인 표현기법이나 수많은 부재들을 짜 맞추는 방법을 본받아 새로운 재료인 돌을 사용하여 시험적인 시도를 수차례 거듭하였을 것이다. 목탑의 각부를 구성하고 있는 특징들을 어떻게 전이할 것인가를 심사숙고하여 설계도 해보고 직접 돌을 연마하여 형태를 잡아 보기도 하였을 것이다. 이러한 시행착오를 여러 번 거듭하면서 설계나 구조상으로 완벽한 건축물에 가까운 하나의 조형물을 만들게 되었을 것이다. 그

사진 8. 부여 금성산 출토 청동제 탑신

래서 새로운 조형물로 창안된 것이 석탑이며, 석탑은 목조건축의 수법을 담고 있으며, 특히 목탑과 유사한 측면을 가지고 있는 것이다. 이를 전문 용어로 번안(飜案)이라고 한다.

목탑의 약점을 보강할 수 있는 새로운 문명의 창출에 가장 먼저 몰두하여 목탑을 석탑으로 전이시킨 사람들이 바로 백제 사람들이었다. 백제 사람들은 우수한 목탑을 세웠고, 목탑의 구조를 정확하게 알고 있었기 때문에 백제에서 석탑의 출현이 가능하였던 것이다. 백제 장인들은 그만큼 건축 기술이 앞서 있었고, 돌을 다루는 기술이 능숙했음을 짐작하게 한다.

이미 백제의 불교는 많은 발전을 이룩한 상태였으며, 이에 따라 많은 사찰들이 시가지에 들어서 있었다. 백제 땅에는 절을 짓는 많은 전문 장인들이 있었던 것이다. 백제의 불교가 발전되어 있었다는 것은 신라의 승려였던 진자사(眞慈師)라는 스님이 미륵선화를 만나기 위하여 웅진에 있었던 수원사(水原寺)라는 절을 찾아왔다는 사실에서도 알 수 있다. 이것은 웅진의 수원사가 미륵신앙의 중심지로 널리 국경을 넘어 경주에까지 알려졌음을 의미한다. 이러한 사실은 불교 사상 뿐만이 아니라 백제의 사찰

건축 기술이 상당한 수준이었음을 간접적으로 시사하는 내용이기도 하다. 또한 백제의 유명한 건축 장인 아비지는 신라의 초빙을 받고 서라벌에 가서 황룡사 9층 목탑을 처음부터 끝까지 감독하여 세워준다. 이것은 백제의 건축술이 신라에 비하여 앞서 있었음을 보여주는 사례이다.

오늘날 백제 사찰터에 남아 있는 건물지의 기단부 규모로 보아 백제지역에도 높은 목탑들이 즐비하게 서 있었을 것으로 추정되고 있다. 사원에는 5층, 7층, 9층까지 고층의 목탑들이 서 있었다. 백제 건축 장인들은 시멘트가 아닌 나무를 활용하여 건물의 높이를 상상할 수 없을 만큼 올렸던 것이다. 오늘날 백제 목탑은 남아있지 않지만 이러한 사실을 증명해주고 있는 것이 석탑이다.

석탑의 창안은 불교미술 뿐만 아니라 국가 사회적으로도 파격적인 전환이었다. 이것은 단순히 기술적 진보에 의한 재료의 변환 이상으로 획기적인 전기를 가져온 간과할 수 없는 변혁이었다. 이제 사찰의 중심은 나무가 아닌 돌이 차지하게 되었고, 한번 만들어 놓으면 특별한 경우가 아니고는 다시 손을 댈 필요가 없이 영구히 전해졌다. 그 만큼 사람의 품도 줄어들었고, 처음 만들 때 엄청난 공력도 필요하지 않았다. 그래서 이후 만들어진 탑들은 대부분 석탑으로 건립되게 된다.

한국의 석탑은 삼국시대 목탑의 가구와 결구 수법을 모방하여 재료를 돌로 전환시켜 만든 조형물이었다. 즉, 목탑의 기본적인 구도와 수법은 그대로 유지하면서 세부적으로 약간의 변형을 가하여 목재를 석재로 전환시키는 창의성을 보인다. 목탑은 크게 기단부-몸체부-공포부-처마부-지붕부-기와부-마루부 등으로 구성되어 있다. 석탑은 이를 모방하여 크게 기단부, 탑신부, 상륜부로 구분된다. 이 중에서 탑신부는 석탑이 목탑을 번안하는 과정에서 창안되었음을 가장 잘 보여주는 부분이다. 석탑의 전체적인 평면 형태가 사각형이라는 점도 석탑이 목탑을 번안하였음을 알려준다. 불교 전래 초기인 삼국시대에는 중국 불탑의 영향을 받아 목탑이 많이 건립되는데, 고구려 목탑은 평면이 팔각형이고, 백제와 신라는 사각형이었다. 팔각형 평면이 통일신라 말기부터 건립되는 석조부도에서 주류를 이루기도 하지만 목탑과 같은 목조건축물은 사각형 평면이 주류를 이룬다. 목탑의 평면이 팔각형에서 사각형으로 변화되는 양상을 보이는데, 석탑의 평면이 사각형이라는 것은 목탑의 평면을 모방하는 과정에서 유래된 측면일 것이다.

오늘날까지 이러한 사실을 증명해주고 있는 석탑이 바로 미륵사지와 정림사지에 서있다. 미륵사지석탑은 각부 구성수법이 목탑을 모범으로 삼아 석재로 번안한 시원적인 석탑이다. 한국에서 석탑의 발생 시기는 미륵사지석탑을 기준으로 하여 삼국시대 말기인 600년경으로 추정되고 있다. 그래서 불교가 수용되기 시작한 4세기 후반부터 600년경까지 약 200여 년 간은 사찰에서 목탑을 건립하여 불교신앙의 중심으로 삼았던 시기라 할 수 있다. 백제 미륵사지석탑과 같이 목탑의 가구 형식을 모방한 석탑이 만들어지기 시작하면서 질 좋은 화강암이 많은 우리나라에서는 석탑을 중심으로 불탑이 발전한다.

IV. 백제 석탑의 시원과 전개

많은 백제 사찰 중에서 백제시대 사찰의 규모와 면모를 가장 잘 알려주는 곳은 부여에 있는 정림사지와 익산에 있는 미륵사지이다. 그리고 이 두 사찰에 석탑이 세워져 오늘날까지 전하고 있다. 이들 두 석탑은 백제 석탑의 시원적인 양식을 보여주기도 하지만 우리나라 석탑의 시원적인 양식이기도 하다. 백제에 의하여 이 두 석탑이 만들어지면서 통일신라시대 이후 목탑은 드물게 세워지고 목탑을 대신하여 전국 방방곡곡에 석탑이 건립되는 배경이 된다.

 미륵사지는 목탑과 석탑이 같이 서 있었던 것으로 발굴 조사 결과 확인되었다. 그리고 원래는 동서에 석탑이 서 있고, 가운데에 목탑이 서 있는 대칭적인 구조를 가지고 있었던 것으로 밝혀졌다. 동탑은 언제인가 허물어져 없어졌고, 지금은 새로운 탑이 복원되어 있다. 그리고 일제강점기에 앙상하게 시멘트로 덧칠해진 서탑만이 남게 되었다. 이러한 미륵사는 『삼국유사』나 『삼국사기』를 비롯한 많은 기록들로 보아 무왕 때에 선화공주의 발원으로 창건되었으며, 발굴 조사 결과도 그러한 사실을 입증시켜 주었다. 따라서 석탑도 무왕이 왕으로 있을 때 만들어진 것으로 추정되고 있다.

 그리고 정림사지는 사비시기 도성의 핵심부에 자리 잡았던 사찰로 백제시대에 창건된 것만은 확실하지만 미륵사와는 달리 기록이 전혀 남아있지 않아 만들어진 시기나 연혁을 자세하게 알 수 없다. 절의 이름도 고려시대에 제작된 명문기와가 출토되어 정림사(定林寺)임이 확인되었다. 정림사지의 한가운데에는 독수리가 비상하는 듯한 아름다운 5층 석탑이 우뚝 서있다. 당시 백제의 사비도성에 건립된 다른 사찰들은 중심 공간에 목탑을 세웠는데 예외적으로 목탑이 아닌 석탑이 서있다. 이 석탑은 1층 탑신석 표면에 당나라 소정방이 사비도성을 함락하고 이를 기념한 장황한 기록이 남아 있어 적어도 사비도성이 함락된 660년 이전에는 세워져 있었음을 확인시켜 주고 있다.

1. 백제 석탑에 대한 조사와 연구

 미륵사지는 백제사 연구와 한국 불교사와 미술사 연구에 있어서 결코 빼놓을 수 없는 중요한 유적지이다. 미륵사지에 대한 최초의 조사는 1913

년 일본 關野貞과 谷井濟一에 의하여 미륵사지석탑과 주변의 석재에 대한 간단한 실측으로 시작되었다(사진 9). 그리고 1915년에는 서탑에 대한 응급보수와 주변 정리를 실시하였는데, 이 때 서탑이 붕괴되는 것을 방지하기 위하여 시멘트를 발랐다. 1917년에는 野守健과 谷井濟一이 다시 조사하였으며 이러한 조사를 바탕으로 藤島亥治郎은 미륵사지를 품자형(品字形) 가람이라고 주장하였다.[10] 이후 1966년에는 홍

사진 9. 일제 강점기 미륵사지 석탑

사준 선생에 의하여 강당지 일부와 후대 건물지가 발굴 조사되기도 하였다.

미륵사지에 대한 본격적인 발굴 조사는 원광대학교 마한백제문화연구소에 의하여 1974년과 1975년에 걸쳐 동탑지 유구에 대한 발굴이 이루어지면서 시작되었다. 그 결과 동탑지에도 서탑과 같이 동일한 규모의 석탑이 있었던 것으로 밝혀졌다. 당시 많은 석탑 부재들과 풍탁(風鐸) 등이 출토되어 미륵사지 동탑 복원 근거 자료들이 발견되기도 하였다.[11] 그래서 1979년도에는 6층까지만 남아 있는 서탑이 오래가지 못할 것을 염려하여 발굴 결과를 토대로 동탑을 복원하려는 계획을 세웠으나 충분한 검토가 있은 후에 해야 한다는 신중론으로 중지되기도 하였다.[12]

---

10) 扶餘文化財硏究所, 『益山彌勒寺址 東塔址 基壇 및 下部調査報告書』, 1992, p.3.
11) 원광대 마한·백제문화연구소, 「益山彌勒寺址 東塔址 및 西塔調査報告書」, 『馬韓·百濟文化』 창간호, 1975.
12) 文化財管理局, 『彌勒寺址東塔 復元設計報告書』, 1990.

1980년대에 들어오면서 국립문화재연구소 주관으로 미륵사지에 대한 전면적인 발굴 조사가 시작되었다. 미륵사지 전역이 발굴되면서 동탑지 주변 지하에서 많은 탑재들이 출토되었다. 이중에서 특히 주목되는 것은 동탑의 상륜부에 올려졌던 노반석(露盤石)과 탑신부의 부재인 옥개석이었다. 또한 동탑지에서 출토된 모든 석탑 부재들을 실측한 결과 석탑의 층수는 9층으로 확인되었으며, 이러한 성과를 바탕으로 1989년도에 미륵사지 동탑 복원안이 최종 확정되어 복원되었다.[13] 한편 발굴이 완료됨에 따라 출토된 유물들을 정리한 후 미륵사지발굴조사단이 해체됨으로써 1980년부터 1997년까지 18년간의 발굴 조사를 마무리하였다. 그리고 미륵사지 옆에 미륵사지유물전시관을 건립하였으며, 현재는 미륵사지 서탑에 대한 해체와 보수 작업이 진행 중이다.

한편 국립부여문화재연구소에 의하여 실시된 1991년도 동탑지 기단부에 대한 발굴 조사 결과에 의하면 동탑은 현재 남아 있는 서탑과 세부 형식과 양식에 있어서 약간의 차이점이 있는 것으로 밝혀졌다. 즉 서탑과 동탑이 전체적인 조형은 유사하나 기법과 결구 수법 등 구조적인 면에서 다른 것으로 밝혀졌다. 특히 양석탑의 두드러진 차이점은 탑신석의 짜임인데 동서 양탑이 1층에서는 초석과 기둥석, 면석 등이 모두 별석으로 짜여 있다. 그러나 동탑은 2층 이상의 탑신석에서 기둥과 면석을 동일석으로 하여 기둥의 형태를 모각한 형식을 취하지만, 서탑은 현재 남아 있는 6층까지 기둥석과 면석을 모두 별석으로 처리하고 있다. 따라서 서탑의 기둥석이 면석으로부터 돌출된 부위가 높다. 이것은 동탑과 서탑이 동일시기에 건립되지 않았다는 결정적인 단서를 제공해 준다. 즉 면석과 기둥석을 한돌로 하여 기둥을 모각하는 수법은 비교적 후대의 수법으로 통일

---

13) 張慶浩, 『百濟寺刹建築』, 예경산업사, 1991, p.353.

신라 이후의 석탑에서 많이 활용되는 기법이었다. 또한 석탑 기단지 외곽의 기단 하부를 시굴한 결과 모래층과 판축 상태로 보아 동탑보다 서탑이 오래된 유구임이 확인되었다. 한편 동탑지를 발굴한 결과 초석들이 바깥쪽으로 기울어져 있어 석탑이 사방으로 붕괴되면서 무너진 것으로 확인되었고, 기단 하층부에서 백제계 와편들이 출토되는 것으로 보아 서탑이 세워진 이후에 동탑지 기단부를 조성한 것으로 추정된다고 조사단은 밝혔다.[14]

사진 10. 일제 강점기 정림사지 5층 석탑

그리고 정림사지 5층 석탑에[15] 대한 최초의 실측 조사는 1920년대 초반 일본인 小川敬吉에 의하여 이루어졌다(사진 10). 당시 이루어진 실측치를 바탕으로 杉山信三이 연구 논문을 발표하기도 하였다.[16] 이후 米田美代治가 1943년에 정밀 실측조사를 진행하여 의장 계획과 사용 척에 대한 문제를 자세하게 검토하기도 했다.[17] 당시 米田美代治는 정림사지 5층 석탑에 사용된 척도가 동위척(東魏尺)이며, 각 층에 대한 비례를 비교하여 체감

---

14) 부여문화재연구소,『益山彌勒寺址 東塔址 基壇 및 下部調査報告書』, 1992, pp.59~61.
15) 葛城末治,「唐平百濟碑塔」,『朝鮮金石攷』, 아세아문화사, 1979, p.157.
   1917년 봄에 정림사지오층석탑의 동쪽에서 고려시대 제작된 '大平八年戊辰定林寺大藏當勒'銘 瓦片이 발견되어 고려 초기까지 명맥을 유지한 정림사로 비정되고 있다.
16) 杉山信三,「大唐平百濟塔의 比例에 대하여」,『考古學』8권 6호, 1938.
17) 米田美代治 저·신영훈 역,「扶餘 百濟五層石塔의 意匠計劃」,『韓國上代建築의 硏究』, 동산문화사, 1976.

율을 분석하였고, 상륜부의 높이를 추정하기도 하였다. 또한 이 석탑이 목탑을 모방하여 만든 석탑이며, 일본에 남아 있는 법륭사 5층 목탑(사진 5)이 백제의 목탑 건립 기술에 의하여 건립되었을 것으로 추정하였다.

이후 충남대학교 박물관에 의하여 1979년부터 1984년도까지 발굴 조사가 실시되면서 정림사지에 대한 많은 사실들이 밝혀졌다.[18] 그러나 사역에 대한 발굴 조사는 어느 정도 진행되었으나 석탑에 대해서는 원형 파괴와 보존이라는 차원에서 전면 해체는 아직까지 실시되지 못하고 있는 실정이다.

이와 같이 두 기밖에 남지 않은 백제 석탑에 대한 연구는 우리나라에서 미술사가 시작된 이래 지금까지 꾸준하게 이루어지고 있다. 특히 백제 석탑의 형식과 양식을 비롯하여 건립 시기를 놓고 다양한 견해들이 제기되어 있는 상태이다. 백제 석탑에 대한 조사와 연구는 한국 미술사학의 개

사진 11. 미륵사지 석탑 전경(해체 전)

---

18) 윤무병, 『정림사지발굴조사보고서』, 충남대학교 박물관, 1981.

척자라 할 수 있는 고유섭 선생에 의하여 시작되었다. 특히 백제 석탑은 한국 석탑사에서 시원적인 형식과 양식을 가지고 있기 때문에 중요하게 다루어졌다. 대부분의 연구자들이 고유섭 선생의 의견에 동조하면서 미륵사지 석탑을 백제 석탑의 선행 양식으로 보았다.

고유섭 선생 이래 미륵사지석탑(사진 11)을 선행 양식으로 보는 가장 중요한 근거는 백제의 두 석탑 중 어느 석탑 양식이 얼마나 목탑의 요소를 충실히 반영하고 있는가 하는 점이다. 고유섭 선생은 한국 탑파 양식의 기원은 방형 목조 고층 건물에서 유래하였고, 그 양식이 한국 탑파 양식의 기본 토대를 이루었기 때문에 한국의 석탑 양식의 발전 과정도 목탑을 어느 정도 충실히 모방하였는지에서 찾아야 한다고 하였다.[19] 그리고 석탑의 발전 과정에서 어느 석탑이 더 통일신라시대 건립된 석탑들과 친연성을 보이는가 하는 점도 중요하게 다루어졌다.

다음으로 1979~1980년 사이에 정림사지에 대한 본격적인 발굴 조사와 이듬해 그 결과가 발표되면서 정림사지 5층 석탑(사진 12)을 선

사진 12. 정림사지 5층 석탑 전경

---

19) 高裕燮, 『高裕燮全集』 1 -韓國塔婆의 硏究-, 通文館, 1993, p.51.

행양식으로 보는 연구자들이 출현하였다. 정림사지 5층 석탑을 선행양식으로 보는 가장 중요한 논거는 발굴 결과 밝혀진 석탑 주변의 판축 상태가 초창기의 것이며, 출토되는 유물들이 미륵사지보다 앞선다는 것이다.[20] 또한 정림사지 5층 석탑이 미륵사지석탑보다 목탑을 더 충실히 모방하였으며, 사비시기 수도에 먼저 석탑이 건립되고 다음으로 지방에 건립되는 것이 순리라는 측면도 근거로 제시되었다.[21]

어쨌든 백제 두 석탑이 사비시기(538. 봄~660.7)에 건립되었다는 것은 일치를 보이고 있다. 그런데 석탑이 목탑을 번안하는 과정에서 성립되었다는 입장에서 두 석탑이 가지고 있는 형식이나 양식에 주안점을 둔 연구는 미륵사지 석탑이 무왕대(600~641) 전반에 건립되었으며, 정림사지 5층 석탑은 무왕대 후반이나 의자왕대(641~660.7)에 건립된 것으로 보고 있다. 반면 발굴 결과와 사비와 익산이라는 지역적인 측면을 고려하여 정치·문화사적인 입장에 주안점을 둔 연구는 정림사지 5층 석탑이 미륵사지석탑보다 반세기 이상 먼저 건립된 석탑으로 보고 있어 흥미롭다.[22]

2. 백제 석탑의 형식과 양식

1) 기단부

미륵사지 서탑은 기단 하부 기초 시설에 대해서 아직까지 정밀 조사된 적은 없다. 현재 서탑에 대한 전면적인 해체 조사가 이루어지고 있기 때문에 조사가 완료되면 많은 사실들이 밝혀질 것으로 기대된다. 다만 서탑

---

20) 문명대, 「백제 불탑의 일고찰」, 『소헌남도영박사화갑기념사학논총』, 태학사, 1984.
21) 홍재선, 「백제계 석탑의 연구」, 『초우 황수영박사 고희기념 미술사학논총』, 통문관, 1988.
22) 엄기표, 「백제 석탑의 선후에 대한 고찰」, 『문화사학』 16호, 한국문화사학회, 2001.

보다 후대에 건립된 것으로 추정되는 동탑지에 대한 조사가 1974년부터 여러 차례 실시되었다. 그 결과 동탑지에서 출토된 석재들을 정밀 실측하여 동탑이 9층이었으며, 탑신부의 형식과 양식이 어느 정도 모습을 드러내게 되었다. 특히 1989년 동탑 복원이 현 동탑지로 결정되면서 복원 기초 공사로 묻혀버릴 동탑 기단부의 기초다짐 수법을 밝히기 위하여 1991년 발굴 조사를 실시하였다.[23]

발굴 결과 동탑지는 지반위에 석탑이 세워질 일정 범위를 넓게 마사점토로 정교하게 성토 판축한 후 석탑 기단이 들어앉을 만큼 다시 되파기를 하였다. 되파기한 기단은 토석다짐으로 견고하게 층층히 쌓아올린 것으로 확인되었다. 동탑 주변의 지반을 2m 내외로 깊이 3.5m 가량 파 내려가서 깊이에 따라 크고 작은 화강석을 황갈색 진흙과 함께 층층히 다져 깔았다. 이러한 수법은 중원 목탑지의 기초 다지기와 동일한 수법으로 확인되었다. 심초석이 놓였을 중심부에는 비교적 큰 화강석들이 조밀하게 채워져 있었는데, 이것은 석탑의 무거운 하중을 고려하여 중심지반을 보강하기 위한 수법으로 판단되었다.[24] 심초석 받침돌을 들어내자 점토바닥에서 불에 그을린 흔적이 확인되었다. 이것은 불을 지펴 흙과 돌을 굳게 하여 기초부를 단단하게 다지기 위한 수법이었다.

그리고 2000년도에[25] 서탑의 기단 주변부에 대한 부분적인 발굴이 이루어졌다. 발굴 결과 서탑을 세우기 전에 되파기를 한 후 판축하였던 것으로 조사되었다. 서탑 동편의 경우 기단에서 125㎝ 되는 지점에 토층 경계선이 나타났다. 하부는 180~220㎝간의 토층은 색깔만 다른 순모래층이 동편에서 서편으로 향하여 경사지게 다져졌으며, 그 아래로도 순모래층

---

23) 장경호, 「백제 탑파 건축에 관한 연구」, 『백제논총』 3, 백제문화개발연구원, 1992.
24) 국립부여문화재연구소, 『益山彌勒寺址東塔址 基壇 및 下部調査報告書』, 1992, p.19.
25) 국립부여문화재연구소, 『彌勒寺址 西塔 주변발굴조사 보고서』, 2001.

이 계속 이어지는 것으로 확인되었다. 서탑의 직하부는 밝은 적갈색이나 어두운 회갈색 점질토와 큰 할석편을 섞어 다짐하였던 것으로 밝혀져 동탑지와 유사한 것으로 확인되었다. 이와 같이 미륵사지 석탑에 대한 기단 하부 조사에 의하면 서탑과 동탑이 동일한 양상을 보여주고 있다. 여기서 미륵사지 건축물의 하부 기초다짐과 관련하여 주목되는 것은 동서탑의 기초 다짐이 중원에 건립된 목탑과 동일하다는 점이다. 따라서 석탑을 건립하기 위한 기단하부 마련은 거의 동시기에 이루어진 것으로 보아도 큰 무리는 없을 것이다.

그리고 정림사지 5층 석탑의 기초다짐은 순전히 판축토에 의하여 구축되었으며, 돌을 혼용하지 않았다고 한다. 이것은 미륵사지 탑지와는 다른 기초 다짐을 보여주고 있다. 정림사지 5층 석탑의 기초는 크게 세부분으로 구축되었는데, 상층은 30cm, 중층은 80cm 정도 깊이로 채굴한 흙을 일정한 높이로 쌓아 매우 탄탄하게 다진 것으로 확인되었다. 제일 아래층은 석탑과 직접적으로 관련된 것은 아니지만 단단하게 기초를 다지기 위하여 선행된 정지작업(整地作業)으로 판단되었다. 이러한 기초다짐은 석탑 하부에 한하여 발견되었으며, 다른 지역은 단순한 성토에 의하여 건축물을 세웠던 것으로 밝혀졌다.[26] 이와 같은 기단 하부의 판축수법은 굴광식 판축수법으로 두 석탑의 건립시기를 판별하는 중요한 요소이다. 굴광식 판축수법이 백제와 신라를 비롯한 고대의 목조건축물에서 주로 사용되었다. 백제에서는 목탑이나 석탑에서 모두 적용되었던 기초다짐 수법으로 조사되었다. 백제의 금강사지나 용정리사지, 신라의 황룡사지 중금당 등에서 확인되기도 하였으며,[27] 백제 장인들이 건립한 일본 비조사 등에서

---

26) 尹武炳, 『定林寺址發掘調査報告書』, 충남대학교 박물관, 1981, pp.15~16.
27) 金鍾圭, 「신라 사찰건축 연구」, 『아시아문화』 2호, 한림대 아시아문화연구소, 1996. pp.72~73.

도 나타나는 판축수법이다.

한편 정림사지 5층 석탑은 기단부에서 67㎝ 정도 떨어진 곳에 석렬이 놓여있다. 이 석렬은 한번 정도 보수의 흔적이 있는 것으로 확인되었다. 이 석렬의 용도가 구체적으로 밝혀진 것은 없지만 판축 후 석탑 전체의 중량으로 판축층이나 지대석이 밀려나는 것을 방지하기 위한 예비조치로도 추정되고 있다.[28] 또는 옥개석에서 떨어지는 낙수를 고려하여 낙수 받침대와 같은 시설을 마련하기 위한 부재로도 추정되고 있다.

그리고 미륵사지의 두 석탑은 동일한 양식으로 건립되었으며, 건립 시기도 약간의 차이를 두고 거의 동시기에 이루어진 것으로 추정되었다.[29] 동탑지의 발굴 결과에 의하면 석탑의 기단부는 중원 목탑 건물지의 기단부와 동일한 것으로 밝혀졌다. 현재 잘 남아 있는 미륵사지 석탑의 기단은 판석형 부재와 면석 등을 결구한 전형적인 가구식 2층기단이다(사진 13). 탱주석을 세우지는 않았지만 별석으로 치석된 우주석을 마련하였으며, 돌출된 갑석이 결구되었다. 각 방향 중앙에는 2층기단 상면으로 올라갈 수 있도록 5단으로 보석(步石)이 마련된 계단이 형성되어 있다. 계단은 4개의 긴사각형 돌을 보석으로 놓고, 그 좌우측으로 면석과 직각으로 결구되도록 직각삼각형 형태의 소맷돌로 막음하였다. 이러한 기단부의 형식은 미륵사지 목조건축물의 기단과 동일하다. 반면 정림사지 5층 석탑의 기단부는 낮게 마련되어 있다. 지대석 밑에는 높이 30㎝ 정도 되는 받침석이라 할 수 있는 돌들이 정연하게 깔려 있다. 지대석 위에는 좁아진 1단의 하대괴임이 있고, 통일신라시대 석탑의 하층기단과 같이 낮게 마련된 기단이 형성되어 있다. 면석부에는 우주와 탱주가 마련되어 있으며,

---

28) 鄭永鎬,「百濟의 石塔과 그 傳播」,『百濟의 彫刻과 美術』, 공주대학교 박물관, 1991, p.236.
29) 張慶浩,『百濟寺刹建築』, 예경산업사, 1991, p.232.

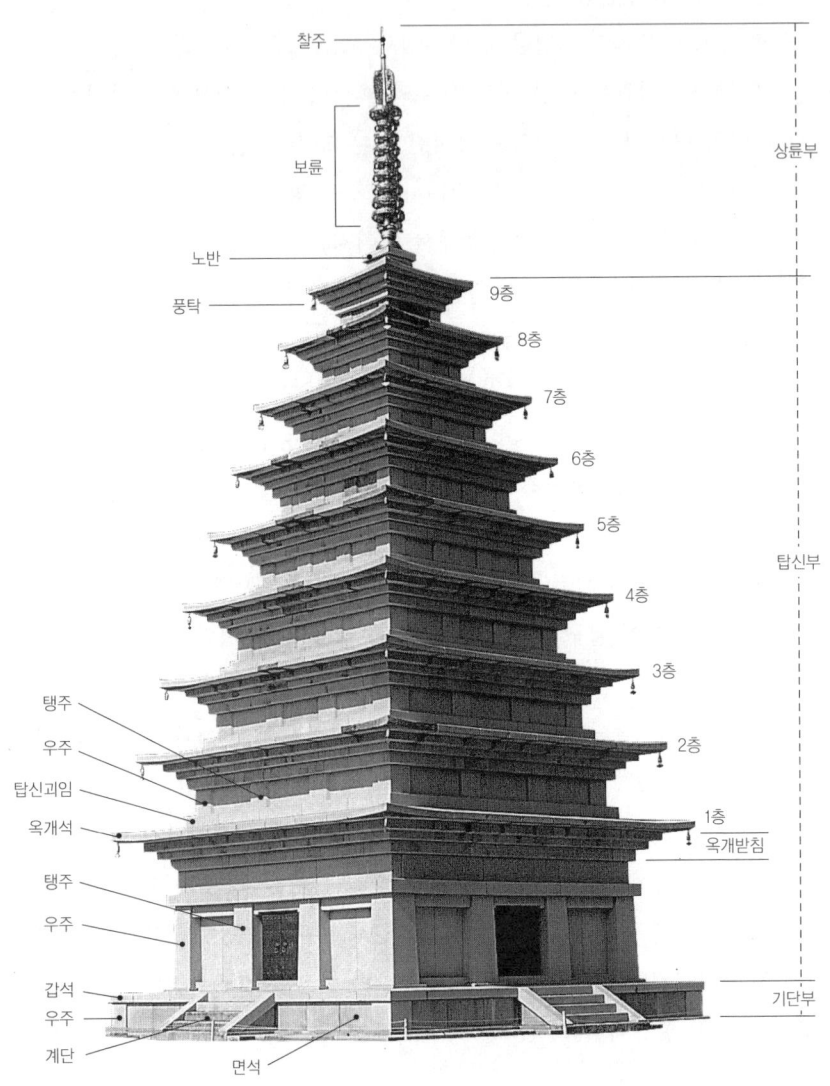

복원된 미륵사지 동탑 주요 명칭

정림사지 5층 석탑 주요 명칭

Ⅳ. 백제 석탑의 시원과 전개

사진 13. 미륵사지 석탑 기단부

사진 14. 정림사지 5층 석탑 기단부

그 위에 갑석이 돌출되어 있다. 또한 미륵사지 서탑 상층기단은 별석으로 우주만을 마련하였고, 정림사지 5층 석탑은 별석으로 우주와 탱주를 세웠다(사진 14). 백제 목조건축물들의 기단부는 탱주를 마련하지 않은 것으로 확인되고 있다. 목조건축이나 석탑 기단부에서 탱주가 본격적으로 출현하는 것은 통일신라시대부터이다. 따라서 정림사지 5층 석탑 기단부에서 별석으로 탱주를 마련한 것은 조형적으로 발전된 측면을 보여주는 요소라 할 수 있다. 또한 미륵사지 서탑은 갑석의 상면을 수평으로 처리하였지만 정림사지 5층 석탑은 경사지게 하여 물이 고이지 않도록 하여 발전된 치석 수법을 보이고 있다.

2) 탑신부

탑신부는 석탑이 목탑을 번안하는 과정에서 창안되었음을 가장 잘 보여주는 부분이다. 백제 두 석탑의 전체적인 평면 형태가 사각형이라는 점도 석탑이 목탑을 번안하였음을 알려준다.

탑신부에 있어서 미륵사지 서탑의 벽체부는 정측면 3칸을 이루고 있으며,[30] 정림사지 5층 석탑은 정측면 1칸으로 구성되어 있다. 미륵사지 서탑은 탑신부 우주나 탱주석 하단에 초석을 배치하고 있다. 그리고 미륵사지 동탑지에서 조사된 초석의 배열이 목탑지의 초석 배열과 같은 형식으로 확인되었다. 초석 배치는 미륵사지 서탑이 기단 마련 수법과 함께 정림사지 5층 석탑과의 차이를 분명하게 보여주는 부분이기도 하다. 미륵사지 서탑의 초석은 기단부 아래로 2단으로 연결되고 있는데, 정사각형을 이루고 있으며, 주좌를 마련하지 않고 수평으로 치석하였다. 이러한 초석은

---

[30] 장경호, 「百濟塔婆建築에 관한 硏究」, 『百濟論叢』 3집, 백제문화개발연구원, 1992, pp.41~42.

사진 15. 미륵사지 석탑 1층 탑신

사진 16. 정림사지 5층 석탑 1층 탑신

삼국시대에 많이 쓰인 치석 수법이다. 이것은 석탑에서 처음으로 목탑의 기둥 마련 수법을 적용하는[31] 과정에서 시도된 것으로 볼 수 있다. 그러나 정림사지 5층 석탑은 목조기둥을 모방한 우주를 세우기는 하지만 미륵사지 서탑처럼 초석까지는 마련하지 않았다. 또한 미륵사지 서탑은 초석과 초석 사이를 고막이돌로 연결하여 목조건축을 모방하고 있지만 정림사지 5층 석탑은 그러한 석재가 결구되지 않았다. 초석은 목조건축에서는 기둥의 하중을 받아 건물을 견고하게 지탱하여 주고, 수직으로 내려오는 하중을 기단부로 전달하는 필수적인 요소이다.

미륵사지 서탑은 1층 탑신부 외곽에 총 12주, 정림사지 5층 석탑은 총 4주의 기둥을 배치하여 목탑에서 기둥을 마련하는 수법을 모방하고 있다. 그래서 미륵사지 서탑은 여러 칸의 구조로 각 면에 2주의 우주석과 2주의 탱주석을 마련하였고, 정림사지 5층 석탑은 2주의 우주석만을 세웠다. 우주석과 탱주석은 목조건축에서 우주와 탱주라는 기둥을 번안한 것으로 벽과 연결되기도 하지만 별도의 부재로 마련된다. 그런데 미륵사지 서탑의 기둥석은 별석으로 세웠지만 정림사지 5층 석탑은 1층은 별석으로 마련하였지만 2층 이상은 탑신석에 우주를 모각하여 표현하고 있어 차이를 보이고 있다. 그리고 두 석탑의 기둥은 평면이 사각형으로 상부로 올라가면서 폭이 좁아지도록 배흘림수법으로 치석되었다. 이러한 기둥은 고대 목조건축에서 일반화된 수법으로 알려져 있다. 석탑에서 배흘림수법의 우주석은 미륵사지 서탑·정림사지 5층 석탑을 비롯하여, 의성탑리석탑·황복사지석탑 등 초기 신라석탑에서도 활용된 수법이었다. 또한 백제 두 석탑은 기둥의 상부가 안쪽으로 기울어지는 안쏠림수법으로 우주

---

31) 千得琰,「百濟系石塔의 造形特性과 變遷에 관한 硏究」, 고려대학교 건축공학과 박사논문, 1990, p.142.

석을 세웠다. 그리고 미륵사지 서탑은 탱주석보다 우주석을 높게 마련하는 귀솟음기법도 적용되고 있다. 목조건축물에서 안쏠림수법과 귀솟음수법은 벽체부의 상부가 벌어져 보이는 착시현상을 교정해 주고, 수직하중으로 인하여 부재들이 밀려나는 것을 방지하고, 아래에 놓인 부재에 효과적으로 하중을 전달하기 위한 고도의 건축기술이다. 이러한 수법이 석탑에서 응용되었다는 것은 석탑이 목조건축의 세부 수법까지 치밀하게 번안되었다는 증거이다.

미륵사지 서탑은 1층 탑신부 사방에 문이 개설되어 있고, 통로가 중앙으로 연결되어 사방으로 통하도록 되어있다. 문은 중앙칸에 160×53㎝ 규모로 마련되어 있는데, 좌우측에 문설주가 서있고 목재나 철로된 문비를 달았던 홈이 남아 있다. 목탑은 사방에서 건물 내부로 통하는 문이 설치된다. 미륵사지 서탑의 사방에 설치되어 있는 문은 목탑을 번안하는 과정에서 발생한 것이라 할 수 있다. 미륵사지 서탑은 한 가운데에 심초석을 놓고 찰주를 모방한 정사각형 심주석을 세웠다. 그리고 사방에 개설되어 있는 문에서 내부로 통하도록 십자형 통로가 마련되어 있다. 통로 바닥과 천장은 잘 다듬어진 넓은 판석형 석재를 깔았으며, 벽면은 장대석과 판석형 석재가 혼합되어 결구되었다. 벽에서 천장으로 연결되는 모서리에는 옥개받침과 같이 장대석으로 2단의 받침을 두었다. 심초석 위에는 정교하게 맞물려 있는 심주석이 천장으로 이어져 상부의 하중을 지탱하고 있다. 이와 같이 미륵사지 서탑의 한가운데 심초석을 세운 것은 석탑이 목탑을 번안하였다는 결정적인 증거이다.

미륵사지 서탑은 기둥 아래와 머리 부분에 기둥 사이를 각형 인방석(引枋石)으로 연결하고, 기둥 위에는 갑석과 같이 돌출된 평방석(平枋石)을 가로질러 결구하였다.[32] 기둥 위에는 신라 의성 탑리석탑처럼 오금형 주두석(柱頭石)을 마련하지는 않았지만 목조건축에 결구된 부재들을 표현하기 위하여 노력한 흔적이 역력하다. 또한 평방석과 옥개받침 사이에 포벽부(包壁部)를 별도로 구성한 점은 주목되는 부분이다. 고대 목조건축 수법을 알려주는 중국 운강석굴이나 고구려 고분벽화를 보면 창방이나 평방위에 포벽부가 있고, 상부의 하중을 효과적으로 받기 위하여 첨차나 인자형대공(人字形臺工)이 소로를 끼고 배치된다.[33] 특히 일본에 남아 있는 법륭사 금당과 5층 목탑, 옥충주자(玉蟲廚子)도 평방 위에 벽으로만 구성된 포벽부가 있다. 또한 금성산 출토 백제 청동제탑신(사진 8)에도 기둥 사이에 창호와 함께 포벽부가 구성되어 있는 것이 잘 나타나고 있다. 이와 같이 미륵사지 서탑은 목조건축의 결구 수법을 최대한 반영하기 위하여 평방과 같은 각종 부재까지도 번안하고 있다. 그러나 석재가 목재보다 가공하기 어렵고, 건축 구조적으로도 불필요한 요소로 판단되었기 때문에 첨차나 인자형대공 같은 공포부 부재들은 생략되어 표현된 것으로 보인다. 그러나 정림사지 5층 석탑은 기둥 위에 곧바로 옥개받침이 올라가고 있어 우주석을 연결하는 가로부재나 포벽부가 마련되어 있지 않다. 미륵사지 서탑보다 목조건축적 요소가 간략화 내지는 생략되었음을 알 수 있다.

석탑에서 옥개받침은 목조건축의 공포부나 처마부에 해당되는 부분이다. 목조건축에서 공포부는 복잡한 부재들로 결구되어 지붕의 하중을 분산 혹은 집중시켜 구조적으로 안전하게 완충기능을 하며, 건물이 장식적으로 보이게 하는 역할을 한다. 그러나 석탑은 석재를 활용하여 복잡한 목조건축의 공포부를 그대로 모방할 수 없기 때문에 층단형을 이루는 받

---

32) 林永培, 「彌勒寺址 西塔의 造形計劃에 대한 考察」, 『대한건축학회지』 21권 75호, 1977, p.16.
33) 張憲德, 「木造建築物의 人字形臺工 發生과 변천에 관하여」, 『昌山金正基博士華甲記念論叢』, 1990, p.110.

사진 17. 미륵사지 석탑 1층 옥개받침

침부로 구성되어 있는 것이다. 즉 석탑의 옥개받침은 목조건축의 공포부와 처마부의 가구수법을 생략 내지는 간략화하여 표현한 것이라 할 수 있다. 그래서 옥개받침은 석탑이 목조건축을 번안하는 과정에서 석재라는 시공상 난점이 가장 잘 드러난 부분이기도 하다.

미륵사지 서탑 옥개받침은 1~4층까지는 3단, 5~6층은 4단을 이루고 있으며, 정림사지 5층 석탑은 2단이다. 이와 같이 옥개받침의 단수가 낮은 것은 초기에 건립된 석탑들에서 보이는 공통적인 특징이다. 이것은 초기에 건립된 석탑들이 장식성을 가미하기보다는 목조건축을 번안하는데 치중하고 있음을 간접적으로 시사하는 것이기도 하다. 그런데 미륵사지 서탑 옥개받침은 각형(角形)으로 3단을 올리고 있으나(사진 17), 정림사지 5층 석탑은 1단은 각형으로 마련하였지만 2단은 모서리 부분을 몰딩하여 장식성을 가미한 경사진 형태로[34] 두 석탑이 뚜렷한 차이를 보이고 있다.

옥개석은 목조건축의 지붕부를 번안한 부분이다. 저층으로 건립되는 목조건축의 지붕부는 높게 마련되지만 목탑의 지붕부는 고층으로 올려야 하기 때문에 낮게 처리된다. 미륵사지 서탑의 옥개석은 일정한 두께를 유

---

34) 高裕燮,『高裕燮全集 1』-韓國塔婆의 硏究-, 通文館, 1993, p.57.

지하며 낮게 치석되어 있으며, 처마부의 끝 선도 거의 수평을 유지하고 있다.[35] 각 면이 만나는 합각부에서 약간의 반전(反轉)을 보이도록 두께를 두툼하게 치석하였으며, 옥개석 절단면도 수직으로 다듬었다. 옥개석 상부 합각부는 약간 높고 거칠게 다듬어져 내림마루를 표현하고[36] 있음을 육안으로 확인할 수 있다. 한편 정림사지 5층 석탑도 옥개석의 높이가 일정한 두께를 유지하며 낮게 마련되었으며, 처마부의 끝 선도 수평을 이루고 있다(사진 18).

사진 18. 정림사지 5층 석탑 1층과 2층

그리고 백제 두 석탑은 옥개석의 모서리 부분에 풍탁을 달았던 구멍이 뚫려있다. 지금은 남아 있는 예가 적지만 고대에 건립된 석탑들에는 풍탁이 걸려 있었다. 이와 같이 옥개석 모서리에 풍탁을 다는 것은 목조건축에서 유래한 것이다. 정림사지 5층 석탑은 옥개석 모서리에 상하로 뚫린 관통된 소형 구멍이 있으며(사진 20), 실측 조사시에는 풍탁을 달았던 철제장식이 확인되기도 하였다.[37] 목조건축은 처마 끝 모서리에 풍탁을 달아 장엄한 분위기를 연출하고, 소리로써 불법을 전파하고 중생들을 제도하기 위한 방편 역할을 하도록 하였다. 두 석탑은 목조건축을 번안하면서 풍탁도 놓치지 않고 모방하여 달았다.

---

35) 千得琰·朱南哲,「百濟系石塔의 構成要素分析에 관한 硏究」,『大韓建築學會論文集』통권 27호, 1990, p.99.
36) 林永培,「彌勒寺址 西塔의 造形計劃에 대한 考察」,『대한건축학회지』 21권 75호, 1977, p.16.
37) 洪思俊,「扶餘 定林寺址 五層石塔」,『考古美術』 통권 47·48호, 한국미술사학회, 1964, p.533.

사진 19. 해체 직전 미륵사지 석탑

　백제 두 석탑은 지붕부 위에 탑신괴임이 각형으로 마련되어 있다. 미륵사지 서탑은 1~2층 1단·3층 이상은 2단의 탑신괴임을 마련하였으며, 정림사지 5층 석탑은 탑신괴임에 변화를 주지 않고 각층 1단이다. 탑신괴임이 마련된 부분은 목조건물에서 용마루에 해당되는 부분이다. 석탑에서 탑신괴임은 상부에 올라가는 탑신석이 안정적으로 놓일 수 있도록 하며, 탑신석의 하중을 고르게 옥개석으로 전달하는 역할을 한다. 그래서 상부에 놓이는 탑신석보다는 약간 넓게 마련된다.

　이와 같이 미륵사지 서탑은 전체적인 형식과 양식이 목탑을 충실히 번안하는데 주안점을 두었다면, 정림사지 5층 석탑은 석탑을 세워본 경험을 토대로 구조적으로 안정되고, 외형적으로 세련되고 화려한 석탑을 세우는데 초점을 두었던 것으로 보인다.

3. 건립 시기

　미륵사가 무왕대(600~641)에 선화공주의 발원으로 창건된 사찰인 것은 분명하다. 이러한 미륵사의 창건은 당시 무왕대의 정치적인 상황과 맞물려 있으며, 발원자가 선화공주라는 사실, 신라 진평왕(579~632)이 미륵사 창건시 많은 백공을 파견한 사실 등은 미륵사지 서탑의 건립 시기를 추정하는데 많은 단서를 제공해 주고 있다.
　법왕의 갑작스런 죽음으로 왕위에 오른 무왕은 전대 왕들이 귀족들과의 권력투쟁 속에서 겪었던 어려움을 극복하고 실추된 왕권강화를 위하여 일련의 정책을 추진하였는데, 특히 불교를 통한 전제왕권의 확립을 위하여 많은 노력을 기울였다.[38] 이와 관련하여 주목되는 것이 익산 경영과 미륵사 창건이다. 익산지역은 무왕이 왕위에 오르기 전에 출생하고 성장한 곳이었다. 그래서 무왕은 재위시 익산지역에 대한 많은 관심을 가지고 있었고, 무왕의 경제적 후원세력 내지는 상당한 물적 기반을 제공해주고 있었던 지역이었다. 따라서 무왕은 익산지역에 대한 지대한 관심을 갖고, 사비도성에 버금가는 경영을 진행하였다. 왕궁리 일대에 대한 발굴 조사에서도 이 지역이 백제 조정에서 상당한 관심을 가지고 경영되었다는 사실이 확인되었다.[39] 그래서 왕궁리 일대는 무왕대에 별도(別都) 내지는 천도(遷都)를 하였던 지역으로 이해되고 있다. 무왕은 자신의 출생지이자 성장지였던 익산 지역을 경영함으로써 귀족세력들의 타협을 유도하여 왕권을 강화하고 강력한 중앙집권체제를 확립하고자 기도하였다.[40] 이러한

---

38) 盧重國, 『百濟政治史硏究』, 一潮閣, 1990, p.199.
39) 崔孟植, 「王宮里遺蹟 發掘의 最近成果」, 『馬韓·百濟文化』 14집, 원광대 마한·백제문화연구소, 1999, p.76.
40) 김주성, 「백제 사비시대의 익산」, 『韓國古代史硏究』 21, 한국고대사학회, 2001, p.243.

사진 20. 정림사지 5층 석탑 풍탁공

가운데 대표적인 역사가 미륵사의 창건이었다. 미륵사는 백제불교의 중심 사찰로 상징적인 역할을 할 수 있도록 대규모로 건립되었다. 익산 지역은 무왕의 성장지였으며, 미륵사 창건 이전 용화산에는 지명법사(知命法師)가 주석하고 있었던 사자사(師子寺)가 있었고, 무왕이 선화공주와 함께 지명법사를 찾아갈 정도로 무왕과 지명법사가 밀접한 관계를 유지하고 있었던 보아 익산지역에 미륵사를 창건하는 것은 예견된 일이었을 것이다.

그리고 미륵사 창건 시기와 관련하여 주목되는 점은 무왕대의 정치적·군사적 상황이다. 무왕은 재위 3년(603) 좌평 해수(解讎)로 하여금 4만명에 달하는 대규모 병력을 이끌고 신라를 공격하게 한다. 그러나 아막산성(阿莫山城)에서 해수 혼자 살아올 정도로 대패를 하고 만다.[41] 아막산성 패전은 무왕에게 상당한 정치적 부담으로 작용하였을 것이다. 이후 백제와 신라의 관계는 무왕 재위 23년까지 변경에서 5차례의 작은 충돌이 있었지만 별다른 마찰없이 원만한 관계를 유지하였다.[42] 그러나 무왕 24년 이후 집권 후반기에는 백제가 신라의 변경지역을 중심으로 공격하여 거의 해마다 충돌하고 있다.[43] 이것은 무왕이 집권초기에 체제 정비와 왕권 신장을 바탕으로 후반기에 들어 국력을 신장하는 과정에서 신라와 잦은 충돌이 있었음을 알 수 있게 한다. 따라서 무왕과 선화공주와의 결혼도

---

41) 『삼국사기』 권27, 백제본기, 무왕 3년 8월조.
42) 盧重國, 「三國遺事 武王條의 再檢討」, 『韓國傳統文化研究』 2집, 1986, p.14.
43) 김주성, 「백제 무왕의 치적」, 『百濟文化』 27집, 공주대 백제문화연구소, 1998, pp.82~85.

백제와 신라의 양국관계가 첨예하게 대립하였던 후반기에 이루어졌다고 상정하기는 어려우며, 무왕 집권 전반기에 이루어졌을 것이다.[44]

한편 무왕이 왕위에 오른 시기 동아시아 정세는 중국이 수나라에 의하여 통일되었으며, 고구려와 수나라 사이에 긴장관계가 조성되고 있었다. 무왕은 어느 편도 들지 않는 등거리 외교정책을 구사하였으며, 집권 초기 몇 차례 충돌 후 신라와 긴장관계를 해소할 필요성이 있었다. 신라도 고구려의 침략을 받는 등 백제와 계속적인 긴장관계를 원치 않았다. 양국은 화해 분위기를 조성하기 위한 일련의 정책으로 결혼을 추진하였을 것이다. 백제 무왕의 입장에서 선화공주와의 결혼은 국내적으로 왕실의 권위를 높이고 대외적으로는 신라와 긴장관계를 해소하고자 하는 복합적인 목적에서 이루어졌다고 할 수 있겠다.[45] 또한 신라의 선화공주가 백제 무왕에게 시집을 간 것으로 보아 백제가 외교적으로 우세한 입장에 있었음을 알 수 있다. 따라서 무왕과 선화공주의 정략적인 결혼은 백제가 무왕 집권 초기 아막산성에서 패하기는 했지만 군사적으로 백제가 어느 정도 안정된 시기에 이루어졌을 것이다. 한편 신라 진평왕은 572년에 출생하여 632년에 사망하였다. 선화공주가 진평왕의 셋째 딸이었다는 점과 결혼 적령기에 들어설 나이라면 적어도 610년은 넘어야 할 것이다. 따라서 무왕과 선화공주와의 결혼은 무왕이 왕위에 등극한 610년 이후로 비정할 수 있다.

또한 선화공주의 발원으로 창건된 미륵사 건립도 무왕 집권 후반기 백제와 신라가 잦은 충돌로 혼란한 정국상황에서 국력을 총집결해야 하며, 많은 시일이 걸리는 대규모 사찰의 건립은 어려웠을 것이다. 무왕 집권

---

44) 盧重國, 『百濟政治史硏究』, 一潮閣, 1990, p.205.
45) 盧重國, 「百濟 武王과 知命法師」, 『韓國史硏究』 107호, 한국사연구회, 1999, p.18.

후반기인 31년 사비궁(泗沘宮) 중수, 33년 마천성(馬川城) 개축, 35년 왕흥사 완공, 35년 궁남지(宮南池) 조성 등 일련의 대역사가 있었던 것으로 보아도 미륵사의 건립은 집권 전반기에 이루어졌을 것이다.

무왕은 미륵사를 창건함으로써 아막산성 패전 이후 귀족세력들과 타협하여 혼란한 사회를 수습하고 실추된 왕권을 강화해 나갔을 것이다. 또한 왕흥사가 준공되기 이전에 미륵사가 건립되어 있었던 것으로 보아 미륵사의 창건은 무왕 집권초기 귀족들의 발흥으로 왕권이 불안정한 시기보다는 왕권을 안정시킨 시기로 보는 것이 가장 타당할 것이다.[46]

한편 미륵사지에서 출토되는 유물들의 양상을 보아도 미륵사가 무왕대에 창건되었음을 증명하고 있다.[47] 미륵사지에서는 많은 간지명(干支銘) 기와들이 출토되었는데 이들을 정리하면 정해년(丁亥年)에서 정사년(丁巳年)에 이르는 기와들이 주류를 이루고 있다. 이들 기와들은 대체로 627년에서 657년으로 편년되고 있다.[48] 기와의 명문이 대체로 완공된 해를 남긴다는 점에서 미륵사가 적어도 627년 이전에 건립되기 시작한 사찰인 것은 확실하다. 따라서 미륵사지 서탑은 늦어도 627년경을 전후한 시기에 건립되었을 것이다. 특히 미륵사지에서는 목탑과 석탑이 가람의 중심으로 예배와 신앙의 주요 대상물이었을 것이므로 가장 먼저 착공되었을 것이다. 또한 탑파가 공사 기간이 길게 요구된다는 측면 등을 고려할 때 미륵사 목탑과 석탑은 대지를 조성한 후 곧바로 착공되었을 것이다. 이와 같은 무왕대의 여러 가지 정황으로 보아 미륵사 석탑은 늦어도 610년대

---

46) 張慶浩, 『百濟寺刹建築』, 예경산업사, 1991, p.143.
47) 윤덕향, 「명문와」, 『미륵사 유적발굴조사보고서 Ⅰ』, 문화재연구소, 1989, pp.249~250.
　　이난영, 「와전류」, 『미륵사 유적발굴조사보고서 Ⅱ』, 국립부여문화재연구소, 1996, pp.247~254.
　　趙由典, 「益山 彌勒寺에 관한 硏究」, 『百濟論叢』 2집, 백제문화개발연구원, 1990, p.169.
48) 김주성, 「백제 사비시대의 익산」, 『韓國古代史硏究』 21, 한국고대사학회, 2001, p.236.

나 620년대 중반을 전후한 시기에 건립되었을 가능성이 높다.

한편 정림사지는 사비도성의 중심에 위치하고 있었다. 사비도성은 계획도시로 정연한 도시구조를 갖고 있었던 것으로 확인되고 있다. 사비도성은 주작대로인 남북도로가 궁궐의 정문을 출발하여 시가지를 관통하고 있는데, 정림사는 남북도로가 길게 이어지는 길과 연접하여 세워진 사찰이었다.[49] 현재 남북도로상에 연접한 백제시대 다른 사찰이 확인되지 않고 사비도성의 시가지 배치상으로 보아도 당시 정림사가 가장 중심적인 사찰이었음을 쉽게 알 수 있다. 이와 같이 정림사가 사비도성에서 차지하였던 위상으로 보아 사비천도 이전에 계획되었거나 적어도 천도 직후에 창건되었을 것으로 보는 것이 순리일 것이다. 따라서 정림사는 사비시기 백제의 정치적인 상황으로 보아 성왕대(523~554)나 늦어도 위덕왕대(554~598) 초기에는 창건되었을 것이다. 정림사지 발굴 결과 출토되는 유물들의 양상도 정림사의 창건이 6세기 전반에 이루어졌음을 입증해주고 있다.[50] 한편 백제 왕실에서 발원한 기원 사찰로 성왕의 추복(追福)을 위하여[51] 창건되었을 것으로 보이는 능사(陵寺)는 위덕왕 14년(567)에 위덕왕의 여동생인 공주가 사리를 공양한 사실로 보아 이 시기를 전후하여 집중적으로 사원 건립이 이루어졌던 것으로 확인되었다.[52] 정림사와 능사의 지리적이 위치나 사비도성에서 차지하는 위상으로 보아 정림사가 창건된 이후에 능사가 창건되었을 것이다. 따라서 능사가 창건되기 이전인 성왕대에는 이미 정림사가 건립되어 있었을 가능성이 높다.

---

49) 김영심,「泗沘都城 행정 구역 편제」,『사비도성과 백제의 성곽』, 서경문화사, 2000.
50) 尹武炳,『定林寺址發掘調査報告書』, 충남대 박물관, 1981, p.69.
51) 金相鉉,「百濟 威德王의 父王을 위한 追福과 夢殿觀音」,『韓國古代史研究』15, 한국고대사학회, 1999, p.75.
52) 金壽泰,「百濟 威德王代 扶餘 陵山里 寺院의 創建」,『百濟文化』27집, 공주대 백제문화연구소, 1998, p.38.

사비도성에 창건되었던 많은 사찰들은 이미 건립되어 있었던 정림사의 가람 배치나 조영 수법 등을 모방하여 창건 내지는 중건되었을 것이다. 따라서 새로운 사찰을 건립하는 장인들이나 승려들은 정림사 가람을 견학하고 설계도를 작성하거나 시공에 들어갔을 것이다. 예를 들면 군수리사지, 서복사지, 가탑리사지, 용정리사지, 왕흥사, 호암사, 천왕사, 능사 등 많은 사찰들이 정림사 가람을 모본으로 하여 조영되었을 것이다. 그러나 이들 사찰에 석탑이 있었다는 증거는 없으며, 모두 목탑만 확인되고 있다. 물론 정림사만 독창적이고 새로운 기술로 석탑을 건립하였다고 볼 수도 있다. 그러나 석탑은 목탑에 비하여 내구성이 강하고 건립하기도 비교적 수월하였다. 또한 정림사지 5층 석탑은 외형적으로 보아도 성공작이라 할 수 있다. 이런 상황에서 석탑을 배제하고 굳이 목탑을 세웠을 것으로 보이지는 않는다. 특히 정림사 건립 이후에 왕실의 발원으로 창건된 능사에도 목탑이 건립되어 있었다는 것은 사비시대 전반기라 할 수 있는 성왕대에서 법왕대까지는 아직 석탑이 등장하지 않았으며, 목탑이 사찰 가람의 중심을 차지하고 있었던 것으로 추정된다.

또한 성왕대와 위덕왕대에는 많은 백제 장인들이 일본으로 건너가 가람을 조영해 주었다는 사실이 기록으로 확인되고 있다. 성왕대 이후 노반박사, 와박사 등 많은 전문 건축 기술자들이 일본으로 건너가 기술을 전수하거나 직접 건물을 지어주었다.[53] 이들은 정기적으로 일본에 파견되거나 일정한 시일이 지나면 임무를 교대하기 위하여 새로운 관리들이 파견되기도 하며, 일본의 요청으로 추가 인원들이 파견되었다. 당시 고구려·신라에 비하여 월등하게 많은 백제의 전문 장인들이 일본으로 파견된 것은

---

53) 張慶浩,「百濟와 日本의 古代 寺刹建築」,『百濟佛教文化의 研究』(百濟研究叢書 제4집), 忠南大學校百濟研究所, 1994, p.231.

백제의 건축 기술이 상당한 수준에 있었음을 알려준다. 이것은 오늘날 일본에 남아 있는 고대의 사찰들 중 상당수가 백제의 가람배치와 동일하거나 백제와 관련된 절이름이 남아 있는 것으로도 쉽게 짐작할 수 있다. 특히 일본 최초의 사찰인 법흥사(法興寺)는 588년 많은 백제 장인들이 직접 건너가서 건립하기 시작하여 착공한지 5년만인 593년 사리탑이 완공되자 왕을 비롯한 100여 명의 고관대작들이 모두 백제 옷을 입고 불사리 봉안식에 참석하였다고 한다.[54] 이러한 사실들은 백제의 사찰 가람 조영 방식이 일본에 그대로 전해지고 있었음을 알 수 있다. 당시 법흥사에 건립된 사리탑도 목탑이었다. 법흥사는 백제의 목탑 건립 기술 뿐만 아니라 판축수법과 기와[55] 등 모든 건축 기술이 전래된 것으로 발굴 결과 확인되었다. 639년 12월에는 백제천 옆에 9층 탑을 세웠다는[56] 기록도 있는데, 백제 장인들에 의하여 건립된 9층 목탑이었을 것이다. 백제사(百濟寺), 사천왕사(四天王寺), 야중사(野中寺), 서림사(西琳寺) 등 일본 각지에 백제의 영향을 받은 목탑들이 아직도 남아있거나 유구들이 발굴 조사로 확인되고 있다.[57]

당시 일본으로 파견되거나 건너간 많은 사찰 건립 기술자들이 이미 정림사에 석탑이 건립되어 있었다면 이를 모를리 없었을 것이고, 적어도 한 번 정도는 견학하였을 것이다. 그러나 일본으로 건너간 건축 기술자들은 목탑만을 사찰 가람의 중심에 건립한다. 만약 정림사지 5층 석탑이 6세기경에 건립되어 있었다면 일본으로 건너간 백제의 많은 건축 기술자들이

---

54) 崔在錫, 『古代韓日佛敎關係史』, 일지사, 1998, p.54.
55) 金誠龜, 「百濟 瓦當樣式의 變遷과 그 類型」, 『東岳美術史學』 창간호, 2000, p.77.
56) 『日本書紀』 卷23, 舒明天皇 11年 12月條.
  '是月 於百濟川側 建九重塔'
57) 金正基, 「韓國古代建築과 對外交涉」, 『韓國古代文化와 隣接文化와의 關係』, 한국정신문화연구원, 1981, p.672.

사진 21. 정림사지 출토 연화문 수막새 　　사진 22. 미륵사지 출토 연화문 서까래기와

가람 조영시에 석탑 건립을 시도하였거나 건립하였을 것이다. 그러나 일본에 남아 있는 백제관련 사찰에서 석탑은 확인되지 않고 있다. 이것은 아직까지 백제에서도 석탑이 건립되어 있지 않았다는 사실을 방증하는 것이라 할 수 있다. 다만 일본에는 백제 멸망 후 유랑민들에 의하여 건립된 석탑사 3층 석탑만이 남아 있다(사진 27). 석탑사 3층 석탑은 백제의 사찰 조영 전문 장인에 의하여 건립된 것이 아니라 유랑민들에 의하여 건립된 것이기 때문에 조형적으로 떨어지는 인상을 주고 있다. 이것은 백제 석탑을 본 유랑민들이 백제를 그리워하며 외양(外樣)만을 모방하는 과정에서 나온 산물이라 할 수 있다.[58]

이러한 사실들로 보아 백제는 무왕대(600~641)에 들어와 비로소 목탑을 석탑으로 전이하여 건립하는 새로운 기술이 창안됨과 동시에 돌을 다루는 치석기술이 발달하였으며, 다음은 돌을 정교하게 누적하여 높게 쌓아 올릴 수 있는 기술이 등장한 것으로 추정된다. 따라서 정림사에는 원래 목탑이 건립되어 있었거나 아니면 처음에는 목탑을 건립하기 위하여 판축을 하였으나 어떤 이유로 건립하지 못하고 유지되다가 그 자리에 오늘

---

58) 鄭永鎬, 「百濟塔と蒲生の石塔寺三重石塔」, 『石塔寺三重石塔のルーツを探る』, 1999, p.9.

날과 같은 5층 석탑이 건립되었을 가능성도 있다. 그리고 사비천도 직후에 정림사가 창건되면서 목탑이 건립되었다면 무왕대에는 목탑의 많은 부분이 훼손되었거나 화재로 인하여 완전히 소실되었을 가능성도 있다. 특히 정치적 혼란기였던 6세기 말 혜왕이나 법왕대를 거치면서 훼손되었거나 무왕대나 의자왕대인 7세기 전반기에 소실되었을 가능성도 상정할 수 있다. 한편 목탑이 훼손되지 않았다고 하여도 목탑은 내구성이 약하고 화재에 취약하기 때문에 일정 시일이 지나면 중건이나 중수가 이루어져야 한다. 불교를 신봉하는 국가에서 사찰 가람에 주요 신앙의 대상이 되는 불탑이 없다는 것은 있을 수 없는 일이다. 당시 사비도성에 불탑이 많았다고 하는 기록으로 보아도 사비도성에는 많은 사찰들이 있었고 사찰마다 불탑이 건립되어 있었다. 더구나 도성 한가운데 왕궁에서 지근거리에 위치하며 중요한 역할을 담당하였을 것으로 보이는 시내 한복판 사찰에 불탑이 없다는 것은 부자연스러운 일이었다. 그러나 기존에 세워진 목탑을 보수하거나 다시 세운다는 것은 어려운 일이었다. 그러므로 정림사 중창시에 목탑 대신 석탑을 건립하였을 가능성도 있다.[59] 어쨌든 백제 장인들은 미륵사에서 석탑을 건립한 경험이 있고, 내구성 면에서도 목탑보다 석탑이 월등하기 때문에 정림사에 석탑을 계획하였을 것이다. 또한 미륵사에 목탑이 건립되기도 하지만 동서원에 2기의 석탑을 건립하였다는 것은 이미 목탑보다는 석탑 건립을 선호하는 경향이 형성되어 있었다고 볼 수 있다.

이와 같이 사비시기 정림사가 차지하였던 위상과 정치·외교적 상황, 당대 사찰 가람의 유적과 유물들로 보아 정림사지 5층 석탑은 돌을 다루

---

[59] 이왕기, 「백제의 건축 양식과 기법」, 『百濟文化』 27집, 공주대학교 백제문화연구소, 1998, p.104.

는 기술이 무르익고 왕흥사가 완공되고 궁남지가 조성되는 무왕 집권 말기나 의자왕이 집권한 후 반정에 성공하여 안정을 구가하던 630년대 후반에서 늦어도 650년대에는 건립된 것으로 추정된다.

V. 백제 석탑 양식의 특징과 지속

우리나라는 삼국시대에 불교가 전래되면서 처음에는 중국의 영향을 받아 목탑을 세워 사리를 봉안하게 된다. 그러나 목탑은 내구성이 약하고 세우기가 어렵고, 인력이나 비용이 많이 들기 때문에 새로운 재료와 형식을 창출하게 되는데, 그것이 돌로 만든 석탑이다. 삼국시대 석탑이 만들어진 이후 우리나라에서는 석탑이 사리의 봉안처임과 동시에 사찰에서 예배와 신앙의 중심대상이 되었다. 그래서 석탑이 대대적으로 유행하게 되어 현재 남아있는 대부분의 불탑이 석탑이다. 그래서 우리나라를 불탑에 있어서 석탑의 나라라고도 한다.

사진 23. 익산 왕궁리 5층 석탑

현재 남아 있는 백제의 석탑으로는 미륵사지 석탑과 정림사지 5층 석탑뿐이며, 더 이상 석탑이 건립되지 않았던 것으로 밝혀져 있다. 또한 석탑을 세우기 시작한지 얼마 안돼서 멸망하고 말았기 때문에 건립할 수도 없는 상황이었다.

그런데 백제 불탑의 역사에서 주목되는 하나의 현상은 아직까지 백제가 벽돌탑(塼塔)을 세웠다는 기록이나 유적이 확인되지 않고 있다는 점이다. 중국이나 신라의 경우 많은 벽돌탑을 세웠다. 특히 백제가 바다를 통하여 중국과 빈번한 교류가 있었으며, 백제 불교가 중국 남조나 수나라 불교의 영향을 받았던 점을 감안할 때 벽돌탑이 세워졌을 가능성도 있다. 그러나 현재 백제 불탑과 관련된 각종 기록, 유적과 유물들을 종합해 볼 때 백제는 목탑과 석탑을 사찰 가람의 중심에 조성하여 신앙과 예배의 중심 대상이 되도록 하였지 벽돌탑은 세우지 않았다. 백제는 이미 웅진시기에 벽돌을 활용하여 무덤을 만들 정도로 상당한 수준의 벽돌 제조 기술이 있었음에도 불구하고 당시 중국에서 성행한 벽돌탑은 세우지 않았다. 특히 백제가 삼국 중에서 가장 불교가 발달되어 있었다는 측면을 고려할 때 더욱 의문점으로 남는다. 현재로서는 이러한 역사적 사실과 문화 현상에 대하여 마땅한 답을 찾기는 어려운 형편이다. 다만 백제가 일찍이 목조 건축 기술이 발달하여 목탑을 위주로 가람이 조성되면서 굳이 벽돌탑의 필요성을 느끼지 않았을 수도 있고, 벽돌을 구울 수 있는 양질의 흙을 찾지 못

사진 24. 부여 장하리 석탑

했을 수도 있고, 벽돌탑을 조성해야 될 필요성을 굳이 느끼지 않았을 수도 있고, 벽돌탑을 세워보기 전에 이미 석탑이 일반화되었을 가능성 등 여러 가지로 생각해 볼 수 있을 뿐이다.

그리고 석탑의 전체적인 외관이 주는 백제 석탑의 가장 큰 특징은 부드러운 곡선미를 추구하고 있다는 점을 들 수 있다. 물론 기단부나 탑신석에서는 직선적인 느낌이 강하지만 옥개석은 통일신라나 고려

시대 건립된 석탑들에 비하여 부드러운 이미지를 많이 담고 있다. 각 나라의 문화는 그 나라의 풍토와 민족성에 따라 다양한 양상으로 전개되고 발달되었는데, 백제문화는 전반적으로 고구려의 웅장하고 야성적이기 보다는 유려하고 따뜻한 이미지를 많이 담고 있는 것이 특징이다. 이러한 백제의 문화적 특성과 어울리듯 백제 석탑의 옥개석은 신라 석탑들의 섬세하고 세련된 이미지보다는 경쾌하면서 부드러운 인상을 주는 점이 돋보인다. 정림사지 5층 석탑은 마치 한 마리의 새가 날개를 부드럽게 펼쳐 비상하는 듯한 느낌을 주는데, 바로 옥개석의 경쾌하고 부드러운 치석 수법이 큰 몫을 하고 있다.

 그리고 통일신라 불교미술의 비약적인 발전은 당시 문화 선진국이었던 고구려와 백제의 장인들이 통일신라에 편입되면서 가능했다고 생각된다. 고구려는 7세기 이후 불교가 주춤하면서 상대적으로 도교가 발전하고 있

사진 25. 서천 비인 석탑

었기 때문에 통일신라 불교 미술의 발전에 크게 영향을 미치지는 못했을 것으로 보인다. 반면 백제는 멸망 직전까지 불교가 크게 성행하였고, 이에 따른 불교미술의 발전이 삼국 중에서 가장 앞서 있었다. 따라서 통일신라 불교미술의 발전에 가장 큰 영향을 미친 나라와 민족은 백제였을 것이다. 통일신라시대 건립된 목탑과 석탑을 비롯한 불교미술은 백제 장인들의 역할이 크게 작용했을 것이다. 다시 말해 통일신라 초기의 불교미술은 당시 가장

선진적이었던 백제 불교미술의 영향이 압도하였을 것이고, 점차 통일신라라는 새로운 왕조에 어울리는 불교미술이 창출되면서 발전하였을 것으로 생각된다.

한편 백제 문화의 생명력은 질기고 오래 갔다. 백제라는 나라는 멸망하였지만 백제 문화는 신라로 왜나라로 전파되면서 강한 생명력을 유지하고 있었다. 멸망한 많은 백제 유민들이 바다를 통하여 일본으로 건너갔고, 그들에 의하여 불교미술 뿐만 아니라 일본의 문화는 한단계 업그레이드되었다. 아직도 백제 후예들이 만들어준 사찰, 불탑, 불상들이 일본 여러 지역에 남아 백제 사람들의 숨결을 전해주고 있다.

한편 우리 땅에서 백제 문화의 강인한 생명력은 후삼국이 패권을 다투며 싸우던 시기에 나타나기 시작하였다. 백제가 멸망한지 250년이 흘렀지만 견훤(甄萱)은 백제의 부활을 꿈꾸며 옛 백제지역을 중심으로 후백제를 건국한다. 당시 견훤이 완산(오늘날 전주 일대)에 도읍하자 지방민들은 대대적으로 환호한다. 지방민들의 대다수는 백제의 후손들이었을 것이다. 견훤이 후백제를 건국하고 지난날 의자왕의 원수를 갚겠다고 하면서 지지를 호소하자 크게 민심을 얻는다. 이것은 당시 백제가 신라에 의하여 멸망당하고 옛 백제지역이 신라로 편입되어 있었지만 많은 지방민들은 백제의 후예로서 백제에 대한 향수를 가지고 있었음을 시사한다. 후백제는 후삼국 중에서 처음

사진 26. 담양 읍내리 5층 석탑

V. 백제 석탑 양식의 특징과 지속   145

에는 가장 강력한 국가였다. 그러나 견훤이 금강이라는 셋째아들만을 지나치게 편애하여 자식들 사이에 분쟁을 불러일으키고 만다. 견훤은 장남을 무시하고 금강에게 왕위를 물려주려다가 자식들로부터 퇴출당하고 만다. 결국에는 고려를 건국한 왕건에게 가서 아버지를 버린 자식들을 죽여 달라는 부탁 아닌 뼈아픈 애원을 한다. 그러자 왕건은 견훤의 뜻대로 후백제를 무너뜨리고 그 기념으로 논산에 개태사(開泰寺)라는 절을 세우기도 한다.

 이러한 역사적 사실과 관련하여 오늘날 주목되는 문화 현상은 당시 옛 백제지역을 중심으로 백제 석탑을 빼닮은 석탑들이 많이 건립된다는 사실이다. 이들 석탑들은 미륵사와 정림사에 건립되어 있었던 석탑들과 많이 닮았다. 그래서 소위 백제계(百濟系) 석탑이라고 한다. 이들 석탑들은 전체적으로 부재수를 많이 활용하여 하나의 석탑을 건립하였다. 그리고 기단부가 낮게 조성되고 1층 탑신석을 다른 층에 비하여 높게 마련한다. 또한 옥개석은 낮게 하여 평박한 인상을 주지만 처마부를 두툼하게 치석하며, 처마 끝을 바깥쪽으로 길게 빼는 특징을 가지고 있다. 옥개받침은 단수를 낮추면서 하나의 단은 높게 처리한다. 옥개석의 낙수면은 유려한 현수곡선을 유지하기 보다는 수평을 유지하거나 경사를 약하게 한다. 옥개석 위에 놓이는 탑신괴임은 높게 마련하여 상부에 놓이는 탑신석을 받치도록 한다. 상륜부는 중요한 부재만을 결구하여 간략화의 경향을 보인다. 백제계 석탑은 전체적으로 안정되고 세련된 인상보다는 투박하고 불안정한 인상을 주기는 하지만 경쾌한 느낌을 갖는 것이 특징이다. 또한 전체적으로 석탑의 부재를 단일화 내지는 간략화 시키기 보다는 석탑의 출발점이라 할 수 있는 목탑의 구조와 결구 수법을 충실히 따르고자 하는 의도가 반영되어 있다. 백제계 석탑이라 할 수 있는 일부 석탑들 중에는 신라의 전형적인 석탑 양식이 함유되어 있기도 하지만 기본적으로 백제 석탑의 치석과 결구 수법을 채용하고 있어 독특한 양식적 계보를 보이고 있다.

정림사지 5층 석탑의 기단부는 우주와 탱주를 세우고 낮은 기단을 마련하였다. 미륵사지 서탑은 목탑의 기단부를 모방하다보니 목조건축의 기단부와 동일한 수법을 보이고 있다. 그러나 정림사지 5층 석탑은 그러한 번거로움을 피하고 간략하게 마련되었다. 이러한 측면들은 고려 초기에 충청도와 전라도 지역을 중심으로 건립되는 석탑들과의 기단부 비교에서 여실히 드러난다.

사진 27. 일본 석탑사 석탑

특히 청량사지 5층 석탑과 7층 석탑, 부여 장하리 석탑(사진 24), 서천 비인 석탑(사진 25) 등은 정림사지 5층 석탑의 기단부와 많은 유사성을 보이고 있다.[60] 그리고 나머지 백제계 석탑들도 정림사지 5층 석탑의 기단부 마련 수법을 계승하면서 2층기단이나 기단부를 높게 마련하는 통일신라시대 기단부 수법을 나름대로 적용하고 있지만 석탑의 전체적인 형식과 양식은 미륵사지나 정림사지에 남아 있는 백제 석탑의 수법을 채용하여 축소한 듯하다. 대표적으로 부여 장하리에 있는 3층 석탑으로 백제 석탑의 양식을 그대로 이어받아 세워졌다. 충남 서천 비인에 있는 석탑은 옥개석이 비상하는 듯한데, 석공이 석탑을 만든

---

60) 천득염, 「백제계 석탑의 양식 분류와 특성 고찰」, 『백제양식석탑』, 미륵사지유물전시관, 2005.

수법이나 첫인상이 정림사지 5층 석탑을 많이 빼어 닮았다는 것을 느낄 수 있다. 그리고 옥개석은 미륵사지 석탑과 강한 친연성을 보인다. 군산 옥구 죽산리에 있는 3층 석탑은 전체적인 이미지가 정림사지 5층 석탑을 연상시킨다. 또한 계룡산 청량사지에 세워진 5층 석탑도 정림사지 5층 석탑을 그대로 닮았다.

  이러한 백제계 석탑들은 충청도와 전라도 지방을 중심으로 나타나며 다른 지역에서는 볼 수 없는 특이한 현상을 보이고 있다. 이들 석탑들이 직접적으로 후백제와 관련되어 있는지는 구체적으로 밝혀지지 않았지만 통일신라가 유명무실해지면서 후백제가 일어나고 고려가 건국되는 고려 초기부터 고려 중기까지의 기간에 충청도와 전라도 지역을 중심으로 건립된 것만은 분명한 사실이다. 따라서 옛 백제지역을 중심으로 백제 문화가 지속적으로 계승되고 있었으며, 백제 후예들에 의한 백제 의식이 발현되고 있었음을 석탑을 통하여 알 수 있다.[61] 옛 백제지역에서 백제 석탑을 모방하여 건립된 석탑들은 백제 문화의 환생을 통하여 백제의 부활을 꿈꾼 토착 세력들에 의하여 건립된 것으로 추정된다. 그들은 백제계 석탑을 세워 백제 부활을 꿈꾸고 그것의 상징으로 삼았던 것이다.

---

61) 박경식, 「백제계 석탑의 건립 배경에 관하여」, 『백제양식석탑』, 미륵사지유물전시관, 2005.

백제의 불상, 백제의 미소

4장

정은우
충청남도 문화재 전문위원

4장

Ⅰ. 머리말
Ⅱ. 백제 불상의 유형과 특징
Ⅲ. 미륵반가사유상
Ⅳ. 백제의 미소
Ⅴ. 맺음말(끝나지 않은 백제)

백제의 불상, 백제의 미소

Ⅰ. 머리말

　백제는 한성기인 384년 동진의 마라난타로부터 불교가 전래된 이후 사비기인 538년에는 일본에 불교를 전해 줄 정도로 커다란 발전을 하게 된다.[1] 그러나 백제 한성기의 불교미술은 거의 남아 있지 않다. 漢山에 사찰을 창건했다든지 백제 승려들에 대한 언급에서 그 양상을 짐작할 수 있을 뿐이다.

　63년 동안 이어진 웅진기(공주, 475~538)에는 무령왕릉에서 출토된 유물을 통해 백제미술의 우수함과 남조를 통한 미술의 영향이 확인되지만 역시 남아 있는 유물은 극히 적은 형편이다. 백제의 마지막 기간인 538년 사비천도 이후부터 660년 백제 멸망까지의 122년간은 다수의 불교조각이 남아 있어 구체적인 불교미술의 접근이 가능한 시기이다. 특히 무왕대에는 미륵사 창건을 비롯해서 사비궁이 630년 중수되고 634년에는 王興寺가 완공되며 宮南池가 634년 조성되는 등 활발한 역사가 이루어진 점으로 미루어 불교신앙과 불사가 가장 활발하게 추진되었을 것으로 짐작된다.

---

1) 『日本書紀』 卷19 흠명기 13년조에는 '백제 성왕이 西部姬氏達率怒唎斯致契 등으로 倭에 釋迦佛金銅像 1구와 經論 약간권을 보내었다'라고 하여 일본 측의 기록에는 552년에 처음 불교가 전해진 것으로 기록되어 있다.

이는 왕권의 확립으로 안정된 사회를 만들어낸 결과일 것이며 또한 이를 위해 불교와 그 신앙을 이용하려 했던 왕실의 사민적인 측면도 작용했을 것으로 생각된다. 특히 미륵신앙은 이러한 측면이 강조된 신앙의 성격을 가지고 있기 때문에 龍華三會를 건축으로 구현한 미륵사의 창건은 매우 중요한 의미를 가지게 되는 것이다. 사비기의 백제불상은 같은 시기 고구려나 신라와 구별되는 불상의 계보나 창의적인 조형성을 창출하였다. 중국으로부터 받아들이는 새로운 양식 아래 백제적인 도상과 온화하면서도 부드럽고, 예리하면서도 조화를 잃지 않는 새로운 양식을 창조하였다. 그리고 얼굴 표정에서 그 효과는 더욱 드러나게 된다.

삼국시대의 문헌자료가 극히 적은 현실에서 남아 있는 불교조각은 당시 신앙의 모습은 물론 대외교섭 및 사회상을 알 수 있는 직접적인 자료라는 점에서 그 중요성이 더욱 인식된다. 불상의 조성에는 불교가 전파되는 동점의 국가들인 인도, 서역, 중국의 다양한 문화와 그 내용이 내포되므로 이에 대한 전반적인 이해가 필요하며, 특히 중국과의 관련성은 보다 더 중요하다고 할 수 있다. 백제는 당시 중국의 남북조시대와 수, 초당대를 거치면서 중국의 각 시대에서 진행되고 있던 불상 양식과 신앙, 도상의 변화를 직접적으로 받아들여 불상의 조성에 반영하게 된다. 이를 토대로 백제는 독자적인 역사 발전의 배경에 따라 중국의 불상양식을 수용하면서 좀 더 창의적인 수준으로 발돋움할 수 있었다.[2]

백제 불교조각에 대해서는 그동안 많은 연구가 이루어져 왔다. 백제조각의 대체적인 흐름이나 도상에 대한 연구를 비롯하여 조형적 분석에 이르기까지 다방면에 걸친 심도있는 연구들이 논의되었다. 이상의 연구결

---

2) 백제의 대중국 관계에 대해서는 노중국, 「웅진·사비시대의 백제사」, 『고대 동아세아와 백제』, 서경, 2003, pp.58~65.

과를 토대로 본 논문에서는 웅진기와 특히 사비천도 이후의 시기에 해당하는 불교조각을 중심으로 시기별 특징을 개관해 보고자 하며, 중국의 불상 수용문제 등을 토대로 불상의 변천과정, 조성시기 등도 개관하고자 한다. 이어서 그동안 상대적으로 논의가 적었던 반가사유상과 백제의 미소에 대해 좀 더 구체적으로 살펴보고자 한다.

II. 백제 불상의 유형과 특징

백제의 불상은 6세기 초엽부터 백제가 망하는 7세기 중엽까지의 작품이 남아 있어, 6세기 불상과 7세기의 불상으로 분류해 볼 수 있다. 6세기의 불상은 주로 중국의 北魏에서부터 東魏, 北齊시기 불상의 영향을 받는 상들이다.[3] 중국과의 교류는 이 시기 불상들의 특징이나 조성시기를 규명할 수 있는 단서가 된다는 점에서 매우 중요하므로 중국과의 영향 관계를 중심으로 시대순으로 살펴 보고자 한다.

7세기의 불상들은 양식이나 도상, 재료, 용도 등에서 좀 더 다양해지는 시기로 이에 따라 마애불, 여래상, 보살상, 판불과 틀로 분류해 볼 수 있다. 이 시기는 중국과 연관해 보면 北齊에서 隋, 唐 초기에 해당되는데 중국의 영향을 받으면서도 좀 더 창의적으로 발전해가는 과정을 보여준다.

1. 6세기의 불상

남아 있는 백제의 불상 중에 초기양식을 대표하는 상은 부여 규암면 신리출토의 금동여래좌상이다(사진 1). 뒤에 살펴볼 6세기의 규암면 출토

---

3) 金春實,「百濟 彫刻의 對中交涉」,『百濟 美術의 對外交涉』, 예경, 1998, pp.87~110.

소금동불들과 1959년 함께 출토되었는데 그 가운데 가장 이른 시기의 작품으로 추정된다.[4] 불신에 비해 머리가 크고 육계는 넓적하고 평평하며 어깨는 좁은 편이다. 특히 禪定印의 두 손을 배에 댄 모습에 통견식 착의법, 밋밋한 신체에서 우리나라에서 가장 오래된 불상인 5세기의 뚝섬 출토 금동여래좌상과(사진 2) 닮았으면서도 층단식의 옷주름이나 방형대좌에 원래는 'ㄇ'자형의 하단부가 있었던 점에서 좀 더 발전된 형식인 6세기 초엽의 작품으로 추정된다. 그러나 이 불상이 좀 더 이른 웅진기의 5세기 작품이라는 의견도 있고 뚝섬 출토 금동여래좌상이 한성기 불상일 가능성에 대한 언급도 있어 백제 초기 불상에 대한 제작시기는 앞으로 새로운 불상의 출현과 더불어 바뀔 수 있다고 본다.[5]

사진 1. 부여 규암면 신리 출토 금동여래좌상

사진 2. 뚝섬 출토 금동여래좌상

백제 초기 불상인 부여 신리와 우리나라에서 가장 오래된 뚝섬 출토 금

---

4) 이 불상들의 발견경위에 대해서는 황수영, 『韓國佛像의 硏究』, 삼화출판사, 1973, pp.71~83.
5) 姜友邦, 『한국불교조각의 흐름』, 대원사, 1995, pp.148-150.

사진 3. 금동여래좌상, 429년(일본 大阪미술관)   사진 4. 금동여래좌상(동경대학교 문학부)

동여래좌상의 시원이 되는 작품은 중국의 오호16국과 북조에서 다수 발견되는 초기의 여래좌상 형식이다. 즉 일본 오사카미술관 소장의 勝光 2 年(429)명 금동여래좌상이나 동경대학교 문학부 소장의 금동여래좌상 등 중국 5세기의 작품과 연관되며 이의 영향 아래 제작된 상으로 추정된다 (사진 3·4).

신리출토 여래좌상에서 발전된 새로운 형식이 군수리사지에서 출토된 납석제여래좌상이다(사진 5). 같은 선정인의 수인에 통견식으로 옷을 입었지만 가슴 밑으로 대의가 늘어져 속에 입은 내의(승각기)가 보이며 옷자락이 대좌 밑으로 늘어져 반 이상을 차지하는 裳懸座를 하고 있다. 상현좌란 옷자락이 밑으로 흘러내려 마치 커튼처럼 주름진 수법을 말한다. 중국에서는 북위에서 시작하여 그 이후 계속 유행하였고 남조의 불상에서도 계속 제작되었던 형식이다. 옷주름은 배에서 부드러운 곡선으로 이어져 흘러내려 두 다리를 덮어 유려한 반원형의 주름을 만들면서 대좌 밑

사진 5. 군수리사지 출토 납석제여래좌상   사진 6. 예산사면석불 남면여래좌상

으로 길게 늘어뜨려졌다. 얼굴은 약간 옆으로 숙이면서 온화한 표정을 짓고 있으며 둥글게 쳐진 어깨의 곡선과 조화를 이루면서 전체적으로 긴장감이 없는 조각수법을 보인다.

군수리 납석제여래좌상은 전체적으로 입체적이고 두툼한 조각기법에서 6세기 중엽경의 작품으로 추정된다. 이러한 상현좌 수법은 예산 사면석불의 남면불좌상이나(사진 6) 충청남도 청양군에서 출토된 도제대좌에서 더욱 발전된 모습을 보인다(사진 7). 예산 남면불상은 하단부의 훼손이 많고 착의법은 다르지만 상현좌에 평행계단식의 옷주름에서 공통되며 청양 출토의 대좌 역시 옷주름

사진 7. 청양 본의리 가마터 출토 도제대좌

사진 8. 西霞寺 石龕 여래좌상(중국 남경) 사진 9. 서산 보원사지 출토 금동여래입상

이 두 단으로 길게 흘러내리거나 두 다리를 덮은 점에서 공통점을 찾을 수 있다. 군수리 불상이나 예산사면석불의 상현좌 수법은 특히 南京 西霞寺 石龕의 여래좌상 대좌와 좌우대칭적이면서 부드러운 표현수법에서 닮아 있어 남조의 영향이 반영되었음을 알 수 있다(사진 8).

서산 보원사지 출토 금동여래입상은 높이 9.4cm의 작은 상으로 뒷면이 납작하여 원래는 일광삼존불의 본존불로 추정된다(사진 9). 가늘어진 신체에 옆으로 뻗친 대의자락, 시무외인·여원인의 수인형식에서 우리나라에서 가장 오래된 고구려의 延嘉7년(536)명 금동여래입상과 비교되는 작품이다. 오른쪽 어깨에 흘러내린 옷자락이 왼쪽 손목에 걸쳐진 소위 '북위식착의법'으로 불리는 복제를 입은 점도 비슷하다. 또한 길죽한 방형의 얼굴에 옆으로 뻗친 옷자락은 미국 메트로폴리탄박물관 소장으로 하북성 정정현 출토의 524년명 금동여래입상이나 북위말의 상해박물관 소장의

사진 10. 금동여래입상, 북위(상해박물관)

사진 11. 석조여래입상, 大同3년(537) 만불사지 출토(사천성 박물관)

금동여래입상과 같은 북위기의 전형적인 특징이며(사진 10), 또한 같은 시기 남조의 사천성 성도박물관 소장의 만불사지 출토 석조여래입상과 같이 남조에서도 유행했던 형식이다(사진 11). 보원사지 여래입상은 중국의 상들 보다는 입체적이면서도 단순하며, 옷주름의 표현에서 소홀하게 처리함으로써 투박한 감이 있다. 중국 상과 좀 더 구체적으로 비교해 보면 양 다리위의 옷 끝자락의 주름이 대칭을 이루면서 삼각형으로 접혀진 점이나 여러 번 겹쳐진 옷주름의 표현, 부드럽게 흘러내린 옷자락에서는 남조 불상과 좀 더 가깝게 보인다. 그러나 중국의 경우 이러한 특징들이 남북조에서 모두 보이고 그 시원에 대해서도 아직 뚜렷한 정설은 없으며 남조와 북조의 차이도 그렇게 큰 것은 아니어서 백제불상의 영향관계를 논하기는 어려운 편이다. 다만 보원사지 여래입상 이외에도 부여 정림사지 출토 납석제삼존불의 본존상의 옷주름을 보면 흘러내린 옷자락이 차분해지면서 하단부 끝단을 역삼각형으로 처리하는 남조 불상과의 친연성을 강하게 드러내는 점은 참고해 볼 수 있을 것이다(사진 12). 부여 정림사지에서 출토된 불상군은 1979년에서 1980년에 걸쳐 발굴되었는데 납석제삼존불 이외에도 소조불상편과 인물상 다수가 발견되었고 이는 정림사 석탑 이전의 목탑 주위를 장식했던 작품들일 가능성도 제기된 바 있다.[6]

사진 12. 정림사지 출토 납석제삼존불상

11.5㎝의 군수리사지 금동보살입상은 앞에서 살펴 본 납석여래좌상과 함께 목탑지에서 발견되었다(사진 13). 뒤가 납작한 모습에서 원래는 일광삼존불의 협시보살로 제작되었을 가능성이 크다. 삼각형의 작은 보관과 세 개의 둥글게 틀어 올린 꽃봉오리형 머리에 머리카락은 밑으로 내렸으며, 그 위로 보관대가 어깨에까지 닿아 있다. 가운데가 뾰족한 심엽형 목걸이, 사선형의 선각된 내의와 'X'자로 교차된 천의는 양 옆으로 삐죽히 뻗쳤으며, 통통하고 큰 손등에서 수인과 정면성이 강조된 6세기의 특

사진 13. 군수리사지 출토 금동보살입상

---

6) 李炳鎬,「扶餘 定林寺址 出土 塑造像의 制作技法과 奉安場所」,『미술자료』72·73호, 2005, pp.29~90.

사진 14. 규암면 신리 출토 금동보살입상

사진 15. 금동보살입상, 大汶口 西窯村 출토, 북위(산동성 泰安박물관)

징을 잘 반영하고 있다. 이와 비슷한 보살상이 10.2cm의 부여 규암면 신리출토의 금동보살입상으로 앞에서 살펴본 (사진 1)의 여래좌상과 함께 발견되었다(사진 14). 뒤 바뀐 손 모습과 목걸이를 선각으로 처리한 점만 제외하면 크기나 판판한 뒷면, 보관, 얼굴모습, 천의의 처리까지 거의 군수리사지 보살입상과 닮아 있어 일광삼존불의 협시보살로 조성되었을 것으로 추정된다. 같은 형식의 보살상이 평양 元五里寺址에서 출토된 소조보살입상과 국립중앙박물관 소장의 금동보살입상인데 이 두 보살상은 고구려의 상으로 분류한다. 그렇다면 동 시기에 고구려와 백제는 같은 형식의 보살상을 제작하였음을 알 수 있으며 이는 앞에서 살펴본 여래상에서도 마찬가지였음을 확인한 바 있다. 이러한 형식의 보살상들은 상해박물관 소장의 神龍元年(518)명 보살입상과 같이 북위기 보살상의 특징이며 세 개의 봉오리형 머리 모습도 泰安市 大汶口西窯村출토의 북위 보살입상이나(사진 15) 섬서성의

사진 16. 여자도용, 북조(섬서성 서안 초창파 무덤 출토)

사진 17. 삼존불상 중 협시보살상, 대동7년(541)명, 남조(상해박물관 소장)

西安 草廠坡무덤에서 출토된 여자도용에서도 발견되는 북조의 특징이다(사진 16). 그리고 같은 형식이 541년명 삼존불상의 협시보살상과 같이 남조 불상과도 비교된다(사진 17).

이상에서 살펴본 불상들은 소형으로서 원래는 일광삼존불에 부착되었던 작품으로 추정된다. 일광삼존불은 6세기경에 유행하였던 형식이다. 백제에도 일광삼존불이 많이 제작되었을 것이나 완전한 작품으로 남아 있는 상은 국립부여박물관 소장의 鄭智遠銘金銅三尊佛像이다(사진 18). 부여 부소산성 송월대에서 출토되었다고 전하는 이 불상은 그 성씨에서 중국인일 가능성이 제기되기도 하였지만 만든 장인은 백제인이었을 것이다. 국립부여박물관 소장의 광배편도 왼쪽협시보살상만 남아 있

사진 18. 정지원명 금동삼존불상

지만 원래는 금동삼존불로 추정되는 작품이다(사진 19). 봉보주를 한 자세에 천의가 옆으로 뻗치면서 앞에서 'X'형으로 교차된 점 등에서 6세기 후반경의 작품으로 추정된다. 일본에 남아 있는 불상 중에는 동경국립박

물관 소장의 금동일광삼존불상을 백제전래의 상이 아닌가 추정하기도 한다. 오른쪽협시보살상이 봉보주상이고 부드러운 조형성과 온화한 표정에서 백제작품일 가능성이 높다고 보는 것이다.[7]

삼국시대 그리고 백제에서 유행했던 일광삼존불 형식은 하나의 큰 거신광 광배에 삼존불을 배치하는 것으로 중국에서는 북위에서부터 동위시기에 크게 유행했던 형식이다. 중국의 산동성 지역에 그 예가 특히 많이 남아 있는 점에서 산동성 불상과 연관 짓

사진 19. 금동광배편, 백제 6세기
(국립부여박물관 소장)

거나 북위 내지 중원의 고식 동위양식과 관련성을 지적하기도 한다.[8]

6세기 후반에는 중국으로부터 새로운 형식과 양식을 가진 불상이 전래되어 수용된다. 납석제로 만들어진 예산사면석불과 가탑리 출토 금동여래좌상은 중국 북위말 동위양식과 남조로부터의 인도식 착의법이 전래되었음을 알려주는 대표적인 작품이다. 예산 사면석불은 1983년 발견된 이래 학계의 주목을 받아왔다.[9] 2m에 가까운 크기에 납석이라는 재료, 사면에 새겨진 불상의 형식과 양식적 특징에서 중요한 의의를 가지고 있기 때문이다. 사면석불이 새겨진 암석은 높이 3m 정도의 크기에 간격이 일정하지 않지만, 세 면은 110~120cm의 넓이에 불상을 새겼으며 동면만 50~60cm 정도의 다소 작은 면에 불상을 조각하였다(사진 20·21). 암석

---

7) 金理那,「韓國古代佛敎彫刻史硏究」, 일조각, 1989, pp.110~111
8) 김춘실,「中國 山東省 佛像과 三國時代 佛像」,「美術史論壇」19호, 2004 하반기, pp.28~30.
9) 예산사면석불의 발굴경과에 대해서는 朴永福·趙由典,「禮山 百濟四面石佛調査 및 發掘」,「文化財」16號, 1983.

은 원래 이 장소에 있었던 원석을 그대로 사용한 것으로 추정하고 있다. 사면불의 주존불은 남면의 여래좌상이며, 나머지는 여래입상이다. 불두들도 따로 발견되었는데 완전하지는 않지만 어느 정도의

사진 20. 예산사면석불(남면과 서면)   사진 21. 예산사면석불(동면과 북면)

복원은 가능한 정도이다. 사면석불은 중국의 경우 북위에서 많이 발견되며 예산사면석불과 같이 좌상과 입상으로 구성된 예도 산동성 高柳鎭 南石塔村에서 출토되어 현재 淸州市博物館에 전시중인 사면석불에서 그 예를 발견할 수 있다(사진 22).

남면여래좌상은 속에 편삼을 걸치고 그 위에 오른쪽 어깨선을 따라 변형편단우견식의 대의를 걸친 다음 그 자락이 다시 왼쪽 어깨 위로 걸쳐진 듯 옷자락이 왼쪽 어깨 위로 걸쳐져 있다. 그리고 무릎 밑으로 옷자락이 대좌에까지 늘어진 상현좌를 하였다. 따로 만들어 끼웠던 것으로 추측되는 두 손은 없어졌지만 그 위치로 볼 때 시무외인, 여원인의 손모습일 가능성이 높다. 즉 같은 상현좌이지만 선정인 자세의 군수리사지 납석제여래좌상에서 시무외인, 여원인의 손으로 발전되었음을 알 수 있다.

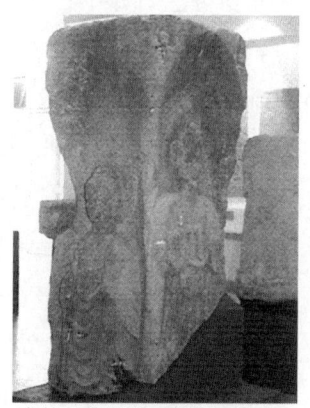

사진 22. 사면석불, 高柳鎭西石塔 출토, 북위(산동성 청주시박물관)

사진 23. 예산사면석불의 불두

이는 중국의 경우에도 상현좌불상의 경우 선정인에서 시무외인, 여원인으로 이행되기 때문에 같은 선상에서 이해할 수 있으며, 이후 일본 법륭사 금동석가삼존상처럼 일본으로 전해졌을 가능성이 높다고 본다. 불두는 현재 국립공주박물관에 따로 보관 중인데 앞모습은 거의 없어졌지만 뒷모습은 비교적 좋은 상태이다. 작고 동그란 육계와 소발이 특징적이며 뒤가 둥근 환조로 되어 있어 머리를 광배에 붙여 조각한 다른 면들의 여래상과 구별된다(사진 23). 즉 불신은 고부조이면서 얼굴만 환조로 만든 예로서 중국은 북위 이후에 많이 등장하는 기법이다.

사진 24. 예산사면석불의 북면여래입상

북면과 동·서면의 여래상들은 모두 입상인데 서면여래입상은 발견시 지표면의 위쪽에 있었던 위치상 거의 마모되었으며 나머지 상들은 상태가 좋은 편이다. 세 구 모두 통견식으로 옷을 입었는데 오른쪽에서 왼쪽으로 옷이 걸쳐진 듯 몸 앞의 주름의 방향이 약간의 사선을 이루고 있으며 옷자락은 몸 양측으로 부드럽게 흘러내렸다. 가슴에는 사선의 내의와 동그랗게 묶은 옷고름이 대

사진 25. 예산사면석불의 동면과 하단부 공양상

사진 26. 석조일광삼존불상, 孝昌3(527)년명(산동성 東營시역사박물관)

사진 27. 석조여래입상, 天平4년(537)명(동경대학교 문학부 소장)

의 속으로 감춰져 있다. 북면의 여래입상은 발을 옆으로 벌린 자세인데 왼쪽 발을 약간 앞으로 내디뎌 걸어 나오 듯 동적으로 표현하였다(사진 24). 동면과 서면불상은 발이 파손되어 잘 알 수 없다. 현재 사면석불의 하단부는 많이 깨어져 없어졌지만 남면과 동면의 사이 밑에는 공양상으로 보이는 인물 모습도 보인다(사진 25). 머리와 두 손을 따로 만들어 끼운 조각기법은 東營市博物館 소장의 527년명 산동성 廣饒縣 출토 석조일광삼존불입상의 본존불과 같이 북위 이후 많이 보이는 수법이며(사진 26), 동경대학교 문학부 소장의 537년명 석조여래입상의 동위 불상과 같이 대의가 짧고 마치 바지를 입은 듯 두 다리를 노출시키는 방식에서 흡사하다(사진 27). 그리고 불상의 하단부에 공양상을 배치하는 형식 또한 북위 말기의 석조여래입상에서 볼 수 있다(사진 28). 즉 사선의 옷주름 처리라든지 대의자락이 짧고 군의가 얇게 밀착되어 두 다리가 많이 노출된

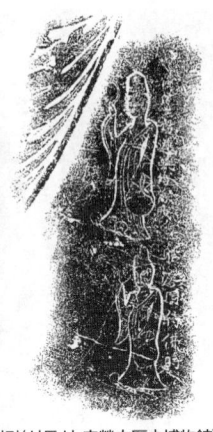

사진 28. 석조여래입상과 공양상, 북위말(산동성 東營市歷史博物館)

점 그리고 공양상들이 배치된 점 등에서 특히 닮아 있음을 알 수 있다. 이외에 남면불두와 함께 두 구의 얼굴이 파손된 채 남아 있다. 그 중 한 구는 심하게 손상되었고 또 다른 한 구는 잘 남아 있는데 왼쪽 눈과 깨어진 코, 입술의 일부와 뺨이 생생하게 잘 남아 있다(사진 60). 약간의 측면향을 하고 있어 서면여래상의 얼굴일 가능성이 높다고 본다.[10]

예산사면석불은 네 면에 조각한 사면불 형식 자체는 중국의 북위 또는 동위기와 유사한 반면 각이 없이 부드러운 조형성은 남조의 불상과 연관되는 작품이다. 만일 따로 보관 중인 얼굴의 모습을 복원하여 전체의 모습을 재현해 본다면 현재와는 또 다른 조형성을 찾을 수 있을 것이다.

가탑리 금동여래입상은 이전의 북위식 착의법과는 달리 가슴에서 배 밑으로 흘러 내린 옷주름이 사선을 이루면서 왼쪽 어깨 위에 걸쳐졌으며 대의는 얇은 듯 불신에 밀착되게 표현

사진 29. 부여 가탑리 금동여래입상

---

10) 정은우, 「예산사면석불의 미술사적 검토」, 『백제문화』 34호, 2005.

되었다(사진 29). 이는 앞에서 살펴 본 보원사지 출토 금동여래입상과는 다른 소위 인도식 착의법이라 부르는데 중국 남조 梁대의 불상과 연관된다. 즉 사천성박물관 소장의 성도 만불사지 출토의 529년 석조여래입상에서 보듯 가슴과 배 밑으로 흘러내린 대의자락이 사선으로 처리되어 옷자락이 어깨 위로 걸쳐졌음을 알 수 있다(사진 30).

남조와의 관련성은 보주를 두 손으로 감싸고 있는 捧寶珠보살상에서도 확인된다. 보주란 용의 뇌 속에 있다는 구슬로 이를 보기만 해도 모든 소원이 성취된다는 신비적인 지물이다. 이를 두 손으로 감싸는 자세의 보살상은 원래 남조 보살상에서 먼저 나타난다.[11] 상해박물관 소장의 546년명 석조삼존불의 오른쪽 협시보살상, 548년명 사천성박물관소장의 사천성 성도 만불사지출토 석보살상의 양협시보살상 등 남조 梁대의 상에서 쉽게 발견된다(사진 31). 그리고 백제의 보살상인 국립중앙박물관 소장의 부여 정림사지 출토 납석

사진 30. 석조여래입상, 중대통원년(529)명(만불사지 출토, 사천성)

사진 31. 석조관음보살군상, 사천성 성도 만불사지 출토양 中大同 3(548)명(사천성박물관 소장)

---

11) 봉보주보살상의 특징과 백제보살상 그리고 일본으로의 전파에 대해서는 金理那,「三國時代의 捧持寶珠菩薩立像硏究 -百濟와 日本의 像을 중심으로-」,『美術資料』37(1985.12), pp.(『韓國古代佛敎彫刻史硏究』(일조각, 1989), pp.85~143 재수록)

Ⅱ. 백제 불상의 유형과 특징   167

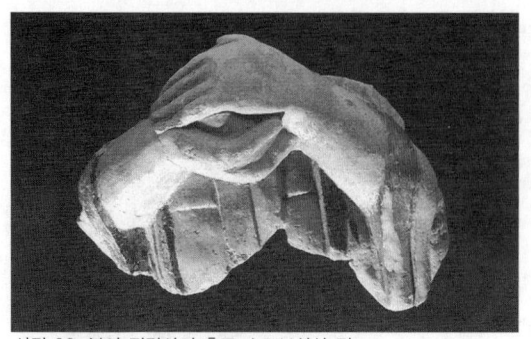
사진 32. 부여 정림사지 출토 소조보살상 편

사진 33. 부여 규암면 출토 금동보살입상

제삼존불 파면의 왼쪽 보살상과 함께 출토된 국립부여박물관 소장의 손만 남은 소조보살상, 부여 錦城山에 朝王寺(또는 天王寺) 근처에서 발견된 하체만 남은 납석제보살상 등 7세기 후반경의 작품들에서 볼 수 있다(사진 32·33). 이외에도 부여 규암면 신리 출토의 금동보살입상이라든지 좀 늦은 시기인 태안마애삼존불의 가운데 보살상과 서산 마애삼존불의 오른쪽 협

사진 34. 부여 능산리사지 납석제보살상 편

시보살상 등 7세기까지 계속 제작된다(사진 34). 즉 6세기 후반경 수도였던 부여를 중심으로 유행했던 도상으로 남조를 통해 유입되었음도 알 수 있고 이후 6세기 말 이후부터 주변지역으로 전해졌음을 알 수 있다. 그런데 이 보살상들은 또 다른 공통점을 보인다. 즉 천의의 옷주름이 편평하면서 각이 지게 조각된 점과 천의가 앞에서는 무릎 부분에서 교차하는 반면 뒷면에서는 졸업 가운처럼 길게 'U'형으로 늘어져 있는 점은 납작한 편평성과 더불어 이 시기 백제 보살상만의 독창적인 표현이다. 봉보주와 이러한 천의 형식은 이후 일본의 飛鳥와 白鳳시기의 보살상에까지 영향을 주게 된다.[12] 따라서 남조의 6세기 전반 보살상에서 처음 보이는 이 봉보

주보살상의 도상은 백제로 전해져 6세기 후반부터 7세기까지 유행하게 되며 다시 일본으로 전해지는 당시 불교미술의 동점 현상을 이해하는데 더 없이 중요한 자료인 것이다.

봉보주보살상의 존명은 아직 정설은 없다. 다만 보관에 화불이 등장하는 관음 이전의 도상일 가능성이 높은 것으로 해석하며[13], 태안마애삼존불이 위치한 산의 이름인 白華山은 관음이 상주하는 보타락가

사진 35. 부여 출토 납석제불보살병립상

산의 한역으로 이 곳이 관음도량이었을 가능성에 대해서도 언급되고 있다.[14] 그렇다면 봉보주보살상은 관음보살일 가능성이 높게 된다. 더욱이 일본에서 제작된 봉보주보살상 가운데 辛亥(651)年명 금동보살입상의 보관에 화불이 있어 일본에서는 7세기 중엽경에 이미 관음보살로 신앙되고 있었다는 점도 이러한 추정을 더욱 높혀준다.[15]

백제 6세기의 마지막 작품은 부여 출토로 전하는 납석제불보살병립상이다(사진 35).[16] 전체크기가 16.2㎝ 되는 납석제의 앞면에는 왼쪽에 보살, 오른쪽에 여래 한 구를 배치하였고 뒷면에는 산악문을 조각하였다. 그리고 꽂았던 꼭지가 밑에 남아 있다. 아마도 불, 보살로 이루어진 여러 개

---

12) 일본 불상으로의 전파에 대해서는 김리나, 위의 논문 및 김리나, 『한국고대불교조각비교연구』, 문예출판사, 2003, pp.155~190.
13) 김리나, 위의 책, 일조각, pp.125~131.
14) 姜友邦, 「泰安 白華山 磨崖觀音三尊攷」, 『백제의 중앙과 지방』, 충남대학교 백제연구소, pp.169~181.
15) 김리나, 위의 책, 문예출판사, 2003, pp.170~175.
16) 姜友邦, 「傳 夫餘 出土 蠟石製佛菩薩立像」, 『圓融과 調和』, 1990, 열화당, pp.130~138.

중에서 현재는 하나만 남은 것은 아닐까 추정되며, 그렇다면 밑에 꼭지가 있는 안압지 금동판불처럼 전각 내부에 장식을 했던 용도로 사용했을 가능성도 생각해 볼 수 있는 중요한 작품이다.

2. 7세기의 불상

7세기는 백제 무왕(600~641) 이후부터 백제가 망하기까지의 약 60년간 이르는 시기이다. 이 시기는 무왕의 집권으로 정치적으로 안정되는데 이에는 불교신앙의 역할도 컸을 것으로 생각된다. 무왕은 수도인 부여에 王興寺를[17] 익산에 彌勒寺를 창건함으로써 새로운 중흥의 계기를 마련하고자 하였다. 왕흥사에 대해서는 남아 있는 유물이 없어 그 성격을 알 수 없으나, 익산천도설과 결부짓기도 하는 미륵사의 창건을 통해 미륵신앙이 백제에서 성행했음을 추정해 볼 수 있다. 더불어 아미타와 관음에 대한 신앙도 높았음을 남아 있는 작품을 통해 짐작해 볼 수 있다. 작품의 지역적인 분포를 보면 수도였던 부여와 더불어 전라북도 지역에 유난히 많은 작품이 남아 있어 익산천도설에 대한 어느 정도의 근거는 있었던 것으로 추정된다.

불교조각은 6세기와 마찬가지로 끊임 없이 중국의 영향을 받으면서 이를 백제적으로 전환하는 창의적인 도상과 양식을 성립하였다. 불상의 재료로는 이전의 납석제가 적어지면서 경도가 강하고 쉽게 구할 수 있는 화강암을 사용하는 새로운 기법을 시도하게 되는데 이는 이후 우리나라 불상의 한 특징으로 자리 잡게 된다. 그리고 동판을 이용한 압출불을 만들었던 틀도 남아 있어 전각 내부를 장엄하게 장식하였음도 알 수 있다. 7

---

17) 『三國遺事』 3권 興法 法王禁殺條

세기의 불상을 마애불과 여래상, 보살상, 판불들 등으로 나누어 고찰해보고자 한다.

1) 마애불과 화강암

마애불은 바위 암면에 조각하는 작품을 말하며 백제의 작품으로는 국보 307호와 84호인 태안과 서산마애불이 가장 대표적이다. 태안마애불은 6세기 말경, 서산마애불은 7세기 초엽에 제작된 것으로 추정되는데 이때부터 우리나라에는 화강암의 바위면에 정과 망치를 이용하여 불상을 새기는 소위 마애불이 등장하는 것으로 추정된다(사진 36). 좀 더 이른 시기로 추정되는 태안마애불은 전면에 바다가 멀리 내려다 보이는 높은 곳에 위치하고 있으며, 가운데 봉보주보살입상이 있고 그 좌우로 두 구의 여래입상이 배치된 삼존불이다. 왼쪽 불상은 손에 보주 같은 지물을 든 점에서 약사여래로 추정한다면, 관음과 약사, 석가불(또는 아미타)의 삼존불이 된다.[18] 이러한 삼존불의 결합은 그 경전상으로나 중국과의 연관성에서도 해석이 불가능하여 백제적 신앙에 의한 특징으로 볼 수밖에 없을 듯하다. 양식적으로는 장대한 체구에 넓은 어깨, 양감있는 신체 등에서 중국 수대의

사진 36. 태안마애불상

---

18) 손에 보주를 든 불입상이 석가불의 명문을 가진 예를 들어 약사불이 아니라고 보는 의견도 있는데, 두 여래상을 법화경에 의한 석가, 다보의 이불병립상으로 해석하여, 미륵, 석가, 다보불로 보기도 한다. 문명대, 「태안 백제 마애삼존불상」, 『관불과 고졸미』, 예경, 2003, pp. 289~308.

사진 37. 서산마애삼존불상

사진 38. 서산마애삼존불의 옛 모습

새로운 양식이 들어 왔음을 알 수 있다. 그러나 소발에 작고 둥근 육계는 중국의 북위기와 앞에서 살펴본 보원사지 금동여래입상을 비롯한 6세기 중엽의 전통을 그대로 따르고 있다. 즉 전통과 새로운 요소가 결합된 예로 볼 수 있겠다.

서산마애삼존불은 가운데 석가(아미타)와 그 오른쪽에 봉보주보살, 그 왼쪽에 반가사유상이라는 흔치 않은 구성을 보이는 점에서 주목된다(사진 37). 봉보주보살을 관음으로, 반가사유상을 미륵으로 본다면 관음, 석가(아미타), 미륵이 된다. 그러나 이 또한 단정하기 어려운 도상해석이며 석가와 미륵을 현재와 미래로 그리고 봉보주를 제화갈라(과거)로 분류하여 삼세불로 보는 시각 또한 앞으로 검토가 필요한 문제이다.[19] 어쨌든 백제만의 신앙의 흐름과 도상에 따른 삼존불의 규합인 것만은 틀림없다. 현재와 달리 전각 없이 서산 가야산의 암벽에 새겨진 옛 모습을 보면 자연과 조화된 백제조각의 절정을 확인할 수 있다(사진 38).

---

19) 文明大,「泰安 百濟磨崖三尊佛相의 新硏究」,『佛敎美術硏究』2, 1995.12, pp.1~26

백제지역의 국보인 태안과 서산마애불에 대한 의문은 새로운 양식과 마애불이라는 새로운 기법의 등장이 수도에서 멀리 떨어진 태안과 서산이라는 변방지역에서 먼저 나타났다는 점이다. 이에 대한 물음에 오랫동안 연구가 이루어졌지만 아직도 확실한 결론에는 도달하지 못하였다. 태안과 서산은 한성기 한강유역을 상실한 후 새로운 교통로로 대체된 당진항구와 인접한 곳이고 교역의 중심지로서도 중요한 지역이었음이 강조되어 왔다. 그러나 이 불상들과 그 도착지인 중국 산동성 불상과의 연계성이 적은 점에서 이 또한 적당한 대답은 아니다.[20] 다른 7세기의 불상들이 수도였던 부여와 전라북도 지역에 집중되어 있는 점에서 볼 때 이 두 마애삼존불상은 매우 예외적인데 새로운 기법과 양식을 가진 우수한 작품이라는 점과 충청남도 바닷길에 위치한다는 점에서 항해를 위한 기도처일 가능성이 높아 주목되는 불상이다.[21]

7세기의 백제는 이 두 마애불을 통해 볼 때 문화의 교류와 불사의 형태가 수도는 물론 지역에까지 다양하게 이루어졌음을 알 수 있다. 또한 수도에서 멀리 떨어진 지방에서 제작된 불상들의 조각수법 및 그 양식적 특징의 우수함에서 볼 때 백제의 불교신앙과 후원자, 장인들의 수준도 짐작해 볼 수 있겠다.

---

20) 金春實,「中國 山東省 佛像과 三國時代 佛像」,『미술사논단』19, 한국미술연구소, 2004, pp.28~30.: 梁銀景,「중국 山東지역 불상과 한국 삼국시대 불상의 교류관계」,『강좌 미술사』26, 2006, pp.235~256.

21) 백제시기 이 지역에서의 항해와 관련된 신앙의 기록은 없다. 그러나 조선시대에는 1493년 항해에서 익사하는 사람들을 위해 태안 安波寺에서의 水陸齋가 행해져 이의 폐지를 청하는 상소문이 올라오게 되며, 1494년 禮曹에서 폐지하도록 하는 내용이 있어 참고된다. 태안군, 충청남도역사문화원편,『사료로 읽는 태안의 역사』, 2006, pp.310~313.

2) 여래상

사진 39. 익산 연동리 석조여래좌상(얼굴은 다시 만든 것임)

7세기의 대표적인 여래상으로는 전라북도 익산 연동리 석조여래좌상과 정읍 보화리 석조여래입상 두 구를 들 수 있다.

전라북도 益山 蓮洞里 석조여래좌상은 현재 얼굴은 전부 보수되었지만 불신, 광배, 대좌까지 거의 완전하게 잘 남아 있는 중요한 작품이다(사진 39). 얼굴을 뺀 불신만도 156cm나 되는 거상인데 지금은 이상하게 만들어 올려 놓은 얼굴 때문에 괴체적인 느낌도 들지만 7세기 백제의 완숙한 조형미를 알려 주는 중요한 작품이다. 불신에 밀착되듯 부드럽고 얇게 흘러 내린 대의, 두 손가락의 포즈, 군의 띠매듭은 매우 사실적이다. 대의는 오른쪽 어깨에 편삼을 입은 모습으로 오른쪽 어깨에 옷자락이 반달형으로 걸쳐져 있다. 이러한 법의 착의법은 예산사면석불 남면에서도 있었지만 훨씬 구체적으로 표현되어 있다. 그런데 수인은 도상이 정확하지 않은데 두 손가락을 구부려 가슴에 댄 왼손과 오른손은 배 밑에 두었다. 광배는 연화문으로 이루어진 두광, 화염문과 7화불로 구성된 신광으로 이루어져 있다. 연동리 석불은 중국 당초의 양식이 반영된 작품으로 생각되며, 무왕대의 대찰 미륵사지와도 가까운 위치에 있어 7세기 백제의 중심 지역에서 제작된 대표적인 불상인 것이다.

정읍 보화리 여래입상은 256cm, 227cm의 크기를 달리하는 두 구의 여래상만 남아 있다(사진 40). 동그랗게 볼록 솟은 육계에 길죽한 얼굴, 원통형의 투박한 신체에는 편단우견의 대의를 걸쳤다. 사실 편단우견의 대의는 7세기 전반에 신라에서 유행했던 형식이다. 즉 편단우견의 대의에 오른손에는 둥근 보주를 들고 왼쪽 무릎은 살짝 구부려 오른쪽 엉덩이를 내민 굴곡있는 삼굴자세의 소금동불들이 신라에서 유행하였다(사진 41). 이는 인도 굽타시기에 나타나며 남인도와 실론에서도 발견되는 형식으로 바닷길을 통해 신라에 전래되었을 것이며[22], 신라와 가까운 정읍지역이라는 지리적 특성상이 영향 아래 백제에서도 제작되었을 가능성도 생각해 볼 수 있다.

사진 40. 정읍 보화리 석조여래입상   사진 41. 금동여래입상(신라)

그러나 신라의 7세기 금동여래입상들과는 달리 정읍 여래상은 돌의 질감이 느껴지는 투박한 모습과 소발에 동그란 육계, 오른손을 내밀어 손바닥을 밖으로 편 모습에서 새로운 손모습이 등장하는 점 그리고 삼굴자세가 전혀 표현되어 있지 않은 직립자세인 점 등이 특징이다. 조성시기는 백제 말 또는 통일신라기의 작품으로 보는 의견도 있다.[23] 중국의 경우 편단우견에 직립자세의 불상들이 산동성 청주 용흥사지에서 대거 출토되었다. 그러나 정읍 상과 비교해 보면 인도양식이 많이 가미된 얇은 옷을 걸

---

22) 김춘실, 「삼국시대 여래입상 양식의 전개-6세기 말~7세기 초를 중심으로」, 『美術資料』 55, 1995.6 : 김춘실, 「7세기 전반 신라 불상양식의 전개와 특징」, 『美術資料』 67, 2001.12.
23) 鄭明鎬, 「井邑 부처당이 石佛立像二軀에 대한 考察」, 『佛敎美術』 7, 1983, pp.33~49.

치고 있는 점에서 많은 차이점을 가지고 있다. 따라서 정읍 보화리 석조 여래입상들은 산동성의 중국 불상보다는 신라와 연계될 것이며 여기에 백제적 조형감이 합쳐진 예가 아닌가 생각된다.

이 두 여래상은 백제의 마지막 시기인 7세기의 불상이고 무왕대 미륵사가 창건되는 전라도 지역에 위치하고 있는 점 등에서 주목되는 작품들이다. 세련된 세부 표현과 투박하면서도 힘이 느껴지는 조형성은 무왕대의 정치적인 안정감과도 연관될 것이며 이 지역을 새로운 정치적 터전으로 여기면서 문화적 역량을 집중했던 당시의 활력을 그대로 전해 준다. 양식적으로는 중국의 경우 수에서 당초기의 상들과도 비교되는 점에서 7세기 중엽경의 작품으로 추정된다.

3) 보살상

7세기의 보살상은 이전 6세기 보살상과는 다른 외형적인 변화와 조형성이 나타난다. 정면성에서 벗어나 자유로운 자세와 지물이 등장하며 보관에 화불과 정병이 새겨진 관세음과 대세지보살의 등장 등 양식과 도상에서의 새로운 변화가 보이는 시기이다. 그 중 의당면과 규암면 출토의 금동관음보살입상은 크기에서나 조형적 측면에서 가장 우수한 작품이다.

사진 42. 공주 의당면 출토 금동보살입상(좌)과 의당면 금동보살입상의 세부(우)

의당면 출토 금동보살입상은 25㎝의 크기로 크고 통통한 얼굴에 좁은 어깨, 짧은 다리 등의 비례에서 마치 아기를 보는 듯 사랑스러운 모습이다 (사진 42). 오른손에는 연봉우리를, 왼손에는 정병을 잡았는데 각기 둘째 손가락을 곧게 뻗어 지물들을 잡은 모습이 매우 특이하다. 머리의 보계는 부채살처럼 옆으로 퍼진 모습이며 굵은 한 가닥의 머리카락이 양 어깨에 길고 둥글게 붙어 있다. 머리카락은 한 올씩 자세히 표현하려는 듯 가는 선각이 전체에 새겨져 있다. 보관은 띠 모양으로 긴 모습인데 중앙에는 화불인지 확인하기 어려운 장식이 붙어 있다. 천의는 양 어깨를 감싸듯 흘러내려 배 밑에서 'X' 자로 교차되었고 뒷면에서는 엉덩이 밑에서 길게 'U' 형으로 흘러내렸는데 영락의 끝이 옥수수 모양의 장식으로 연결되었다. 이는 앞에서 살펴 본 봉보주보살상에 많이 표현된 수법으로 백제적인 특징으로 볼 수 있다. 목걸이와 영락의 표현도 독특한데, 목걸이에서 한 줄로 내려와 장식판을 중심으로 양쪽으로 갈라지는 마치 '역Y' 형의 영락이 앞, 뒷면에 드리워져 있다. 대좌는 낮지만 두툼한 연꽃잎 9엽이 도드라지게 표현되었다. 이 보살상은 지물의 구성과 잡은 방법, 9엽으로 이루어진 연판대좌, 옥수수 장식으로 이어지는 영락의 표현 등 대체로 북제에서 隋代(581~618)까지의 보살상과 비교해 볼 수 있지만 전체적으로는 백제화된 보살상으로 볼 수 있다.

21㎝의 규암면 출토 금동보살입상은 길죽해진 신체 비례에 가늘고 살짝 비튼 허리에서 세련된 멋을 풍기는 보살상이다(사진 43). 얼굴은 살이 붙어 풍만감을 띠며 입가에는 희미한 미소를 띠어 신비로운 느낌마저 준다. 신체에서 분리되어 주조된 천의는 곡선적으로 흘러내렸고 굵은 팔뚝은 인체

사진 43. 부여 규암면 출토 금동보살입상

의 표현에 가깝게 표현되었으며 신체 전면에 화문을 중심으로 교차된 영락은 굵고 투박하면서도 힘이 느껴진다. 보살상의 뒷면에도 천의와 영락이 똑같이 조각되어 입체조각으로서의 조형성을 염두에 두고 조각하였음을 알 수 있다. 보주를 위로 올려든 오른손과 두 손가락만으로 가볍게 천의를 잡은 왼손의 표현 역시 이전의 전통과는 다른 입체적인 모습을 보인다. 둥근 대좌는 안정감이 있으며 단판의 내림연꽃도 양감이 풍부하게 조각되었다. 그러나 천의나 군의의 표현을 선각으로 단순하게 처리하는 등 간략하게 처리한 기법에서 정교함은 떨어진다.

이 보살상의 더욱 큰 의의는 보관에 화불이 있어 관음보살임을 알 수 있다는 점이다(사진 44). 부여 舊校里에서 출토된 보살두의 보관에는 정병이 있어 대세지보살임을 알 수 있는데 이때부터 관음과 대세지의 보관에 아미타의 화불과 정병이 등장하는 도상이 정립되었음을 알 수 있다(사진

사진 44. 부여 규암면 출토 금동보살입상 얼굴 부분   사진 45. 부여 구교리 출토 보살상

사진 46. 석조보살상 얼굴 부분, 수(중국 산동성 타산석굴)

45). 아미타불의 소의경전인 『無量壽經』이나 『觀無量壽經』에는 아미타부처가 직접 보살들 가운데 가장 존귀하고 위신력과 광명이 널리 삼천대천세계를 비추는 두 보살로서 觀世音菩薩과 大勢至菩薩을 호명함으로써 아미타여래의 협시임을 증명해 보인다. 이러한 도상적 특징은 중국의 산동성 타산석굴의 양협시보살상 등 수대의 보살상에서 가장 먼저 보이는 상으로 이해되기 때문에 백제의 이 두 보살상은 도상적인 면에서 수대 보살상과 연관되며 양식 또한 수대의 특징과 관련성을 보인다(사진 46). 일본에 전하는 기록 가운데 善光寺緣起에 백제에서 아미타, 관음, 세지의 삼존상이 바다에 떠서 일본에 전해졌다는 이야기와도 연관해 볼 때 백제에서는 아미타삼존불의 도상이 성립되었음을 짐작해 볼 수 있다.[24] 그러나 이

---

24) 金煐泰, 「善光寺緣起를 통해 본 百濟의 請觀音經信仰과 그 日本傳授」, 『佛敎學報』 제19호(1982), pp.11~47.

연기에 대한 신빙성은 확실하지 않은 편이다.[25]

의당면과 규암면 출토의 두 보살상은 모두 중국 수대의 영향을 받은 작품으로 아름다운 형태미와 세련된 기법을 보이는 작품들이다. 의당면 출토 보살상이 수초의 북주적 요소가 가미된 특징을 보인다면 규암면 보살상은 수말당초의 부드러

사진 47. 예산 교촌리 출토 금동보살입상   사진 48. 금동보살입상, 당 (일본 泉屋博古館)

우면서도 세련되어지는 우아한 형태미가 강조된 양식을 따르고 있다. 즉 정면성을 탈피하고 외형적인 아름다움에 중점을 두면서 도상적인 상징성과 조화를 이루는 세련미를 보이는 것이다. 그러나 두 보살상 모두 이 시기 중국의 보살상과 비교해 보면 전체적인 외형은 닮은듯하나 전혀 다른 특징과 조형성을 보이고 있어 중국적 요소를 받아들여 백제화된 예로 볼 수 있겠다.

백제 보살상의 마지막을 장식하는 보살상은 국립부여박물관 소장의 금동보살입상이다(사진 47). 예산 교촌리 출토로 알려진 이 보살상은 왼쪽 어깨에서 오른쪽으로 긴 한 줄의 사선형 영락을 길게 내려뜨리고 무게중심을 한 쪽에 두어 곡선적으로 서 있는 보살상이다. 수와 당초기의 작품인 상해박물관이나 일본 泉屋博古館 소장의 금동보살상들과 비교되는 점에서 7세기 중엽경의 작품으로 추정된다(사진 48).

---

25) 김리나, 위의 책, 일조각(1989), pp.129~130.

4) 판불과 틀

전라북도 김제 성덕면 대목리의 한 밭에서 1980년 네 점의 판불이 발견되었다.[26] 모두 7.3×7.8cm, 6.4×6.4cm 정도의 크기로 4개의 발이 달려 있어 얇은 동판을 위에 놓고 두드려 찍어내는 판불임을 알 수 있는데, 삼국시대에 발견된 최초의 판불이다.

판불은 각기 삼존불과 반가사유상, 병렬식의 여래상들로 이루어져 있는데 모두 자유로운 구성과 자세에서 그 특징을 규명하기 어려운 자유분방함과 독창적인 수법을 보이는 작품들이다. 삼존불상은 중앙의 본존불을 중심으로 본존을 향해 약간 측면향을 한 양 협시보살상으로 구성되었는데 그 위에는 보석으로 장엄된 천개 장식이 늘어져 있다(사진 49). 본존불은 통견식 대의에 옷 안으로 두 손을 넣은 모습에서 禪定印이 아닌가 생각된다. 사선형의 간략한 내의가 표현되었으며, 올림연꽃과 내림연꽃으로 이

사진 49. 금동제 판불(삼존불상), 전라북사진 (김제, 국립전주박물관)

사진 50. 금동제 판불(반가사유상), 전라북사진(김제, 국립전주박물관)

---

26) 발견경위와 불상에 대해서는 黃壽永,「百濟의 銅板佛像-1980年 全羅北道 金堤出土의 新例-」,『韓國의 佛像』, 문예출판사, 1989, pp.202~209.

루어진 대좌를 갖추었다. 보살상은 한 손에 연꽃을 든 자세에 배를 유난히 볼록하게 표현하여 통통한 얼굴과 더불어 양감을 강조하였다. 자세는 자세하진 않으나 결가부좌보다는 좀 더 편안한 자세를 한 듯하며 천의자락이 가슴이 아닌 배 밑으로 길게 늘어져 특이한 모습이다. 통통한 얼굴에 가슴과 배에 표현된 양감의 처리, 육중하면서도 입체감이 강조된 천개장식 등에서 백제 말기 초당의 영향을 받은 작품으로 추정

사진 51. 연기군 출토 반가사유상(통일신라)

된다. 함께 출토된 반가사유상은 장방형의 의자에 앉아 있으며 그 옆으로 두 명의 스님이 특이한 자세로 서 있다. 머리 위에는 나뭇잎 모양의 장막이 쳐 있다(사진 50). 반가사유상은 머리에서 긴 관대가 가슴 밑까지 늘어져 있으며, 상체부는 천의를 걸친 듯 하다. 반가한 오른쪽 무릎에는 나선형의 주름이 보이는데 이는 삼화령 미륵세존의 본존불과 같은 주름이다.

 반가사유상의 오른쪽 스님은 머리에 손을 올려 놓은 모습에 마치 춤을 추는 듯 자유로운 자세이며, 왼쪽 스님은 몸을 구부려 향로를 받들고 공양자세를 취하고 있다. 삼국시대의 반가사유상 가운데 이와 같은 자유로운 자세에 설명적인 모습의 사례가 없어 해석이 어려운 불상인데 비슷한 형식이 통일신라시대의 작품으로 백제땅이었던 연기군에서 발견된 현재 국립청주박물관 소장의 납석제반가사유상에서도 볼 수 있다. 관대와 천의를 입은 모습이나 장방형 의자, 장막, 양 옆의 공양상들까지 유사하여 이러한 특징의 반가사유상들이 백제에서 제작되었음을 다시 한번 확인시켜 준다(사진 51).

III. 미륵반가사유상

앞에서 언급했듯이 서산마애삼존불의 왼쪽협시보살은 반가사유의 자세를 하고 있다. 반가사유란 의자에 앉아 오른쪽 발을 올려 다른 쪽 무릎 위에 올려 놓고 오른손은 들어서 손 끝을 턱에 대고 깊은 생각에 잠긴 모습을 한 보살상을 말한다. 원래 인도에서는 태자사유상으로 조성되었던 도상이 중국을 거치면서 미륵신앙과 합쳐지고 중국을 비롯해서 한국, 일본 등지에서는 미륵보살로 신앙하게 된다. 즉 중국의 반가사유상 가운데 '思惟', '龍樹坐像'이라는 명칭이 등장하는데 이는 미륵의 경전인 『彌勒大成佛經』, 『彌勒下生成佛經』 등에 언급되어 있는 석가로부터 미래세의 부처로 수기받아 도솔천에서 하생하여 龍華樹 밑에서 성불하고 龍華三會의 설법을 하는 장면과 관련되는 것이다.

서산마애삼존불의 왼쪽 협시보살은 백제의 작품으로 가장 확실한 반가

사진 52. 서산마애삼존불의 반가사유상

사진 53. 부여 부소산 출토 납석제반가사유상

사유상이다(사진 52). 보관과 오른손의 일부가 파손되었지만 자연스러우면서도 환미감이 돋보이는 작품이며, 복스러운 얼굴과 단구의 불신에서 마치 애기와 같은 복스러운 느낌을 준다. 서산마애불의 반가사유상 제작 이전 또는 비슷한 시기로 추정되는 작품으로 부여 부소산에서 출토된 현재 국립부여박물관에 전시 중인 납석제 반가사유상이 있다(사진 53). 허리 윗부분이 없어져 하반부만 남아 있지만 정확한 출토지와 그 특징에서 백제 반가사유상을 대표하는 작품이다. 앞면과 뒷면에 4개의 구멍이 있는데 이 작품의 용도와 관련된 듯 하나 확실하게 알 수 없다. 이 상은 오른쪽 다리 밑으로 흘러내린 옷자락이 한번 감아지면서 굴곡있게 처리되었으며 대좌를 덮은 군의자락이 길쭉한 반원형의 주름을 형성한 점이 특징적이다. 이를 백제의 특징으로 본다면 일본에 전하는 長野縣의 觀松院이나(사진 54) 대마도 淨林寺의 금동반가사유상을 백제의 상으로 분류해

볼 수 있게 된다(사진 55).[27]

우리나라 반가사유상 가운데 가장 중요하고 뛰어난 상은 높이 80㎝의 국보 78호와 83호로 지정된 두 구의 상으로 크기에서나 아름다운 조형성에서나 동양 최고의

사진 54. 觀松院 동조반가사유상(일본 長野縣)   사진 55. 淨林寺 동조반가사유상(일본 대마도)

---

27) 金理那, 『韓國古代佛敎彫刻史硏究』, 일조각, 1989, pp.48~49.

반가사유상에 속한다. 특히 83호 반가사유상은 일제초기에 일본에서 건너온 불법자들에 의해 약탈되어 일본으로 옮겨져 그 당시 문을 연 이왕가박물관에 매도한 것으로 전해오고 있다(사진 56). 그러나 그 출토지에 대해서는 경주 오릉 근처라는 설과 충청도 벽촌이라는 설이 있으나 확인할 길이 없다.[28] 이 작품은 균형과 조화를 갖춘 조형성은 물론 얼굴과 신체의 표현이 생생

사진 56. 국보 83호 반가사유상

하여 생명감이 충만하며 조소적 구조를 가진 신체와 미묘한 손가락의 표현 등 삼국시대 최고의 상으로 인식되어 왔다. 국보 78호 반가사유상은 고구려, 신라의 국적이라는 설도 있지만 일월식보관이나 'U'형으로 늘어진 뒷면의 천의 형식이 백제보살상에 많은 점에서 국적문제는 단정짓기 어려운 문제임을 알 수 있다.[29]

국적에 대한 문제는 국보 83호 반가사유상도 예외가 아니다. 특히 이 반가사유상은 쌍둥이처럼 똑같은 모습을 가진 일본의 광륭사(고류지) 목조반가사유상과 더불어 논쟁의 핵심이 되고 있는 작품이다. 사실 이 두 상은 목조와 금동이라는 재료적인 차이점만을 제외한다면 외형적으로 거의 유사하여 일찍부터 주목되어 왔다. 또한『日本書紀』에서 전하는 기록에서 603년과 623년에 신라에서 건너 갔다는 문헌기록도 있어 고대 양국 사이의 교류를 통해 건너간 상으로 알려져 왔다.[30] 그러나 광륭사에 전하는 1499년에 찬한『來由記』에는 推古11년(603) 백제가 일본의 聖德太子에게

---

28) 황수영,『韓國의 佛像』, 文藝出版社, 1989, pp.154~155.
29) 金理那, 위의 책, 일조각, 1989, pp.51~52.
30) 일본의 고류지 반가사유상을 신라의 작품으로 보는 견해는 임남수,「新羅彫刻의 對日交涉」,『新羅美術의 對外交涉』, 예경, 2000, pp.82~91.

금동미륵보살상을 보낸 사실과 더불어 불상의 크기까지 자세히 묘사하고 있다.[31] 이 반가사유상의 백제설은 일찍부터 제기되어 왔지만 최근에는 좀 더 구체적인 양식적인 특징을 분석하여 백제에서 조성되었다는 설도 제기되었다.[32] 이 반가사유상에 표현된 구성미와 세련미, 사실성과 안정감 등, 이 상이 지닌 본질적 조형감각이 백제적 성격을 띠기 때문에 백제 불상으로 밖에 볼 수 없다는 것이다. 78호와 83호 두 반가사유상의 국적 문제에 대해서는 이와 같이 여러 가지 이론이 있고 이는 이 두 보살상의 미술사적 가치가 그만큼 뛰어나다는 반증이기도 한 것이다.

이상에서 살펴본 백제의 반가사유상들은 물론 반가사유라는 자세의 수용이라는 점에서는 중국과 연관되지만 중국 상들과 다른 옷주름이나 비례, 특징을 보인다. 6세기의 대외관계로 볼 때 남조와 관련되겠지만 남조의 상으로 반가사유상이 아직은 출토된 바 없어 비교가 어렵다. 그렇다면 중국을 통해 들어온 여러 양식들이 혼재해 가는 과정 속에서 백제적으로 창안된 양식의 성립으로 볼 수 있을 것 같다.

다음은 백제에서의 반가사유상이 왜 유행했는가 하는 점이다. 그리고 그 조성시기가 거의 6세기 후반에서 7세기에 집중되어 있는 점도 특징으로 볼 수 있다. 서산마애삼존불의 오른쪽 협시보살은 7세기 초엽으로 추정되며, 부소산 출토라든지 백제의 작품으로 추정되는 일본 소재의 정림사 반가사유상이나 동경국립박물관 소장으로 공주에서 출토되었다고 전해지는 금동반가사유상도 600년 전후의 작품으로 추정하고 있다.[33] 그리

---

31) 鄭恩雨, 「일본의 국보1호인 廣隆寺의 木造半跏像은 한반도에서 건너 간 것인가」, 『미술사논단』 2호, 1995, pp.421~423.
32) 松原三郎, 「飛鳥白鳳佛と朝鮮三國期の佛像 -飛鳥白鳳源流として」, 『美術史』 68, 1968.3 ; 姜友邦, 「金銅三山冠思惟像攷」, 『美術資料』 22호, 1967.6.(『圓融과 調和』, 1990 열화당, pp.101~123 재수록).

고 마지막은 7세기 중엽경의 앞장에서 살펴본 김제판불 중의 하나인 반가사유상이다.

즉 7세기 반가사유상의 제작과 그 유행에는 무왕대의 미륵사 창건과 밀접한 관련이 있다고 본다. 『三國遺事』 무왕조에는 무왕의 어머니가 집가에 있는 못의 용과 교통하여 낳은 아들이 무왕이라 하여 龍의 아들로 묘사하고 있으며, 미륵사가 위치한 산의 이름도 미륵을 상징하는 龍華山이다. 무왕과의 사랑으로 유명한 善花공주의 이름이 신라에서는 미륵의 현신으로 나타나는 彌勒仙花와 비슷한 점도 우연한 일치는 아닐 것이다.[34] 이 기록 중 이 미륵선화를 만나기 위해 꿈에 계시를 받고 공주 水源寺를 찾은 신라 흥륜사승 眞慈의 백제행과 이후 신라 미륵신앙의 유행은 그 시원이 백제에 있었고 더불어 백제에 이미 미륵신앙이 널리 퍼져있었음을 알려 준다.

백제의 재건을 꿈꾸며 새로운 이상을 실현하고자 했던 무왕, 이 땅에 미륵이 하생하여 삼회의 설법을 가람으로 구성한 미륵사의 창건 그리고 소형의 금동반가사유상이 다수 제작된 점 등은 백제 후반기 신앙의 형태가 미륵과 깊히 연관되어 있음을 반영하는 것이다.

IV. 백제의 미소

백제 불상의 가장 큰 특징은 백제의 미소로 불리울 정도로 특징적인 얼굴 표현에 있다. 마치 백제인들의 부드러운 성품을 짐작케 하듯 백제 불

---

33) 姜友邦, 「傳 公州 出土 金銅思惟像」, 『圓融과 調和』, 1990, 열화당, pp.124~129 : 그리고 이 반가사유 상을 국보 78호 상과 유사하게 보기도 한다.
金理那, 앞의 책, 문예출판사, 2003, p.179.
34) 『三國遺事』 권3 塔像4 彌勒仙花 未尸 眞慈師條

사진 57. 코레상, 그리스 고졸기

상의 미소는 인간적이면서도 친근하고 다양하다.[35] 처음에는 이를 고졸의 미소라 불렀다 고졸의 미소(Archaic Smile)란 고대 그리이스 초기 조각들인 코레와 쿠로스에 보이는 양 입가를 살짝 누른 듯이 표현하여 미소를 띤 듯한 표정에서 유래하였으며 Archaic시대에서 비롯된 용어이다(사진 57). 이후 인도 불상을 비롯하여 중국 북위와 남조 불상에서도 이러한 미소를 표현하게 되며 백제에까지 이르게 된다.

백제 불상의 미소는 얼굴 전체에 퍼지는 듯한 웃음이 특이하면서도 매력적이어서 이제는 백제의 미소라는 고유명사로 사용되고 있을 정도이다. 일본에 있는 금동불 중 船形山神社의 보살입상이나 관송원 반가사유상은 그 얼굴 표정만으로도 한반도에서 건너간 도래불로 분류해 볼 수 있다. 특히 관송원 반가사유상의 웃음띤 표정은 백제 불상의 부드러움이 잘 표현되어 있다.

미소를 띤 백제 불상의 특징은 시대에 따라 장소에 따라 똑같은 모습이 거의 없이 각기 다른 다양한 모습을 표출하는데 있다. 6세기 중엽경에 해당하는 군수리사지 출토의 납석제여래좌상은 감은 듯한 작은 눈과 희미한 미소가 만드는 온화하면서도 넉넉한 표정, 살짝 옆으로 뉘인 얼굴자세, 보살상의 입가를 눌러 억지웃음을 만든 연출에서 해학과 부드러움이

---

35) 백제의 미소에 대해서는 많은 학자들에 의해 거론되어 온 백제만의 특징이다. 구체적으로 거론된 대표적인 논문으로는 金理那, 「한국의 고대조각과 미의식」, 『한국미술의 미의식』, 정신문화연구원, 1984, pp.70~71(한국고대불교조각사연구, 재수록 일조각, 1989, pp.13~15) : 金元龍, 『韓國 古美術의 理解』 서울대학교 출판부, 1993(2판 8쇄), pp.54~55.

사진 58. 군수리사지 금동보살입상의 얼굴

살아 있다(사진 5). 이 얼굴은 같은 장소에서 출토된 금동보살상에서도 그대로 재현되어 있다(사진 58). 일본 船形山神社 금동보살입상의 얼굴은 아기같이 순진무구한 표정을 짓고 있어 사랑스럽기까지 하다.[36] 고졸하면서도 부드러운 사랑스러운 표정은 정림사지 출토 소조불두에서도 볼 수 있다(사진 59). 예산사면석불의 서면불두로 추정되는 얼굴은 밑으로 숙인 듯이 길게 새겨진 눈으로 흘기듯 우리를 쳐다보며 웃고 있다(사진 60). 팽창된 뺨에 정면을 바라보는 눈의 각도에서 서산마애불의 시원을 보는 듯하다. 미소의 절정은 서산마애삼존불의 본존불이다. 부드러우면서도 양감이 강한 뺨에 동그랗게 뜬 눈으로 예배자를 빤히 바라보면서 얼굴 전체에 번지는 웃음의 마력은 우리의 눈을 불상에 고정시킨다(사진 61). 즉 부처의 얼굴이 백제인의 얼굴을 그대로 조각한 듯 사실적으로 표현되어 있는 것이다. 당시 백제인의 얼굴을 볼 수 있는 유일한 그림은 남조 梁대의 元帝

사진 59. 정림사지 출토 소조불두

사진 60. 예산사면석불 서면 불두

---

36) 이 보살상에 대해서는 주로 백제불상으로 보는 편이지만 고구려 보살상으로 보는 견해도 있다. 姜友邦,「金銅日月飾三山冠四維像」,『圓融과 調和』, 열화당, 1990, pp.77~78.

Ⅳ. 백제의 미소 189

사진 61. 서산마애삼존불 중 본존불 얼굴

사진 62. 梁職貢圖 중 백제사신, 남조

蕭繹이 그린 사신도인 梁職貢圖에 그려진 백제사신의 모습이다(사진 62). 부드러운 살붙임과 팽팽한 뺨으로 인한 온화한 모습은 바로 서산 본존불의 얼굴과 그대로 닮아 있다. 당시 백제 사회에 있어 불교 그리고 부처는 더 이상 외래에서 온 이방인의 종교가 아니었으며, 백제인들에 그대로 녹아 있는 백제인의 종교로 바뀌어 있었던 것이다. 백제의 미소, 그 마지막은 규암면 출토 금동보살입상의 표정에서 만날 수 있다(사진 44). 작품 자체의 유려한 곡선적인 아름다움과 더불어 우아한 미소를 띤 얼굴 표정은 당시 백제 사회와 그 문화를 대변하는 듯 하다. 자연스러우면서도 신비로우며, 따뜻하면서도 자비스러운 미소는 왕권이 확립되고 안정된 사회에서만이 제작될 수 있는 아름다운 모습인 것이다.

  이와 같이 백제 불상의 미소는 남아 있는 백제의 초기 작품에서부터 좀 더 다른 다양한 모습으로 변화하였음을 알 수 있다. 즉 6세기 전반의 미소는 부자연스러움 속에서 유머스럽게 표현했다면, 후반경에는 부드러운 친근함에 자연스러움을 갖추고 있다. 그리고 7세기에는 백제만의 독창적인 유쾌한 웃음으로 발전시켰던 것이다.

사진 63. 석조여래입상의 얼굴, 북위, 산동성 용흥사지 출토

 이상에서 살펴본 다양한 표정으로 표출되는 백제의 미소는 중국의 남북조로부터 수용되었을 가능성이 높다고 본다. 백제와의 관계가 시사되는 북조나 남조의 불상에서 미소는 흔하게 발견되기 때문이다. 북위 말기경부터 북제까지의 북조 불상 그리고 남조 양대의 불상에 많이 나타난다. 북위나 북제대 불상의 얼굴을 보면 입술의 양 끝을 옴폭 들어가게 함으로써 미소를 띤 표정을 만들었는데 날카로운 점도 있지만 자연스러움이 덜한 점에서 군수리보살상과 같은 백제 초기 상들과 비교된다(사진 63). 남조 불상의 경우는 북조의 불상보다 부드럽고 인간적인 면모를 보이는데 6세기 후반경의 백제 불상과 닮아 보인다. 중국의 불상에서는 북제 이후 수대에는 미소가 거의 없어지게 된다. 그러나 백제의 경우에는 6세기 중엽경부터 7세기에 이르기까지 계속적으로 나타나는 점은 중국과의 차이로 볼 수 있다. 시대에 따라 다르게 나타나는 정형화되지 않은 다양한 백제의 미소는 중국의 영향으로 시작되었을 것이나 백제는 이를 자신들의 취향에 맞는 표정으로 바꾸어 놓았던 것이다.

V. 맺음말 (끝나지 않은 백제)

　이상으로 백제 불상의 변화 과정과 특징 그리고 그 미소에 대해 살펴보았다. 대체로 백제의 불상은 부드럽고 온화하며 소박한 특징으로 잘 묘사된다. 이는 조각기법의 우수성을 의미한다. 즉 납석이라는 재료를 이용하여 마치 밀어 벗기듯 조각함으로써 같은 시기 거칠고 대담한 고구려나 신라의 불상과 다른 부드러운 양식을 창안할 수 있었으며, 단단한 화강암에 조각하면서도 정교하고 섬세한 조형성을 계속 유지할 수 있는 기술을 가지고 있었던 것으로 해석된다. 더욱이 얼굴에 표현된 친근하고 때로는 신비스럽기까지 한 넉넉한 미소는 중국의 남북조로부터 받아들인 특징을 백제적 취향으로 변모시킨 한 예로 볼 수 있다. 조형물의 제작에 있어 조각기술과 신앙, 자연에 대한 구체적인 탐구를 통해 가장 자연스러운 모습을 찾고자 했던 백제인들의 아름다운 심미안과 태도를 엿볼 수 있는 것이다.

　신라는 6세기 중엽 백제로부터 아비지와 장인 200명을 청하여 황룡사를 창건하게 된다. 그리고 아비지는 기둥을 세우려는 날 백제멸망의 꿈을 꾸었지만 기둥을 세운 노승의 신력으로 끝내 탑을 완성하게 되었다는 『三國遺事』卷3 塔像4 黃龍寺九層塔條의 기록이 있다. 아비지는 멀리 신라에서 황룡사의 기둥을 세우면서 불교의 멸망을 예견하지만 끝내 돌아오지 못하였으며, 그 이면에는 신라승려의 원력이 작용했다는 것이다. 만일 아비지가 돌아왔다면 백제는 멸망하지 않았을까? 이는 그 나라를 대표하는 사찰의 창건과 불교미술의 제작이 단순하지 않았음을 암시하는 기록이며 사찰의 창건은 곧 국가적 힘과 연결되어 있음을 시사하는 것이다. 백제의 불교, 신앙 그리고 불교미술의 조성은 신앙과 그 시대의 예술성을 반영하고 있지만 더불어 왕권과 그 세력을 반영하는 척도였음을 알 수 있다.

백제의 불상은 백제가 망하는 660년에도 끝나지 않았음을 그 이후의 작품을 통해 확인할 수 있다. 연기군불비상으로 잘 알려진 통일신라 초기의 작품들은 시대는 다르지만 백제 불상의 연장선상에 있는 불상들로 볼 수 있는 것이다. 이 작품들은 백제 불상의 주 재료였던 납석제에 부조한 상으로 재료나 기법에서도 백제의 전통을 그대로 계승하고 있다. 게다가 백제 불상에서는 없었던 회화적인 성격이 강한 아미타불의 정토세계를 마치 한 폭의 그림처럼 표현함으로써 없어진 백제의 불교회화는 물론 신앙의 성격까지도 갸름할 수 있는 작품을 남긴 것이다. 이 전통은 고려시대까지 이어져 석불과 금동불에서 그리고 충청도와 전라도 지역에서 백제를 계승한 복고적 경향의 불상이 계속 만들어졌다.[37] 백제는 끝났지만 그 전통과 예술은 그 이후까지 충청도와 전라도 지역에 전해진 것이다.

---

37) 鄭恩雨,「燕岐 佛碑像과 충남지역의 백제계 불상」,『백제문화』32호, 2003.12, pp. 91~96 : 곽동석,「全北 地域 佛敎美術의 흐름과 特性 -佛像을 중심으로-」,『全羅北道의 佛敎遺蹟』, 국립전주박물관, 2001, pp. 420~423.

일상에서의 불교 장식

5장

엄기표
단국대학교 사학과 강의전임강사

5장

I. 백제 불교문화의 형성 배경과 융성
II. 한성시기의 불교 장식
III. 웅진시기의 불교 장식
IV. 사비시기의 불교 장식
V. 백제 불교 장식의 양상과 특징

일상에서의 불교 장식

Ⅰ. 백제 불교문화의 형성 배경과 융성

 황해를 끼고 발전한 백제는 서남해안의 지정학적 입지 조건으로 일찍부터 선진문물을 소유한 중국과 활발한 교류를 할 수 있었다.[1] 백제가 중국과 교류를 가졌다는 내용은 『삼국사기』와 『삼국유사』를 비롯하여 중국의 역사서인 『송서(宋書)』, 『남제서(南齊書)』, 『양서(梁書)』, 『위서(魏書)』, 『주서(周書)』, 『수서(隋書)』, 『남사(南史)』, 『북사(北史)』, 『구당서(舊唐書)』, 『신당서(新唐書)』 등에서 찾을 수 있다. 백제가 중국과 공식적으로 외교를 시작한 시기는 4세기 후반인 근초고왕 27년(372)인데, 한성시기에는 근초고왕대(346~375)부터 개로왕대(455~475)까지 29회에 걸쳐 교류했던 것으로 기록되어 있다. 당시 백제는 동진(東晋)과의 교섭을 시작으로 남조(南朝)와 교류했으며, 개로왕 18년(472) 이후에는 북조와도 교류를 가졌다. 이 시기 백제는 영산강유역까지 병합하여 서해안 일대를 아우르는 영토를 확보함으로써 풍족한 땅과 서해를 통한 중국의 선진문물을 수용할 수 있는 교두보를 확보하였다. 당시 백제가 중국과 공식적으로 외교 관계를 가지기 시작한 것은 한반도의 중서부 지방을 세력 범위에 넣으면

---

1) 李道學, 「百濟의 交易과 그 性格」, 『STRATEGY 21』 제2권 제2호, 1999, P.54.

서 이전과는 다른 강력한 국가임을 대내외적으로 천명한다는 의미도 있었을 것이다. 이와 같이 백제는 한성시기 중국으로 사신을 파견하였으나 도중에 풍랑을 만나 되돌아 온 경우도 있었지만 중국과의 활발한 교류를 통하여 불교를 수용할 수 있는 문화적 토대가 형성되었다.

이에 따라 백제는 고구려보다는 12년 늦었지만 384년에 불교를 받아들였다. 백제가 불교를 공식적으로 수용한 것은 침류왕이 왕이 되던 해라고 전해지고 있다. 당시 백제는 중국 동진(東晋)을 거쳐 바다를 통하여 들어온 인도 스님 마라난타(摩羅難陀)에 의해서 불교가 전해졌다. 침류왕은 즉위하여 7월에 처음으로 동진에 사신을 파견하였는데, 이때 마라난타가 귀국길에 오른 백제 사신들의 배를 얻어 타고 불교를 전하기 위하여 백제 땅으로 들어왔다.[2] 침류왕은 이듬해인 385년 한산에 절을 짓고 10명의 승려가 머물도록 하였다. 즉, 침류왕이 한성에 백제 최초의 사원을 건립하여 백제 최초의 승려가 되도록 출가시켰던 것이다. 당시 한산에 세웠던 사찰이 오늘날과 같은 사찰의 면모는 갖추지 못했겠지만 백제 땅에 처음으로 세워진 사찰이라는 점에서 그 역사적 의의는 높다고 할 수 있다. 그러나 아직까지 한성에 있었던 백제 사찰들의 위치가 확인되지 않고 있다. 단지 역사서에 전하는 간략한 기록과 서울 뚝섬에서 출토된 금동 불상 1구가 백제 한성시기 수도였던 오늘날 서울에 불교가 전해졌고 사찰이 있었음을 간접적으로 알려주고 있다. 당시 백제의 왕을 비롯한 많은 귀족들이 사찰에 수시로 드나들며 부처님의 가호를 빌었을 지도 모른다.

이후 백제는 고구려의 침략으로 한성이 함락되면서 웅진으로 천도한다. 웅진시기 재위한 백제왕들은 위축된 백제의 국력을 회복하기 위하여 왕

---

2) 『三國遺事』 권3, 흥법3, 난타벽제.
  '百濟本記云 第十五(僧傳云十四誤)沈流王卽位甲申(東晉孝武帝大元九年) 胡僧摩羅難陁 至晉 迎置宮中禮敬 明年乙酉 創佛寺於新都漢山州 度僧十人 此百濟佛法之始'.

권을 강화하고 통치체제를 구축하는 등 중앙집권화를 강하게 추진한다. 이 중에서도 무령왕은 동성왕대에 다져진 대내외적인 안정을 바탕으로 강력한 군사력을 키워 고구려에게 빼앗겼던 영토를 회복하기 위하여 공격을 감행하는 등 영토 확장 정책을 펼친다. 그래서 옛 백제 고토를 회복하고, 고구려의 침략을 물리치는 등 강력한 군사력을 소유하게 된다. 또한 왕실의 안정을 도모하고, 수리시설을 확충하는 등 농업의 발전에도 지대한 관심을 기울인다.[3] 그리하여 백제가 다시 강국이 되었음을 대내외에 천명한다.[4] 이러한 백제의 정치적, 군사적 발전은 백제문화가 획기적으로 발전할 수 있는 토대가 된다.

또한 웅진시기 백제는 대외교섭을 강화하여 국가의 안정과 발전을 도모했다. 백제는 웅진시기 초기 국내적으로 어려운 상황에 처했음에도 불구하고 천도하자마자 476년 송에 사신을 파견했으나 고구려의 방해로 뜻을 이루지는 못한다. 그런데 동성왕대에는 중국 남제와의 교류가 이루어졌으며, 무령왕대에는 양과 활발한 교류가 이루어져 웅진시기(475~538)에는 총 21회의 대중 교류가 있었던 것으로 기록되어 있다.[5] 특히 무령왕대에는 중국 남조와 활발한 교류가 이루어져 많은 선진문물이 들어옴으로써 불교문화가 크게 발전할 수 있는 토대가 형성되었다. 그래서 무령왕릉은 웅진시기 백제문화 뿐만 아니라 당시 불교문화가 얼마나 융성했는지를 그대로 보여주는 대표적인 예이다.

웅진시기 백제 불교문화의 구체적인 양상은 오늘날 공주지역에 남아있

---

3) 노종국,『백제정치사연구』, 일조각, 1988.
  유원재,『웅진백제사연구』, 주류성, 1997.
4)『梁書』권54 동이 백제전.
  '普通二年 王餘隆始復遣使奉表 稱累破句驪 今始與通好 而百濟更爲强國'
5) 이도학,『백제고대국가연구』, 일지사, 1995.
  이기동,『백제사연구』, 일조각, 1996.

는 백제시대 사지들에서 알 수 있다. 공주지역의 사찰들은 웅진시기 초기에는 소위 석굴 형태의 사원들이 많이 세워지다가 점차 평지에 자리 잡게 된다. 즉 처음에는 사찰 가람이 인도나 중국처럼 석굴 형태로 간략하게 세워졌지만 점차 전형적인 가람의 모습을 갖추게 된다. 공주지역 백제시대의 석굴사원으로 동혈사, 서혈사, 남혈사 등이 확인되고 있으며, 평지사찰로는 대통사 등이 있었던 것으로 파악되고 있다.[6]

이 중에서 대통사(大通寺)는 『삼국유사』에 따르면 성왕 5년(527) 웅천에 창건되었다고 기록되어 있다.[7] 공주시 반죽동에서 대통명 기와가 출토되어 현재 공주 반죽동 당간지주가 서있는 일대가 대통사지로 추정되고 있다. 대통사지로 추정되는 일대에는 사찰에 쓰였던 많은 석재들이 산재되어 있다. 일제강점기에 사역으로 추정되는 건물지가 일부 확인되기도 하였다. 그리고 사지에서는 초석과 건물에 활용된 석재를 비롯하여 2기의 석조가 발견되어 현재 국립공주박물관에 옮겨져 있다. 또한 다리를 만들 때 사용된 4매의 초석이 남에서 북으로 흘러 금강으로 유입되는 제민천에 남아 있다. 이러한 유물들은 대통사가 대규모의 사찰로서 웅진시기 백제불교의 중심 역할을 했을 것으로 추정케 한다. 그러나 대통사가 백제시대 창건된 사찰이라는 것은 유적과 유물들이 증명해주고 있으나 아직까지 결정적 자료는 확인되지 않고 있는 실정이다.[8] 또한 수원사지(水源寺址)는 『삼국유사』에 기록된 사찰로 웅진시기에 창건된 사찰로 추정되고 있다. 『신증동국여지승람』에 수원사의 위치가 기록되어 있고, 공주시 옥

---

6) 안승주, 「백제 사지의 연구」, 『백제문화』 16, 공주대학교 백제문화연구소, 1985.
　조원창, 「공주지역 사지 연구」, 『백제문화』 28, 공주대학교 백제문화연구소, 1999.
7) 『三國遺事』 권3 흥법3 원종흥법염촉멸신.
　'又於大通元年丁未. 爲梁帝創寺於熊川州. 名大通寺. 熊川卽公州也.'
8) 李南奭, 「百濟 大通寺址와 그 出土遺物」, 『湖西考古學』 6·7합집, 호서고고학회, 2002.

룡동 월성산 수원골에서 사지가 확인되었다. 1967년 사지에서 탑지와 기와편 등이 출토되어 사역 일부가 밝혀지기도 했다.[9] 수원사는 신라 승려였던 진자사가 미륵선화를 만나기 위하여 찾아왔던[10] 사찰로 백제 미륵신앙의 중심지였다.

 그리고 서혈사지(西穴寺址)는 공주시 웅진동의 쉬엇골 망월산 동쪽 경사면에 위치하고 있다. 이곳에는 석굴이 있고 석굴에서 남쪽으로 100m 지점에 사지가 남아 있다. 이곳에서는 1927년 통일신라의 석불 3구가 발견되었으며, 1929년 서혈사 명문 기와가 출토되기도 했다. 이후 1969년과 1970년도 2회에 걸친 조사로 사지의 규모가 어느 정도 밝혀졌는데, 대부분 통일신라의 유구와 유물들이 주류를 이루고 있었다.[11] 이러한 것으로 보아 서혈사는 백제시대에 소규모로 창건되어 통일신라시대에 중창이 있었던 것으로 추정되고 있다. 동혈사지(東穴寺址)는 공주시 의당면 천태산 중턱에 자리 잡고 있으며, 석굴은 사지에서 50m 북쪽에 위치한다. 현재 사지에는 석굴 외에 고려시대의 것으로 보이는 3층석탑과 조선시대의 부도 1기가 남아 있다.[12] 남혈사지(南穴寺址)는 공주시 금학동 남산의 서쪽 편에 자리하고 있으며, 석굴이 있고 조금 떨어진 지점에 사지가 있다. 여러 단으로 대지를 조성한 후 사찰을 건립했으며, 1928년도에 백제의 것으로 추정되는 보살입상이 출토되기도 하였다. 이와 같이 서혈사지, 동혈사지, 남혈사지는 석굴사원의 예로 백제 사찰가람의 초기적인 모습을 보여

---

9) 공주대학교 박물관, 『수원사지』, 1999.
10) 『三國遺事』 권4, 탑상4, 미륵선화 미시낭 진자사.
　　'一夕夢有僧謂曰 汝往熊川(今公州)水源寺 得見彌勒仙花也 慈覺而驚喜 尋其寺 行十日程 一步一禮 及到其寺'
11) 김영배, 「공주 서혈사지에 관한 조사연구」, 『백제문화』 4, 공주대학교 백제문화연구소, 1970.
12) 안승주, 「공주 동혈사지에 대한 고찰」, 『윤무병박사회갑기념논총』, 1984.

주고 있다. 이외에도 주미사지(舟尾寺址), 구룡사지(九龍寺址), 정치리사지(鼎峙里寺址) 등이 백제 웅진시기에 창건된 사찰들로 추정되고 있다.[13]

이와 같이 웅진시기 백제 불교문화는 오늘날 공주지역을 중심으로 발전했으며, 소규모의 사찰이 건립되기 시작하여 전형적인 사찰 가람이 완성되는 단계에 있었다. 또한 왕에서 일반백성들에 이르기까지 불교가 서서히 신봉되면서 일상생활에 까지 영향을 미치는 종교로 발전해 갔다. 그러면서 불교의 저변이 서서히 확대되는 시기였다.

백제가 웅진에서 서남쪽으로 약 30km쯤 떨어진 사비로 천도한 것은 성왕 16년(538) 봄의 일로 한성에서 웅진으로 천도할 때와는 달리 국가 부흥의 웅대한 기대와 희망을 가지고 결행하였다. 성왕은 동성왕과 무령왕대의 전제왕권 구축을 기반으로 강력한 백제국의 재건을 위하여 사비천도를 단행하였다. 사비로의 천도는 귀족 세력을 누르고 왕권을 강화하고자 하는 정치적 목적 외에 당시 빈번한 전쟁과 고구려의 남하정책으로 군사적 위협을 느껴 안정된 수도에서 발전을 모색하기 위한 결단으로도 이해된다. 당시 백제가 고구려 영토를 선제공격하거나 고구려의 침입에 적극적인 공세를 펼치기도 했지만 고구려의 세력이 깊숙하게 영향을 미치고 있어 위험을 느끼지 않을 수 없었다. 또한 백제는 호남지방의 비옥한 농토를 확보하여 국가 재정을 튼튼히 하고, 금강의 수로를 통하여 중국과의 교류를 원활하게 하고자 하는 의도도 있었던 것으로 보인다.[14] 이와 같이 성왕의 사비천도는 전대 왕들의 유업을 받들어 실추된 왕실의 권위를

---

13) 공주대학교 박물관, 『주미사지』, 1999.
  공주대학교 박물관, 『구룡사지』, 1995.
  김영배, 「공주 탄천 정치리사지」, 『백제문화』 6, 공주대학교 백제문화연구소, 1973.
14) 이종욱, 「백제사비시대의 중앙정부조직」, 『백제연구』 21, 충남대학교 백제연구소, 1990.
  양기석, 「백제성왕대의 정치개혁과 그 성격」, 『한국고대사연구』 4, 한국고대사학회, 1991.

회복하고 왕권의 강화를 이룩하여 중흥을 도모하고자 하는 여러 가지 목적이 있었던 것으로 추정된다.

성왕은 수도를 사비로 천도한 후 백제 중흥을 도모하고자 많은 사업을 추진한다. 대내적으로는 백제 중흥과 왕권강화를 위하여 집권체제의 정비를 서둘러 실시한다. 성왕은 웅진시기부터 마련되기 시작한 집권체제를 중앙 관제는 16관등제(官等制)와 22부사제(部司制)로, 지방 통치조직은 수도 5부제(五部制)와 5방군제(五方郡制)로 정비한다. 이러한 일련의 정비는 한성과 웅진시기에 지배질서가 다소 문란하고 귀족들의 세력이 강하여 왕권이 약화됨에 따라 취해진 조치라고 할 수 있다. 또한 지방에 대한 통제를 원활하게 유지하고자 하는 측면도 있었다. 이로써 분산된 국력을 중앙으로 모아 정국의 안정을 도모하고, 중앙집권력과 왕권을 강화함으로써 중흥의 기틀을 마련한다. 또한 성왕은 불교 교단을 정비하고 불교의 발전을 위해서도 심혈을 기울인다. 대외적으로는 중국 남조와의 교류를 통하여 선진문물을 받아들임으로써 백제문화의 수준을 높이고, 일본으로는 불교를 전파하는 등 많은 전문가와 기술자들을 파견하여 선진문물의 전수자로서 유대를 돈독히 한다.[15] 위덕왕도 이러한 성왕의 정책을 이어받아 백제의 안정과 발전을 도모한다. 특히 위덕왕은 성왕의 전사로 불교에 대한 돈독한 신앙심을 가지고 사찰의 건립에도 심혈을 기울이면서 백제 불교문화의 발전과 융성을 위하여 크게 노력한 왕이었다.

한편 백제는 사비시기에 들어서면서 중국과 적극적인 외교 관계를 가지면서 문화적으로 많은 발전을 이룩한다. 사비시기에는 중국과 총 69회의 교류 기록이 전하고 있는데, 중국 남조만이 아닌 북조와도 외교 관계를 맺었다. 이것은 백제의 외교 정책이 다변화되었음을 의미한다.[16] 이와 같

---

15) 김영심, 「백제 관등제의 성립과 운영」, 『국사관논총』 82, 국사편찬위원회, 1998.

이 백제는 사비시기에 들어와 정치적 안정을 바탕으로 중국과 긴밀한 교류 관계를 유지하면서 선진문물을 수용하여 고도의 문화적 수준을 유지할 수 있게 되었다. 또 한편 사비시기 백제는 일본과도 정치적으로 긴밀한 관계를 유지하고 있었기 때문에 중국대륙과 일본열도를 잇는 교량적 역할을 하면서 중국-백제-일본으로 이어지는 삼각교역의 중심지이자 중개지였다. 이러한 고대의 대외관계 속에서 백제의 불교문화는 당시 선진적이었던 중국 불교문화의 요소를 수용하여 백제화시켰다. 백제화된 불교문화는 직간접적으로 일본 문화에 상당한 영향을 주거나 전래되었다. 현재 일본 고대의 문화는 삼국 중에서도 백제의 영향이 깊숙하게 반영되어 있음이 확인되고 있다. 이처럼 사비시기에 들어와 백제의 불교문화는 대외적으로도 상당한 영향력을 행사하고 있었다.

백제 불교문화의 발전은 무왕대에 이르러 절정에 이른다. 무왕은 왕으로 즉위한 후 강력한 지도력을 바탕으로 내정을 안정시키고, 좌평의 관료화를 추진하여 행정 관서를 장악하였고, 정치적 기반 확대를 위하여 익산 경영을 적극적으로 추진한 것으로 알려져 있다. 무왕은 익산지역에 미륵사와 왕궁을 창건하는 등 익산지역에 많은 관심을 표방하였다.[17] 그리고 무왕은 불교를 깊이 신봉하였는데, 그 중에서도 미륵신앙을 사상적 기반으로 삼아 전륜성왕(轉輪聖王)을 자칭하며 미륵사를 창건한 것으로 추정되고 있다. 이것은 무왕이 용화산 아래의 큰 못가에서 미륵 삼존을 만나 미륵사를 창건했다는 기록에서 간접적으로 알 수 있다. 오늘날 익산지역의 왕궁리 일대에서는 사비시기 무왕대와 관련된 많은 백제 유적지들이 확인되고 있다. 사비시기 백제문화의 중심지는 수도였던 사비와 오늘날

---

16) 신형식, 『백제사』, 이화여자대학교 출판부, 1992.
17) 김삼룡, 「백제의 익산천도와 그 문화의 성격」, 『마한·백제문화』 2, 원광대학교 마한·백제문화연구소, 1977.

익산 지역에 집중되어 있는 양상을 보인다. 이러한 양상은 사비시기 백제 불교문화의 양상과도 상통하고 있다.

　사비시기 백제 불교문화의 양상은 오늘날 부여와 익산지역을 중심으로 남아있다. 사비시기 건립된 백제 사원들은 전형적인 가람 배치 수법을 보이고 있어 주목된다. 부여지역의 대표적인 사찰로 정림사지(定林寺址)가 있다. 정림사는 사비도성의 한가운데 자리 잡고 있어 백제 불교의 중심적인 역할을 했던 사찰로 추정되고 있다. 정림사지는 백제 사비시기를 대표하는 사찰로 현재 오층석탑을 비롯하여 많은 백제 유적과 유물들이 출토된 사찰이기도 하다. 그 중요성으로 이미 일제강점기에 조사가 실시되었으며, 1980년도의 발굴 조사에 의하면 남북 일직선상에 중문-탑-금당-강당이 배치되어 있고 회랑이 사역을 둘러싸고 있는 백제의 전형적인 1탑식가람으로 확인되었다. 중요 건물로 중문은 정면 3칸·측면 1칸의 건물이며, 금당은 정면 5칸·측면 3칸의 건물이며, 강당은 정면 7칸·측면 3칸으로 확인되었다. 또한 연지(蓮池)가 추가적으로 확인되었으며 소조불과 각종 도용 파편이 출토되어 백제 불교문화의 실상을 밝히는데 중요한 자료들이 많이 출토되었다. 그리고 정림사는 사비로 천도한 직후 창건되었으며 백제가 멸망하면서 전소되었다가 고려 현종대에 와서 중건된 것으로 추정되고 있다.[18]

　능사(陵寺)는 1993년 발굴시 백제금동대향로가 출토되어 널리 알려진 사지이다. 1995년에는 목탑지 심초석에서 창왕명석조사리감이 출토되어 백제 사비시기에 중요한 위치를 점하고 있었던 사찰로 확인되었다. 가람은 남북 일직선상에 중문-목탑-금당-강당을 배치한 1탑식으로 전형적인 백제식 가람으로 확인되었다. 특히 능사는 백제 왕실과 관련된 원찰로

---

18) 윤무병, 『정림사지발굴조사보고서』, 충남대학교 박물관, 1981.

서의 성격이 강한 것으로 추정되었다. 발굴 결과 능사는 6세기 중엽경에 창건되어 백제 멸망 때까지 사찰의 기능이 유지되었던 것으로 밝혀져 학계의 주목을 크게 받았다.[19] 그리고 금강사지(金剛寺址)는 부여 은산면 금공리에 있는 사지로 창건 시기는 백제 사비시기로 추정되고 있다. 이 사지는 국립중앙박물관에서 1964년 3월부터 1964년 5월까지 1차 발굴 조사를 하였으며, 1966년 3월 16일부터 27일까지 2차 발굴 조사를 실시하였다. 조사 결과에 따르면 사지에서 금당지, 탑지, 강당지, 중문지 등이 확인되었는데 모두 일직선상에 위치하고 있어 백제의 전형적인 1탑식 가람배치로 확인되었다. 금강사는 백제시대 창건된 후 2차에 걸쳐서 중창된 것으로 밝혀졌으며, 중창 시 사찰이름이 금강사로 바뀐 것으로 추정되고 있다.[20] 왜냐하면 『삼국사기』에 의하면 칠악사(漆岳寺)가 현재의 금강사지와 같은 위치로 기록되어 있는데, 금강사라고 기록된 명문기와는 고려시대 것으로 밝혀졌기 때문이다.[21] 그래서 금강사지는 백제시대의 칠악사로 추정되고 있다. 특히 금강사지에서는 건물의 기단부가 지대석 위에 면석을 세우고 갑석을 고루 갖춘 단층기단으로 확인되었다.

　군수리사지(軍守里寺址)는 부여 군수리에 있는 사지로 일제강점기인 1935년~1936년에 걸쳐 조사가 실시되었다. 당시 이 일대에서 백제시대의 기와와 초석들이 발견되었다. 특히 백제 기단의 특징인 와적기단이 확인되었으며 백제불상이 출토되기도 하여 백제 조각이 상당한 수준으로 발전했음을 시사해주었다. 당시 조사에 따르면 탑-금당-강당이 일직선상

---

19) 김수태, 「백제 위덕왕대 부여 능산리 사원의 창건」, 『백제문화』 27, 공주대학교 백제문화연구소, 1998.
20) 국립중앙박물관, 『금강사』, 1969.
21) 『三國史記』 권27, 백제본기 5, 법왕 2년.
　'二年春正月 創王興寺 度僧三十人 大旱 王幸漆岳寺 祈雨'

에 배치되어 전형적인 백제식 가람배치로 확인되었으며, 사지 주변에도 건물이 배치되었던 것으로 확인되어 궁남지(宮南池)와 관련된 시설물로 추정되고 있다. 서복사지(西腹寺址)는 부여 구아리에 위치한 사지로 1942년 일본인 米田美代治와 藤澤一夫가 발굴 조사하였으나 보고서를 간행하지 않아 자세한 내용은 알 수 없는 형편이다. 단지 남북으로 중문지, 탑지, 금당지가 일직선상에 있어 전형적인 백제식 가람배치로 추정되었다. 그리고 사지에서 백제시대 조성된 풍탁과 불상편, 기와와 치미편 등이 출토된 것으로 알려져 있다.

한편 현재 부여지역에서 천왕이란 명문 기와가 2곳에서 출토되어『삼국사기』에 기록된 천왕사의 정확한 위치를 알기는 어렵다. 천왕사지(天王寺址)는 2곳인데 한 곳은 부여읍 동남리 일대로 1944년 사지의 일부가 조사되었으나 보고서가 간행되지 않았다. 조사 당시 천왕이란 명문기와가 출토되었으며, 사지 일대에서 청동제 소탑과 백제의 연화문와당이 출토된 것으로 전하고 있다. 다른 곳은 부여 구아리에 위치하고 있는데, 이곳에서도 천왕사라는 명문기와와 목탑의 심초석이 발견되었다. 그래서 어느 곳이 정확하게 백제 사비시기의 천왕사인지는 밝혀지지 않았다. 그리고 왕흥사지(王興寺址)는 부여 규암면 신리에 위치하고 있으며, 일제강점기인 1934년 왕흥(王興)이란 명문기와가 발견되어『삼국사기』와『삼국유사』에 나오는 왕흥사로 추정되었다.[22] 왕흥사는 무왕이 3년간에 걸쳐 완공한 사찰로 도승 30여인을 머물게 하였으며, 무왕은 배를 타고 백마강을 건너 왕흥사를 자주 들렀다고 한다. 발굴 조사에서 방형초석 등 다량의 백제 유적과 유물들이 출토되었다.[23] 백제시대 무왕은 왕실에서 원찰격으로 창

---

22)『三國史記』권27, 백제본기 5, 무왕 25년.
　　'三十五年春二月 王興寺成 其寺臨水 彩飾壯麗 王每乘丹 入寺行香'
23) 국립부여문화재연구소,『王興寺 발굴중간보고Ⅰ』, 2002.

건한 왕흥사에 자주 들러 나라와 국민들의 안녕을 빌었을 것이다. 호암사지(虎岩寺址)는 부여 규암면 호암리에 자리 잡고 있는데, 백제시대의 초석과 기와편들이 남아 있어 『삼국유사』에 나오는 호암사의 원위치로 비정되고 있다.[24] 또한 『삼국유사』에는 호암사와 정사암(政事巖)이 같은 지역에 있다고 기록되어 있는데, 현재 호암사지 주변에는 정사암이라고 불리는 지명이 남아 있다. 이러한 것으로 보아 호암사가 정치적으로 중요하게 인식되었음을 알 수 있다. 가탑리사지(街塔里寺址)는 부여 가탑리에 있는 사지로 1938년 일본인 石田과 齋藤에 의하여 사지의 일부가 조사되었다. 당시 조사에서는 소규모 건물지가 확인되었으며, 백제의 연화문와당, 벽돌, 치미편 등이 수습되어 백제시대 창건된 사찰로 입증되었다. 그리고 외리사지(外里寺址)는 부여 외리에 있는 사지로 1937년 화려한 문양전들이 출토된 곳이다. 발견 당시 유구가 심하게 파손되었고, 백제시대 연화문기와가 다수 출토되었다고 한다. 또한 가람배치는 백제사찰의 특징인 1탑식가람으로 확인되었다.

이외에도 부여지역에는 용정리사지(龍井里寺址)[25], 임강사지(臨江寺址)[26], 쌍북리사지(雙北里寺址)[27], 석목리사지(石木里寺址)[28] 등 많은 백제사찰들이 있었던 것으로 확인되었다. 한편 사택지적비(沙宅智積碑)도 사비시기 부여지역의 백제 불교 문화의 양상을 엿볼 수 있는 좋은 자료이

---

24) 홍사준, 「호암사지와 왕흥사지고」, 『백제연구』 5, 충남대학교 백제연구소, 1974.
25) 부여 용정리에 위치하고 있으며, 1991년과 1992년도의 조사 결과 금당지와 목탑지가 확인되었다. 백제시대의 연화문수막새가 다수 출토되기도 하였다(국립부여문화재연구소, 『용정리사지』, 1993).
26) 부여 현북리 금강변의 임강 마을 뒤쪽에 있는 국사봉 자락에 자리 잡은 백제시대 사찰이다. 사지에서는 각종 초석과 기와편들이 출토되었으며, 건물의 유구를 비롯하여 다량의 유물들이 나왔다. 특히 막새기와들은 6세기 말 제작된 것으로 임강사의 창건 시기를 알려주고 있다. 1964년도에 동국대학교 박물관에 의해서 발굴 조사되었으며, 다른 사찰과는 다르게 탑지가 발견되지 않았다.

다. 그리고 익산지역에는 백제 최대의 사찰이었던 미륵사지(彌勒寺址)와 제석사지(帝釋寺址) 등이 남아 있으며, 용화산 자락에 사자사(師子寺)[29]가 있다. 또한 사비시기 정치, 문화의 중심지였던 부여나 익산지역으로부터 외곽지역이라 할 수 있는 보령에는 오합사지(烏合寺址)로 추정되는 성주사지가 있으며, 이외에도 수덕사(修德寺), 갑사(甲寺), 신원사(新元寺) 등이 백제 사비시기와 관련된 사찰들로 추정되고 있다.

이 중에서 미륵사는 백제 최대의 사찰로서 나라와 백성들의 안녕과 태평을 염원한 호국사찰로서 창건되었다. 미륵사는 미륵신앙과 깊은 관련을 가지고 창건되었는데, 창건과 관련된 내용이 전하고 있다. 『삼국유사』를 보면 무왕이 왕비인 선화공주와 함께 사자사라는 절에 가려고 행차했는데, 도중에 용화산 아래에 있는 큰 연못에서 미륵삼존이 출현하였다. 이에 수레를 멈추고 미륵불에 배례하였다. 그리고 왕비가 이곳에 큰 절을 세우기를 원하므로 왕은 허락하였으며, 사자사에 머물고 있는 지명법사(知命法師)에게 연못을 메울 것을 물었더니 신통력으로 하룻밤 사이에 산을 무너뜨려 못을 메워 평지를 만들었다.[30] 미륵사는 백제 무왕대에 왕비의 건의로 창건되었으며, 무왕의 익산경영과 깊은 관련을 가지면서 계획

---

27) 부여 백제왕궁지로 추정되는 곳과 인접한 지역에 있는 사지이다. 여러 개의 초석들과 백제시대 기와편이 출토되었을 뿐 유구가 많이 파괴되어 정확한 가람의 규모를 파악하기는 어려운 실정이다. 쌍북리요지와 인접하고 있어 백제시대 창건된 사찰들의 건물에 기와 등을 만들어 공급했던 곳으로도 추정되고 있다(윤무병,「부여 쌍북리유적 발굴조사보고서」,『백제연구』13, 충남대학교 백제연구소, 1982).
28) 부여 석목리 일대에 남아 있는 절터로 백제시대의 기와편과 석조연화대석이 출토되었다. 현재는 민가지역으로 변하여 자세한 것은 알 수 없다.
29) 사자사는 무왕, 선화공주, 지명법사 등 미륵사의 창건과 깊은 관련을 가지는 있는 사찰로 미륵사 창건 연기를 제공하는 사찰이다. 1993년 발굴조사에 의하여 백제시대 사자사임이 밝혀졌다.
30) 『三國遺事』권2, 기이2, 무왕.

적으로 추진되었음을 알 수 있다.

미륵사는 무왕대(600~641)에 창건되기 시작하여 수십년에 걸쳐 완공되었으며, 신라 진평왕이 백공을 보내어 도와주기도 했다. 미륵사는 당시 백제 불교 신앙의 주류인 미륵신앙에 의하여 창건되었으며, 최고의 토목 건축 기술자들이 동원되어 목탑과 석탑을 세웠다. 발굴 조사 결과 미륵사의 가람은 크게 동원-중원-서원으로 구성되었으며, 각각의 영역에 탑과 금당을 세워 백제의 전형적인 1탑 1금당식을 이루고 있으며, 전체적으로 3원 3금당 3탑식 배치로 확인되었다.[31] 불경에 나오는 미륵신앙을 가람배치에 그대로 적용하였다. 백제 사람들은 미륵신앙에 의하여 현실 속에서 불국토를 이루고자 하는 미륵하생신앙을 반영하여 미륵사를 창건하였다.[32] 이후 미륵사는 백제가 멸망한 뒤에 일부 훼손되기도 했으나 중건 내지는 중수되면서 통일신라시대까지 명맥을 유지하였고, 고려시대에는 대찰로서 성황을 이루었던 것으로 추정되고 있다. 그러다가 조선시대에 들어와 겨우 법등을 잇다가 16~17세기경에 폐사된 것으로 보인다. 한편 조선 영조 때인 강후진(康侯晉)의 기록에 의하면 이미 서탑이 훼손되어 7층까지만 남아 있었고 사지는 밭으로 변하여 많은 석재들이 나뒹굴고 있었으며, 농부들이 석탑의 옥개석에 올라가 누워 쉬고 있었다고 한다.[33] 최대 규모의 사찰을 자랑하고 있는 미륵사지는 백제사 연구 뿐만 아니라 한국

---

31) 조유전, 「익산 미륵사에 관한 연구」, 『백제논총』 2, 백제문화개발연구원, 1990.
　　張慶浩, 『百濟寺刹建築』, 예경산업사, 1991, p. 353.
32) 김삼룡, 「백제 미륵신앙의 특성과 그 역사적 위치」, 『한국미륵신앙의 연구』, 동화출판공사, 1983.
33) 康侯晉, 『臥遊錄』, 遊金馬城記.
　　'彌勒山西麓 有古彌勒寺基 … 田畦中有七層石塔 極其高大 皆用石屛累疊 甃成別以石柱 支其四隅 世所謂東方石搭之最著非虛語也　百年前因霹靂毁其一半　而下有石門能通出入 遂與三人同入遊琓 緣西壁陟塔上 有數三農人挾田器臥於其上'

불교사와 미술사 연구에 있어서 결코 빼놓을 수 없는 중요한 유적이다.[34]

이와 같이 사비시기 백제의 불교는 급속한 발전을 하여 사비도성을 중심으로 도성 내외에 많은 수의 사찰들이 창건되어 그야말로 불교의 전성시대를 맞이하게 된다. 백제시대 사비에는 정림사, 천왕사, 가탑리사지, 군수리사지, 쌍북리사지, 금강사 등 도성 안이 사찰로 가득 찰 만큼 빽빽이 들어서 있었다. 그래서 사비도성은 '승려와 절과 탑비 매우 많다'라고 역사서에 기록될 정도였다.[35] 이러한 불교의 발전은 일상에서 불교문화가 폭넓게 성행하고 있었음을 알 수 있게 한다. 백제의 사찰은 오늘날 공주

〈표 1〉 기록에 보이는 백제의 사찰

시기	사명	창건 시기	관련문헌	현 소재지	비고
熊津	大通寺	성왕 5년(527)	三國遺事	공주 반죽동	현 대통사지
	水源寺	?	三國遺事	공주 옥룡동	현 수원사지
泗沘	王興寺	법왕 원년(599)	三國史記 三國遺事	부여 규암면	현 왕흥사지
	漆岳寺	?	三國史記	부여 은산면 금곡리	현 금강사지
	師子寺	?	三國遺事	익산 금마면	현 사자사지
	彌勒寺	무왕 원년(600)	三國遺事	익산 금마면	현 미륵사지
	修德寺	?	續高僧傳	예산 덕산면	현 수덕사
	烏合寺	?	三國史記	보령 미산면 성주리	현 성주사지
	資福寺	?	三國遺事	부여 구아리	?
	天王寺	?	三國史記	부여 동남리	현 천왕사지
	道義寺	?	三國史記	?	?
	白石寺	?	三國史記	부여 세도면 사산리	추정 사산리사지
	虎岩寺	?	三國遺事	부여 규암면 호암리	현 호암사지

---

34) 嚴基杓,「百濟 石塔의 先後에 대한 考察」,『文化史學』第16號, 韓國文化史學會, 2001.
35) 『周書』 권 49, 이역열전 제 41, 백제전.
　'僧尼寺塔甚多'

와 부여지역에 집중적으로 배치되어 있었으며, 익산과 보령지역까지 광범위하게 분포하고 있었던 것으로 확인되고 있다. 특히 익산지역의 미륵사는 미륵신앙의 중심적인 역할을 수행하였다. 『삼국사기』와 『삼국유사』 등 역사서에 기록된 백제시대 사원으로는 이름을 알 수 없는 한성시기의 1사(寺), 사찰 이름이 전하는 웅진시기의 2사, 사비시기의 11사로 모두 14사가 전하고 있다.(〈표 1〉 참고) 그런데 현재까지 백제시대의 사지는 공주지역 12사, 부여지역 26사 등 38사 이상이 확인되었으며, 앞으로도 지속적인 조사가 이루어진다면 추가로 많은 사지들이 확인될 것이다. 이들 지역 외에도 익산지역 4사, 기타지역 3사 등 많은 지역에서 백제시대의 사원지가 확인되고 있다. 특히 익산의 미륵사지와 왕궁리사지 일대는 백제시대에 건립된 사찰들이 많이 분포하고 있어 당시 이 지역이 역사적으로 중요했음을 알려준다. 이와 같이 오늘날 공주과 부여지역에 남아 있는 많은 절터와 그 흔적들은 백제시대 불교가 얼마나 융성했는지를 대변해 주고 있다. 그리고 일본으로 건너간 백제의 승려들과 기술자들은 일본 불교문화의 형성과 발전에 지도적 역할을 하였다.[36] 이처럼 대외적으로 일본 고대문화 형성의 정신적 기반을 제공한 것은 백제 불교문화의 발전과 역할을 가늠할 수 있게 한다.

  이와 같이 백제는 선진문물을 소유했던 중국과의 외교관계, 수도의 위치에 따라 시기별로 불교의 도입과 발전 단계를 거친다. 백제는 수도 이름을 따서 한성, 웅진, 사비시기로 구분되는데, 백제 불교문화가 완숙기에 이른 것은 사비도읍기였다. 백제 불교의 발전 과정을 한성시기는 도입기, 웅진시기는 성장기 또는 확대기, 사비시기는 융성기로 요약할 수 있을 것이다.

---

36) 홍윤식, 「고대 일본불교에서의 삼국불교의 역할」, 『국사관논총』 24, 국사편찬위원회, 1991.

II. 한성시기의 불교 장식

 백제가 한성시기였던 384년 불교를 공식적으로 수용한 직후 곧바로 사찰을 건립했다는 기록은 전하고 있지만 당시 불교문화의 양상을 살필 수 있는 자료는 거의 남아있지 않다. 다만 침류왕이 한산에 사찰을 짓고 10명의 승려를 출가시켰다고 한 것으로 보아 분명히 사찰이 창건되었음을 알 수 있다. 따라서 사찰의 창건과 그에 따른 불사가 이루어졌기 때문에 여러 가지 불교 장식과 장엄이 등장했을 것으로는 추정된다. 그러나 남아 있는 자료가 거의 없어 구체적인 양상은 불구하고 단편적인 모습조차 추정하기 힘든 상황이다. 다만 서울 뚝섬에서 출토된 금동불상과 몽촌토성에서 초기적인 모습의 연화문 수막새가 출토되어 그나마 불교 장식을 단편적이나마 엿볼 수 있다.

 서울 뚝섬 출토 금동불상(사진 1)은 백제 한성시기에 불교가 전파되었음을 직접적으로 보여주는 귀중한 자료이다. 이 불상은 1959년 서울 뚝섬에서 우연히 발견된 것으로 그 높이가 불과 5cm에 불과하지만 신앙과 예배의 대상이었던 불상의 전래 뿐만 아니라 불교의 전파와도 밀접하게 관련되어 있는 중요한 유물이다. 불상은 사각형의 대좌 위에 앉아 선정인의 수인을 취하고 있으며, 깊은 명상에 잠겨있는 모습으로 중국에서도 초기에 조성된 불상들과 친연성을 보이고 있다. 이러한 점 때문에

사진 1. 서울 뚝섬 출토 금동불상

중국에서 제작되어 불교의 전래와 함께 넘어온 것으로 추정되기도 한다. 어쨌든 이 불상에서 주목되는 부분은 금동으로 제작되었다는 점과 대좌에 사자상이 조각되어 있다는 측면이다. 먼저 동은 청동기시대부터 사용되기 시작한 재료이며, 한성시기에도 이미 금이나 동으로 제작된 여러 장식품들이 만들어져 일상에서 쓰였다. 그런데 이러한 점과 관련하여 이 불상이 재료를 금동으로 활용했다는 점은 한성시기에 순수하게 금이나 동을 활용한 제품 뿐만 아니라 강한 금동을 활용하여 제작된 장식품들도 만들어졌다는 것을 간접적으로 알려준다. 즉 일상에서 불교의 영향을 받은 재료의 활용과 장식품들이 있었음을 추정해 볼 수 있다.

그리고 사자상은 불상 대좌에 2마리가 좌우대칭을 이루며 조각되었다. 사자상은 용이나 봉황과 함께 다른 종교에서도 활용되었지만 불교에서는 수호의 상징으로 자주 등장하는 현실속의 동물상이었다. 사자는 싸움을 잘하고 용기있는 동물로 여겨져 오래전부터 사악한 기운을 물리치는 벽사(辟邪)의 상징으로 여겨져 왔다. 이와 같이 불교적인 조형물에 사자를 조각하거나 배치하는 것은 사자의 용맹한 기상을 불가에 채용하여 불법 수호의 상징으로 인식되었기 때문이다. 고구려의 경우 평양의 영명사지(永明寺址)와 평양성에서 출토된 것으로 전하는 돌사자상이 남아 있다. 그리고 사자는 고분벽화(장천1호무덤)와 불상 대좌에 표현되기도 했다. 용이나 봉황은 상상속의 동물로 불교적인 색채를 강하게 띠면서 일상에서 많이 활용된 동물상이라면[37], 사자상은 우리나라에서는 살지 못했던

---

[37] 2003년 말 공주 수촌리 4호분에서 용과 봉황이 새겨진 금동관이 출토되었다. 이 금동관은 높이가 19㎝로 익산 입점리 고분에서 출토된 금동관과 형식과 양식이 많이 닮아 학계를 주목을 받고 있다. 또한 충남 서산 부장리 고분에서도 투조로 용이 새겨진 금동관이 출토되었다. 향후 연구 결과에 따라 한성시기 후반기와 웅진시기 전반기의 백제 역사와 문화 양상이 밝혀질 것으로 보인다.

동물로 불교미술과 함께 본격적으로 전래되어 다양한 미술품에 등장한 동물상이라 할 수 있다. 용은 한성시기 이후 백제 역사 속에서 다양한 조형물에 표현되었다. 풍납토성에서 출토된 청동초두 (사진 2)를 비롯하여 웅진 시기에 제작된 환두대도

사진 2. 풍납토성 출토 청동초두

등 일상의 다양한 조형물에 표현되었을 뿐만 아니라 역사서에서도 상징적인 동물로 등장하고 있다. 반면 사자상은 백제의 미술품에 폭넓게 활용되지는 못했지만 한성시기에 백제의 땅에 사자상이 조각된 불상이 존재했다는 것은 당대 뿐만 아니라 그 이후 일상의 다양한 미술품에 사자상이 활용되었을 가능성을 간접적으로나마 시사한다고 할 수 있다. 사비시기 조성된 백제금동대향로에도 사자상이 표현되었다.[38]

그리고 한성시기 제작된 기와들이 그동안 몽촌토성과 풍납토성을 비롯하여 석촌동 고분군에서 출토되었다. 한성시기의 기와들은 그리 높지 않은 온도에서 구워졌으며, 크기도 소형이 대부분이다. 그리고 평기와와 수막새 기와들 위주로 출토되는 양상을 보인다. 평기와의 문양은 특별한 문양이 없는 무문이나 두드려서 문양을 간단하게 시문했는데, 대부분 격자문, 선문, 승석문 등이 주류를 이루고 있다. 이러한 평기와 문양은 삼국시

---

38) 이외에도 공주 웅진동에서 발견된 석조 사자상, 부여 금강사지 출토 청동제 사자상 등이 있다.

사진 3. 몽촌토성 출토 연화문수막새

대 기와에서 일반적으로 활용되었다.[39] 이들 문양들이 불교와 관련되어 있는지는 명확하지 않지만 기와가 궁궐, 관청, 사찰 등에서 주로 사용된 것으로 보아 이들 기와 중에 사찰에서 활용되었던 기와가 포함되어 있을 가능성도 있다. 어쨌든 당시 기와를 올린 목조건축물의 본격적인 건립이 불교의 전래 시기와 밀접한 관련을 가지고 있는 것으로 보아 이들 기와들 중에 한성시기 사찰에 활용되었던 기와가 있다면, 평기와에 시문된 간단한 문양들도 불교 장식의 일종으로 당대의 기와 문양들과 상통하면서 발전했던 것으로 볼 수 있을 것이다.

그리고 한성시기 불교 장식과 관련하여 가장 주목을 끄는 것은 극히 소량이 출토되기는 했지만 불교적인 색채를 강하고 띠고 있는 연화문 수막새이다. 먼저 기와는 비바람을 막는 기능적인 측면도 있지만 고대시대에는 권위 있는 특정 건축물에 한하여 활용된 일종의 장식품이었다. 한성시기 출토된 수막새들은 초화문(草花紋), 소문(素紋), 원문(圓紋) 등 기하학적인 문양들이 단독으로 표현되거나 혼합된 모습을 보인다. 연화문 수막새는 몽촌토성에서 출토되었는데[40], 이 기와가 어느 건물에 사용되었는지

---

39) 崔孟植, 「평기와 연구의 最近 動向」, 『百濟研究』 34집, 충남대 백제연구소, 2001.

는 알 수 없다. 지금까지 조사 보고된 자료에 의하면 백제에서 연화문 수막새의 본격적인 제작과 사용은 웅진시기부터라고 할 수 있다. 그런데 고구려에서는 이미 연화문을 모방하여 시문한 다양한 문양의 수막새들이 제작되고 있었다. 또한 고구려는 불교를 통하여 전파된 인동문(忍冬紋)이나 보상화문(寶相華

사진 4. 원주 법천리 석실묘 출토 연화문 청동용기 뚜껑

紋) 수막새들도 많이 만들어졌던 것으로 파악되고 있다. 당시 백제가 일찍부터 고구려 불교 문화의 영향을 강하게 받고 있었던 것으로 보아 백제에서도 다양한 모습의 연화문 수막새가 제작되어 건물에 활용되었을 가능성은 충분하다. 연화문 기와를 비롯하여 불교적인 색채가 강한 장식 기와들은 삼국시대 이후 사찰 건축물 뿐만 아니라 궁궐, 관청 등 다양한 건축물에 활용되었을 것이다. 불교 전래 이후 삼국시대의 문화 양상으로 보아 다양한 장식의 기와들이 사찰, 궁궐 등을 구분하지 않고 서로 교차 사용되면서 발전되었을 것이다. 즉, 일상에서도 불교적인 문양이 사용되었으며, 이미 한성시기에 이러한 양상이 나타나고 있었던 것으로 보인다.

나아가 일상에서도 기와 뿐만 아니라 다양한 미술품에 불교적인 색채를 띠는 장식들이 서서히 등장했을 것이다. 대표적인 예가 4~5세기에 조성된 것으로 추정되고 있는 원주 법천리 석실묘 유적에서 출토된 청동용기

---

40) 현재 서울대학교 박물관에 몽촌토성에서 출토된 연화문 수막새가 소장되어 있다. 이외에도 몽촌토성에서 출토된 소위 능형문 수막새로 명명된 기와들도 고구려 연화문 수막새 영향을 받아 제작된 초기적인 백제의 연화문 수막새로 보인다(국립경주박물관, 『新羅瓦塼』, 2000, pp. 232~240).

뚜껑이다(사진 4). 이 용기의 뚜껑에는 8옆의 연화문이 새겨지고, 가운데에 자방이 있어 수막새에 시문된 문양과 강한 친연성을 보이고 있다. 연화문이 불교를 상징하는 꽃이라는 점을 고려할 때 당시 이 지역에 불교의 전파와 함께 일상 용기에도 불교 장식이 채용되었음을 알려준다.

한편 4세기 후반에서 5세기에 걸친 시기 백제의 영향권 하에 있었던 것으로 추정되는 영산강유역에서 불교적인 색채를 띠는 문양들과 장식들이 등장한다. 이들 지역은 한성시기 중후반부터 백제의 영향권 아래 들어온 곳으로 적어도 4세기 중기부터는 백제문화권이라 할 수 있는 지역이다.[41] 나주 신촌리 9호분에서 출토된 금동관과 환두대도의 장식들은 불교적인 색채가 가미되었음을 보여준다. 금동관은 관테에 달은 영락장식, 관모에 인동문처럼 타출된 문양, 금동의 얇은 판을 활용하여 작은 가지가 퍼져 나가는 것처럼 장식한 화형문양 등에서 불교적인 요소가 가미되었음을

사진 5. 나주 복암리 3호분 출토 개배

---

41) 김영심, 「백제의 영역변천과 지방통치」, 『특별전 백제』, 국립중앙박물관, 1999.
　　최성락, 『영산강유역의 고대문화』, 학연문화사, 1999.

알 수 있다. 이러한 문양들은 고구려와 신라의 금관에서도 보이고 있는데, 일반적으로 불교의 전래와 함께 본격적으로 활용되기 시작한 것으로 알려져 있다. 그리고 환두대도에 장식된 봉황이나 용은 최고의 신분과 높은 권위를 상징하기 위한 것으로 상상의 동물이기는 하지만 불교와의 관련성을 엿볼 수 있는 측면이다. 특히 한성시기 후반기나 웅진시기에 조영된 것으로 추정되는 나주 복암리 3호분에서 출토된 토기의 표면에는 사찰을 상징하는 '卍'자가 새겨져 있다(사진 5). 이는 불교가 일상에까지 영향을 미치고 있었으며, 불교적인 색채를 띠는 다양한 물건들이 만들어졌음을 시사한다.

또한 불교 관련 장식과 관련하여 익산 입점리 고분에서 출토된 유물이 주목된다(사진 6). 이 고분은 조영 시기가 한성시기인지 웅진시기인지 정확하지는 않지만 대략적으로 5세기 중엽 이후에 조영된 것으로 추정되고 있다. 입점리 고분에서는 금동제 관모와 함께 금동제 관식과 관대가 출토되었다. 이 중에서 금동제 관식은 불교의 전래와 함께 불교 관련 장식 문양의 추이를 살피는데 귀중한 자료를 제공하고 있다. 금동제 관식에는 8엽의 연화문이 표현되어 있어, 이 유물이 불교와 관련되어 있음을 시사하

사진 6. 익산 입점리 출토 금동제 관식

기 때문이다. 연화문은 작은 점을 이어 부드럽고 온화한 인상을 주도록 표현했는데, 무령왕릉에서 출토된 동탁은잔의 연화문과 닮았다. 어쨌든 무령왕릉 이전에 이 고분이 조영된 것으로 추정되고 있어, 입점리 고분 출토 금동제 관식은 일찍부터 연화문이 여러 장식품에 장식문양으로 등장했으며, 나아가 고분 조영시 불교적인 세계관이 반영되었음을 간접적으로나마 알려주는 귀중한 유물이다.

III. 웅진시기의 불교 장식

백제에서 웅진시기는 불교가 서서히 확산되면서 자리를 잡아가던 시기였다. 먼저 웅진시기 재위한 왕들은 문주왕, 삼근왕, 동성왕, 무령왕, 성왕으로 총 5명이었다. 이 중에서 문주왕은 살해당하고 말며, 삼근왕은 어린 나이에 왕위에 올라 여러 어려움을 겪었다. 그리고 동성왕은 지배세력의 개편, 신라 왕실과의 결혼동맹, 왕후 태수제 실시, 대토목공사를 통해 실추된 왕권을 진작시키려 하였다. 대외적으로는 기존의 나제동맹을 축으로 신라와 긴밀한 관계를 유지하면서 고구려의 남진 정책에 공동으로 대처하였으며, 중국의 남제와 전통적인 우호관계를 유지하며 선진문물을 받아들였다.[42] 그러나 귀족들과의 권력 투쟁으로 결국 살해당하고 말며, 동성왕 재위 시기 불교에 대한 구체적인 자료는 없는 실정이다.

불교가 웅진시기에 들어와 폭넓게 신앙되었으며, 불교적인 색채가 강한 장식 미술품이 본격적으로 등장한 것은 무령왕대 부터라고 할 수 있다. 무령왕대의 불교 양상에 대한 구체적인 기록은 전하는 것이 없지만 당시 중국 남북조 여러 나라에서 불교가 성행하기 시작했으며, 백제는 이 중에

---

42) 유원재, 『웅진백제사연구』, 주류성, 1997.

서 남조 등과 활발한 교류가 있었다. 이에 따라 백제 땅에도 불교가 본격적으로 들어와 도교와 함께 중심적인 신앙으로 자리 잡았다. 이러한 양상을 직접적이고 구체적으로 보여주는 대표적인 유적이 무령왕릉이다. 어쩌면 웅진시기의 불교문화가 무령왕릉에 모두 스며있다고 할 수 있을 만큼 무령왕릉은 많은 것을 전해주고 있다. 무령왕릉은 웅진시기 중국과의 교류와 그에 따른 불교문화의 전파와 성행, 불교가 일상에까지 폭넓게 영향을 미치고 있었다는 사실들을 보여준다. 또한 종교로서의 불교 뿐만 아니라 각종 조형물과 미술품 제작에 이르기까지 불교문화가 강하게 영향을 미치고 있었음을 알려준다.

무령왕릉은 불교적인 세계관에 기초하여 조영되었을 뿐만 아니라 불교적인 장식품들이 상당하다. 무령왕릉은 1971년 송산리 6호분의 무덤 내부에 스며드는 습기를 막기 위한 보수공사 도중 발견되었다. 무덤 안에서는 금으로 만든 관장식, 환두대도, 글씨가 새겨진 팔찌 등을 비롯하여 2,906점에 이르는 방대한 양의 유물들이 쏟아져 나왔다. 유물들은 기록으로만 전하는 백제문화의 우수성을 실물로 보여주었다. 특히 무덤 안에서 무덤 주인공의 내력을 적은 묘지석이 발견되어 학계의 주목을 크게 받았으며, 출토된 유물들은 백제사 뿐만 아니라 동아시아 역사와 문화의 기준자료가 되었다.

수많은 유물들 중에서 불교적인 장식의 성행을 보여주는 대표적인 것으로는 무덤 자체가 전축분으로 조영되었는데, 연화문이 가득 장식되었다는 점이다. 벽면은 각종 문양을 장식한 벽돌을 가로와 세로로 바꿔가며 맞추어 쌓은 것으로 수학적으로도 치밀하게 계산되어 축조되었음을 알 수 있다. 그리고 여러 개의 벽돌이 맞추어져 하나의 문양을 이루도록 짜임새에도 많은 배려를 하였다. 그 중에서 연화문이 주류를 이루고 있다.

연꽃은 혼탁한 물에서 자라지만 더러움에 물들지 않고, 맑고 향기로우면서도 깨끗한 꽃을 피워내는 특성이 있다. 이러한 연꽃이 불교가 발달하고 불교미술이 본격화되자 불교로 흡수되어 각종 장엄을 하는 주요한 소재가 되었다. 연꽃은 불가에서 청정(淸淨)의 상징으로 자리 잡는다. 연꽃의 상징성은 불교 교리와 깊은 관련을 가지면서 불교를 상징하는 꽃으로 발전하게 된다. 그래서 연꽃은 불교에서 부처를 나타내거나 천상의 존재들을 화생시키는 생명의 꽃으로 인식되어 불교미술의 주요 장식무늬가 된다. 한편 연꽃은 불가의 이상세계라 할 수 있는 극락정토를 장엄하는 꽃으로 새로운 생명을 탄생시키는 존재로도 인식되었다. 그래서 불가의 이상세계를 연화장세계(蓮華藏世界)[43]라고도 하며, 그러한 세상에 화생하는 것을 연화화생(蓮華化生)이라고 한다. 이러한 연화문은 불교관련 유물뿐만 아니라 일상에서도 폭넓게 장식되었다. 우리나라에서 연화문은 인도로부터 중국을 통하여 전해진 것으로 삼국시대부터 불교의 전래와 함께 널리 장식된 문양이었다. 일찍이 고구려에서도 불교가 전래된 이후 고분벽화에 채용되어 연화문이 많이 그려졌다.

이와 같이 연화문은 불교를 상징하는 꽃으로 불교와 관련된 조형물이나 장식품에서 주로 등장한다. 무령왕릉 벽면에 연화문이 가득 장식되었다는 것은 부처가 주재하는 연화세계에 화생하고자

사진 7. 무령왕릉 벽면 연화문

---

43) 불교적인 세계관에 의하면 우주는 큰 연꽃으로 이루어져 있는데, 그 연꽃 속에는 무한한 세계가 자리하고 있다고 한다. 우리가 살고 있는 사바세계도 그 연꽃 속에 있는 작은 세계에 속한다. 바로 그러한 세계에 화생하고자 연화문을 장식하는 것이다.

하는 백제 사람들의 불교적인 세계관과 사후관이 반영되어 왕릉이 조영되었음을 알 수 있다(사진 7). 그리고 무령왕릉 조영 당시 백제 사람들은 불교를 높이 신봉했으며, 일상에까지 불교적인 세계관에 기초한 장식들이 폭넓게 활용되고 있었을 것이다.

이외에도 무령왕릉에서는 금속제 장식품들이 상당량 출토되었다. 무령왕릉에서 출토된 금속제 장식품들은 금과 은 등으로 제작되었는데, 그 형태는 화형, 원형, 엽형, 방형, 장방형, 오각형, 나선형 등 다양하다. 이들 장식품들은 왕과 왕비의 베개, 발받침, 복식을 비롯한 기타 장식품 등에 장식되었던 장신구들로 추정되고 있다. 이 중에서 금제와 은제로 된 화형 장식은 대형과 소형이 다량으로 출토되었는데, 그 모양이 연화문과 닮았다(사진 8). 그리고 왕과 왕비 목관의 관고리도 화형무늬로 제작되

사진 8. 무령왕릉 출토 금제 화형 장식

사진 9. 무령왕릉 출토 관고리

사진 10. 공주 송산리 고분 출토 관고리

사진 11. 무령왕릉 출토 동탁은잔

었는데 연화문을 닮았다.[44] 또한 목관에 사용된 일부 관정(棺釘)도 화형무늬인데, 그 모양이 화형금제장식과 동일한 형식이다(사진 9·10). 화형 장식은 가운데 원형의 돋을판을 중심으로 6입 또는 8입의 꽃잎이 돌려져 있다. 사지에서 출토된 기와나 기타 조형물에 표현된 연화문과 강한 친연성을 보인다. 이는 화형 장식이 연화문을 모방하는 과정에서 발생했을 것으로 추정되며, 그러한 사실을 간접적으로 알려준다.

 연화문은 동탁은잔의 잔 하단부와 뚜껑 상단부에도 표현되었다(사진 11). 연화문은 8잎으로 정교하게 표현되었으며, 손잡이 부분은 연봉형으로 하여 뚜껑 상단에 표현된 연화문과 상하 대칭을 이루도록 했다. 이는 연화문이 불상의 대좌 등에 표현될 경우 상하 대칭을 이루며 표현되는 것과 상통하고 있다. 이는 불교를 상징하는 연화문으로부터 영향을 받아 은잔 제작이 이루어졌음을 알 수 있게 한다. 그리고 왕의 금제뒤꽂이 상단에도 연화문을 모방한 화형 돋을 문양이 새겨져 있다(사진 12). 왕비의 베

---

44) 화형무늬장식은 공주 송산리, 공주 금학동 석실분에서도 출토되었다. 무령왕릉에 비하여 수량이 적고, 제작 기법은 떨어지지만 양식은 강한 친연성을 보인다.

개에는 안료를 이용하여 비천, 새
등을 비롯하여 연화문을 그려 넣
었다. 또한 청자육이호의 표면에
도 연화문이 표현되었다. 이 청자
는 백제시대 중국에서 수입된 것
으로 보이며, 당시 매우 귀하게 여
긴 생활용품 중에 하나였다. 당시
수입 청자는 사용하는 계층의 신
분을 나타내는 위세품으로서의 성
격을 가지고 있었다. 이와 같이 청
자 표면에 연화문이 표현되었다는
것은 당시 중국과 백제에서 불교
를 상징하는 연화문이 일상생활
용품까지 활용되었음을 전해준다.

사진 12. 무령왕릉 출토 금제뒤꽂이

또한 불교적인 장식 범주의 대상
으로 여겨지는 무령왕릉 출토 유
물로는 용이 새겨진 은제팔찌가
있다(사진 13). 그리고 용과 봉황
이 동시에 새겨진 환두대도를 들
수 있다. 은제팔찌는 용을 양각하

사진 13. 무령왕릉 출토 은제팔찌

였는데 용두가 꿈틀거리듯 생동감 있게 표현되었으며, 용신에 비늘문을
가득 새겨 역동적인 인상을 주고 있다. 팔찌는 왕비가 세상을 떠나기 6년
전인 520년 2월 다리(多利)라는 장인이 왕비를 위하여 제작한 것으로 기
록되어 있어 구체적인 제작 시기를 알 수 있다. 동탁은잔에도 용이 표현
되었는데, 뚜껑과 몸체에 비상하는 듯한 형상으로 새겨졌다. 용은 전신을

사진 14. 무령왕릉 출토 환두대도 손잡이

꿈틀거리며 반룡하는 듯한 모습으로 용신이 길게 잔의 표면에 펼쳐져 있고 그 사이로 다른 동물상들이 표현되었다. 특히 동탁은잔에는 용이 연화문과 같이 나타나고 있어 불교적인 색채를 강하고 보이고 있다.

그리고 왕의 위세품이라 할 수 있는 환두대도의 손잡이 끝부분 둥근고리에는 용신에 비늘문이 가득 표현된 용을 새기고, 그 안쪽에는 입체형의 용두를 새겼다(사진 14). 고리에 표현된 용은 혀를 길게 내고 있어 서기를 내뿜는 형상을 취하고 있다.[45] 고리 안쪽의 용두는 눈을 크게 부릅뜨고 입에는 이빨 안쪽으로 여의주와 같은 물건을 굳게 물고 있는 듯한 형상을 취하면서 혀를 길게 빼어 서기를 내뿜는 듯한 모습이다. 머리 위쪽으로는 갈퀴형 문양이 길게 고리 쪽으로 닿아 있다. 그런데 고리와 그 안쪽에 표현된 용은 비슷한 위치에서 서로 조화를 이루며 마주보도록 하여 절묘한 장인의 솜씨를 엿볼 수 있다. 이와 같이 생동감 있고 사실적으로 표현된 용들은 우리나라에서 삼국시대와 통일신라시대에 많이 볼 수 있다. 용은 삼국시대 유입되어 왕을 상징하는 상상의 동물로 인식되었으며, 불교의 성행과 함께 다양한 조형물에 표현되었다. 용은 삼국시대에는 부분적으로 유행하다가 통일신라시대에는 불교적인 조형물 뿐만 아니라 왕실과 관련된 많은 장식품에서 크게 성행한 동물상이었다. 한편 환두대도의 손잡이 부

---

45) 무령왕릉 출토 환두대도와 비슷한 것으로는 천안 용원리 출토 환두대도 등을 들 수 있다.

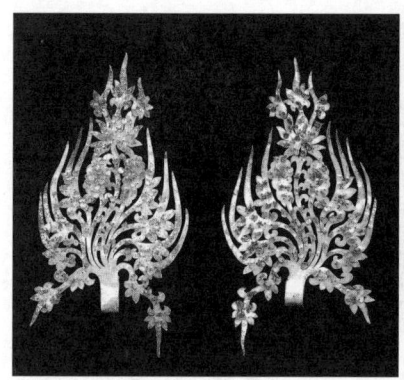 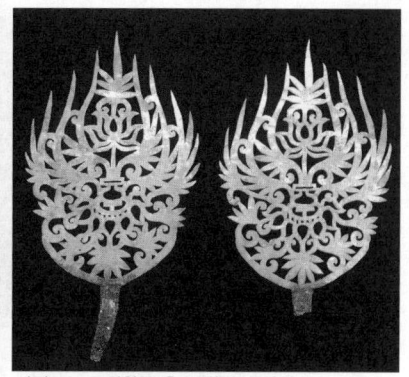

사진 15. 무령왕릉 출토 왕의 관식   사진 16. 무령왕릉 출토 왕비의 관식

분에도 인동문과 봉황문이 새겨져 있어 불교와의 관련성을 엿볼 수 있다.
　다음으로 무령왕릉에서 출토된 유물들 중에서 불교적인 색채를 띠고 있는 장식으로는 화염문과 인동당초문을 들 수 있다. 대표적으로 왕과 왕비의 관식을 들 수 있다(사진 15·16). 왕과 왕비의 관식은 신분을 가장 상징적으로 보여주는 유물로 금판에 화염문형으로 인동당초문을 투각하였다. 그리고 왕의 관식은 그 표면에 금으로 만든 영락장식을 가득 달았다. 영락장식은 왕의 관식 뿐만 아니라 왕과 왕비의 귀걸이에도 표현되었다. 왕비의 관식도 인동당초문을 새기고 상단으로 뻗치도록 하여 화염형을 이루도록 했다. 인동당초문은 왕비의 신발에도 거의 전면에 걸쳐 표현되었다. 이러한 문양은 평양 청암리에서 출토된 고구려 금동관에서도 볼 수 있는 장식 요소이다. 화염형 문양과 인동당초문은 일찍이 불상 광배에서 일반적으로 활용된 문양이었다. 그리고 영락장식은 구슬 등을 꿰어 만든 목걸이와 상통하는 문양으로 오래전부터 보살상의 주요 장식으로 활용되었다. 무령왕릉 출토 왕과 왕비의 관식 문양에서 보이는 화염형 문양과 인동당초문, 그 표면에 장식된 영락이 불교적인 장식과 관련되어 있는지는 구체적으로 알 수 없지만 분명한 것은 이러한 문양들이 불교적인 장식

사진 17. 무령왕릉 출토 왕비의 베개

이라는 점이다. 동시대의 각 종 미술품에 표현된 문양과 장식들은 상호 교류하고, 교차되어 표현된다는 점에서 왕과 왕비의 관식에 표현된 문양이 당시 유행한 불교와 전혀 연관성이 없다고는 볼 수 없을 것이다. 특히 무령왕릉은 전체적으로 그 조영과 출토된 유물들이 불교와 깊은 관련성을 가지고 있다는 점에서 고려할 때 더더욱 그러하다.

그리고 무령왕릉에서 출토된 환두대도 손잡이 부분, 베개와 발받침의 표면에는 귀갑문이 표현되었다(사진 17). 환두대도 손잡이 부분 상하에는 은으로 귀갑문을 투조하고 그 안에 봉황문을 새겼다. 베개와 발받침은 거의 전면에 걸쳐 6각형의 귀갑문을 표현하고 그 안에 그림을 그리거나 화형문을 장식하였다. 그리고 왕비의 신발에도 귀갑문이 표현되었다. 귀갑문은 중국에서 불교 발생 이전에 만들어진 조형물인 귀부 제작시부터 활용되기 시작한 문양이었다. 그러다가 석비의 건립이 일반화되면서 귀부의 귀갑에서 많이 나타난 문양으로 우리나라에서도 통일신라 초기부터 귀부와 이수를 마련한 석비의 건립이 성행하면서 많이 보인다. 어쨌든 무령왕릉에서 출토된 유물들의 귀갑문이 불교와 관련되어 있다는 것은 밝힐 수 없지만 귀갑문이 불교의 발달과 함께 성행한 문양이라는 점에서는 주목된다.

무령왕릉 외에도 웅진시기 불교 장식과 관련하여 주목되는 자료는 웅진시기 후반기에 창건된 것으로 추정되는 대통사지에서 출토된 석조이다. 이 석조는 현재 국립공주박물관에 소장되어 있는데 받침부에 연화문이 장식되었다(사진 18). 그리고 웅진시기의 추정 왕궁지에서 출토된 연화문 수막새들이다(사진 19). 연화문 수막새는 왕궁지로 추정되는 공산성외의 지역인 공주 정지산 등지에서도 출토되었다(사진 20). 이처럼 연화문 수막새가 사

사진 18. 대동사지 출토 석조 연화문 받침대

찰이 아닌 왕궁지로 추정되는 지역에서 출토되었다는 점은 당시 불교적인 색채를 띠는 문양들이 궁궐을 비롯한 일상생활에도 폭넓게 활용되었음을 시사한다.

이와 같이 웅진시기 불교적인 장식은 무령왕릉 출토 유물들이 직접적으로 보여주고 있다. 무령왕릉에서 출토된 수많은 유물들은 웅진시기 백제 문화의 수준이 얼마나 높았는지를 가늠하는 척도가 되고 있다. 무령왕릉에서 출토된 공예품들은 백제문화 수준이 삼국 중에서 가장 우수하고 선진적이었으며, 거기에 표현된 불교적인 장식들은 일상생활 용구와 장신구에 그대로 반영되었음을 전하고 있다. 특히 금세공기술은 현대의 기술로도 재현이 불가능할 만큼 높은 기술을 가지고 있었던 것으로 알려져 있

사진 19. 공산성 출토 연화문 수막새

사진 20. 공주 정지산 출토 연화문 수막새

다. 그만큼 백제의 공예기술은 앞서 있었으며, 백제 사람들은 어느 시대의 사람들보다 금속의 특성을 정확하게 파악하고 있었음을 알 수 있게 한다. 웅진시기 불교에 대한 신앙이 높아지면서 그만큼 불교적인 장식은 일상으로 확대되었고, 백제 사람들은 그러한 장식을 통하여 불교에 귀의하고자 했을 것이다.

IV. 사비시기의 불교 장식

사비시기는 성왕 16년(538)부터 멸망할 때까지로 백제가 가장 비약적인 발전을 이룩한 시기였다. 사비시기는 성왕, 위덕왕, 혜왕, 법왕, 무왕, 의자왕까지 6대에 걸친 123년간(538~660)이지만 백제사에서 가장 안정되고 발전된 시기라 해도 과언이 아니다. 특히 성왕과 위덕왕대, 무왕과 의자왕대에는 불교가 정치, 경제, 문화의 중심 역할을 하였다. 성왕은 불교를 일본에 전해주었으며, 위덕왕은 전사한 부왕을 위하여 출가를 결심하기까지 한 돈독한 불심의 소유자였다.[46] 무왕은 미륵사를 창건하는 등 백제 땅을 미륵신앙의 중심지로 삼고자 했으며, 의자왕도 구체적인 양상은 전하지 않지만 처음에는 정치를 잘하여 해동증자라 불렸던 것으로 보아 불교를 신봉했던 것으로 보인다. 그래서 오늘날 우리가 만나는 백제의 역사와 문화의 대부분이 불교문화가 주류를 이루고 있는데, 사비시기에 이루어진 것들이라 할 수 있다. 특히 사비시기는 백제가 정치적 안정을 바탕으로 문화면에서도 선진적인 발전을 이룩하여, 이후 백제문화가 통일신라와 고려·조선시대까지 계승되는 기틀이 형성된 시기였다. 그만큼 사

---

46) 金相鉉, 「百濟 威德王의 父王을 위한 追福과 夢殿觀音」, 『韓國古代史研究』 15, 한국고대사학회, 1999, p.75.

비시기는 백제가 문화적으로 완숙한 경지에 이른 시기였다고 할 수 있다. 그래서 사비시기는 한성과 웅진시기 보다 월등하게 일상생활까지 폭넓게 불교가 영향을 미치고 있었으며, 사찰과 직접적으로 관련없는 장식문화도 그 자체가 불교문화 위주였다고 할 수 있다.

사비시기 일상에서의 불교 장식으로 가장 폭넓게 활용된 문양은 역시 연화문이었다. 연화문은 한성과 웅진시기에는 기와를 중심으로 사용되었지만, 사비시기에는 기와 뿐만 아니라 일상생활 용품에도 표현된다. 또한 사찰 뿐만 아니라 궁궐, 관청 등 일반 건축물에서도 연화문 기와가 전면적으로 활용되었음을 알 수 있는 직접적인 근거 자료들이 지속적으로 발견되고 있다. 이는 연화문이 불교를 상징하는 문양이지만 불교가 일상에 자리 잡으면서 종교적인 색채를 뛰어넘은 보편적인 문양으로 활용되었음을 시사한다.

연화문은 불교적인 세계관과 사후관이 자리 잡으면서 무덤 안에도 표현된다. 이미 웅진시기 무령왕릉 안에 연화문이 가득 장식되어 연화화생하고자 하는 불교적인 관념이 반영되었다. 사비시기 조영된 부여 능산리 벽

사진 21. 부여 능산리 벽화무덤 연화문

화무덤에는 고구려 고분벽화의 영향을 받아 사신도가 그려지기도 하고, 연화문과 구름이 함께 표현되었다(사진 21). 연화문은 사비시기에도 불교가 지속적으로 신앙되면서 백제 사람들이 불교적인 세계관을 반영하여 무덤을 조성했다는 사실을 직접적으로 보여주는 증거라 할 수 있다. 한편 부여 능산리 고분에서

사진 22. 부여 외리사지 출토 연화문전

는 연화문을 모방하여 제작된 것으로 보이는 금제 화형문 장식품들도 발견되었다. 또한 군산 여방리 82호 무덤 등 사비시기 백제 영역이었던 여러 지역에서 화형문 장식품들이 다량으로 출토되었다. 화형문 장식은 연화문을 모방하는 과정에서 발생한 것으로 이는 연화문이 지역을 초월하여 일상화된 문양이었음을 알려준다.

그리고 부여의 사비시기 추정 왕궁지에서 출토된 청동제숟가락은 손잡이 부분의 끝이 연봉으로 장식되어 있다(사진 23). 또한 이 유물이 출토된 곳에서는 다량의 연화문 수막새를 비롯하여 건물지, 석축시설 등 다양한 유적과 유물이 발견되어 왕궁지로서의 면모를 갖추었던 것으로 확인되었다. 이러한 것으로 보아 청동제숟가락은 궁궐에서 사용된 것으로 추정된다. 이 유물은 당시 사찰 뿐만 아니라 왕실에서 사용된 일상생활용품에도 불교적인 문양과 장식이 활용되었음을 보여주고 있다.

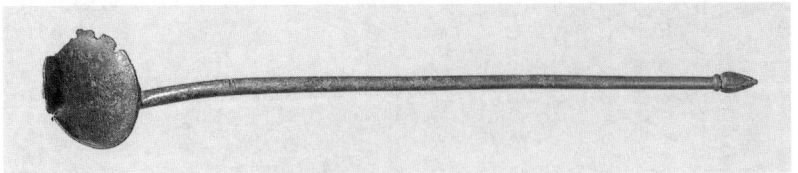
사진 23. 부여 추정 왕궁지 출토 청동제숟가락

또한 연화문 수막새는 사지 뿐만 아니라 부여 전지역 및 백제 관련 유적지에서 다량으로 출토되고 있다. 이 기와들은 사비시기에 건립된 각종 건물에 활용되었을 것이다. 먼저 한성시기에는 제작된 연화문 수막새들은 연화문이 다소 거칠고 간략하게 표현되며, 볼륨감이 없고, 하나의 연화문을 구성할 때 면적인 요소보다는 선적인 요소로 구성되는 것이 특징적이었다. 또한 막새의 크기가 작거나 얇은 것이 일반적이며, 한 가운데에 배치되는 자방부를 고려하지 않고 생략한 경우가 많았다. 이처럼 한성시기 기와들은 고구려와 중국의 영향을 받아 제작된 것으로 이후에 만들어지는 웅진과 사비시기의 기와들과는 약간 다른 양상을 보이고 있다. 특히 한성시기 기와들은 문양이나 제작 방법 등에서 고구려의 영향을 강하게 받았음이 밝혀지고 있다.

그런데 백제가 웅진으로 천도하면서 웅진과 사비시기에 이르러

사진 24. 부여 구아리 출토 연화문 수막새

사진 25. 부여 궁남지 출토 연화문전

사진 26. 부여 부소산사지 출토 연화문

백제화된 연화문 기와들이 제작되기 시작한다. 웅진시기에는 연화문이 부드러운 인상을 주는 세련된 제작기법으로 점차 발전된다. 또한 주연에 연주문을 장식하지는 않지만 막새면 가운데에 둥그런 자방을 마련하고 그 안에 연씨를 표현한다. 그리고 사비시기 제작된 연화문 수막새들은 웅진시기에 비하여 연화문 자체에 볼륨감이 있어 풍만한 느낌을 받을 수 있는 것이 특징적이다. 막새면은 6이나 8등분하여 단판의 연판을 배치하고, 연판은 둥글게 곡선을 이루고 있어 전체적으로 부드러운 인상을 주면서 웅진시기보다 한층 세련된 제작 기법을 보인다. 막새면 가운데에는 원형으로 자방을 두어 연자의 표현이 뚜렷하다. 점차 연판의 문양이 화려해지며, 돌기대나 인동문과 같은 추가 문양을 넣기도 한다. 이와 같이 백제의 연화문 수막새는 한성시기 초보적인 모습에서, 웅진시기를 거치면서 백제화되었다가, 사비시기에는 완숙한 경지에 이른 연화문이 표현된다. 이러한 측면은 불교의 성행에 따라 기와 제작 기술이 발전되었으며, 연화문 표현 기법도 세련되고 화려한 양상으로 변천되었음을 알 수 있게 한다. 연화문은 사비시기에 들어서면서 일상에서도 문양의 주류로 형성되었을 것이다.

사진 27. 도장 찍힌 기와

한편 백제의 평기와 중에는 연호나 사찰 이름과 같은 명문을 삽입하거나 제작 장소나 장인을 의미하는 것으로 추정되는 도장을 찍은 기와(印章瓦)가 많이 출토되고 있다 (사진 27). 토기에도 도장을 찍은 제품들이 있다.

글자가 새겨진 기와는 평기와가 주
류를 이루고 있지만 막새기와도 상
당량이 발견되었다. 이 기와들은
백제 기와에 표현된 장식 뿐만 아
니라 당시 장인들의 의식과 정신세
계를 알 수 있는 자료들이다. 기와
나 토기를 만든 장인들은 장식 뿐
만 아니라 그것에 표시를 남김으로
써 자신이 만든 제품에 대한 책임

사진 28. 부여 외리사지 출토 용무늬전

의식을 가지고 혼신의 힘을 다했음을 알 수 있게 한다. 이는 백제 장인들
이 투철한 장인의식을 가지고 장식품 뿐만 아니라 생활용품 등을 제작했
음을 알 수 있다.

그리고 웅진시기에 이어 사비시기에도 각종 장식품에 봉황과 용이 표현
되고 있다. 부소산성 출토 금동제봉황장식은 부리를 길게 내민 입에 여의
주를 물고 있으며, 눈을 크게 부릅뜨고 있고, 입좌우로 갈퀴형 문양이 날
리도록 표현했다. 이 유물은 간(竿)과 같은 목재 상단부에 끼워졌던 장식
물로 깃발이나 다른 장식품을 걸기 위한 시설로 추정된다. 비록 일상에서
쓰인 생활용품은 아니지만 사비시기 장식문화의 수준을 알 수 있는 장식
품이라 할 수 있다. 백제금동대향로 상단에도 비상하는 봉황이 새겨져 있
다. 또한 부여 외리사지에서도 봉화문전이 출토되었다(사진 28). 봉황문
전에 표현된 봉황은 유려하고 곡선적인 백제미술의 특성이 잘 반영되어
있으며, 살아 움직이는 듯한 생동감을 느끼게 한다. 백제 장식문화 뿐만
아니라 백제 미술의 특성이 웅진과 사비시기를 거치면서 사실주의적인
경향으로 변화되고 있음을 직감적으로 느끼게 하는 유물이다. 한편 봉황
은 태평성대에만 나타난다는 상상의 새이다. 이러한 새가 각종 조형물에

표현되었다는 것은 당대를 살던 사람들의 현실 인식을 보여준다. 봉황이 새겨진 유물들은 당시 백제 사람들이 자신이 살고 있는 시기를 태평성대로 인식했음을 보여주는 것이라 할 수 있다.

또한 봉황과 아울러 용이 여러 유물에 장식 문양으로 등장하고 있다. 대표적으로 백제금동대향로의 받침부를 들 수 있으며, 외리사지에서 출토된 용무늬전 등이 있다. 용이 장식된 유물들도 봉황과 마찬가지로 사실적인 표현 기법을 보이고 있으며, 이전에 비하여 더욱 역동적인 인상을 준다. 용은 한성시기 이후 많은 장식품에 왕을 상징하는 동물로, 수호를 상징하는 동물로, 벽사의 의미를 담고 있는 동물로 다양하게 표현되었다. 용이 사비시기에는 한층 세련된 모습으로 등장하고 있어 그 표현 기법이 발전되었음을 알 수 있게 한다. 한편 사비시기에는 귀신무늬가 기와나 벽돌 등에 표현된다. 귀신무늬는 무섭고 신비스러운 형상으로 표현되었으며, 부분적으로 해학적인 모습도 보여주고 있다. 귀신은 사비시기에 벽사의 의미를 담고 여러 유물에 표현되었다.

그리고 백제금동대향로는 능산리사지에서 출토되었지만 사비시기 불교문화 뿐만 아니라 일상에서의 장식문화가 상당히 수준급이었음을 보여주는 유물이라 할 수 있다(사진

사진 29. 백제금동대향로

29). 이 향로는 1993년 능산리 사지 발굴시 출토되었는데, 전체 높이가 64 cm나 되는 대형 박산향로로 지금까지 동양에 남아있는 향로 중에서 가장 크고 아름다운 것이다. 이 유물은 백제문화의 수준을 말이 아닌 실물로 보여주었으며, 우리나라 문화유산을 대표하는 상징물이 되었다. 밑에는 용이 몸체를 받치고 있고, 몸체에는 연꽃이 하늘을 향하여 활짝 피어 있다. 뚜껑에는 산속에 살고 있는 신선과 많은 동물들이 등장하고 있으며, 신령스러운 약초들이 등장하기도 하고, 음악을 연주하는 모습 등 다양하다. 뚜껑 상부에는 중간 중간에 구멍을 뚫어 놓아 향을 피우면 그 연기가 그윽하게 향을 풍기며 피어오르도록 하였다. 손잡이로 보이는 꼭대기에는 둥그런 보주를 타고 한 마리 봉황이 날개를 활짝 펴고 날아갈 듯한 모습으로 묘사되어 있다. 봉황은 태평성대에만 나타난다는 신령스러운 새이다. 향로에는 백제 사람들이 꿈꾸었던 이상세계가 집약되어 있다고 할 수 있다. 특히 뚜껑 부분은 백제 사람들의 정신세계를 한눈에 보여주고 있으며, 그것이 백제라는 현실 세계와 완벽하게 조화되어 있다. 비록 향로가 불교와 도교 등 다양한 종교가 습합된 모습을 보이기는 하지만 향로에 표현된 용과 봉황, 연화문, 각종 동물상과 주악상 등은 사비시기 백제 장식 문화와 그 수준을 가늠하는 척도라 할 수 있다.

V. 백제 불교 장식의 양상과 특징

백제의 대표적인 종교로는 불교와 도교를 들 수 있다. 이들 종교는 백제 사람들의 심성과 문화에 지대한 영향을 미쳤다. 특히 불교는 본격적인 백제문화의 형성과 발전의 원동력이라 할 수 있을 만큼 백제 역사와 함께 성장하였다.

백제에서 불교는 한성시기에 들어와 정착되고, 웅진시기를 거치면서 서서히 저변이 확대되는 양상을 보인다. 그리고 사비시기에 크게 융성하면서 많은 사람들의 신앙으로 자리 잡았다. 앞장에서 살펴본 백제의 불교 장식을 고려할 때 백제는 불교문화의 한 범주라 할 수 있는 불교 장식이 몇 가지 특징을 갖고 있다. 먼저 불교 장식의 수준이 백제의 불교나 불교문화의 발전과 맥을 같이하고 있다는 점이다.

백제 사람들은 웅진시기부터 불교적인 세계관과 내세관을 가지고 많은 불교미술품을 만들어냈다. 특히 웅진시기 무령왕대는 백제 불교가 비약적으로 발전한 시기로 보이며, 그러한 양상이 일상생활에까지 폭넓게 확산된 시기이기도 했다. 이러한 양상은 웅진시기에 제작된 여러 미술품 뿐만 아니라 무령왕릉이 증명해주고 있다. 무령왕릉에서 출토된 유물들은 웅진시기 백제 불교의 양상과 불교문화, 나아가 불교 장식 등을 여실히 보여주고 있다. 이후 백제 불교는 무령왕대의 토대를 기반으로 성왕대를 거치면서 한단계 업그레이드된다. 백제 땅에 불교가 공식적으로 인정된 지 140년만이었다. 백제 불교문화는 무령왕대부터 백제화되는 양상을 보이지만 여전히 중국의 남조 불교문화의 영향을 받고 있었다. 그런데 성왕대에 들어와 백제 불교와 그 문화는 완전히 백제화되는 양상을 보인다. 특히 성왕이 수도를 사비로 천도하면서 그러한 양상은 두드러진다. 이러한 발전 덕분으로 성왕은 일본에 불교를 전해주며, 선신니(善信尼) 등 많은 일본 승려들이 선진 불교를 배우기 위하여 백제 땅으로 들어오기도 한다. 이에 따라 백제 불교문화는 일본으로 전해지며, 일본의 불교와 불교문화는 백제적인 요소를 많이 갖게 된다. 이러한 점은 오늘날까지 일본 땅에 백제 불교문화가 전승되는 배경이 되었다. 성왕의 갑작스런 전사로 왕위에 오른 위덕왕은 더더욱 불교 발전을 위하여 적극적인 정책을 펼친다. 위덕왕은 사비도성에 능사를 창건하고, 100명의 승려를 출가시키는 등 불교 발전에 온힘을 기울인다. 이제 불교는 왕실이나 귀족들만의 종교가 아닌 일상속의 불교로 변하며, 불교에서 파급된 문화 역시 사찰이나 궁궐을 중심한 것이 아닌 일상속의 문화로 발전한다. 법왕대와 무왕대를 거치면서 불교는 정치 이념화되면서 가장 중심적인 위치에 서게 된다. 그러면서 사비시기의 불교와 불교문화는 완전히 백제화되고, 백제 나름대로의 새로운 불교문화를 창출하게 된다. 사비시기에 건립된 사찰, 궁궐, 산성 등은 백제만의 불교문화를 보여주고 있다. 이러한 불교의 발전과 맥을 같이하면서 불교 장식도 발전하게 된다. 따라서 불교 장식의 발전 과정도 한성시기는 도입과 정착단계, 웅진시기는 저변이 확대되는 발전 단계, 사비시기는 일상속에 있는 성행단계라 할 수 있을 것이다.

그리고 백제 불교 장식의 특징은 도안이 풍부하고, 조형물의 기능과 성격에 어울리도록 하는 장식성이 돋보인다는 점이다. 금동관이나 환두대도, 금동대향로와 같이 현란한 장식성으로 신분이나 권위를 나타내기 위한 유물도 있다. 그러나 대부분의 장식적인 유물들은 지나치게 단순하지도 않고, 과도하게 현란하지도 않은 적당한 만큼의 장식성을 보이고 있다. 이러한 점은 삼국이 한반도에서 패권을 차지하기 위하여 치열하게 다투면서 전쟁이 많았지만 백제는 다른 나라에 비하여 풍요롭고 여유있던 백제 사람들의 심성과 상통한다. 백제 사람들은 불교를 믿고 따르면서 안녕을 기원하고 평화를 추구하면서 불가의 세계를 현실 속에 끌어안으려고 했지, 불교를 통하여 패권을 잡고 대제국을 건설하고자 하는 의도는 없었다. 이와 같은 백제 사람들의 불교에 대한 기본적인 인식을 바탕으로 백제 땅에서 불교가 성행하고 그에 따른 많은 미술품이 제작되었다. 그래서 백제 불교미술이 세련되기도 하지만 지나치게 현란하지 않은 장식품들이 등장했던 것으로 보인다.

또한 백제의 불교 장식은 웅진시기 후반기를 기점으로 완전히 백제화되는 양상을 보인다는 점이다. 특히 성왕대를 기점으로 서서히 백제화되면서 사비로 천도한 이후 완전히 백제화되는 특징을 보인다. 한성시기는 장식 문화 뿐만 아니라 여러 문화에서 고구려와 중국의 영향이 강하게 나타난다. 한성시기 제작된 연화문 수막새를 비롯하여 많은 금속제 유물들이 고구려와 중국의 영향을 보이고 있다. 이러한 경향이 한성시기의 모든 문화에 전면적으로 나타나는 것은 아니지만 전반적으로 웅진시기까지 지속된다. 웅진시기는 불교 장식 뿐만 아니라 여러 유물들이 부분적으로 백제화된 특징을 보이기도 하지만 중국 문화의 영향이 배어있는 것도 사실이다. 특히 연화문을 비롯한 각종 문양의 표현 기법은 중국 남조와 강한 친연성을 보이고 있다. 웅진시기 조영된 무령왕릉은 전축분인데, 이러한 왕릉의 조영은 중국 남조 문화의 영향이라 할 수 있다. 이외에도 무령왕릉에서 출토된 유물들은 중국에서 수입된 것이 부장되기도 했으며, 중국 문화의 영향이 보이는 부장품들이 상당량 매장되었다. 그런데 사비시기에 들어서면서 중국과의 교류가 더욱 활발해지면서 장식문화도 많은 영향을 받지만 독창적이고 백제화된 백제만의 새로운 문화가 창출된다. 대표적인 유물이 백제금동대향로이다. 사비시기는 불교 장식 뿐만 아니라 백제 문화 전반에 걸쳐서 백제 나름대로의 새로운 문화가 창출된 시기라 할 수 있다.

 한편 백제 불교 장식과 관련하여 주목되는 점은 불교 관련 장식품에 도교적인 요소가 습합되어 있다는 점이다. 백제의 경우 불교 뿐만 아니라 도교가 많은 사람들에게 영향을 미치고 있었다. 백제는 한성시기에 궁원을 조영하였는데, 그곳에 산, 연못, 기이한 동물과 화초 등을 배경으로 건물을 배치했다고 한 것으로 보아 도교의 영향을 엿볼 수 있다. 한성시기 진사왕은 371년 궁실을 중수하고 연못을 파서 인공산을 만들고, 그곳에 기이한 짐승과 화초를 길렀다고 한다. 웅진시기 동성왕도 500년 궁성 동쪽에 높은 임류각을 짓고, 연못을 파서 진기한 짐승을 길렀다고 하여 불교 못지않게 일상에 도교가 영향을 미치고 있었음을 알 수 있다. 사비시기에도 무왕은 궁남에 연못을 만들고 그 안에 신선이 산다는 방장선산을 만들고, 못가에는 망해루를 지어 궁중의 연회를 베풀었다고 한다. 이는 많은 백제왕들이 도교에 심취해 있었으며, 도교에서 꿈꾸는 이상세계를 현실 속에서 구

사진 30. 부여 외리사지 출토 산경문전

현하고자 했음을 알 수 있다. 이러한 사실을 보여주는 직접적인 유물로는 백제금동대향로와 부여 외리 사지에서 출토된 산경문전(山景文塼) 등이 있다(사진 30). 특히 백제금동대향로는 불교 관련 장식이 있기도 하지만 전체적으로는 도교에 바탕을 둔 조형작품이다. 그 내용과 주제가 봉래산을 중심으로 한 도교의 신선세계이며, 향로 꼭대기에는 보주를 딛고 봉래산에 살고 있는 상서롭고 전설적인 새인 봉황이 등장하고 있다. 봉황은 태평성대와 임금이 선정을 베풀 때 나타난다는 도교적인 색채가 짙은 새이다. 즉, 백제금동대향로의 기본적인 조형 사상은 도교에서 말하는 이상세계를 실현하고자 하는 백제 사람들의 심성이 집약되어 있다고 할 수 있다. 그리고 산경문전은 도교를 상징하는 삼신산과 도사 등이 표현되어 있어 도교사상이 깊게 반영되어 있음을 알 수 있다. 그런데 이들 유물들은 모두 사지에서 출토되었다. 이러한 것으로 보아 백제는 특정 종교를 구분하지 않고 다양한 문양과 장식들이 각종 조형물에 활용되었음을 알 수 있다. 이처럼 백제 장식은 통종교적인 양상을 보이고 있는 점이 큰 특징이

라 할 수 있다.

　이와 같이 백제의 불교 장식은 당시 중요 건축물이자 다양한 장식품들이 제작 활용되었던 사찰과 궁궐 뿐만 아니라 일상 속에서도 폭넓게 활용되었다. 이러한 장식 문화는 통일신라시대와 고려시대까지 꾸준하게 계승되었으며, 새로운 장식 문화 창출의 원동력이 되기도 했다.

절을 짓는 놀라운 기술과 솜씨

6장

이왕기
목원대학교 건축학부 교수

6장

Ⅰ. 사비시대 정림사를 생각하다
Ⅱ. 정림사(定林寺)는 어떤 모양으로 지었나
Ⅲ. 정림사 절 짓는 기술
Ⅳ. 백제인들이 사용했던 건축연장과 기술
Ⅴ. 맺음말(정림사를 통해 본 백제의 건축기술)

백제 장인의 절 짓는 기술과 솜씨

Ⅰ. 사비시대 정림사를 생각하다

 백제에 불교가 전래된 것은 한성에 도읍을 둔 시기이나 이 시기의 사찰은 그 어디에서도 흔적을 찾아볼 수가 없다. 웅진으로 천도한 이후 비로소 사찰 흔적을 확인할 수 있지만 이 시기 사찰 또한 불확실한 것이 많다. 웅진시대의 대통사 절터로 알려진 곳에서 '대통사(大通寺)'라고 하는 글씨가 새겨진 기와편이 발견되어 사찰이 있었음을 확인해 주고 있다.
 백제는 사비로 도읍을 옮기면서 왕권을 강화하고 국가반을 단단하게 다지게 된다. 그 배경에는 불교사상을 국가질서의 기본이념으로 삼았던 것이 아닌가 생각된다. 사비시대에 들어와 도성 내외에 수 많은 사찰을 건립하게 하고, 심지어 백제왕이 직접 사찰건립에 관여하는 일도 있었기 때문이다.
 삼국시기 불교 전래 초기에는 기존 건축물에 의존하여 예불을 하던 것이 불교가 공인되고 정착하면서 불교사원 건립이 본격적으로 이루어지게 되었다. 불교사원 건립은 단순히 건축물 건립 행위에 머무른 것이 아니라 대외 문화교류를 통하여 건축기술을 발전시키고 발전된 건축기술이 지역의 다른 건축물에 영향을 끼치면서 전반적으로 건축기술과 문화가 발전되는 결과를 가져왔던 것이다. 백제의 사비시대 불교사원은 중국 남조와 활발한 교류과정에서 기술문화를 접촉하게 되었고 이를 바탕으로 백제의 건축기술을 한 단계 끌어 올리게 되었다. 이것이 결국 삼국 중에서 백제의 건축문화를 가장 앞서게 만든 결과를 낳게 되었다. 그 후 백제의 건축기술은 신라와 일본에 전해져 동북아 지역의 건축기술을 선도하는 건축기술 선진국이 되기도 했다.

백제는 사비시기에 이르러서는 기록에 보이는 사찰 뿐만 아니라 기록에 나타나지 않는 사찰까지도 고고학적 성과에 의해 확인이 되고 있다. 사비시대 사찰은 주로 부여지역에 집중되어 있으며 익산에서도 미륵사와 같은 거대한 사찰이 지어졌다. 기록에 의하면 사비시대 백제는 백제에 국한하지 않고 신라와 왜에까지 진출하여 사찰을 지어주었다고 한다. 이는 문화적으로 우수했다는 것을 말해줄 뿐만 아니라 기술 수준이 선진적이었다는 것을 말해주는 것이다. 말하자면 사비시대의 건축술은 당시 동북아시아 지역에서는 가장 수준 높은 것이었다.

사비시대 사원유적은 웅진시대에 비해 자료와 유구가 많다. 사비시대 사원은 중앙에 탑을 하나 세우고 중심축선을 설정한 다음 후면에 금당·강당을 놓고 주위를 회랑으로 둘러싸는 일탑일금당식 가람배치이다. 그 대표적인 실례로는 정림사, 왕흥사, 금강사, 군수리절터, 능사, 동남리절터가 있다. 익산의 미륵사에서는 일탑일금당식 가람이 3개가 병렬되어 있는 대규모 사원으로서 백제 불교건축의 완성된 모습을 보여주고 있다.

특히 정림사는 백제가 사비로 천도한 후 도성 한 가운데 건립한 대표적인 사찰이다. 도성 한 가운데 이와 같은 사원을 건립한 것은 국가의 지원이 뒷받침되지 않으면 어려웠을 것이다. 천도 후 흐트러진 사회질서를 불교의 힘으로 바로잡고, 왕권을 회복하기 위한 작업이 필요했던 터였다. 조정에서는 국가의 지도력을 불교를 통해 확립하려고 했고 그 작업의 일환으로 도성 한 가운데 사회통합을 열망하면서 사원을 건립하였던 것으로 보인다. 이런 전후 사정을 볼 때 정림사는 당시 나라 안에서 가장 기술이 뛰어난 장인을 총동원하여 당대 최고의 건축물을 만들기 위해 심혈을 기울인 사찰이었다는 것을 알 수 있다.

II. 정림사(定林寺)는 어떤 모양으로 지었나

1. 정림사의 변천

이 절이 언제 누가 창건했는지, 그리고 창건당시 절 이름이 무엇인지 문헌상으로 알려지지 않고 있다. 다만 창건은 백제의 사비시대였다는 것은 확실하나, 고려시대에 들어와 정림사라는 절 이름을 썼다는 것이 출토유물로 확인되었다. 1942년과 1943년에 걸쳐 일본인 후지사와(藤澤一末)에 의하여 부분적으로 발굴조사되었는데, 당시 '태평팔년무진정림사대장당초(太平八年戊辰定林寺大藏當草)'라는 명문기와가 출토되어 정림사터라는 것을 알 수 있었다 (사진 1). 절터에는 5층 석탑과 그 북쪽에 금당과 강당이 있고, 이 강당터에 고려시대의 것으로 보이는 석불좌상이 남아 있다. 1979년과 1980년 본격적으로 발굴조사를 하여 가람의 성격을 알

사진 1. 정림사터에서 출토된 '정림사' 명 기와조각

수 있었다.[1]

출토 유물로 보아 6세기에 속하는 것이 초창기의 것으로 추정된다. 그러나 석탑의 양식으로 보면 7세기에 세운 것으로 추정되는 익산 미륵사 석탑보다 시대가 앞서 보이지는 않는다. 이 때문에 이 석탑은 정림사 창건기의 것이 아니라는 추정도 나오고 있으나 아직 확신하기에는 이론적 근거가 부족하다. 만약 석탑이 초창 당시의 것이 아니라면 초창 때에는 어떤 탑을 세웠을까가 의문이다. 그렇다면 처음에 목탑을 세웠다가 나중에 중창을 하면서 목탑을 없애고 석탑을 세운 것이 아닌가 추정해 보기도 한다. 그러나 이러한 추정을 확인하기 위해서는 좀 더 많은 조사와 연구가 필요하다.

2. 정림사 주변의 모습

이 절터는 부여읍 중심부에 자리 잡고 있으며 입지조건으로 보아 사비도성이 조성될 당시 절터를 동시에 조성한 것으로 보인다. 도성을 만들 때는 주변의 입지조건이 외적으로부터 안전한 방어선을 구축할 수 있는지, 경제적인 자립성을 확보할 수 있는 경작지는 충분한지, 유사시 항전할 수 있는 곳이 있는지, 그리고 궁성위치, 관청위치, 관료들과 백성들의 주거지, 종교시설 위치 등을 고려하게 된다. 정림사가 사비도성 내의 시가지에 남북을 중심축으로 부소산을 배경에 두고 있는 것은 처음부터 사비도성 배치계획과 함께 이루어진 것을 말해주는 것이다. 지형적으로는 평지에 자리 잡고 있으며 동으로 금성산, 서로는 평탄지로 이어지다가 백마강과 만난다. 남으로는 평탄지와 구릉지가 이어지다가 궁남지와 화지

---

1) 충남대학교박물관 · 충남도청, 정림사, 1981.

사진 2. 정림사터와 주변 경관(충청남도, 문화재대관, 1996)

산을 만나고, 남쪽으로 더 나가면 넓은 들을 만나는데 이곳이 대왕펄이다. 대왕펄은 곧이어 백마강변을 만나 끝을 맺는다. 서에서 감돌아 온 백마강이 동으로 흘러간다. 북으로는 시가지가 형성되어 있고, 북으로 더 나아가면 부소산이 불쑥 솟아 백마강과 이어진다.

정림사지에 인접한 북으로는 낮은 구릉이 북편을 막아주고 동으로 금성산 자락이 내려와 슬며시 평지로 이어진다. 남쪽과 서쪽은 막힘없이 넓게 터져 있다(사진 2).

3. 정림사 배치계획

남향한 일탑식 가람으로서 남쪽에서부터 중문터와 5층 석탑, 금당, 강당 등이 남북축선상에 놓이고 강당 좌우에는 작은 건물이 각 한 개씩 놓였던 것 같으나 확실한 흔적은 남아있지 않다. 중문과 강당 좌우 건물터 사이로 회랑이 연결되었다. 또 중문 남쪽에는 남문이 있었으며 그 앞에서

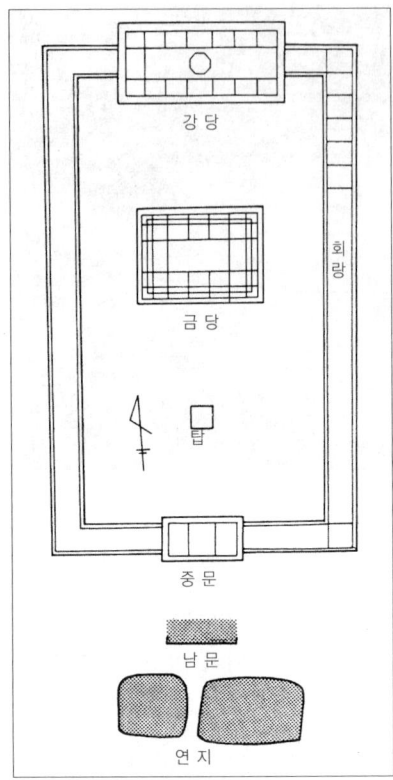

사진 3. 발굴 당시 정림사 배치도

연못자리가 노출되었다. 연못은 좌우에 하나씩 2개가 나란히 조성되어 있었다. 중심지역의 규모는 동서 폭이 고려척(약 35.5cm)으로 130자, 중문에서 강당까지의 중심거리가 220자로 비교적 폭이 좁고 긴 구획을 이루고 있다. 중문에서 석탑까지의 중심거리는 고려척으로 55자이고, 석탑에서 금당 사이 중심거리는 75자로 탑에서 금당까지의 거리가 더 길다. 또 금당에서 강당까지의 중심거리는 90자가 되어 거리의 비례가 1:1.36:1.64가 된다(사진 3).

만일 중문과 탑과 금당의 각 중심거리를 같게 수정한다면 그 비가 1:1:1.4로서 조화를 이룰 것이다.

발굴조사 자료를 바탕으로 각 건물의 건축계획을 보면 다음과 같다.

4. 정림사 건축계획

1) 중문

석탑에서 남쪽으로 19.98m의 거리에 건물의 중심을 두고 있다. 초석은 발견되지 않았으나 초석 밑에 깔았던 적심석은 거의 그대로 발견되었다. 적심은 지표면에서 20~30cm 깊이에 위치해 있었다. 기단으로 추정되는 흔적이 발견되었으나 그 흔적을 그대로 인정하여 기단 크기를 설정할 경우 너무 크기 때문에 이는 중문의 기단으로 보기 어렵다. 금당의 기단 폭을 중문에 적용하면 기단 폭은 기둥 중심에서 약 3자 정도가 된다. 이 수치를 적용하면 기단의 크기는 동

사진 4. 정림사 중문 복원 예상도(시공테크(주) 제공)

서 길이 약 13.1m, 남북너비 약 7.7m가 된다. 건물의 크기는 정면 3칸에 11.3m, 측면 1칸에 5.3m이다. 이 수치는 적심석을 기준으로 했기 때문에 실제로는 약간의 오차가 있을 수 있다.

 중문은 정면 3칸에 측면은 회랑과 같은 폭의 1칸 규모이다. 기단은 가공석 기단으로 만들고 공포는 하앙식 공포를 짜올렸으며, 지붕은 양쪽 용마루 끝에 치미를 올린 팔작지붕이었을 것으로 생각된다(사진 4).

2) 금당

 석탑 중심에서 북으로 26.27m 북으로 떨어져 금당의 중심이 자리잡고 있다. 다만 건물의 남북 중심선이 서쪽으로 24㎝ 치우쳐 있다. 기단은 2중기단으로 조성된 것으로 추정하고 있다. 즉 하단에 기단을 만들고 다시 그 위에 흙을 쌓아 기단을 만든 흔적이 남아 있는 것이다. 2중기단이란 초층기단에도 초석을 배치하고, 상층기단에도 초석을 배치하는 기법을 말하는 것인데 이곳 금당 외에 백제유적인 부소산성 건물터와 은산의 금강사 목탑터에서 사용되었다. 이와 같은 2중기단이 백제건축의 특징이 아닌가 생각된다(사진 5).

 금당기단 중 상층기단은 훼손되어 규모를 알 수 없으나 하층기단은 적심석이 발견되어 그 규모를 알 수 있다. 정면은 7칸에 18.75m이고 측면

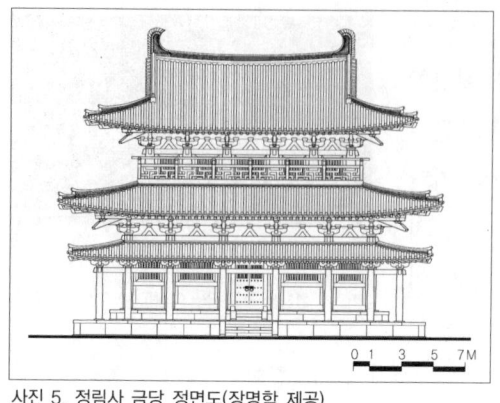

사진 5. 정림사 금당 정면도(장명학 제공)

은 5칸에 13.8m이다. 만약 하층기단의 적심석이 건물의 사방으로 돌아가면서 퇴칸으로 조성된 외진주였다면 내부는 한단을 높여 기단을 조성했을 가능성도 있다. 이럴 경우 사방의 퇴칸은 벽이 없는 회랑과 같은 구조일 가능성도 조심스럽게 검토해 볼 수 있을 것이다. 하층기단의 적심석을 기준으로 기단의 크기를 추정해 보면 동서 20.55m, 남북 15.6m가 될 것으로 보인다. 그러나 실제 초석이 놓일 경우 약간의 오차를 감안해야 한다〈표 1〉.

〈표 1〉 금당 적심석을 기준으로 추정한 각 각칸 간격(단위 : m)

정면 : 7칸, 길이 : 18.75							
	서협칸	서측1칸	서측칸	어칸	동2칸	동1칸	동협칸
전면	1.70	2.53	불명	불명	3.35	2.65	1.70
후면	1.72	2.68	3.25	3.35	3.36	2.57	1.83
측면 : 5칸, 길이 : 13.8							
	북협칸	북1칸	어칸	남1칸	남협칸		
동측면	1.98	2.43	4.93	2.67	1.82		
서측면	2.00	2.58	불명	불명	불명		

3) 강당

강당은 금당에서 북쪽으로 31.7m 떨어진 지점에 건물의 중심을 두고 있다. 석탑으로부터는 57.97m 떨어져 있다. 그러나 석탑으로부터 남북 중심축선을 그으면 동편으로 약 20cm를 벗어나 있다. 금당은 중심축선에서 서편으로 약간 치우친 반면 강당은 동편으로 치우쳐 있는 것이 특이하다. 강당은 고려시대에 들어와 재건된 것이다. 강당지 중심에 고

사진 6. 정림사 복원 강당과 석탑

려시대에 조성된 석불좌상이 자리 잡고 있는 것에서도 그것을 알 수 있지만 석불 주변에 화강석으로 만든 방형 초석이 있는 것으로 보아 고려시대 언젠가 건물이 만들어졌다는 것을 알 수 있다. 기단은 원래 백제시대 강당이 있었으나 폐허된 후 고려시대 재건하면서 기단을 새로 조성하고 백제시대 적심석을 사용했던 것으로 보인다. 발굴결과 고려시대 기단 하부에서 백제시대 적심석 일부가 출토되었기 때문이다. 고려시대 강당은 백제 때의 강당 크기를 거의 그대로 적용한 것으로 보인다.

고려시대 강당 적심석을 기준으로 건물의 크기를 보면 정면은 7칸에 24.64m이고 측면은 3칸에 10.7m이다. 근래 들어 이 건물터에 자리잡고 있던 석불을 보호하기 위하여 강당 규모에 맞춰 불상보호각을 건립했다. 복원 건물의 형태는 배흘림기둥 위에 하앙식 공포를 짜올리고 지붕은 맞배지붕이었을 것으로 추정됨에 따라 이와 유사하게 복원하였다(사진 6). 이 건물은 구조적으로 완벽하지는 않지만 백제건축에 대한 연구가 부족한 현실을 고려할 때 백제건축에 근접해 가는 학습과정이라는 의미를 부여할 수도 있다.

백제 기단을 밝히기 위한 발굴조사 결과 전면 기둥 중심에서 약 120cm 떨어진 곳에서 백제 기단 끝부분이 확인되었고, 높이는 약 50cm이다. 기

단석을 만들었다고 본다면 대체적으로 기단 폭은 약 130cm 정도가 된다. 이를 기준으로 건물의 기단 전체 크기는 약간의 오차를 감안해 볼때 정면이 약 27.3m, 측면 약 13.3m가 된다.

4) 회랑

석탑과 금당을 에워싸고 있는 회랑은 동서 길이 52.2m이고 남북 길이는 83.5m이다. 절터의 중심 축선에서 동회랑 서회랑 중심선 까지를 각각 재보면 동서가 조금

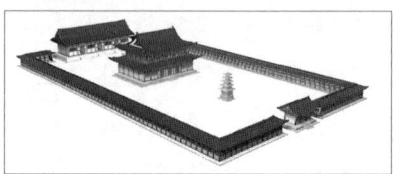

사진 7. 정림사 복원 예상도

다르다. 중심선에서 동회랑 까지는 22.5m이고, 서회랑 중심까지는 22.57m로 거의 유사하다. 이 정도면 오차 범위 내에 있다고 할 수 있다 (사진 7).

강당과 금당 사이의 동편 회랑터에서 11개소의 적심석이 발견되었다. 이를 기준으로 보면 도리칸이 약 3.85m, 보칸이 약 4.2m이다. 동회랑터 남단은 훼손되어 기둥 간격을 알 수 없다. 서회랑터는 석탑과 금당 사이 부분의 기단이 비교적 잘 남아 있으며 기단 폭은 약 5m 정도가 된다. 동회랑의 적심석 보간 길이가 약 4.2m이며 이를 서회랑에 적용해 본다면 기둥 중심에서 양 기단 끝까지는 각각 40cm 정도가 될 것으로 추정된다. 따라서 동회랑의 기단 폭도 약 5m 이었다고 보는 것이다. 그 동안 지표면의 교란이 심했던 것을 고려한 수치여서 많은 오차가 있을 것으로 보인다.

5) 출토유물

출토된 와당 문양은 백제시대의 단판8엽연화문과 통일신라시대의 복판(複瓣)연화문 그리고 서까래기와, 암막새, 치미편 등 많은 유물과 앞에서

말한 명문와도 출토되었다. 와당은 금강사터의 것과 거의 시대를 같이하는 것들로 추정되거나 이보다 약간 앞서는 것 등이 있어, 이들의 창건시기가 크게 다르지 않을 것으로 믿어진다.

5. 정림사를 통해 본 백제 사찰의 조형성

백제에 불교가 전래된 이래 수많은 사찰이 건립되었던 것은 문헌과 유적발굴을 통해 확인되었다. 이 중에는 사찰의 이름이 밝혀진 것도 있지만 이름을 알 수 없는 사찰유적도 많이 있다. 백제 한성시대에 이미 불교가 전래되었으나 한성시대의 사찰은 거의 찾아 볼 수가 없고 웅진시대의 사찰도 명확하게 드러난 유적은 대통사 밖에 없다. 다만 사비시대에 들어와 건립되었던 많은 사찰유적이 확인되고 있다. 따라서 백제 사찰이 시대적으로 어떤 변천과정이 있었는지는 확인이 되지 않고 있다. 현재까지 확인된 백제사찰 유적을 대상으로 조형적 특징을 살펴보면 다음과 같다.

사찰의 입지조건은 대개 비교적 넓은 대지에 배경에는 높은 산을 두고 좌우로 낮은 구릉이 형성되어 있는 곳을 선택하였다. 다만 부여 군수리절터의 경우에는 후면에 낮은 산이 있으나 배경을 이룰 정도로 높은 것은 아니고 낮은 구릉정도로 거의 평지에 가까운 들판에 자리 잡고 있는 것이 다른 백제 절터와 다른 점이다. 부여 동남리절터의 경우에도 후면에 배산을 이룰만한 지형조건이 아니어서 이 또한 평지에 자리 잡고 있는 사찰이라 하겠다. 이 밖에 사비시대 거의 모든 절은 배산임수형 입지조건을 하고 있다.

사찰의 대지조건으로 보면 거의 평탄지이거나 아주 약한 경사지를 선택하였으며 어떤 사찰은 저습지에 흙을 성토하여 사찰을 건립한 경우도 있다. 이러한 저습지에 사찰을 배치할 경우 전면에는 못을 두고 있는 경우

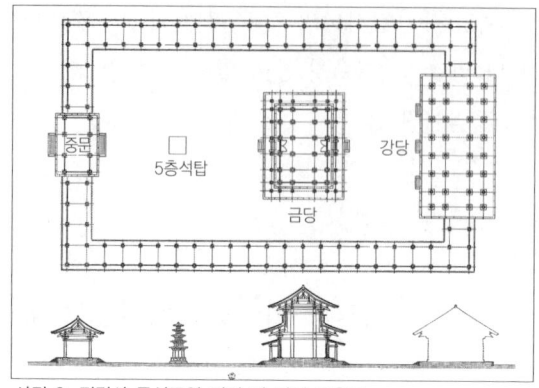

사진 8. 정림사 중심구역 평면 및 단면 복원도

가 많다. 정림사의 경우 저습지는 아니지만 전면에 못을 두고 있으며 익산 미륵사의 경우 습지를 메워 절을 세우고 전면에 정림사와 같이 좌우에 하나씩 2개의 못을 두었던 흔적이 있다.

  사찰의 배치는 기본적으로 1탑1금당식 배치를 하고 있으며 방위는 자좌오향(子坐午向)으로 남쪽을 바라보게 하였다. 건물의 배치는 중심부에 탑과 금당을 배치하고 탑 정면에 중문, 금당 후면에 강당을 두었다. 이 중심건물을 회랑이 감싸고 있는데 이 회랑은 중문 좌우에서 시작하여 탑과 금당 좌우를 감싸면서 금당 후면의 강당으로 연결하게 된다. 그리고 주요 건물배치는 거의 대부분 남향으로 배치되도록 하였다. 이러한 배치구조는 자연히 전후가 길고 좌우가 짧은 장방형 배치계획을 이루게 되는 것이다(사진 8). 그러나 특이하게도 부여 인근에 있는 사비시대 사찰인 금강사는 동향을 하고 있다. 이는 지형조건이 서쪽에 산이 있고 동쪽으로 조망이 트여 금강이 흘러가고 있기 때문에 지형조건에 맞추려는 의도로 이런 배치구조가 되었던 것이라 할 수 있다.

  대부분 사비시대 사찰이 중심부에 탑을 두고 있는 배치구조인 것에 비해 부여 동남리 절의 경우에는 탑을 두지 않은 무탑식 사찰인 것으로 확인되어 다른 사찰과 구별된다. 또한 배치계획이 특이한 사찰로 부소산성 서쪽 능선 절터를 들 수 있는데 이 사찰에서는 목탑과 금당을 두고 있으나 금당 후면에 있어야 할 강당이 없는 배치구조이다. 백제의 사찰 배치구조는 이처럼 1탑1금당식을 기본구조로 하고 있지만 익산 미륵사의 경우에는 1탑1금당식 3개를 나란히 병렬 배치한 것으로 그 규모는 가히 다른 절에서 볼 수 없을 정도로 크다. 이 사찰을 건립한 시기는 백제의 왕권이 강력하게 발휘되면서 문화적으로 우수했고, 주변 다른 나라보다 선진적이었다. 백제의 건축문화로 볼 때에도 이 무렵 우수한 기술을 구가하고 있었던 시기였기 때문에 이처럼 거대하고 완성된 건축술을 발휘할 수 있었던 것이라 할 수 있다.

백제 사찰의 건축조형은 부여 동남리절터를 제외하고 거의 대부분 중심부에 목탑 또는 석탑을 세우고 그 뒤에 목조로 금당을 세웠다. 목탑을 세웠던 백제 사찰로는 왕흥사, 금강사, 군수리절터, 용정리절터, 익산 제석사, 부여능사, 부소산성절터, 미륵사 중원 등이 있고 석탑을 세웠던 사찰로는 정림사, 미륵사 동원과 서원 등이 있다. 석탑을 세웠던 사례는 그리 많지 않으나 백제 석탑을 세운 시기는 백제 후기였던 것으로 미루어 백제 사찰이 처음에는 대부분 목탑을 세웠다가 나중에 석탑으로 바뀌었던 것으로 보인다. 석탑은 목탑에 비해 규모는 작지만 오래 지속될 수 있다는 장점 때문에 석탑을 건립했던 것이다. 익산 미륵사에서는 특이하게도 목탑과 석탑이 함께 건립되었는데 이는 삼국시대 전 기간을 통해 보더라도 특징을 지닌 사찰이라 하겠다.

금당은 탑과 함께 사찰 내의 가장 중요한 건축물이다. 사찰 내 건물 중 높이로 보면 탑이 가장 높지만 금당은 경내에서 가장 웅장하고 장엄한 품격을 지니도록 만들었다. 따라서 금당은 중층으로 하고 외진주 주위로 회랑칸을 설치하여 건축물을 웅장하게 보이도록 계획하였던 것이다(사진 9).

백제 사찰에는 반드시 중

사진 9. 정면에서 보는 정림사 중문과 금당 복원도(장명학 제공)

심건물인 탑과 금당을 에워싸는 회랑을 설치해 두었다. 회랑은 예불공간을 일정한 규모로 한정하면서 사찰 중심공간의 경건함을 도모함과 동시 외부공간으로부터 경관을 차단하여 내부

사진 10. 정림사 금당과 탑을 둘러싸고 있는 회랑 복원 예상도(시공테크(주) 제공)

공간을 보호하려는 의도로 설치하였다. 또한 회랑은 사찰 내에서 활동하는 승려들을 햇빛이나 풍우로부터 활동을 보호해 주는 역할도 하게 된다. 이런 배치구조에 의해 자연히 회랑 안쪽은 성스러운 성격을 지닌 공간이 되고 회랑 밖은 속계와 같은 성격의 공간으로 구분된다. 따라서 승방이나, 식당 등은 회랑 밖에 두게 된다. 회랑이 감싸는 면적은 탑과 금당의 규모에 의해 결정되기 때문에 특별히 정해진 규격이나 면적은 없다. 다만 사찰의 규모가 클 경우 회랑의 폭을 넓혀 복랑(複廊)으로 하고 규모가 작은 사찰에서는 단랑(單廊)으로 만들어 둔다. 정림사의 배치구조 역시 이와 같이 예불공간의 성소적(聖所的) 의미를 극대화 하기 위하여 탑과 금당을 에워싸는 회랑을 두어 속계(俗界)와 구분하였던 것이다(사진 10).

III. 정림사 절 짓는 기술

백제의 건축조형과 기술에 대한 연구는 크게 문헌에 의한 연구와 고고학적 발굴 자료를 통한 연구로 대별될 수 있다. 문헌 연구는 주로 한국, 중국, 일본 측 자료를 근간으로 하고 있으며 고고학적 자료는 백제 때의 것으로 확인되는 것과 백제 점령지역에서 발견된 일부가 있을 뿐이다. 이 자료들은 고대 삼국 중에서 가장 빈약한 것이어서 백제 건축연구 또한 삼

국 중 가장 부진할 수밖에 없다. 고고학적 고찰의 대상은 주로 사비시대의 절터에서 나타난 백제 건축 구성과 기술에 관한 것을 중심으로 한다. 당시 사찰건축기술은 이미 도성이나 궁궐, 주택 등 다른 건축물에도 활용되었던 기법이어서 반드시 사찰건축기술이라고 하기에는 무리가 따른다. 사찰건축기술이 다른 건축에 사용되었는지, 아니면 다른 건축기술이 사찰건축에 쓰여 졌는지는 그 한계가 불명확하다. 그러나 백제에 불교가 전해지면서 중국과의 교류가 빈번해졌고 불교 사원 건립 활동이 활발해지면서 건축기술은 진보되었던 것은 사실이다. 특히 불교를 전해준 중국과의 교류를 통해 새로운 건축기법과 기술이 한층 발전되었다는 것은 여러 문헌을 통해 짐작해 볼 수 있다.

불교는 사원 건립을 통해 교세를 확장하게 되었고 이런 건축 활동이 많아지면서 자연히 건축기술이 발달하게 되는 것이다. 백제는 이런 기회를 통하여 건축기술을 발전시켜 나아가면서 한편으로는 인근의 다른 지역에 불교와 건축기술을 전해주기도 했다. 백제에서 불교는 건축기술 문화를 크게 발전시킨 계기를 만들어 주었고 그 기술이 백제의 다른 건축기술까지 선도하게 되었던 것이다. 백제의 건축기술이 삼국 중에서도 앞서게 된 것은 불교가 그 배경에 깔려있었다.

당시 절을 완성하기까지 어떤 과정을 거쳐 진행되었는지 살펴보는 것도 정림사를 이해하는 데 큰 도움이 될 것이다. 집터잡기부터 기와올리고 창호를 달고 마감하는 것까지 순서와 기법은 다음과 같다.

1. 공사준비와 절터잡기

정림사는 5층 석탑을 제외하고 모두 목조건축물이다. 목조건축물은 극히 일부를 제외하고 거의 모든 공정이 조립식이다. 즉 모든 부재를 조립하여 건물이 만들어 지는 특징을 지니고 있다. 그러므로 부재의 구조적 특징을 이해해야 조립과정을 쉽게 이해할 수가 있다.

백제 당시에는 기술이 뛰어난 목수가 많았다. 신라의 황룡사 9층 탑을 지어준 아비지나, 일본에 건너가 비조사(飛鳥寺)라든가 법륭사(法隆寺)를 백제장인이 지어주었다는 문헌기록을 통해서도 알 수 있다. 목수가 집을 지으려면 먼저 집에 대한 구상이 머리에서 정리되어야 한다. 목재는 어디서 구하고, 도와줄 장인과 인부는 어디서 데려오고, 이들이 묵는 숙소는 어디에 정할 것이며, 비용은 얼마나 들 것인가 등이다. 이러한 사전 준비를 얼마나 잘 하느냐에 따라 목수의 능력이 판가름나게 된다. 그러기 때문에 목수는 일이 없을 때에도 어디에 무엇이 있고, 누가 일을 잘하고, 어느 산에 어떤 나무가 있는지를 살펴 미리 목재를 베어 집지을 준비를 해 둔다.

집지을 준비가 끝나면 집이 놓일 자리를 살피고, 도판을 그린다. 요즘으로 말하자면 건축설계도이다. 목수가 그리는 도판은 아주 간단하다. 널판에 기둥을 찍어 선을 이은 간단한 평면도 뿐이다. 이 평면도에 기둥의 크기, 도리의 크기 정도만 적어놓고 한쪽에는 필요한 목재를 비롯한 중요 자재의 소요개수를 적어 둔다. 백제의 목수는 아마 이것보다 더 많이 그렸는지도 모른다. 그리고 나머지는 모두 목수의 머리 속에 있다. 기록해 두지 않고 머리로 정리하는 능력은 정말로 대단하다. 그래서 대목수는 아무나 하는 것이 아니고 머리가 좋아야 할 수 있다(사진 11).

집짓는 과정 중에서 가장 먼저 하는 것은 기단을 조성하는 것이다. 먼저 땅을

사진 11. 전통목가가 그린 집 설계도(백제 목수도 이와 크게 다르진 않았다.)

돋우고 지반을 다진 다음 초석을 놓는 방법과 먼저 초석을 놓은 다음 나중에 기단을 조성하는 두 가지 방법이 있다. 대부분 기단이 조성되었다고 해도 곧바로 기단석을 설치하는 것은 아니다. 기단에 사용되는 기단석은 건물이 거의 지어지고 마감할 무렵 설치하기도 한다. 그렇지 않고 기단석을 먼저 놓으면 공사기간 중 인부들이 왔다 갔다 하면서 기단석을 다칠 염려가 있기 때문이다. 그러나 기단석에 사용되는 석재는 공사 중 미리 한쪽에 마련해 두어야 한다.

 기단이 조성되면 초석을 놓고 기둥을 세운다. 초석과 기둥부재는 이미 터잡기 하기 전에 준비해 두어야 한다. 도목수는 건물이 세워지는 순서를 잘 이해하고 때맞춰 부재와 자재가 공급될 수 있도록 준비해 두어야 한다. 기둥을 세우고 나면 포집이 아닌 경우 대들보를 기둥머리에 장여와 함께 결구하고 그 위에 도리를 걸게 된다. 포집의 경우 기둥 위에 주두를 놓고 포를 짜 올린다. 포가 다 짜여지면 그 위에 주심도리를 건다. 대들보 위에는 동자주와 중보를 올린 다음, 대공을 세우고 종도리를 건다. 도리가 걸리면 그 위에 서까래를 걸친다. 서까래 위에 산자를 엮거나 개판을 깔고 적심을 놓은 다음 보토를 깐다. 이 적심과 보토를 이용하여 지붕곡선을 잡는다. 적심과 보토는 지붕곡선을 잡는데도 필요하지만 단열효과도 뛰어나다. 보토로 곡선을 잡은 다음 그 위에 기와를 올린다. 기와는 대게 3겹잇기로 한다. 기와공사가 끝나면서 벽을 만든다. 판벽은 판재를 이용하지만 심벽의 경우 뀈대와 중깃을 걸고 외를 엮어 양쪽에 흙을 바른다. 벽공사가 끝나고 나서 마루깔기와 천정공사를 하게 된다. 인방걸기는 마루공사와 동시에 이루어지며 온돌공사는 이때 시작한다. 정림사에서는 온돌 흔적이 발굴되지 않았으나 부여 능사에서는 지금과 같은 온돌은 아니지만 외줄고래로 만든 흔적이 확인되었다. 온돌공사가 끝나면 곧바로 창호 및 수장공사가 이루어진다. 단청공사는 마지막에 진행된다. 전통 건

〈표 2〉 백제의 건축공사 진행 순서

재료 준비하기		집짓기 주요공정		부재 가공하기
기둥·보부재 준비	▷	집터잡기		
초석재료 준비	▷	▼		
공포부재용 목재	▷	기단조성	◁	기둥·보·도리·장여 깎기
		▼		
		초석놓기	◁	서까래 깎기 및 곡잡기
		▼		
		기둥세우기	◁	공포부재 가공
개판용 판재 준비	▷	▼		
박공널 준비	▷	보·장여·도리걸기		
		▼		
		공포 짜올리기		
		▼	◁	서까래 곡잡기 및 가공
		도리걸기		
적심재 및 보토 준비	▷	▼	◁	개판자르기 및 깎기
		서까래걸기	◁	서까래곡잡기
각종 기와준비	▷	▼		창호짜기
중깃,펄대,외,흙,준비	▷	개판(산자)깔기	◁	박공널 깎기 ▽
석회,해초풀,삼 준비	▷		◁	인방 깎기 ▽
마루판,동귀틀 준비	▷	적심 및 보토깔기	◁	마루판 깎기
	▷	▼	◁	연암깎기, 장귀틀 깎기
기단석 준비	▷	기와얹기	◁	벽 펠대,중깃,외엮기
		▼	◁	기단석 가공
		인방걸기(상,중,하인방)	◁	문선, 벽선 달기
		▼		
		벽 만들기(바르기)	◁	당골막이
		▼		
		천정만들기		
		▼		
		기단석 설치하기		
		▼		
		창호 및 수장		
		▼		
		단청		

축의 구체적인 공사순서는 〈표 2〉와 같다.

2. 규준틀 설치

건물을 세우기 위해서는 먼저 건물이 놓이는 개략적인 위치를 정하고 평면의 모양에 따라 횟가루로 건물 위치를 표시해 둔다. 표시된 건물의 평면 주변에 말뚝을 박고 말뚝과 말뚝 사이에 수평으로 나무를 단단히 고정해 둔다. 수평재는 반드시 수평을 유지하도록 하고 기둥위치를 연장하여 수평재 상부에 기둥의 중심선을 표시 해 두었다. 수평재에 표시된 기둥 중심선에 맞춰 실로 기둥 사이를 이어둔다. 이 수평실은 가로, 세로로 이어지면서 기둥 위치와 벽의 중심위치를 알려주게 된다(사진 12).

사진 12. 규준틀 설치 모습

기준실은 간단히 철거할수 있도록 걸어두는데 지정을 하거나 초석을 놓기 위해서 기준실을 임시로 철거하기도 한다.

3. 지반(地盤) 다지기

건물을 단단하고 오래 지탱하기 위해서는 우선 지반이 튼튼해야 한다. 수혈주거와 같은 간단한 건축물은 지반에 기둥구멍을 파고 기둥을 세우거나 단단한 돌을 기둥 밑에 받쳐두는 것으로 해결되지만 건물의 규모가 커지고 석탑과 같이 무게가 많이 나가는 경우 연약한 지반에서는 건물이 오래 지탱할 수가 없다. 따라서 삼국시기가 되면 지반을 단단하게 다지는 건축기술이 발달하게 된다.

백제 사찰 건축물의 지반은 기본적으로 판축기법을 사용하고 있다. 판축기법은 흙을 한켜 한켜 다져 쌓아 여러 겹으로 단단하게 다지는 기술인데 한 켜의 다진 두께는 대개 3~5cm이고 조금 두꺼우면 7~8cm가 된다. 지반을 다질 때는 먼저 다지고자 하는 지반의 크기를 정한 다음 일정한 깊이로 흙을 파낸다. 그 깊이는 건물의 크기와 무게에 따라 다르다. 깊게는 10자 이상 파는 경우도 있고, 낮게는 단지 몇 자만 파는 경우도 있다. 넓이는 건물이 앉히는 크기보다 크게 잡아야 주변부가 내려앉지 않는다. 이렇게 일정한 깊이로 구덩이를 파낸 다음 흙을 약 10~20cm 정도를 뿌린다. 그리고 달고를 이용해 단단히 다지는데 달고는 간단한 몽둥이 같이 생긴 몽둥달고로 혼자서 다지는 경우도 있고, 커다란 돌멩이에 줄을 매달아 돌달고를 만들어 여럿이 다지는 경우도 있다. 이렇게 흙을 다지면 두께가 약 1/3 정도로 줄어든다. 다지기 전에 흙을 너무 두껍게 뿌리면 맨 아래 부분은 마찰로 인해 다져지지 않게 된다. 판축흙에 석회와 마사를 섞거나 점토질 흙을 섞으면 나무뿌리도 감히 침범하지 못한다(사진 13).

사진 13. 손달고로 지반 다지는 모습

판축은 지반을 단단하게 다지기 위한 건축기술이지만 토담을 쌓거나 토성을 쌓을 때도 사용하며 도로를 조성할 때도 사용한다. 이렇게 판축으로 토담이나 성을 쌓을 때는 형틀을 사용해야 한다. 형틀은 판재로 만드는데 판재를 2겹 또는 3겹을 세워 일정한 두께로 평행되게 양쪽에 세우되 상부가 약간 안쪽으로 기울게 한다. 형틀을 바닥에 놓고 흙을 뿌린 다음 다지기를 반복하면서 형틀높이까지 다져지면 형틀 폭을 조금 줄여 위로 올린 다음 다시 판축을 한다. 이렇게 여러 번에 걸쳐 다지면 일정한 높이로 판축담 또는 토성을 완성할 수가 있다. 이러한 기법은 이미 한성시대 풍납토성이나 몽촌토성에서도 사용하였던 것이어서 보편화된 건축기법이라 하겠다.

부여군 은산면 금공리에 위치하고 있는 금강사 기단은 황갈색의 점질토를 이용하여 판축으로 다졌는데, 그 한 층의 두께는 얇은 곳은 1cm, 두꺼운 곳은 6cm 정도가 된다. 평균 3~4cm이다. 판축은 다지지 않은 흙을 다졌을 때 약 1/3로 축소된다. 따라서 금강사의 지반은 평균 9~12cm로 흙을 뿌리고 다졌던 것을 알 수 있다. 다짐봉 흔적을 확인할 수 있었는데 대개 지름은 약 3~4cm 정도이다. 이 정도의 다짐봉 직경은 손으로 쉽게 잡을 수 있는 것이었다.

정림사 석탑 지하부분은 맨 아래층에 크기가 65~100cm 정도 되는 석판을 높이 30cm로 깔고 그 위에 토층을 3개 층으로 구분하여 판축을 하였다. 제일 아래층 판축은 약 1~1.3m 정도 두께로 판축을 하고, 그 위에 0.8m 두께로 적갈색 점토질과 황갈색 점토질이 섞인 흙으로 판축을 했는데 한 층의 두께가 얇은 것은 2~3cm, 두꺼운 것은 5~6cm이다. 이 층은 얼마나 단단하게 다졌는지 곡괭이로 파내기도 힘들 정도이다. 제일 상층은 두께 약 30cm로 판축을 하였는데 풍화암층에서 채굴한 미세하고 부드러운 황색 사질토를 단단하게 다져 사용하였다. 최상층의 판축범위는 하층기단 외곽돌 밖으로 60cm까지이다.[2]

이와 같이 큰 석탑이 1500여 년을 손상 없이 견디어 왔다는 사실도 놀라운

---

2) 충남대학교박물관 · 충남도청, 정림사, 1981.

것이지만, 이 탑의 지반에 돌을 전혀 쓰지 않고 흙만으로 달고질 해서 탑을 세웠다는 것은 더욱 경이로운 일이다. 흙만으로 달고질 하여 건축적으로 우수한 기능을 발휘할 수 있는 대표적인 사례를 보여준 것이라 하겠다.

익산 미륵사 중원 목탑의 지반에서도 백제의 건축기술을 잘 발휘하고 있었다. 기단부 상면에서부터 지하로 약 6.5m까지 파내려가서 최하층에는 활석과 흙을 매층 높이 25cm 두께로 번갈아 2m 높이로 깔았다. 활석층은 지하수를 흐르도록 배려한 것이다. 그 위에 정제된 점질토와 사질토로 매층 3~5cm, 두께 4.5m 높이로 판축을 한 다음 그 위에 탑을 세웠다. 부여 능사에서도 판축기법을 사용하여 지반을 다진 흔적이 발견되었다.

용정리절터의 목탑 지반에서는 매우 특이한 기술이 확인되었다. 탑을 세웠던 지하에서는 약 40단 정도로 정교하게 판축으로 지반을 다졌는데 지반 최하층에서 높이 1.6m와 2.6m 되는 곳에서 두께 05.~1.0cm의 산화철로 이루어진 얇은 토층이 발견되었다. 즉 원판은 산화되어 버렸지만 얇은 철판을 약 1m 간격으로 2개를 깔았다는 것이다.[3] 이것은 지하로부터 올라오는 습기를 방지하려는 의도도 있지만 지반이 부동침하 되는 것을 방지하기 위한 축조기술이었던 것으로 보인다. 즉 철판을 깔아 지반 전체를 일체화 하여 한쪽으로 지반이 내려앉는 것을 방지하려는 건축기술인 것이다. 이러한 지반 기술은 지금까지 한 번도 확인되지 않은 것으로 백제만이 발휘했던 지반구축 기술이었다고 하겠다. 판축기법을 이용한 지반은 이미 백제에서는

사진 14. 익산 미륵사 중원탑 지반 구조

---

3) 부여군, 백제의 고도 부여 -그 역사와 문화의 발자취-, 158쪽, 꿈이있는집, 1998.

보편적으로 사용되는 건축기법이 되었고 나아가 철판을 지반구축공사에 사용한 것은 다른 곳에서 볼 수 없는 독특하고 발달된 백제만의 건축기술이었다고 할 수 있다(사진 14).

4. 기단(基壇) 만들기

기단은 건물은 단위에 세우는 토대인데 평평한 지반을 조금 높여 습기를 방지하거나 해충으로부터 보호 기능을 하는 건축 구조 요소이다. 기단은 만드는 재료에 따라 여러 가지가 있는데 단순히 흙을 단단히 다져 만드는 토단, 돌을 쌓아 만드는 석축기단, 잘 가공된 돌을 짜 맞춰 만든 석조 가구식기단, 벽돌을 쌓아 만든 전축(塼築)기단, 기와를 쌓아 만든 와축(瓦築)기단 등이 있다.

백제의 기단에 대해서는 현존하는 몇 개의 실례가 있다. 가장 기본적인 방법으로 판축기법이 있는데 이미 몽촌토성, 풍납동 토성, 그리고 공산성에서 판축기법으로 성벽을 쌓은 흔적이 발견되었고 부소산성에서도 사용되었음을 알 수 있다. 이러한 판축기단은 이미 백제시대에 보편화되었던 기법이라 하겠다. 판축만으로 기단을 만든 것은 대규모 건물이나 권위건축에서는 불가능하고 판축 위에 다른 견고한 재료를 혼용함으로써 가능한 것이다. 다만 성을 쌓거나 소규모 건축에서는 판축기단이 이용되었다고 본다. 그러나 일반 건축물에서는 기단토를 생토층 그대로 이용하며 다만 초석 하부에만 석비래(석회, 모래, 자갈을 섞어 만드는 것으로 요즘의 콘크리트와 같다)를 넣어 다지거나 판축으로 다져 단단하게 만든다. 이와 같이 흙으로 기단을 만들 경우 가장자리는 반드시 돌이나 기와를 쌓아 기단 흙이 부스러지거나 빗물에 씻겨나가지 않도록 해야 한다.

돌로 만드는 기단의 경우 대부분 가운데는 흙을 채우고 주변에만 돌을

사진 15. 정림사 금당기단 컴퓨터 복원(시공테크(주) 제공)

쌓거나 짜 맞추어 마무리를 하게 된다. 돌을 이용할 경우 자연석을 그대로 써서 만드는 석축기단과 돌을 가공하며 맞춰 세우는 가구식기법이 있다. 자연석을 쌓아 만드는 기단은 주변에서 흔히 구할 수 있는 돌을 이용하기 때문에 특별한 건물이 아니면 일반적으로 이러한 석축으로 기단을 만든다.

정림사의 대부분 건물기단은 돌을 가공하여 가구처럼 짜맞춘 가구식기단으로 만들었다. 그 흔적이 많이 남아있지 않지만 몇 개의 유물로 짐작해 볼 때 가구식 기간으로 만든 것이 틀림없다(사진 15).

그러나 궁궐이나 중요사찰 건물을 제외한 일반건물에서는 자연석이나 막돌을 이용하기도 한다. 당시 사용했던 기단유형과 기법은 다음과 같다.

1) 가구식 석조기단

돌을 가공하여 맞춰 세우는 기단은 특별한 건축물에 사용된다. 예를 들면 궁궐이나 사찰에서도 금당, 강당, 불탑 등과 같이 중요한 건축물에 사용하였다.

정림사지 5층 석탑이나 미륵사 서탑은 현재까지 남아 있는 백제의 석조건축물이다(사진 16). 이 석탑은 기본적인 재료가 내구성을 지니고 있고 지반 또한 판축으로 다져 만들었다. 미륵사 석탑의 기단부는 지대석을 놓고 탱주와 우

사진 16. 정림사 5층석탑기단

주를 세우고 갑석을 끼운 다음 면석으로 마무리한 발달된 기술로서 마치 목구조의 가구를 보는 것과 같다(사진 17). 이와 같이 견고한 지반 위에 장대석으로 기단을 조성하였기 때문에 1500여 년이 지난 지금까지도 그 형태를 유지할 수가 있었던 것이다.

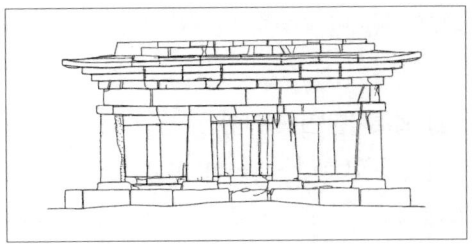
사진 17. 익산 미륵사 석탑기단

사찰에서 목조건축물을 짓기 위해 만들었던 가구식 기단은 여러 곳에 유적이 남아 있다. 금강사지 금당

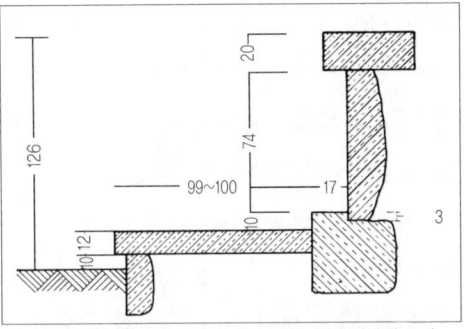
사진 18. 익산 미륵사 동금당기단 복원 단면도(단위 : cm)

은 지대석 상면에 면석을 세워놓은 턱을 안쪽으로 깎아내고 또 기단의 모서리에만 귀기둥을 세웠던 흔적이 남아 있다. 목탑지에서도 이러한 2중기단 흔적이 확인 되었다. 능사의 탑과 금당에서도 2중기단을 만들었다는 사실이 유구를 통해 확인되었다. 금당에서는 상층기단의 하대석 일부와 하층기단석 일부, 탑터에서는 기단 서쪽에서 하층기단과 상층기단의 하대석이 남아 있어 2중기단이었다는 것을 알 수 있다. 익산 미륵사 금당의 기단 역시 2중기단인데 하층기단에는 지대석과 면석의 구별이 없는 판석 장석재 위 외면에 돌출되게 판석장의 갑석을 올렸고 상층기단에는 지대석 상면 외각과 갑석상면 외각에 한단의 꺾임이 없는 형식이고 단지 면석이 닿는 부분에만 아주 얇은 턱이 있을 뿐이다(사진 18).

이와 같은 2중기단은 정림사 금당과 강당에서도 사용했던 것으로 추정되고 이는 백제건축에서 볼 수 있는 또 하나의 특징이라 하겠다.

2) 와축기단(瓦築基壇)

백제의 기단 중 특이한 것으로 와축기단(또는 와적기단)이 있다. 이 기단은 와편을 여러 층으로 쌓아 만든 기법인데 왕궁, 사찰, 일반건물 등 거의 모든 건물에 사용되었다. 사찰 중에는 정림사지를 비롯하여 왕흥사지, 능사, 금성산 절터(傳 天王寺址), 군수리사지, 부소산 폐사지, 규암면 유적지[4] 등에서 이 기법을 사용한 기단이 보인다. 또한 사찰이 아닌 건물로서 부여 관북리 추정왕궁지[5], 부소산성 서문지 주변건물, 규암면 건물서편 등에서 와축기단을 볼 수 있다.

능사에서는 탑과 금당을 제외한 강당, 강당동익랑채(불명건물지 I), 강당동서익랑채(공방지 II), 동회랑북편건물(불명건물지 II), 서회랑북편건물(공방지 I), 서회랑밖부속건물 그리고 회랑 모두 잡석기단과 와축기단을 혼용한 기단이다. 이렇게 와축기단이 부분적으로 사용된 것은 기단을 보수하면서 폐와를 이용하였기 때문인 것으로 보인다. 이 절터에서 보이는 와축기단의 기법은 폐기와를 한층 한층 횡으로 나란히 쌓아 올린 것으로 자연석기단과 함께 사용하고 있다(사진 19).

사진 19. 부여 능사 강당터 와축기단

금성산 절터로 추정되는 건

---

4) 朝鮮古蹟研究會, 扶餘に於ける百濟寺址の調査(槪要), 『昭和15·16年 古蹟調査報告』 1940·1941.
5) 윤무병, 『부여관북리 백제유적 발굴조사보고(II)』, 충남대학교 박물관, 1999.

물터에서도 와축기단이 확인되었는데 이 건물터기단은 기단 거의 대부분을 기와를 쌓아 만든 와축기단이다. 이 기단 역시 능사에서 보는 것과 같이 암키와를 횡으로 나란히 여러층 쌓아 만든 기법을 사용하고 있다. 이러한 와축기단은 백제에서는 일반적으로 많이 사용하고 있는 보편화 된 기법이라 하겠다(사진 20).

사진 20. 부여 금성산 절터 와축기단

군수리사지 금당터의 기단 규모는 동서 약 27m, 남북 약 18m였고 기와를 세워 쌓은 와축기단이었다. 다른 곳에서는 기와를 눕혀 쌓아 만든 기단인데 비해 군수리사지 금당의 와축기단은 기와를 옆으로 나란히 세워 놓은 수직횡열식기법이다. 그런데 군수리절터의 탑기단의 와축은 매우 특이하다. 즉, 기와 하나를 가운데 세우고 그 양 옆에 '人'자 모양으로 여러 겹 기울여 세워 만든

사진 21. 군수리절 탑터의 합장식 와축기단

사진 22. 군수리절 금당터 수직식 와축기단

합장식기법을 쓰고 있다. 이런 모양의 와축기단은 군수리사지 탑에서만 보이는 기법이라 하겠다(사진 21). 군수리절터 강당에서는 합장식기법 외에 일반적인 옆으로 눕혀 쌓은 와축기단을 사용하고 있다. 이렇듯 한 사찰 내에서도 여러 기법의 와축기단이 사용되고 있었던 것이다. 이는 여러 시기에 걸쳐 보수과정에서 나타난 결과인 것으로 추정된다(사진 22).

백제 사찰에서 사용하고 있는 와축기단은 그 기법에 따라 평적식, 합장식, 수직횡열식의 세 가지로 구분된다. 평적식 와축기단은 기와편을 한층한층 쌓아 일정한 높이로 기단을 만드는 와축기법이다. 와축기단 중 구조적으로 가장 단단하게 만들 수 있는 기법이면서 기와 수요가 가장 많은 축조기법이다. 합장식 와축기단은 기와를 경사지게 맞댄 기법으로 외부 형태가 독특하지만 하중이 크면 와축이 밀려날 우려가 있다. 구조적으로 평적기법에 비해 약할 수 있으나 문양이 독특하게 표현되는 점이 있다.

〈표 3〉 백제 와축기단 유형과 기법

기단형식	사진		기법의 특징	적용된 백제건축	
	입면	단면		사찰	기타건축
평적식			기와편을 눕혀 한층한층 쌓아 만드는 기법으로 와축기단 중 구조적으로 가장 단단한 기법이다. 기와가 가장 많이 쓰이는 기법이다. 모양이 단순하고 높이 쌓을 수 있는 기법이다.	능사(공방지Ⅰ) 부소산사지 군수리사지 정림사지 왕흥사지	관북리 왕궁지 부소산성 서문지 금성산 건물지 규암면 외리유적
합장식			기와를 경사지게 맞댄 기법 하중이 크면 와축이 밀려날 우려가 있다. 외부 문양이 독특하게 표현된다. 형태에 비해 실용성이 떨어짐.	군수리사지 탑기단	
수직 횡열식			기단 외곽에 기와를 세워 만드는 기법 외부로 기와면만 보이는 단순한 형태 기와가 가장 적게 쓰이는 기법 기단토가 밖으로 밀려날 수 있슴 기단의 높이가 한정됨(높은 기단 불가능)	군수리사지	관북리 유적

독특한 문양에 비해 실용성은 떨어진다고 할 수 있다. 수직횡열식 와축기단은 기단 외부로 돌아가면서 기와를 세워 만드는 기법인데 외부 형태로 보면 기와면만 보이는 간단한 기법이다. 이 기법은 앞에서 언급한 2개의 와축기단에 비해 기와 수요가 가장 적게 드는 반면 기단토가 단단하지 않으면 밖으로 밀려나는 단점을 지니고 있다. 기와를 세울 때 다른 2개의 기법은 와편을 이용할 수 있지만 이 기법은 기와 완제품을 사용해야 하는 점이 다르다. 또한 이 기단은 높이를 기와 한 장 이내로 한정할 수밖에 없기 때문에 높은 기단을 만들기는 어렵다. 이 3가지 와축기단은 다른 유형의 기단기법과 함께 삼국기대에는 백제 사찰건축에 적용된 백제만의 기단기술이라 할 수 있다〈표 3〉.

와축기단은 대개 6세기 전반부터 7세기 후반에 이르는 사비시대 유적에서 주로 사용된 기법이다. 그 중에서 평적식 와축기단은 전시대에 걸쳐 사용된 것에 비해 합장식과 수직횡열식은 6세기 중반의 사찰로 추정되는 군수리사지에서만 사용된 것으로 보인다.[6]

이러한 와축기단은 같은 시기의 고구려나 신라에서는 발견되지 않고 다만 일본에 전해져 교토[京都]의 견원폐사(堅原廢寺), 후쿠오카[福岡]의 축전분국사(筑前分國寺), 혈태폐사(穴太廢寺) 금당, 숭복사 미륵당(崇福寺 彌勒堂), 나라(奈良)의 회외사(檜隈寺, 폐사) 등 여러 불사에 사용되기도 했다. 회외사(檜隈寺) 강당의 경우 기단의 높이가 다른 건물에 비

사진 23. 일본 나라 회외사(檜隈寺) 강당터의 와축기단

---

6) 조원창, 『백제 건축기술의 대일전파』, 서경, 2004.

해 높고 길어 와축 기술이 세련되고 발달된 것으로 보인다. 백제의 건축 기술이 일본에 전해진 사실을 명확하게 보여주는 사례이다(사진 23).

3) 전토(塼土)혼용기단

백제시대 또 하나의 특징적인 기단으로서 전토혼용기단을 들 수 있다. 임류각터에 사용한 실례가 있는 것인데 가로세로 25cm 정도의 전을 깔고 그 위에 3치 높이(약 9cm)로 흙을 덮는데 이것을 3회 반복하여 기단을 만든 것이다. 이렇게 만든 기단이 바닥 전체에 깔려 있었다면 이는 대단히 앞선 기술이라고 할 수 있다. 즉 이와 같은 기단은 건물의 하중이 한쪽으로 집중되더라도 기단부에서 그 무게를 넓게 분포시키게 되므로 집중하중으로 인한 침하를 방지할 수가 있는 것이다. 현대 건축에서 기초를 독립기초로 하지 않고 바닥 전체를 하나의 메트로 깔듯이 만드는 메트공법과 유사한 건축기술이라고 할 수 있다. 이 기법은 그 누구도 생각해 낼 수 없는 독특한 기법이다. 이 기단은 또한 지하로부터 올라오는 습기를 3중으로 깔려 있는 바닥벽돌이 차단해 줌으로써 습기 방지에도 탁월한 효과를 발휘할 수 있게 된다. 이 기단은 집중하중을 고루 분포하는 효과와 지하로부터 습기를 방지하는 2중 효과를 노렸던 고도로 세련되고 앞선 기술이라고 할 수 있다(사진 24).

이 전토혼용 기단은 다른

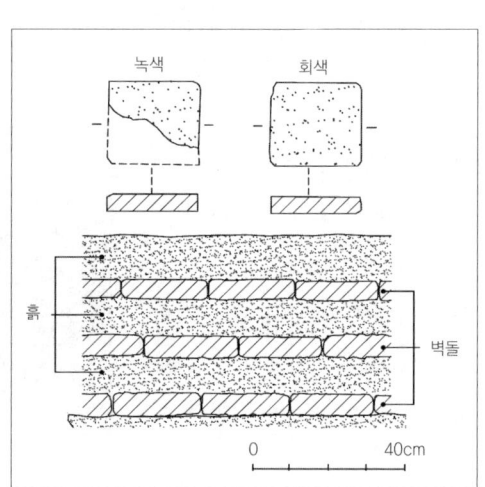

사진 24. 공주 임류각터에서 출토된 전토(塼土)혼용기단

곳에서는 출토된 사례가 없는 것으로 와축기단과 더불어 백제의 독특한 건축기법이라 하겠다.

5. 초석 만들기와 놓기

1) 초석의 유형

초석의 재료는 모두 석질이 견고한 화강암을 썼고, 형태로는 가공한 것과 자연석을 그대로 사용한 것으로 구분된다. 같은 시대 중국 남북조시대에는 장식이 화려한 초석을 사용했었는데 이것과는 달리 백제의 초석은 단순하고 소박한 조형기법을 보여주고 있다.

가공초석은 다듬은 정도에 따라 기둥이 놓이는 상부 전체를 다듬어 사용하는 것과 기둥이 놓이는 자리 즉 주좌(柱座)만 다듬어 가공한 것으로 나누어 볼 수 있다. 주좌 부분을 다듬을 때는 약 2~3㎝ 정도로 돋우는 방법과 기둥을 박을 수 있도록 주공(柱孔)을 파서 만드는 방법이 있는데 주좌의 평면모양은 원형과 방형이 많다. 주좌 주위를 2중 또는 3중으로 단을 주어 다듬는 방법 중에는 주좌와 다른 모양인 경우도 있다. 예를 들면 주좌를 원형으로 하고 주변은 8각형이나 방형으로 하는 것이다. 간혹 주좌를 없애고 인방이 놓이는 자리를 따라가면서 주좌 높이만큼 돋우어놓은 초석 형태도 있다. 백제의 것은 아니지만 같은 시기 고구려의 초석에서 이러한 사례를 확인할 수 있다. 원형 초반(礎

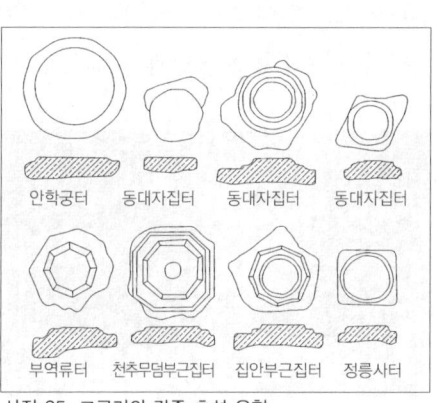

사진 25. 고구려의 각종 초석 유형

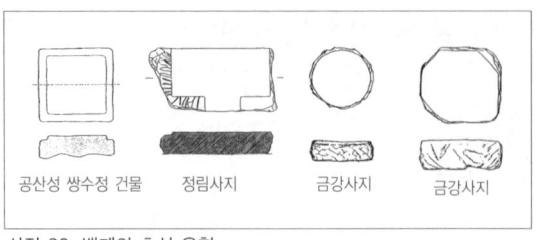

사진 26. 백제의 초석 유형

盤)에 원형주좌를 조각한 것, 자연석 초반에 8각주좌를 조각한 것, 자연석 초반에 8각주좌를 2중으로 조각한 것, 방형초반에 원형주좌를 조각한 것 등 다양한 초석이 사용되었다(사진 25).

 백제의 초석 중에는 주좌 주변에 연화문을 새겨 장식한 것도 있다. 이러한 초석은 주로 왕궁이나 불사의 주요건물에 사용된 듯 하다. 웅진시대 공산성의 왕궁지로 추측되는 곳에서 출토된 초석은 육면체의 방형이다. 기둥이 놓이는 상부는 주좌와 주변 모두를 방형으로 돋우어 가공한 것으로 가로 세로 약 1.1m 정도로 매우 큰 편이다. 부여 금강사터의 경우는 거의가 원형이며 주좌 주변도 역시 원형으로 양각하였다(사진 26).

 정림사지의 것으로 짐작되는 초석이 부여향교에 남아 있다. 향교는 원래 다른 곳에 있었으나 조선중기 이곳으로 이전 중건하면서 가까운 정림사의 것을 가져다 쓴 것으로 보인다. 이 초석의 크기는 가로 세로가 80~90㎝ 정도이고 주좌를 새긴 것도 있다(사진 27).

 익산 미륵사 동원 금당과 서원 금당에서는 초석 밑에 반석을 받친 2중초석을 사용하였다. 즉 초석 밑에 가로세로 약 1m, 높이 25㎝ 되는 돌을 놓고 그 위에 가로 세로 약 60~70㎝, 높이 80㎝ 정도 되는 초석에 주좌를 새겨 모서리가 건물의 벽선에 맞춰지도록 세웠다. 일반적으

사진 27. 정림사의 것으로 추정되는 부여 향교 대성전 초석

로 방형초석의 경우 옆면이 벽선에 맞춰 지도록 놓는데 미륵사에서는 모서리가 벽선에 맞도록 세운 특이한 기법을 쓰고 있는 것이다. 이것은 모서리 부분이 하인방의 적심역할을 하도록 하는 것으로 크지 않은 초석의 경우 하인방 받침 면적을 크게 하기 위한 기법이 아닌가 생각된다. 이처럼 미륵사에서는 초석 밑에 반석을 받친 정초기법이나, 초석 모서리를 벽선에 맞춘 기법은 매우 흔치않은 백제의 건축기술인 것이다(사진 28).

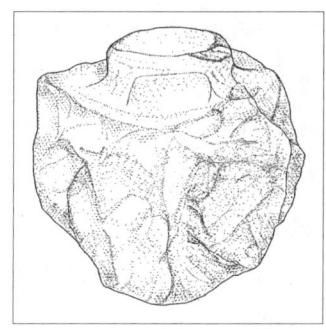

사진 28. 미륵사터 팽이모양 초석

초석에 사용된 석재는 거의 모두 화강석 계통이다. 화강석은 석영과 운모·장석 등을 주성분으로 하는 화성암의 하나로 빛깔은 순백색 또는 담회색으로 석질이 단단하고 결이 고운 특징을 지니고 있다. 이러한 이유로 백제건축의 초석에 화강석이 주로 쓰였던 것이다.

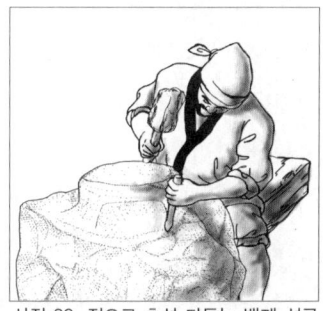

사진 29. 정으로 초석 다듬는 백제 석공

초석을 다듬을 때는 정을 사용한다. 정의 종류에는 크게 자루가 달려 손메처럼 생긴 자루정과 자루 없이 통쇠로 된 정으로 구분된다. 표면을 다듬는 데는 날망치, 도드락망치 등이 사용된다(사진29).

2) 초석 놓기

지반을 잘 다져 기단을 만들고 미리 다듬어 놓은 초석을 놓는다. 초석은 장구한 세월에 침하 되거나 파손 없이 지속되어야 한다. 그래서 대부분의 주춧돌은 단단한 돌로 만들고 침하되지 않는 각종 방법을 사용하였다. 초석을 놓을 때는 초석 밑을 생땅이 나올 때까지 판 다음 석비례를 부으면서 다져 초석을 놓는 방법이 있고(立砂基礎), 판축으로 다진 다음 초석을 놓는 방법, 다진 다음 적심석 위에 초석을 놓는 방법 등 다양한 방법이 쓰여졌다.

사진 30. 미륵사 서금당 초석은 초반 위에 별도의 초석을 올렸다.

부여 금강사 절터의 강당과 회랑지 초석은 마치 팽이와 같은 모양인데 이것은 초석을 먼저 놓고 적심석을 나중에 쐐기처럼 끼워 수평을 맞추는 독특한 기법을 사용한 것이다. 익산 미륵사 동원 동회랑지에서도 이와같이 밑면이 뾰족한 팽이형 초석에 적심석을 끼운 초석이 사용되었다. 서금당 초석은 지반 위에 초반(礎盤)을 놓고 그 위에 초석을 놓는 기법을 썼다 (사진 30). 부여 금성산 남록에서 발굴된 절터에서도 적심석을 깔고 초석을 올려놓은 사례가 발견되었다. 임류각터에서 발견된 초석 밑에는 받침 적심을 2~3장의 부정형 판석으로 맞추어 평평하게 놓았다. 이러한 적심석은 백제에서 흔히 사용했던 것으로 보인다.

고대에는 이 적심석 자체를 초석으로 이용했을 가능성도 있어 혹시 그 랭이초석을 쓰지 않았을까 하는 추정도 해본다. 그랭이 초석은 주로 덤벙주초에 사용하는 방법으로 덤벙주초는 자연스럽게 생긴 울퉁불퉁한 돌을 초석으로 삼는 것이다(사진 31). 이렇게 막생긴 '덤벙주초석' 위에 기둥을 세

사진 31. 덤벙주초 놓는 모습

운다. 이때 사용되는 기법이 '그래질' 또는 '그랭이질'이다. 선조들이 만들어낸 기가 막힌 기술이다. 그래질에는 '그래자'를 쓴다. 얇은 대나무로 마치 핀셋 같이 만들어 한쪽 가닥에는 칼질을 하여 먹물을 묻힌다. 초석

사진 32. 덤벙주초석 위에 그랭이질 한 기둥을 세운 모습(기둥 밑둥에는 백반이나 소금을 넣어 둔다.)

위에 기둥을 임시로 세운 다음 그래자의 한 가닥은 초석에, 먹을 묻힌 다른 가닥은 기둥 밑동에 댄다. 그리고 초석에 밀착시킨 다음 기둥둘레를 한바퀴 돌면 초석의 모양대로 기둥에 그려지게 된다. 그려진 밑동을 잘라내면 초석의 들쑥날쑥한 부분과 정확하게 밀착되는 것이다. 틈이 있으면 벌레나 습기가 스며들어 썩기 쉽다. 이를 방지하기 위하여 기둥뿌리 가운데를 조금 파내고 소금이나 백반을 넣어 두기도 한다(사진 32). 돌과 돌을 밀착시킬 때도 이 기술을 사용한다.

초석의 상면 높이는 기단표면에서 높이 약 1자 정도로 하는데 습기가 많은 곳에서는 이보다 더 높게 한다. 특히 지붕이 높거나 수면에는 높이가 3자 이상 되는 장초석을 세우기도 한다.

초석을 놓을 때는 먼저 건물 주변에 규준틀을 설치하고 가로 세로 기준선과 개략적인 수평을 맞춘 다음 이것에 맞추어 초석을 놓는다. 이때 기둥이 세워지는 상면을 가능한 한 수평이 되도록 놓고 움직이지 않도록 전후좌우에 굄돌로 단단히 고정시킨다.

6. 기둥(柱, 楹) 만들기와 세우기

1) 기둥 만들기

기둥은 건축의 내부공간을 만들기 위해서 반드시 있어야 하는 구조 요소이다. 기둥이 사용된 시기는 아주 오래 전 인간이 동굴주거를 나와 움집을 만들 때부터라고 생각한다. 선사시대 움집을 만들기 시작하면서 기둥이 집을 지탱하는데 중요한 구조 요소가 되었던 것이다.

사진 33. 미륵사 서탑 탑신 기둥은 위가 좁고 아래가 넓은 민흘림기둥이다.

백제 건축의 기둥은 목구조로는 남아 있는 것이 없고 다만 정림사지 5층 석탑과 미륵사지 서탑과 같은 석조건축물에 흔적이 남아있다(사진 33). 백제의 유구와는 달리 중국 남북조시대의 기둥자료는 석굴사원이나 석조물 등에 비교적 잘 남아있어 비교대상이 되고 있다(사진 34).

백제 때 사용된 기둥 형태를 추정해 보면 단면 형태로 방형, 원형이 사용되었을 것으로 추측되나 8각주는 사용되었는지 분명히 알 수 없다. 그러나 공주 서혈사지 초석에 주좌 주변을 8각으로 새긴 것이 있고, 백제는 아니지만 동시대의 고구려 벽화고분인 쌍영총, 태성리 1호분, 안악 3호분, 요동성총에서도 8각주가 사

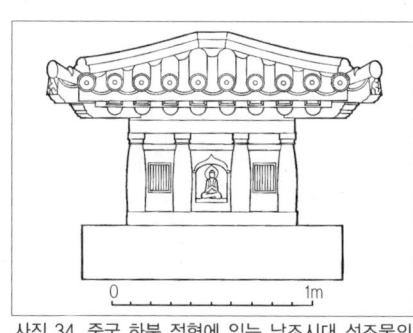

사진 34. 중국 하북 정현에 있는 남조시대 석조물의 배흘림기둥

용된 실례가 있다. 실제로 기둥이 놓일 자리를 8각으로 돋우어 새겨 사용한 초석도 남아 있어 백제에서도 8각주를 사용했을 것으로 추정되지만 현존하는 기둥이 없어 단정하기가 어렵다. 전체적인 외형으로 볼 때 흔히 상하 폭이 같은 통기둥과 미륵사 서탑에서와 같이 상부가 좁은 민흘림기둥이 일반적으로 사용되었을 것으로 보인다. 이와 같은 민흘림기둥은 위아래 굵기가 같은 통기둥보다 심미적으로 강한 구조로 보이기 때문에 이러한 기둥 형태는 많이 사용되었을 것으로 생각된다.

사진 35. 우리나라 목조건축 중에서 오래된 부석사 무량수전 배흘림 기둥(고려 중기)

 기둥 만드는 기술에서 또한 가장 인지공학적 아름다움과 자연스러운 기술은 배흘림이다. 기둥을 만들 때 중간부분을 불룩하게 함으로써 아름다운 안정성을 보여준다. 배흘림은 아무렇게나 만드는 것이 아니라 기둥 높이에 따라 굵기가 달라진다. 그 굵기는 밑둥에서 1/3 되는 부분이 가장 불룩해야 최고의 멋이다. 부석사 무량수전, 강릉 객사문 기둥에서 대표적인 사례를 볼 수 있다(사진 35).

 가장 자연스러운 기둥은 생긴 그대로의 원목을 이용한 기둥이다. 가공하지 않고 자란 그대로를 그 방위에 맞춰 세우는 기둥이다. 나무가 자란 방위를 다르게 세우면 틀어질 염려가 있기 때문이다. 밑둥이 굵어 안정된 모습이기도 하거니와 가공하지 않은 나무의 역학을 최대한 이용하려는 원리이다.

 배흘림기둥도 사용된 것으로 추정된다. 이미 이 시기가 되면 건축 기술이 완숙단계로 접어들었고, 기술이 완숙기에 접어들면 장식화 현상이 일

어나면서 다른 한 편으로는 뒤떨어진 지역에 기술이 전이되는 현상이 나타나게 된다. 사비시기 백제의 건축 기술이 신라와 왜로 넘어갔다는 것은 기술이 상당한

사진 36. 백제 장인이 자귀로 기둥 다듬는 모습

수준에 도달했음을 말해주는 것이므로 배흘림기둥이 사용되었다는 것은 쉽게 짐작이 된다. 뿐만 아니라 동 시대 중국의 남북조시대 북제(北齊)에서 비례적으로 완벽한 실례를 사용한 흔적이 있으므로[7] 백제에서도 배흘림기둥을 사용했을 것으로 추측된다.

 기둥을 다듬을 때는 먼저 방형 모기둥으로 깎은 다음 8각형으로 다듬고, 다시 모를 다듬어 16각으로 만든 다음 16모를 다듬어 원형기둥으로 만든다. 이때 사용하는 연장은 대패가 아니라 '자귀'다. 자귀는 도끼와 비슷하게 생긴 것인데 날이 도끼와 달리 자루에 직각방향으로 달려 있다. 대패보다 훨씬 이전부터 쓰여지던 연장이다(사진 36).

2) 기둥세우기

 기둥 간격은 건물의 칸수를 나타내는 기본 모듈이 된다. 건물에 따라서 기둥 간격이 다르다. 궁궐이나 사찰, 향교, 서원 등에서는 건물의 규모가

---

7) 河北省 定興縣에 있는 北齊시대에 만든 '義慈惠石柱' 상부에 축소해 만든 건축 모양 감실이 있는데, 감실 기둥에 완벽한 배흘림기법이 사용되었다.

크고 높아서 기둥의 직경도 이것에 따라 크고 굵다. 또한 건물에 따라서는 정면과 측면의 기둥 간격이 다른 경우가 많다. 정면의 경우 횡으로 도리(道里)가 걸리므로 최소한 8자 이상으로 하고 긴 경우에는 20자(약 6m) 이상 되는 경우도 있다. 측면의 기둥간격은 보(樑)가 걸리므로 이보다 더 길어지기도 한다. 우리나라 현존하는 목조건물 중에서 기둥 간격이 가장 넓은 것은 경복궁 근정전 보간 거리로서 약 35자(10.65m)이다.

최근 정림사 복원을 위한 연구 과정에서 기둥 간격을 기준으로 용척을 고찰해본 결과 1자의 크기가 33㎝인 것으로 분석되었다. 이는 30.1㎝인 동위척(東魏尺)보다 큰 것이어서 오히려 약 35㎝ 내외인 고려척(高麗尺)에 가깝다. 용척 분석 결과를 적용하여 정림사 건물의 기둥 간격을 유추해보면 다음과 같다〈표 4〉.

〈표 4〉 분석용척을 적용한 정림사 금당의 기둥 간격(단위: 자, ( )안은 m)

정면 : 7칸, 길이 : 57(18.81m)						
서차양칸	서협칸	서1번칸	어칸	동1번칸	동협칸	동차양칸
5.5(1.815)	8.0(2.64)	10(3.30)	10.0(3.30)	10(3.30)	8.0(2.64)	5.5(1.815)
측면 : 5칸, 길이 : 41(13.53m)						
북차양칸		북협칸	어칸	남협칸		남차양칸
5.5(1.815)		8.0(2.64)	14.0(4.62)	8.0(2.64)		5.5(1.815)

금당은 정면 7칸, 측면 5칸 건물이다. 정면 어칸과 그 좌우 칸이 각각 10자(3.3m)이고, 그 다음 칸은 8자(2.64m), 차양칸은 5.5자(1.815m)로 추정되었다. 측면은 가운데 어칸이 14자(4.62m)이고 다음 칸은 8자(2.64m), 차양칸은 정면 차양칸과 같은 5.5자(1.815m)이다. 이러한 기둥배치를 보면 대체적으로 어칸의 간격을 넓게하고 양 끝 협칸으로 갈수록 기둥 간격을 좁게 한 것을 알 수 있다. 이런 기둥 배치는 건물의 조형에서 중심을

사진 37. 정림사 금당 하층 기둥 세운 모습(시 공테크(주) 제공)

강조하여 건물의 품격을 높여주는 결과를 가져오게 된다. 기둥 배치에서도 백제 장인의 세심한 배려가 엿보인다(사진37).

기둥의 직경은 내진주의 경우 최대 66cm(하부 59.4cm, 상부 52.8cm)일 것으로 추정되고, 차양칸의 외진기둥은 최대 43cm(하부 39.6cm, 상부 36.5cm) 정도일 것으로 추정하고 있다. 모든 기둥은 배흘림을 지니고 있는 것으로 생각된다(사진 38).

강당은 정면 7칸, 측면 3칸으로 금당보다 세장한 장방형 평면이다. 기둥 간격을 분석하면 정면 어칸이 13자(4.28m)이고 그 양 협칸 2칸씩은 각각 10.8자(3.56m), 양 협칸은 각각 8.6자(2.85m)이다. 측면은 가운데 어칸이 15.7자(5.17m)이고 양 협칸은 정면과 똑 같은 8.6자(2.85m)이다. 사찰 내 전각 중에서 강당은 금당에 비해 중요도는 떨어지지만 그러나 없어서는 안될 중요한 건물이다. 이 건물 역시 어칸의 중요성을 강조하고 있다〈표 5〉.

이렇게 계획된 건물에 기둥 위치가 결정되면 그 동안 치목해 두었던 기둥을 하나씩 세우게 된다. 기둥의 단면은 건물의 성격, 기능, 규모에 따라 그 건물에 맞춰 결정된다. 금당이나 목탑, 강당과 같은 사찰의 주요 건물은 대개

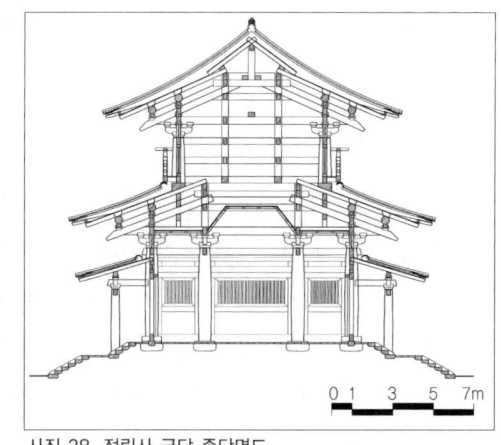

사진 38. 정림사 금당 종단면도

<표 5> 분석용척을 적용한 정림사 강당의 기둥 간격(단위: 자, ( )안은 m)

정면 : 7칸, 길이 : 73.4(24.22m)							
서협칸	서2번칸	서1번칸	어칸	동1번칸	동2번칸	동협칸	
8.6(2.85)	10.8(3.56)	10.8(3.56)	13.0(4.28)	10.8(3.56)	10.8(3.56)	8.6(2.85)	
측면 : 3칸, 길이 : 32.9(10.87m)							
북협칸		어칸			남협칸		
8.6(2.85)		15.7(5.17)			8.6(2.85)		

배흘림이 있는 원기둥을 사용한다. 기둥 치목이 끝나면 한 쪽에 하나씩 가지런히 쌓아 둔다. 초석이 놓이면 그 위에 기둥을 수직으로 세우고 높이에 따라 그랭이질을 하여 기둥 머리 마구리면이 수평을 유지하도록 맞춰 놓는다(사진 39).

기둥치목이 어느 정도 완성되어 가면 마지막으로 배흘림을 만들고 필요에 따라 위 아래마구리에 촉이나 촉구멍을 내둔다. 기둥 위의 촉은 주두

사진 39. 배흘림 기둥 세운 모습

를 고정시키기 위한 것이고 기둥 밑둥의 촉은 초석에 단단히 고정시키는 기능을 하게 된다. 기둥 밑둥에 촉을 만드는 것은 그리 흔한 기법은 아니며 백제 건축에서 간혹 보이는 기법이다. 지금은 사용하지 않는 기법이다. 부여 금강사터 목탑의 경우 탑 중심에 옥심주(屋心柱)를 세웠는데 이때 기둥 밑에 촉을 만들고 초석에도 구멍을 뚫어 세운 것을 알 수 있다. 간혹 보통초석에도 기둥구멍(柱孔)을 만든 것이 있는데 이런 기법이 간간이 사용되었음을 알 수 있다.

능사 목탑은 정면과 측면이 각각 3 칸으로 1층 기둥은 옥심주를 포함하여 모두 17개가 세워졌다. 출토된 탄화목재를 분석한 결과 거의 모두가 소나무를 사용했던 것으로 확인되었다. 그러나 사리감을 내장했던 옥심주는 방형기둥이고, 느티나무였다는

사진 40. 대전 월평산성 출토 백제 목곽 기둥촉 구멍

것이 밝혀졌다. 느티나무는 마찰과 충격에 강하고 비중이 무겁고 목질이 단단한 특징을 지니고 있다. 또한 휨성이 좋고 강도가 크며 페놀성분인 케야키닌이라는 특수한 성분을 함유하고 있어 내수성과 함께 방충, 방부성이 우수한 나무이다. 이 나무는 소나무에 비해 수량이 적어 옛날부터 구하기 어려워 특별히 귀한 건축물의 특별한 기둥에만 사용하였다. 능사에서 목탑의 옥심주에 느티나무를 사용한 것은 특별한 의미가 있었던 것이다.

사찰건축은 아니지만 대전 월평동 산성에서 백제시대의 지하 저장시설이 발견되었다. 이때 세운 기둥은 방형기둥이고 바닥은 상투머리와 같은 촉을 만들어 끼워서 고정하였다(사진 40). 기둥 단면을 방형으로 하고 기둥에 홈을 파서 판재를 끼우도록 만들었다. 이 저장시설은 지하를 파낸 다음 사방 가장자리 쪽으로 받침목을 깔고 모서리에 기둥을 세우고 기둥과 기둥 사이에 판재를 끼워 벽을 만들었다(사진 41). 이렇게 지하시설을 만들기 위해서는 치목기술이 발달하지 않으면 안된다. 치목기술은 건축연장이 발달

사진 41. 대전 월평산성에서 출토된 백제시대 목곽 기둥

하면 할수록 우수한 기술을 발휘할 수 있다. 따라서 이당시 건축 연장이 매우 발달되었다는 것을 이 유적으로 알 수 있다.

한편 기둥을 세우는 2가지 기법은 인간의 심리를 가장 잘 이용한 기술이다. 하나는 '귀솟음'이고 다른 하나는 '안쏠림'이다. '귀솟음'은 가운데 기둥보다 양쪽 귀퉁이 기둥 높이를 조금 높게 만드는 것이다. 우리나라 건축은 긴 장변이 정면이고 짧은 단변이 측면이 된다. 따라서 건물을 정면에서 보면 양쪽이 쳐져 보이는 것이 당연한 이치이다. 착시현상이라고 하는데 착시를 바르게 교정하기 위해서는 양쪽 귀기둥을 약간 솟게 만든다. 사람의 눈높이에서 건물을 볼 때 기둥을 수직으로 바로 세우면 기둥이 높아서 귀기둥 윗 부분이 약간 벌어져 보이는 것도 착시현상이다. 이것을 바로 교정하기 위해 양쪽 귀기둥을 조금 안쪽으로 기울여 세우는 것을 '안쏠림'이라고 한다. 이 또한 인간의 착시를 교정하기 위한 선조들의 기술이다.

초석에 기둥을 단단히 밀착시키기 위하여 그랭이질을 하는데 잘려지는 그랭이발을 감안하여 기둥의 길이는 반드시 조금 여유 있게 두어야 한다. 기둥머리 부분에서는 장여, 보, 도리를 맞춰 끼우기 위하여 '十'자 모양의 화통가지를 파두어야 한다.

7. 보(樑)와 도리(道里) 걸기

기둥이 세워지면 기둥 상부에 보와 도리를 걸게 된다. 보(樑)는 정면에서 건물을 바라볼 때 전후방향(종방향)으로 걸치는 기둥 위 부재이고, 도리(道里)는 좌우방향(횡방향)으로 걸치는 기둥 위 부재이다. 우리나라 목조건축의 특성상 전후방향은 지붕 경사 때문에 길이가 어느 정도 제한되지만 좌우방향은 한없이 길어질 수가 있다. 즉 회랑과 같은 구조를 옆으로 길게 잇는 구조를 생각하면 이해가 될 것이다.

보(樑)는 기둥 바로 위에서 건물의 전후방향으로 놓여지는 부재로 지붕의 무게를 받아주는 역할을 한다. 특히 대들보가 보이도록 노출되는 경우가 많아 구조적 안정성과 더불어 장식적 효과도 나타낼 수 있어야 한다. 목수들의 집 짓는 솜씨를 가름할 수 있는 부분이기도 하다. 집의 크기에 따라 보의 숫자도 달라진다. 3량집의 경우 보가 1개이지만 반5량집이나 5량집 이상이 되면 보가 2개 이상이 된다. 기둥 바로 위에 걸치는 것이 대들보(大樑)이고 대들보 위에 중보(中樑)·종보(宗樑)가 올라간다. 퇴칸에는 퇴량이 걸린다.

보의 크기는 곧 단면의 크기를 말한다. 보의 크기는 집에 비해 너무 작아서도 안되고 너무 커서도 안된다. 보의 나비가 기둥 나비보다 크면 기둥 면이 감추어져 모양새가 나지 않는다. 이때는 기둥에 끼워지는 보 부분을 숭어턱으로 굴려 깎아 기둥나비가 보 나비보다 조금 크게 보이도록 한다(사진 42). 대들보의 단면은 대개 보폭:보춤을 3:4로 하고 보춤은 기둥간격의 1/8~1/14 범위 내로 한다. 그러나 주택에서는 1/10~1/12의 범위로 한다. 예를 들어 주택의 경우 안대청에는 2칸 길이에 대들보를 올리게 되는데 보가 걸리는 기둥 간격은 16자(약 4.8m)가 된다. 이때 보의 춤은 16자의 1/10~1/12이므로 1.6자~1.3자 정도가 된다.

보는 내부에 천정을 하지 않을 경우 드러나게 된다. 그 모양이 숨김없이 보여지기 때문

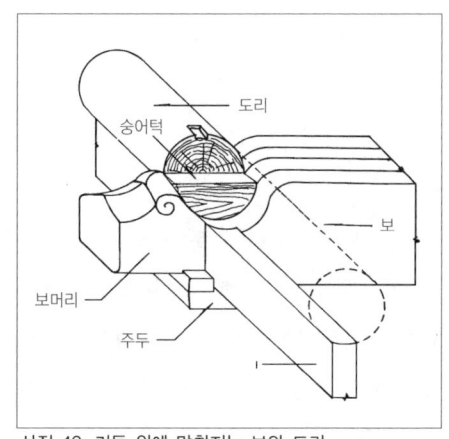

사진 42. 기둥 위에 맞춰지는 보와 도리

에 보를 잘 다듬어야 아름다운 구조미를 표현할 수 있다 (사진 43). 이런 이유로 현재 남아 있는 고려시대 건물을 보면 보의 모양에 많은 신경을 썼다. 특히 단면 형태를 위아래가 좌우보다 높은 항아리 모양으로 만들었다. 즉

사진 43. 치목해 놓은 보머리

아래를 좁게 하고 상부로 갈수록 넓게 마무리하는 것이었다.

그러나 백제시대에도 이와 같이 단면이 큰 보를 사용했는지는 알 수가 없다. 내부에 기둥을 생략하지 않고 일정한 격자로 기둥을 세울 경우 작은 보와 여러 개의 장혀를 이용하여 지붕틀을 만들 수가 있다. 내부에 기둥을 많이 세울 경우 특별히 단면이 큰 보를 사용하지 않아도 구조적으로 안전하게 건축물을 세울 수가 있는 것이다. 따라서 감주법(減柱法 : 실내 공간을 넓게 쓰기 위하여 내부 기둥을 부분적으로 제거하는 기법)이 없었던 백제시기에는 단면이 특별히 큰 보를 사용하지 않고 대신 작은 보와 함께 장혀와 같은 부재를 많이 사용했을 가능성도 있다.

목조건물의 기본 구조는 도리의 숫자로 설명되는데 3량집, 4량집, 반오량집, 5량집, 7량집, 9량집, 11량집 등으로 부른다. 도리는 위치에 따라 기본적으로 외진(外陣)기둥 위에 걸리는 주심도리, 주심도리 안팎에 걸리는 내목도리와 외목도리, 용마루 위치에 걸리는 종도리, 그리고 종도리와 주심도리 사이에 걸리는 중도리 등이 있다.

도리의 단면 모양에 따라 둥글게 만든 굴도리, 방형으로 만든 납도리, 그리고 흔히 쓰이는 것은 아니지만 8각형 도리도 있다. 굴도리는 납도리보다 만드는 공정이 많고, 상징적인 의미도 높아 고급스러운 건물에 흔히

사용한다. 같은 건물 내에서도 공간의 위계에 따라 굴도리와 납도리는 구분해 사용하기도 한다. 예를 들면 사당에는 굴도리를, 살림채에는 납도리를 쓴다. 솟을대문이 있는 행랑채의 경우 솟을대문에는 굴도리를, 나머지는 납도리를 쓰기도 한다.

사진 44. 정림사 금당 기둥 위 도리와 보를 짜올린 모습(시공테크(주) 제공)

보와 도리의 조립 순서는 기둥 상부에서 횡으로 장여를 먼저 걸고 그 위에 주두를 놓고 종방향으로 보를 끼운 다음 보의 직각방향인 횡방향으로 도리를 끼우게 된다. 도리가 끼워짐으로써 건물의 가장 중요한 기본적인 뼈대가 완성된다(사진 44).

8. 공포(栱包) 짜기와 조립하기

1) 공포란 무엇인가

기둥 바로 위에 복잡하게 설치된 구조체로서 지붕을 받치고 있는 것을 '공포'라고 한다. 얼핏 보면 마치 일부러 장식한 것처럼 보이기도 하지만, 가장 구조적이면서 장식성이 강한 건축 구조이다. 면적이 넓은 지붕의 무게를 받아 기둥에 전달하는 매우 중요한 구조체이다.

공포는 동·서양을 막론하고 매우 특이한 구조체라 하겠다. 특히 동양에서 공포는 신비로운 구조와 색채로 구성되어, 보는 사람들로 하여금 화려함과 흥미를 느끼게 한다. 공포는 한국을 비롯한 중국, 일본 등 동북아 목조건축에 있어서 구조적으로 매우 중요한 위치를 차지하고 있을 뿐만 아니라 건축의 예술적 특징과 구조기술적 성과를 나타내 주는 중요 부분이기도 하다.

지금과 같은 모양의 공포가 언제부터 사용되었는지는 명확치 않다. 다만 오랜 옛날부터 사용 되었다고 추론할 뿐이다. 중국에서는 일반적으로 서주(西周)시대 후반부터 공포가 만들어졌다고 생각하고 있으며 한국

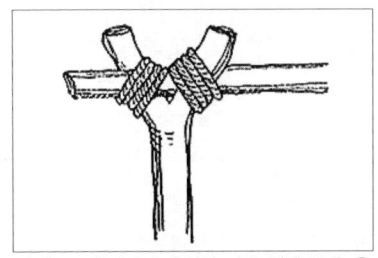

사진 45. 선사시대 움집의 기둥 위에 보를 올린 구조가 공포의 시작이다.

에서는 삼국시대부터 만들어졌을 것으로 생각한다(사진 45).

2) 공포는 어떻게 발전해 왔나

현재와 같은 공포 구조의 시작은 기둥과 도리 사이에 베개받침을 끼워 도리의 전단력을 강화한 것에서 시작하였다. 이때 나타난 기본적인 구성 방법이 단혀형[8]구조이다. 가장 원형적인 형식으로서 주두 없이 기둥상부에 베개모양과 같은 단장혀 부재를 하나 설치하고 그 위에 도리나 보(樑)가 지나가도록 한 간단한 구조이다. 공포의 발전 과정에서 가장 시원적인 형식이라 할 수 있는데 도리와 기둥이 접합되는 지점에 과중한 상부의 하중으로 인해 도리에 집중되는 전단력을 분산시켜 주기 위해 기둥과 도리 사이에 첨차와 같은 부재를 끼워둔 구조이다.

단혀형에서 발전된 구조가 일두이승(一斗二升) 구조이다. 일두이승 구조는 기둥 위에 주두를 놓고 그 위에 첨차를 설치한 다음 첨차 좌우에 소로를 하나씩 설치하는 구조이다. 시원적인 단혀형 구조에서 좀더 발전된 구조라 할 수 있다. 일두이승 구조는 처마를 더 높일 수 있고, 단혀형 구조

---

8) 우리나라에서는 아직 공식화된 명칭은 아니지만 단혀형 부재를 사용하는 것이므로 '단혀형' 구조라고 할 수 있을 것이다. 중국에서는 '實拍栱'이라고 한다.

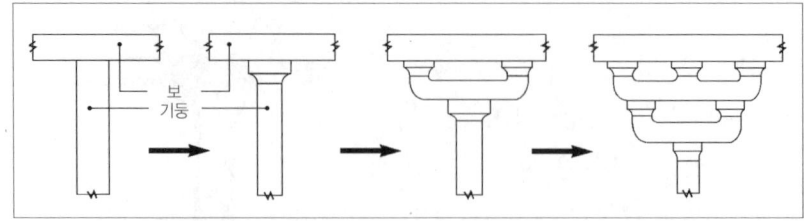
사진 46. 목조건축에서 공포의 발전 과정

에서 우려되는 도리에 집중되는 하중 반력을 넓게 분포시킬 수 있는 장점이 있다.

일두이승 구조에서 발전된 구조가 일두삼승(一斗三升) 구조이다. 일두삼승식 구조는 일두이승과 비슷하나 첨차 상부에 3개의 소로를 설치하는 것이 다른 것이다. 일두이승에서 한 단계 발전된 형식으로 보인다. 말하자면 2개의 소로 사이에 소로를 하나 더 끼워 넣음으로써 첨차의 크기가 확대될 수 있으며 그렇게 되면 일두이승 구조보다 더 큰 간사이를 확보할 수 있기 때문이다. 일두이승보다 획기적인 발전은 아니지만 지붕을 높이거나 내부 공간을 전후로 확대시키고자 할 때는 매우 유리한 구조라 하겠다.

첨차를 중복시켜 발전된 구조가 나타나는데 이것이 일두오승(一斗五升) 구조이다. 이 구조는 일두이승식과 일두삼승식을 중첩하여 만든 형식인데 밑에 일두이승을 놓고 그 위에 일두삼승을 올린 중루형이다. 이 공포 구조는 대규모 건축물이나 권위 건축에 주로 사용되었다(사진 46).

3) 공포의 구성 요소

공포 구조는 다양한 구조기법과 장식적인 형태를 첨가하면서 발전해 나가게 된다. 이러한 공포 구조에는 기본적으로 주두(斗, 주두·소로), 첨차(檐遮, 제공), 살미(山彌, 쇠서, 하앙), 도리(道里, 枋, 장혀)라는 네 개의 구성요소로 이루어진다(사진 47).

주두(柱斗, 枓)는 기둥 바로 위에 놓여 상부의 하중을 기둥에 전달하는 구조체로서 마치 되(斗)와 같이 생긴 것인데 놓이는 위치에 따라 주

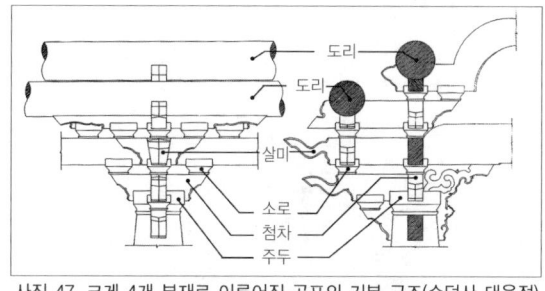

사진 47. 크게 4개 부재로 이루어진 공포의 기본 구조(수덕사 대웅전)

두와 소로로 구분된다. 주두는 앞에서 언급한 바와 같이 기둥 위에 놓이는 것이고 첨차 위에 놓이는 것을 소로(小累)라고 한다.

첨차(檐遮)는 주두와 소로 사이에 놓여 상부의 하중을 주두를 통해 기둥에 전달하는 중요한 구조재이다. 첨차는 도리나 장혀를 통해 내려오는 하중을 단면이 작은 기둥으로 집중시켜주는 매개 역할을 담당하고 있다. 첨차는 공포 구조를 전후좌우로 확장하여 처마를 길게 하거나 전면과 후면과의 보 간격을 넓게 해 줌으로써 보다 큰 공간을 만드는 데 도움을 준다.

살미(山彌)는 지붕의 하중을 기둥에 전달하는 중간 역할을 하며 공포와 함께 결구되어 있는 주요 부재이다. 도리의 직각방향으로 걸쳐 있는 쇠서, 하앙 등의 부재가 이에 해당된다. 공포의 중심에서 외부로 경사지게 걸쳐있는 부재를 흔히 하앙이라고 한다. 삼국시대 하앙구조가 일반적으로 사용되었을 것으로 추정되지만 현존하는 삼국시대 유적은 없다. 다만 백제 금동탑편에서 그 흔적을 추정해 볼 수가 있다.

하앙 구조는 서까래 아래에서 서까래와 같은 방향으로 비스듬히 놓이는 부재인데 주심도리를 가운데 두고 안쪽에는 내목도리를, 바깥쪽에는 외목도리를 지렛대처럼 받치고 있는 부재를 말한다. 하앙부재는 지렛대 원리를 이용하여 뿌리는 내부의 기둥에 박고, 꼬리는 처마를 받치도록 만들어 부재 수량을 줄이면서 구조적으로 안정을 도모하는 공포이다. 우리나

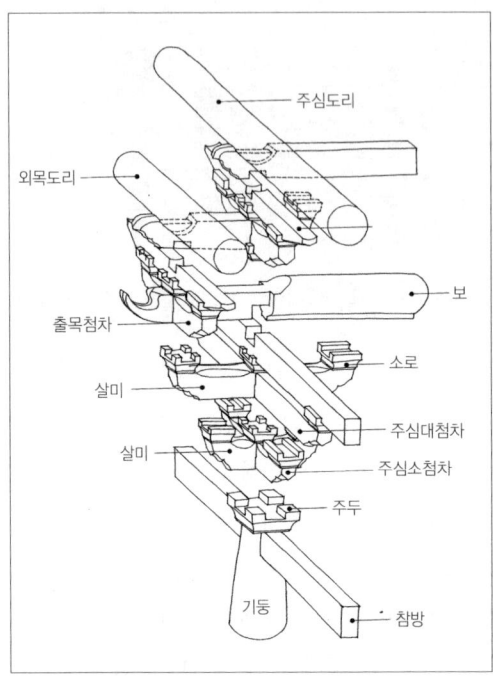

사진 48. 공포 구조의 조립 모양(수덕사 대웅전)

라 삼국시대에는 주로 사용되었으나 조선시대에는 거의 사용되지 않았으며 현재 조선 중기의 건물인 완주 화암사 극락전에 유일하게 하나의 실례가 남아 있다.

도리(道里, 枋)는 좌우에 놓이는 살미를 고정하기도 하고, 서까래를 받아주는 역할도 한다. 대개 공포의 상부에 놓여서 지붕의 무게를 받아주는 부재이다. 말하자면 지붕의 무게를 도리나 장혀가 받아 첨차를 통해 공포로 모아주는 역할도 하는데 결국은 공포와 공포를 단단하게 연결해 주는 역할을 하면서 서까래를 받치는 부재이다. 도리는 위치에 따라 기둥 위에 설치하는 주도리(柱道里, 또는 柱心道里), 기둥 안쪽에 설치되는 내목도리(內目道里), 기둥 밖에 설치하는 외목도리(外目道里)가 있다. 장혀, 뜬장혀 등도 넓은 의미에서 도리부재에 해당된다(사진 48).

4) 백제의 공포구조

백제의 공포는 1947년 부여 동남리 천왕사지 부근에서 발견된 백제 말기의 것으로 추정되는 금동탑편에서 찾아볼 수 있다. 옥신과 옥개가 함께 붙은 이 탑편은 불과 1변이 13.5㎝, 높이 5.2㎝ 정도 밖에 안 되는 공예품이어서 실제 공포의 모습을 잘 보여주는 것은 아니지만 백제시대의 공포를 추정하게 하는 유일한 유구라는 점에서 사료적 가치를 지니고 있다고 하겠

사진 49. 백제 금동공예탑에 표현된 공포

다. 이 탑에서는 각 변에 2개와 네 모서리에 하나씩 전부 12개의 공포가 구성되어 있다. 한 변에는 4개의 기둥이 표현되어 있어 각 칸이 3칸 규모인 것을 알 수 있는데 기둥 위에는 주두가 없고 살미첨차가 끼워져 있다. 첨차 단부에는 소로를 올리고 하앙으로 보이는 부재를 받치고 있으며 이 하앙과 같은 부재는 다시 그 위의 외목도리를 직접 받도록 하였다. 하앙 부재의 끝 부분은 약간 휘어지면서 위로 올라간 듯 쇠서 모양을 하고 있으며, 쇠서의 끝 상부는 예각이 되게 하고 하부는 둔각이 되게 마무리했다. 추녀 끝은 외부로 길게 뻗으면서 위로 솟게 하고 끝에 구멍을 뚫었는데 다른 석탑에서 보듯이 풍경을 달아 두었던 것 같다. 따라서 이것은 주심포식 1출목 형식이었을 것으로 보인다. 그러나 이 실례에서 사실과 다른 것은 주두가 없다는 점이다. 공포에서 출목첨차를 끼우기 위해서는 반드시 주두가 필요함에도 불구하고 생략되었다는 것은 다만 공예품으로 제작하였기 때문이라 생각된다(사진 49).

사비시대 백제건축의 공포구조가 하앙식 공포구조였을 것으로 추정하고 있는 것은 바로 이 탑편이 있었기 때문이다. 백제의 사비시대와 같은 시기 중국의 하앙구조로 된 건축물은 남아 있는 것이 없다. 현재 남아 있는 건축물 중에는 당나라 때 건물인 불광사 대전의 하앙구조가 가장 오래된 하앙구조인데 이 건물은 서기 857년에 건립된 것이다. 그러나 건축물이 아닌 자료를 고찰해 볼 때 중국에 하앙구조가 나타나는 것은 남북조

말기일 것으로 추측된다. 이미 수대의 가형명기에서도 하앙구조와 같은 부재가 나타나고, 당나라 초에 조성된 석굴벽화에서 완벽한 하앙구조가 보이고 있다. 하앙이 완벽한 구조형태로 자리잡기까지 기간을 감안하면 대개 남북조 말기라는 것은 이와 같은 근거에서이다. 따라서 백제건축에 하앙이 본격적으로 만들어지기 시작한 것은 사비천도(성왕 16년, 538년) 후 였던 것으로 생각된다.[9]

백제의 하앙식 공포는 부여 규암면 백제역사촌에 여러 건물로 재현되었는데 이를 통하여 당시의 건축구조와 기법을 추정해 볼 수 있다. 재현된 사례중 능사 금당은 기둥 위에만 하앙식 공포가 만들어지는 것으로 하층 구조는 주두 위에 첨차를 올리고 퇴보와 장혀가 만나는 위로 하앙이 걸쳐진다. 하앙뿌리는 내진고주에 끼우고 하앙 위로는 장혀와 함께 주심도리, 내목도리, 외목도리가 올려지고 그 위에 서까래를 걸친다. 상층은 하층과 비슷한 구조이나 다만 하앙뿌리가 중보 밑바닥에 받쳐지고, 외진주를 지지점으로 지렛대 역할을 할 수 있도록 했다. 주두에는 굽받침을 두고 주두 굽은 곡선이 되게 했다. 소로도 이와 같은 모양으로 만들었다. 공포와 공포 사이에는 '人'자 대공을 끼워 두었다. 이러한 구조는 비교적 단순한 하앙구조라 하겠다.

능사 목탑의 하앙구조는 금당과 같이 기둥 상부에서만 짜여지는데 하앙의 뿌리는 옥심주 사방에 하나씩 세워두는 사천주에 끼워지도록 하였다. 하앙 위로는 출목첨차와 함께 내외목도리가 얹혀지고 그 위에 서까래를

---

9) 중국 측 사료인 『南史』 「百濟條」에 의하면 '中大通6年(남조 梁의 연호로 성왕 12년, 534)과 대동7년(성왕 19년, 541)에 연거푸 사신을 보내와 방물을 받치는 한편 열반경 등에 대한 義流와 毛詩博士 및 工匠·畵師 등을 구하므로 모두 공급하여 주었다(中大通六年 大同七年 累遣使獻方物 竝請涅槃等經義 毛詩博士幷 工匠畵師等 竝給之…)'라는 기사가 나오는데, 이때는 사비로 천도 전후여서 건축 장인도 포함되었을 것으로 보인다. 이 무렵 중국에서 하앙구조가 만들어졌고, 그 구조가 백제에 들어온 것으로 생각된다.

걸도록 하였다(사진 50).

백제역사촌내 백제 건축 모형은 그 동안 밝혀졌던 백제건축과 관련된 각종자료와 인접국가의 동시대 건축자료를 참고하여 현대인의 고심으로 재현한 것이다. 부분적으로 현대기술과

사진 50. 백제 능사 5층탑 실물 복원 모형의 하앙식 공포

연장을 응용하고 있지만 기법은 가능한 옛 것을 응용하려는 의도가 담겨져 있다. 앞으로 백제의 건축에 대한 연구가 지속되어야 하며 특히 선진문화를 구가했던 백제 목조건축과 공포구조는 밝혀내야할 후손들의 과제라 하겠다.

5) 정림사 금당의 공포

정림사 금당의 공포는 기둥 상부에만 짜여지는 하앙식 구조로 추정한다. 공포는 차양층을 제외하고 1층과 2층 기둥 위에 설치된다.

차양층 기둥 위에는 간단하게 주두와 첨차로만 구성되는 구조이다. 즉 기둥 상부에서 기둥과 기둥 사이를 창방으로 걸고 기둥머리 위에 주두를 올린다. 주두 위에는 횡으로 첨차를 걸고, 앞뒤로는 내진기둥에서 빠져나온 퇴보(退樑)를 첨차에 직각방향으로 건다. 첨차 위에는 장혀를 횡으로 길게 올린 다음 그 위에 서까래가 나란히 놓이도록 한다.

1층 기둥 위의 공포는 기둥 상부에 주두를 올리고 그 위에 첨차를 '十'자로 짜올린다. 첨차 위에는 전후방향으로 보를 걸치고, 좌우방향으로는 장혀를 같은 높이에서 '十'자로 짜 맞추고 그 위에 하앙부재를 올린다. 하앙의 뿌리는 내진주 상부의 장혀 사이에 끼우고 하앙 꼬리는 대들보 끝

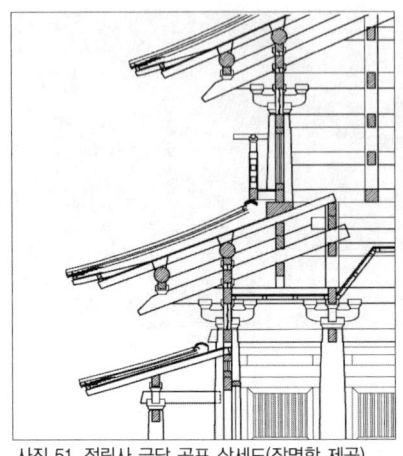

사진 51. 정림사 금당 공포 상세도(장명학 제공)

을 비스듬히 걸치면서 아래로 향한다. 하앙 위에는 주심도리와 그 안팍에 내목도리와 외목도리를 걸치고 서까래를 건다. 이와 같은 하앙구조는 정림사가 존재하던 삼국시대에 흔히 사용하던 공포구조였던 것으로 추정된다. 하앙부재를 비스듬히 걸어 지랫대와 같은 구조 원리를 하도록 하여 건물의 전체 부재를 줄이면서 구조적인 안정을 모색하는 독특한 구조이다(사진 51).

 각 부재의 세부 형태를 보면 기둥에는 배흘림을 주고, 주두에는 굽과 굽받침이 있으며 주두 굽은 안으로 내곡선이 되도록 하였다. 소로도 크기는 다르지만 주두와 똑 같은 모양이다. 첨차는 하단부를 각을 주지 않고 곡선으로 부드럽게 깍았다. 첨차 위에는 장혀를 횡으로 길게 걸고 소로를 올린 다음 뜬장혀와 함께 하앙부재가 직각 방향으로 경사지게 걸리게 하였다. 하앙의 뿌리는 내진 고주 상부에 걸리게 하고, 하앙 꼬리는 길게 아래로 내려와 끄트머리에서 소로와 장혀를 걸친 다음 외목도리를 받치게 된다. 하앙 꼬리 부분은 끝을 뾰족하게 깍아 마무리 해 둔다. 네 모서리 기둥 상부에는 귀포가 짜여지는데 귀포에는 일반 공포에는 없는 45도로 하앙부재가 하나 더 걸리게 된다. 따라서 일반 포에 비해 귀포가

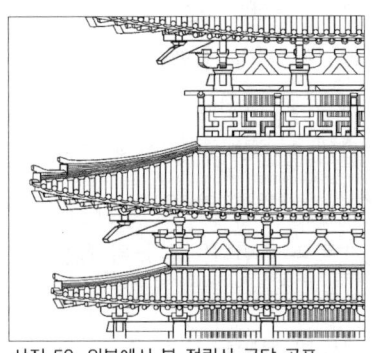

사진 52. 외부에서 본 정림사 금당 공포

더 복잡하게 보인다. 포와 포 사이의 창방 위에는 '人'자 대공을 하나씩 끼워둔다. 생김새가 마치 '人'자와 같이 생겨서 붙여진 이름이다. '人'자 대공 상부에는 소로를 올리고 창방과 장혀 사이에 끼워 장혀를 통해 전달되는 하중을 창방으로 전달하게 된다(사진 52).

9. 지붕 만들기와 꾸미기

1) 지붕의 기능과 모양

건축물의 지붕은 집의 덮개로서 벽과 기둥을 보호하는 필수적인 구조요소일 뿐만 아니라 나아가 자연환경으로부터 인간의 생활을 보호해 주는 것이다. 지붕은 자연환경, 재료의 선택, 문화의 차이에 따라 점차 독특하게 발전하여 왔으며 지붕을 통해 건축의 아름다운 모양을 추구하려고 애써 왔다. 지붕의 외부 형태를 구성하는 가장 중요한 부재는 서까래와 추녀이다. 서까래는 긴서까래(長椽)와 짧은서까래(短椽)로 나누어진다. 긴서까래는 지붕 끝으로 이어져 처마를 만들고 짧은서까래는 중심부에 높이 솟아 용마루를 형성한다. 작은 건물의 경우 하나의 서까래로 용마루에서 처마까지 덮을 수 있지만 조금 큰 건물에서는 긴서까래와 짧은서까래를 함께 쓴다. 이때 긴서까래와 짧은서까래의 기울기(물매)를 달리하여 전체적인 조형과 지붕선을 만들게 된다. 긴서까래의 기울기는 짧은서까래보다 완만하게 하고 이 두 개의 서까래가 만나는 부분에는 적심재와 보토(알매흙)를 채워 곡선을 만든다. 건물의 측면이 짧을 때는 짧은서까래의 기울기를 조금 급하게 하고 측면이 길 때는 짧은서까래의 기울기를 조금 완만하게 해야 건물의 상분과 하분의 비례가 아름다운데, 지붕의 구조와 기술은 바로 이와 같이 아름다운 비례를 만들어 내는 데 있다.

백제시대에도 적심재와 보토를 채웠는지 알 수 없으나 적심재와 보토없이 지붕을 만들었을 가능성도 있다. 즉 서까래 위에 산자나 개판을 깔고 기와를 올렸을 수도 있다. 꺾음팔작지붕이 바로 이러한 지붕구조였던 것으로 생각된다.

　백제의 지붕구조 역시 남아있는 유구가 없어 그 기술적 성과를 확인하기 어려우나 이미 수많은 유적에서 지붕에 사용되었던 다양한 종류의 기와가 출토되어 심증적으로 다양하고 뛰어난 지붕축조 기술을 지니고 있었다고 본다. 남아있는 실물은 없지만 같은 시대의 고구려 무덤 그림이나 신라시대의 유구, 가야시대의 자료를 근거로 백제시대에 사용했던 지붕형식을 추정해 볼 수 있다. 백제건축에 사용된 지붕은 대개 맞배지붕, 우진각지붕, 팔작지붕, 모임지붕 그리고 꺾음팔작지붕이 있었을 것으로 추측된다. 맞배지붕은 지붕축조기술 중에서 가장 간단하게 만들 수 있는 구조이다. 예를 들면 보위에 대공을 세우고 직각 방향으로 도리를 걸친 다음 서까래를 나란히 앞뒤로 걸치면 맞배지붕의 기본적인 구조가 되는 것이다. 45도 모서리로 내려가는 추녀 부분이 없이 앞뒤로 처마만 있는 지붕이다. 따라서 이러한 기술은 백제시대에는 이미 보편화 되었다고 볼 수 있다. 우진각지붕은 맞배지붕의 양 박공측면부를 기울여 지붕면을 만드는 것인데 측면으로 걸리는 구조와 모서리 부분인 추녀를 걸치는 기술이 필요하기 때문에 맞배지붕보다는 기술이 요구되는 지붕구조이다. 모임지붕은 지붕 중심이 가운데로 모여 솟아오른 모양인데 평면형태에 따라 4각·6각·8각지붕으로 구분되기도 한다. 이 지붕은 추녀가 정점에서 한꺼번에 모이기 때문에 부재가 모이는 부분을 어떻게 처리하느냐가 기술의 관건이 된다. 또한 이렇게 모여진 추녀를 받치는 대공을 어떤 기법으로 그 기술을 발휘하느냐가 모임지붕의 기술을 판가름하게 한다.

　팔작지붕은 우진각지붕 위에 맞배지붕을 올려놓은 형태인데 지붕 만드는 기술 중에서 가장 어려운 기술이라 하겠다. 이 지붕은 다른 지붕에 비해 조형성이 뛰어난 건물 중에서도 중요한 건물, 예를 들면 궁전에서 정전이나 중궁전, 사찰에서는 금당과 같은 권위 있고 대표할만한 건축물에 주로 사용된다. 이 지붕은 조형적 완성도 뿐만 아니라 구조 기술도 뛰어나야 하기 때문에 다른 지붕 형태에 비해 기술적 완성도가 높아야 한다.

백제의 지붕 형태는 부여 규암면에서 출토된 산경문전에 그려진 집의 모습에서 일례를 볼 수 있다(사진 53). 여기에 표현된 지붕 형태는 팔작지붕과 비슷하나 그것과는 조금 다른 꺾음팔작지붕 모양이다. 이와 같이 지붕면 중간이 꺾여진 팔작지붕은 중국의 한대와 남북조시대를 거쳐 수·당 때의 자료에서도 보이고 있을 뿐만 아니라(사진 54) 일본 법륭사에 소장되어 있는 경전보관용 옥충주자(玉蟲廚子)와 백제에서 만들어 보내 주었다는 천수국

사진 53. 부여 규암면 출토 산경문전에 그려진 꺾음팔작지붕

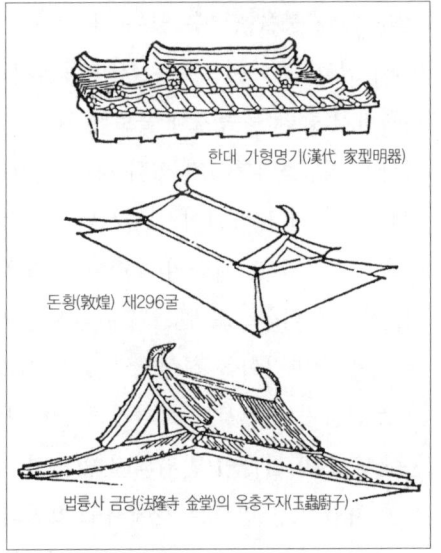
사진 54. 중국·일본의 자료에 보이는 꺾음팔작지붕 사례

Ⅲ. 정림사 절 짓는 기술　301

사진 55. 일본 중궁사 소장 천수국만다라수장(天壽國曼茶羅繡帳)의 사진에도 꺾음팔작지붕이 보인다.

만다라수장(天壽國曼茶羅繡帳)의 건축물에도 표현되어 있어 동양 여러 나라에서 채용한 하나의 지붕 형식이었던 것으로 생각된다(사진 55). 이 지붕은 일반적인 팔작지붕이 아니라 지붕면 중간 부분이 꺾여져 있기 때문에 이 당시는 지금처럼 지붕 위에 적심이나 보토를 올리지 않고 서까래 위에 개판(蓋板)이나 산자를 하고 바로 기와를 올린 구조가 아닐까 추정되기도 한다.

백제의 지붕을 알 수 있는 자료로는 부여에서 출토된 산경문전(山景文塼)이 있고, 공예품으로는 부여 동남리 출토 청동탑편, 청동향로편, 익산 미륵사지 승방 북쪽에서 출토된 가형토기 지붕편 등이 있다. 실물로는 정림사지 석탑, 미륵사지 석탑 등 석조건축물 등이 있다. 이러한 사례를 자세히 보면 지붕 곡선이 신라시대의 그것과 달리 곡선으로 표현되어 있는 것을 알 수 있다. 지붕의 처마를 곡선으로 만드는 것은 생각보다 쉽지 않다. 처마를 직선으로 만들기 위해서는 서까래를 일정한 높이로 나란히 놓은 다음 처마길이를 직선으로 맞춰 가지런히 자르면 되지만 처마를 곡선으로 만들기 위해서는 서까래 하나하나의 길이와 높이가 각각 다르기 때문에 고도의 기술이 발휘되지 않으면 안 된다. 백제의 기술이 뛰어난 것은 이처럼 지붕 만드는 것에서도 확인되고 있다.

2) 지붕 만들기

지붕의 볼륨을 구성하는 가장 중요한 부재는 서까래와 추녀이다. 서까래는 긴서까래(長椽)와 짧은서까래(短椽)로 나누어진다.

건물의 측면이 짧을 때는 짧은서까래의 물매를 조금 급하

사진 56. 긴서까래와 짧은서까래를 건 모습

게 하고 측면이 길 때는 긴서까래의 물매를 조금 완만하게 해야 건물의 상분과 하분의 비례가 아름답다.

긴서까래를 걸 때는 기둥을 중심으로 안팎의 길이가 균형을 이루어야 한다. 대개 처마의 길이만큼 안길이가 되어야 잘 맞는 균형이지만 이보다는 안쪽을 조금 길게 해야 한다. 만약 바깥쪽이 길면 무게가 맞지 않아 지붕이 위로 들리는 경우가 생긴다. 안쪽을 조금 길게 하는 것은 추녀가 밖으로 많이 빠져 나오기 때문에 이 무게를 감안하여 긴서까래의 안쪽을 조금 길게 해두는 것이다. 긴서까래를 걸때는 주심도리에 고정시키기 위하여 서까래못을 하나씩 박아둔다. 서까래와 서까래의 간격은 약 1자 정도로 한다(사진 56).

처마를 장식적으로 보이고, 길게 빼기 위하여 서까래 끝에 덧서까래(浮椽)를 달기도 한다. 주택에서는 부연을 하는 경우가 흔치 않지만 규모가 큰 사찰이나 궁궐건축에서는 덧서까래를 다는 경우가 많다.

처마의 길이는 대개 초석 상단에서 앙각 60도 선에 처마 끝이 닫도록 만든다. 중부지방 춘·추분 정오를 기준으로 볼 때 이 정도 처마 길이면 햇빛이 마루 끝 부분에 닫게 된다. 따라서 햇빛이 동지 때는 마루 깊숙히 들고, 하지 때는 기단까지 가려 추운 날씨와 더운 날씨에 적응 할 수 있게

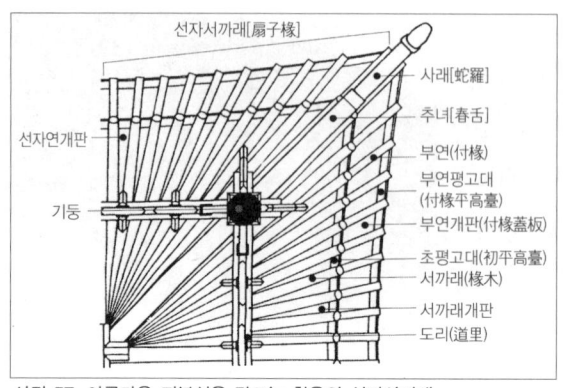

사진 57. 아름다운 지붕선을 만드는 한옥의 선자서까래

된다. 햇빛의 고도를 기준으로 했기 때문에 기둥 높이가 높으면 처마 길이가 좀더 길어진다. 이때 부연으로 길게 만드는데 아무리 길어도 부연은 천체 처마 길이의 1/3로 한정시킨다.

지붕의 아름다운 기술은 용마루선, 추녀선, 처마선을 가장 자연스럽게 만들어내는 것인데 착시현상을 고려한 인간의 심성을 최대로 이용하려는 의도가 숨어있는 것이다. 이 지붕선은 한국 건축의 성격을 결정하는 관건이 되기도 한다. 특히 처마선이 모서리 부분에서 밖으로 빠지며 위로 치켜 올라가는 3차원적인 선은 중국이나 일본 장인들이 도저히 흉내낼 수 없는 우리만의 기술이다(사진 57).

처마선이 만들어 내는 안허리와 추녀가 만들어 내는 앙곡은 추녀와 서까래를 미리 계획하지 않으면 안된다. 이를 위하여 가장 먼저 정하는 것이 추녀의 휘어진 높이이다. 건물의 형태와 규모에 따라 다르지만 일단 추녀높이가 맞춰지면 각각 길이가 다른 서까래를 부채살처럼 끼워 안허리선을 만들어 간다. 한국 건축의 아름다움은 결

사진 58. 후면에서 바라본 정림사 금당의 지붕 모습(시공테크(주) 제공)

국 이 선으로 결정된다. 끝나지 않고 이어질 듯 하면서 무한한 공간을 감싸안는 자연스런 지붕선은 대목이 익혀야 할 마지막 기술이다.

우리나라 목조건축에서 가장 아름다운 기술은 지붕이다. 지붕을 어떻게 만드느냐에 따라 건물의 모습이 달라지기 때문이다. 기본적인 지붕의 형태로는 3가지가 있다. 맞배, 우진각, 팔작이 그것이다. 맞배는 2개의 지붕면이 서로 면을 맞대고 '八'자 모양을 하고 있는 것이고, 우진각은 사면으로 기와면이 나있는 것이다. 팔작은 우진각 위에 맞배를 올려놓은 듯한 모습인데 양 측면에 3각형의 합각 부분이 있고 사방으로 기와골이 만들어진 형태이다. 그중에서도 팔작은 3개의 지붕 형태 중 완성도와 조형성이 가장 뛰어나다고 할 수 있다. 정림사 금당은 지붕 모양이 가장 아름답고 완성도가 높은 팔작지붕으로 꾸몄다(사진58).

3) 기와의 시작

지붕에는 다양한 기와가 올려졌다. 암키와, 수키와로 불리는 가장 넓은 면적을 덮었던 평기와를 비롯하여 각종 장식기와가 사용되었다. 우리나라에서 기와가 언제부터 사용되기 시작했는지 기록이 없어 알 수가 없다. 다만 기와와 관련하여 『삼국사기』에 기록이 보이는데 가장 이른 것은 신라 기마왕 11년 4월에 '큰 바람이 불어 나무가 꺾어지고 기와가 날아갔다'는 기록[10]인데 이때가 서기 122년이다. 그 후 조분왕 4년 4월에도 '큰 바람이 불어 기와가 날아갔다'는 기록이[11] 나오는데 이때는 서기 233년이다. 따라서 신라 초기에 이미 기와가 사용되었다는 것을 알 수 있으며 처음 기와기 사용된 시기는 이보다 훨씬 앞선다고 할 수 있다. 이를 근거로

---

10) 『삼국사기』 권1 신라본기 기마왕 '十一年 夏四月 大風東來 折木飛瓦……'
11) 『삼국사기』 권2 신라본기 조분왕 '四年 夏四月 大風飛屋瓦'

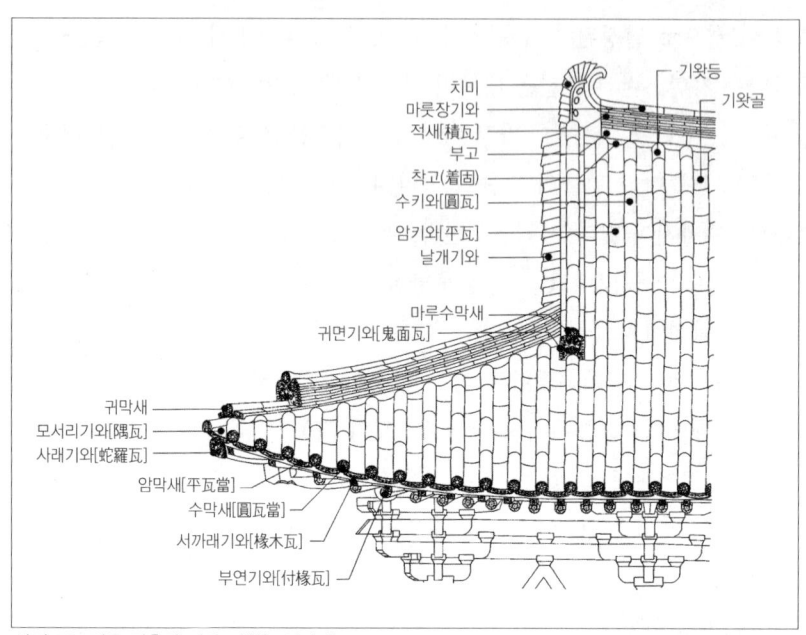

사진 59. 전통 건축의 기와 명칭(조선시대)

추정해 볼 때 대개 원삼국시기에 기와가 사용되었을 것으로 추정해 본다.
 초기의 기와는 지붕 전체에 사용한 것이 아니라 용마루나 내림마루 같은 주요 부분에만 기와를 씌우고 나머지 부분은 초가로 마감한 형태였을 것으로 추정된다. 처음 사용했을 이 기와는 불에 구워 사용한 것이 아니라 진흙을 성형하여 햇빛에 말린 것을 사용했을 것으로 생각된다. 만들기 간단하고 누구나 만들 수 있을 뿐만 아니라 초가 형태의 지붕 구조에 갑자기 수많은 양의 무거운 기와를 한꺼번에 사용한다는 것이 상식적으로 불가능하기 때문이다. 이러한 이유로 초기의 기와는 간단하게 성형하여 주요 부분에만 사용하는 기와였을 것으로 보이며, 차츰 불에 구워 만든 기와를 사용하다가 나중에 지붕 전체에 구운 기와를 사용하는 것으로 발전되어 갔을 것으로 생각된다(사진 59).

토기 만드는 기술이 기와에 적용되면서 기와 만드는 기술이 점점 발달하게 되자 기와의 종류가 다양해지고 장식이 가미된 기와가 완성된 것이다. 기와 만드는 과정이 복잡하고 어려운 것을 제외하고 초가지붕에 비해 기와지붕은 여러 가지로 이로운 점이 많다. 우선 수명이 오래갈 뿐만 아니라 방수 및 방화효과가 크고 장식성을 가미함으로써 건축물의 품격을 높일 수 있다는 것이다. 이런 이유로 신라 왕경에서는 한때 도시의 집은 초가지붕이 없고 모두 기와지붕이었다고도 한다.[12]

4) 기와 올리기

기와지붕에서 가장 많이 소용되는 기와가 암키와와 수키와이다. 흔히 암수 두 기와를 평기와라고 하는데 지붕의 넓은 부분을 일정하게 덮는데 쓰인다. 기와를 올리는 과정은 먼저 서까래 위에 산자를 엮거나 지붕판자(개판)를 덮는다. 그 위에 쓰다 남은 나무조각 등으로 적심을 깔고 그 위에 흙(보토)을 덮는다. 적심은 서까래와 직각방향으로 깔아야 하며 흙으로 채우는 곳에 나무로 채우기 때문에 지붕의 무게를 가볍게 하는 동시에 적심목과 적심목 사이의 공기층으로 인해 단열의 효과와 습기 제거 효과를 지니고 있다. 적심 위에 덮는 보토는 지붕의 전체적인 윤곽선을 잡아주면서 동시에 단열과 방수효과도 지니게 된다. 적심과 보토를 깔 때 어느

사진 60. 정림사 강당 기와 공사

---

12) 『삼국사기』 권11 신라본기 헌강왕 '…孤聞今之民間 覆屋以瓦不以茅 炊飯以炭不以薪…'

정도 두께로 할 것인가는 건물의 성능과 수명, 그리고 모양에 영향을 주는 것이므로 숙련된 기술이 필요하다. 이렇게 적심과 보

사진 61. 부여 정암리 가마터에서 출토된 수막새 연화문양

토가 올려지면 그 위에 기와를 올리게 된다.

 기와를 올릴 때는 폭이 넓은 암키와를 처마 아래쪽에서부터 위로 올라가면서 놓는데 맨 아래쪽 기와 밑에는 기와를 고정시키기 위한 연함을 설치해 둔다. 암키와를 먼저 밑에서부터 위로 줄을 맞춰 놓은 다음 암키와 사이에 수키와를 겹쳐 올린다(사진 60). 암키와와 수키와를 올린 다음 내림마루와 용마루에 올라가는 치미와 같은 장식기와를 세워 지붕공사를 마감하게 된다. 기와골의 제일 밑에는 막새기와를 놓는데 막새의 문양에 따라 집의 품격이 달라진다. 백제의 사비시대에 들어와서는 흔히 연화문양을 많이 사용하였다(사진 61).

 백제의 기와 올리는 기술은 삼국 중에서도 우수했던 것으로 추정된다. 신라와 일본에서 출토된 막새기와 중에는 백제로부터 전파되었을 것으로 보이는 백제계 기와가 다량 보이고 있다. 이는 백제로부터 기술을 전해 받았거나 백제의 기술자가 참여했다는 것을 말해주는 것이다.[13] 또한 부여 정암리에서 백제 와요지가 발견되었는데 군수리절을 비롯하여 이 일대의 사찰과 다른 백제 건축에 공급했다는 사실로 미루어 백제의 조와 기술과 지붕설치 기술은 우수했다는 것을 알 수 있다.

---

13) 『일본서기』 崇峻元年(587) 백제에서 중과 함께 '寺工 太良未太, 文賈古子, 鑪盤博士 將德白昧淳, 瓦博士 麻奈文奴, 陽貴文, 㥄貴文, 昔麻帝彌, 畵工 白加를 보내왔다'는 기사가 있어 백제의 건축기술이 우수했다는 사실을 알 수 있다.

5) 장식기와

　치미는 장식기와 중 가장 크고 품위를 표현했던 장식기와이다. 치미는 용마루의 양쪽 끝에 올려놓은 화려한 장식기와의 일종인데 중국 한나라 때부터 서서히 그 흔적이 보이다가 삼국시대를 거쳐 남북조시대에 비로소 치미의 형태가 완성되었다. 치미가 언제부터 사용되었는지는 확실치 않으나 중국의 오래된 기록에 '백량전(柏梁殿)이 화재를 당한 뒤 월나라 무(巫)가 말하기를 바다 속에 어규(魚虯)[14]가 있는데 꼬리로 솔개처럼 물결을 치니 곧 비가 내려 드디어 그 형상을 지붕에 만들어 불을 진압하였다. 사람들이 이를 혹 치문(鴟吻)이라 하는데 잘못된 말이다' 라는 기록이 있다.[15] 이로 보아 중국에서는 아주 오래전부터 치미를 지붕에 올려 화재나 재난방지를 염원하면서 길상과 벽사의 의미를 담아두고 있었다는 것을 알 수 있다. 고고학적 자료로는 북위시대 석굴에 그려진 집그림 중에 그 형태가 나타나 있고, 운강석굴, 용문석굴, 맥적산석굴, 돈황막고굴 등의 벽화에서도 치미형상을 볼 수 있으며 기록으로는 『북사(北史)』「우문개전(宇文豈傳)」의 '자진이전미유치미(自晉以前未有鴟尾)'라든가 『진중여서(晉中興書)』의 '관소태극전동치미(觀巢太極殿東鴟尾)' 등에서 찾아볼 수 있다. 이처럼 중국에서는 한나라 때부터 치미와 같은 형상이 지붕에 올려지기 시작하였고, 뒤이은 삼국시대와 남북조(南北朝) 시대에 들어와 본격적으로 치미가 사용되었으며 이것이 우리나라 삼국시대에 전해지게 된 것이다.

　치미는 아무 건물에나 올리는 것이 아니라 규모가 크고 중요한 건물, 예를 들면 궁전의 주요 정전, 사찰의 금당이나 강당 등에 주로 올리는데 지

---

14) 뿔이 없는 용을 말함.
15) 『漢書』「武帝紀」

사진 62. 미륵사지 출토 치미

사진 63. 정림사 복원 강당에 사용된 치미

붕 용마루 양쪽 머리에 얹어 마치 솔개 머리처럼 쑥 불거지고 깃 모양의 선과 많은 점을 새겼다. 이처럼 상징성과 장식성이 강하여 사찰의 주요 전각에는 많이 올려놓았다(사진 62).

치미는 기와 중에서 가장 크고 화려한 조형을 지니고 있는 것으로 이것을 만들기 위해서는 뛰어난 기술이 필요하다. 치미는 건물의 규모에 따라 크기가 다르다. 건물에 비해 작으면 건물이 초라하게 보이고, 건물에 비해 너무 크면 어색해 보인다. 치미는 건물의 가장 높은 곳에 놓이기 때문에 대개 크게 만든다. 치미가 너무 크면 그 무게 때문에 성형이 어려워 몇 조각으로 나누어 만들어야 한다. 치미는 성형을 비롯하여 굽기까지 모든 제작과정이 평기와나 다른 기와에 비해 복잡하고 어렵다. 그러나 치미는 건축물의 품격을 높여주고 권위를 나타내 줄뿐만 아니라 그것이 지닌 상징적 의미가 커서 중요한 건물이라면 반드시 사용하는 장식기와가 되었다. 치미는 일반적으로 도제·돌·청동으로 만들었으며 그 중 도제로 만든 것이 가장 많고 흔하다.

익산 미륵사지에서는 목탑터, 강당터, 승방터, 회랑터 등 여러 곳에서 치미편이 출토되었는데 거의 완전한 모양으로 복원할 수 있었다. 부소산성 절터, 정림사지, 부여 규암면 폐사지 등에서도 치미편이 출토되어 당시 백제건축에서 치미 만드는 기술은 완숙한 단계로 접어들었다는 것을 알 수 있다. 정림사 복원 강당 용마루 양 끝에도 당시의 치미를 만들어 올렸다(사진 63).

10. 창호 설치하기

창호는 건축의 외부공간과 내부공간을 구분 짓는 필수적인 구성 요소이다. 흔히 출입이 가능한가에 따라 문과 창으로 구분한다. 문과 창을 합하여 보통 창호라 부른다. 문과 창은 사람이 들고나고, 빛을 받아들이고, 바람을 소통하며, 온습도를 조절하여 생활을 쾌적하게 해 주는 역할을 한다.

우리의 옛 건축 창호는 두 가지 커다란 의미가 있다. 하나는 실용적인 목적이며 다른 하나는 상징성이다. 창호의 상징적 의미에는 보이지 않는 무형적인 것과 장식을 가하여 보이게 만든 것이 있다. 창호는 사람만 출입하는 것이 아니라 신(神)도 출입하는 것이다. 풍습에 제사를 지낼 때 반드시 문을 조금 열어 두었다가 제사가 끝난 다음 닫는 것은 조상신을 들고나게 한다는 이유 때문이다. 문을 여닫는데 있어서 특히 대문은 꼭 안쪽으로 열게 되어 있다. 이것은 집 밖으로 복이 나가는 것을 막기 위한 것이라 생각했기 때문이다. 우리나라 전역에 퍼져있는 금기어 가운데 '마당 쓸 때 집안의 흙을 밖으로 쓸어버리면 복이 나간다'라는 말도 주거생활과 인간의 화복을 상징적으로 표현한 것이라 하겠다.

창호를 달 때 자연과 건축공간이 일체가 되려는 의도가 보이는 사례도 있다. 예를 들면 '들어열개'라는 것이 있다. 창호를 들어 열음으로써 자연을 내부로 끌어 들이는 것, 창호지를 안쪽에서 발라 외부에서 보는 경관을 부드럽게 순화시키려는 것은 바로 자연의 형상을 손상치 않으려는 것이며 자연 그대로 받아드리려는 생각에서 비롯된 것이 하겠다.

창호의 상하, 좌우에는 또한 여러 문양을 장식하게 된다. 여기서 장식된 문양으로는 연화(蓮花), 용, 새(鳥), 거북(龜) 등이다. 창호를 구성하고 있는 창살에도 여러가지 문양이 새겨진다. 창살 문양으로 '卍' 자창, '貴' 자창, 구갑창 등이 있다.

창살에는 꽃을 새겨 넣은 꽃살창이 있다. 상서로운 꽃을 문에 만들어 놓음으로서 아름답고 즐거운 마음을 나타냈던 것이다. 법당 창호에 꽃살창을 만든 것은 부처님께 헌화하는 의미가 담겨 있다.

이밖에도 창호에 사용된 철물로서 귀면문고리, 자물쇠로서 용자물쇠, 물고기자물쇠, 거북자물쇠 등이 있는데 이것들은 무병장수, 전염병퇴치, 부귀만복, 득남, 성공 등을 기원하는 의미가 담겨 있다.

11. 백제 절짓는 기술은 무엇이 특징인가

백제는 고구려, 신라보다 남아있는 건축유구가 적다. 극히 적은 자료를 통해 사비시대 백제건축을 구성하고 있는 주요 구조부의 조형과 기법을 살펴보면 다음과 같다.

기단은 판축기법을 사용한 토축기단(土築基壇)과 석축기단(石築基壇), 전축(塼築)기단, 와축기단(瓦築基壇)이 사용되었다. 이 중 전과 흙을 번갈아 깔면서 만든 기단이나 와축기단은 백제에서만 볼 수 있는 독특한 건축기법이다. 2중기단은 삼국 중 백제에서 주로 보이는 형식이다. 불교전래 이후 남북조시대에는 화려한 장식초석이 사용된 것에 비해 백제시대 초석은 간단히 가공된 초석만 사용하였다. 주좌 주변에 연화문을 세긴 것이 가장 장식초석에 속하며 정림사지에서 출토되었다.

기둥은 현존하는 것이 미륵사 서탑 1층 옥신에서 볼 수 있는 석재 민흘림기둥 뿐이다. 남북조시대 기둥은 매우 다양한 것들이 사용되었는데 이에 비해 백제의 것을 아주 간단한 형태만 사용되었을 것으로 추정된다. 이는 초석을 비롯한 다른 출토 유물로 유추해 볼 수 있다. 쓰인 기둥은 단면으로 보아 원기둥, 네모기둥, 8각기둥이 있었고 외형상으로는 통주, 민흘림기둥, 배흘림기둥이 사용되었을 것으로 추정된다.

공포는 기둥 위에만 구성되는 '주심포작'의 하앙식 구조로 제공첨차를 2~3단 올려 만든 형식이 있었을 것으로 보인다. 포와 포 사이에 '人'자 대공이 사용되었으며 그 형태는 남북조시대에 있었던 곡각인자공(曲脚人字栱)과 같은 곡선형 대공이 사용되었을 것으로 추측된다. 백제의 공포에 대해서는 부여 규암면에 건립되어 있는 백제역사촌 내 왕궁 정전, 능사 금당, 5층 목탑 등에서 실물 모형으로 재현해 두었다. 이 실물 모형은 그동안 확인된 백제 건축 관련 자료를 근거로 만들어 낸 것이다.

백제의 지붕 중에는 꺾음팔작지붕 흔적이 보이는데 이것은 한대의 유구에서 조기의 것이 보이며 남북조시대에는 그 흔적이 명확히 나타나는 바, 백제에서도 사용했다고 본다. 따라서 기술적으로 이보다 간단한 팔작지붕, 우진각지붕, 모임지붕, 맞배지붕은 당연히 사용되었을 것이다.

전축기술은 삼국 중에서도 백제에서만 볼 수 있는 건축기법이다. 이 기술은 처음부터 치밀한 계획이 이루어지지 않으면 안 되는 기술이다. 이는 물론 중국의 남조문화의 영향이라고 볼 수 있지만 외래기술을 자기 것으로 만들 수 있는 백제인의 장인정신과 능력을 확인할 수 있는 것이라 하겠다. 백제의 벽돌은 쓰임새에 따라 다양하고 문양 또한 다양하다. 크기는 시대에 따라 서로 다르게 나타나는데 이러한 벽돌의 다양성은 백제건축의 또 하나의 특징이라고 할 수 있다.

백제 건축은 중국의 육조시대와 동시적으로 발전시켜 나갔고 그 흔적들

사진 64. 정림사 금당 전경 예상도(회랑을 없앤 상태에서 본 모습, 시공테크(주) 제공)

은 공주와 부여지역에서 발견되고 있다. 남북조시대는 목조건축에 하앙구조가 나타나는 시대였고, 그 기법이 백제에 전해진 것으로 추정된다. 그러나 동시대의 양 지역에 대한 유적과 유물을 상대적으로 비교 고찰해 본 결과 중국의 영향은 생각보다 크게 나타나지 않았음을 알 수 있었다. 비록 중국과 교류가 있었다고 하지만 지리환경, 민족성에 의해 새롭게 재해석되어 표출되었던 것이다. 말하자면 백제건축은 중국과 달리 복잡하거나, 화려함을 배제하였음을 유구를 통해 알 수 있었다. 중국에 없는 건축술을 개발하였으며, 나아가 백제 특유의 양식과 기법을 형성하게 되었다. 특히 일본서기에 백제의 기술자가 왜에 들어가 사찰을 세워주었다는 기록과[16] 신라 황룡사 9층 탑을 건립했다는 기록은[17] 백제의 건축기술이 주변 나라 중에서도 높은 수준을 지니고 있었고 또한 그 기술이 체계화되었음을 말해주는 것이라 하겠다. 정림사는 그 중에서도 백제 건축기술의 정수를 보여주는 대표적인 사례라 할 수 있다(사진 64).

---

16) 『일본서기』권20, 敏達天皇6년 '百濟國王 付還使大別王等 獻經論若干卷 幷律師 禪師 比丘尼 呪噤師 造佛工 造寺工六人 遂安置於難波大別王寺'와 『일본서기』권21, 崇峻天皇元年 '百濟國遣使幷僧惠總 令斤 ……寺工太良末太 文賈吉子 鑪盤博士將德 昧淳 瓦博士麻奈文奴 陽貴文 㥄貴文 昔麻帝彌畫工白加……'

17) 『삼국유사』권3 탑상4에 기록이 있음. '貞觀十七年癸卯十六日 將唐帝所賜經像袈裟幣帛 而還國 以建塔之事聞於上 善德王議於群臣 群臣曰 請工匠於百濟 然後方可 乃以寶帛請 於百濟 匠名阿非知 受命而來 經營木石…'

IV. 백제인들이 사용했던 건축연장과 기술

건축기술이 발전하는 것과 건축양식이 변하는 것은 건축연장과 불가분의 관계를 지니고 있다. 연장이 없다면 기술은 발휘되지 못했을 것이고 기술이 없으면 양식은 나타나지 않았을 것이다. 그러므로 건축연장을 이해하지 못하면 구조와 양식을 명확하게 이해할 수가 없다. 다시 말해 건축연장을 정확하게 이해하면 건축의 구조와 양식도 쉽게 이해될 수 있다. 건축연장은 기술을 발전시킨 원동력이면서 또한 그 시대의 기술을 이해하는 실마리이다. 장인이 우수한 기술을 발휘하기 위해서 우수한 연장이 필요했던 것은 불문가지이다. 아무리 장인의 기술이 뛰어났다 해도 그 기술을 발휘할 수 있는 연장이 없다면 그 기술은 소용없는 일이다. 연장과 기술은 실과 바늘 같고, 이 두 가지는 장인이 항상 지니고 다녀야 하는 동반자이다. 집을 지을 때 그 기술은 장인이 발휘하지만 매무새는 연장이 만들어내는 것이다. 다시 말하면 연장의 기능과 특징에 따라 집 맛이 달라진다는 것이다. 어떤 집을 깔끔한 맛이 있고, 어떤 집은 수더분한 맛을 느끼는데, 그 맛은 바로 연장에서 우러나온 것이다. 다시 말하면 연장의 기능과 특징에 따라 건축물의 조형적 감각과 개념이 달라진다.[18] 시대적으로, 지역적으로 건축물의 의장적 특징과 조형성이 다른 것은 기법과 그 기법을 표현해 내는 연장에서 만들어지는 것이다. 건축에서 연장은 음식에서 맛을 내는 양념과 같은 역할을 하는 것이다.

백제의 출토 유물을 분석한 것을 보면 금속도구는 대개 무기류 아니면 농공구로 분류하고 그 중 도끼와 같은 일부는 그 기능에 맞춰 명칭을 부

---

[18] 이왕기, 문화재 보수공사에 사용된 건축도구와 전통기술의 보존, 『건축역사연구 41호』 한국건축역사학회, 2005. 6.

여해 왔다. 그러나 도끼와 같은 것은 건축연장으로도 사용했으며, 무기류나 농공구로 분류된 철제 유물 중에는 건축연장으로 분류해야 되는 것들이 많이 있다. 심지어 도끼와 자귀조차도 구분하지 못하는 경우가 많다. 출토 유물이 칼 같이 생겼으면 대개 '刀子'로, 칼날이 길면서 약간 굽어지면 '낫'으로 구분한다. 판단하기 애매하면 '철물'로 구분하기 일쑤이다. 수많은 건물을 지었을 것인데도 출토된 유물 중에는 건축연장이 왜 하나도 없는지 궁금하다. 백제의 건축기술이 삼국 중에서도 우수했던 것은 그 기술을 발휘할 수 있는 연장이 있었기 때문에 가능했다.

필자의 눈으로 보면 출토된 백제의 금속유물 중에는 건축연장이 너무 많다. 백제건축은 사라지고 없지만 백제건축을 만들었던 연장은 1500여 년을 땅 속에서 근근이 버티다가 오늘에야 비로소 우리에게 전해지고 있다. 당시 백제연장을 통해서 백제건축 기술을 만나본다.

1. 자(尺)

1) 자와 도량형의 시작

자는 길이를 재는 척도단위로서 모든 생활의 기본이다. 도량형의 기본 단위는 글이나 말과 같이 서로간의 행위를 전달하는 연장이기도 하다. 따라서 도량형을 통일하여 함께 사용하는 것은 생활을 편리하게 할 뿐만 아니라 나라를 다스리는 데도 아주 유용하게 사용되었다. 기물의 제작 기술이 발달함에 따라 통일성과 합리성을 가진 표준척과 표준용기에 대한 제작이 요구되었고 국가적으로는 사회경제적 생활에 필요한 모든 제도를 제정하는데 도량형의 통일이 필수적이기 때문에 국가의 표준 도량형기에 대한 제작은 일찍부터 시행되어 왔다.

도량형 중에서 가장 기본이 되는 것은 자이다. 표준 척도가 있어야만 되, 말, 저울의 표준용기를 제작할 수 있기 때문이다. 그 만큼 표준 척도의 제정은 도량형 정비의 중요한 과제였다. 도량형의 기원도 이처럼 척도에서 비롯되었다. 인신척으로 10지폭이 지척(指尺)으로 사용되었고, 나중에는 주척(周尺)으로 통용되기도 하였다. 고대 중국에서 표준화된 도량형기로서 척도의 제도를 검은 기장알을 기준으로 삼기도 했다. 중국의 『한서(漢書)』「율력지(律歷志)」에 처음으로 황종관을 기준으로 한 도량형 단위가 나타난다. 즉 기장 알로 황종관의 길이를 90등분하여 그 1등분을 1분(分), 10분을 1촌(寸), 10촌을 1척(尺), 10척을 1장(丈)으로 정하였다. 부피 또한 기장알을 사용하였다.[19]

2) 고대의 자

중국 전설에 의하면 반고(班固)에 이어서 3황5제가 나라를 다스리게 된다. 3황은 복희(伏羲)·여와·신농이라고 한다. 복희는 거북의 등에 8괘를 새겨 동양철학의 기본을 만든다. 복희와 여와는 각각 자(曲尺)와 그림쇠(矩 : 컴퍼스)를 들고 있다. 나라를 다스리기 위해서는 도읍을 구획하고, 도로를 설계하고, 집을 짓기 위해서이다. 복희와 여와가 자와 그림쇠를 들고 있다는 것은 척도의 중요성을 상징적으로 보여주고 있는 것이다. 복희와 여와는 최초의 건축가이자, 도시계획가이다.

산동성 기남(沂南)에서 발견된 한대 화상석에서도 복희와 여와가 각각 곡자와 그림쇠를 지니고 있는 모습이 보이고 있다. 나라를 다스리는 데 가장 먼저 준비해야 할 도구를 상징적으로 보여주고 있다. 산동성 가상현(嘉祥縣)의 무씨사(武氏祠) 석실에 각종 그림이 새겨져 있다. 한나라 때 그린 화상석이다. 이 그림 중에 복희와 여와 그림이 몇 개 있고, 글이 쓰여

---

19) 국립부여박물관, 백제의 도량형, 9쪽, 2003.

사진 65. 산동 가상현 무씨사 석실의 복희와 여와의 손에 사진 쇠와 곡자를 들고 있다.

있다. '伏戱倉精 初造王業 畵卦結繩 以理海內'가 그것이다. 즉 '복희가 창정으로 처음 왕업을 만들어 8괘를 그리고 줄을 띄우니 이로써 내해를 다스린다'는 것이다. 복희와 여와는 남녀의 모습에 뱀 꼬리를 하고 있으며, 두 몸의 꼬리가 한데 어울려 꼬여 있는 모습이다. 손에는 각각 곡자와 그림쇠를 지니고 있다(사진 65).

춘추전국시대 노나라 사람으로 건축장인 노반(魯班)이 있었다. 그는 건축 뿐만 아니라 토목, 기계, 조각 등 다양한 분야에 걸쳐 기술을 발휘하였다. 특히 그는 성곽 공격용 사다리 운제(運梯)를 비롯하여 건축연장을 발명하고, 자를 만들어 썼다. 그가 곡척(曲尺)을 고안하여 사용한 것이 『노반경』에 기록되어 있다. 후대의 건축장인들은 그를 장인의 조사(祖師)로 받들고 있으며, 지금도 곡척을 '노반척'이라고 부르고 있다.

이미 상(商)나라 때 자가 사용되었으며 출토 유물에 의하면 1자의 길이가 16~17㎝였던 것도 있다. 주(周)나라 때 들어와서는 척관법을 발달시켜 자의 길이를 통일하기도 하였다. 주나라 때 1자의 길이는 22.5㎝였다. 이처럼 중국에서도 1자의 길이는 시대마다 조금씩 차이가 난다. 1927년 감숙성에서 발견된 '신망동장(新莽銅丈)'이라는 자에는 길이 단위를 분(分), 촌(寸), 척(尺), 장(丈)으로 한다는 글이 새겨져 있다. 중국에서 길이의 단위 호칭이 한나라 이전에 통일되어 사용하고 있었음을 알 수 있다. 1자의 길이에 대해 한대 초기에는 지척(指尺)길이였던 20.158㎝였는데 이 치수는 혜제(惠帝) 때 리정(里程)및 량전장량용(量田丈量用)으로 사용하던 척

사진 66. 중국 후한 때의 자(상)와 삼국시대 위나라 때의 자(중, 하)는 모두 23.8cm이다.

도이다. 이는 『예기』 「왕제편」에서 동전(東田)의 넓이를 실측했던 리정 및 량전장량용으로 사용한 주척(周尺)이기도 했다. 이 척도의 신장척이 1972년에 중국서 발견된 길이 20.25㎝ 척도였다고 본다.[20] 한편 서한 후기 때 만든 것으로 보이는 2개의 자가 다른 유물들과 함께 감숙성 거연지방에서 발견되었는데 크기는 각각 23.6cm와 23.2cm이다.[21] 이 자에는 10등분으로 음각 표시되어 있는데 이로 미루어 당시 이 지방의 1척은 23.6cm 혹은 23.2cm였다는 것을 알 수 있다. 1955년 요녕성 요양시에서 출토된 후한말의 것으로 보이는 자와 삼국시대 위나라 때 것으로 추정되는 자는 모두 1자의 길이가 23.8cm이다. 이 자에는 눈금을 그리고 동그라미 점을 찍어 사용한 것이다(사진 66).

호북성 강릉 봉황산 제10호 한나라 분묘에서 출토된 목척은 길이가 22.8cm, 폭 1.5cm, 두께 0.7cm이다.[22] 이 자에는 정면에 '市陽戶人孫婧'라는 여섯 자와 뒷면에 상형문자가 양각되어 있다. 이밖에 출토된 한대의 유물자료에 의하면 1자의 길이가 시대마다 달리 사용되고 있었음을 알 수 있다.[23] 이러한 자료로써 비교해 볼 때 함양 저장만에서 출토된 1尺의 길이

---

20) 박홍수, 한의 장안성 건설계획과 건설용척에 관하여, 『대동문화연구 제12집』, 178쪽, 성균관대학교. 1978.

21) 甘肅居延考古隊, 居延漢代遺址的發掘和新出土的簡册文物, 『文物 1978年 第1期』 文物出版社. 北京.

22) 長江流域第二期文物考古工作人員訓練班, 湖北江陵鳳凰山西漢墓發掘簡報, 『文物 1974年 第6期』 文物出版社. 北京.

〈표 6〉 중국 한나라 시대에 쓰던 1자 길이

시 대	자료명칭	1척의 길이(cm)
전국(楚)	長沙銅尺	22.7
한 무제	4115호 銅錠	23
	銅 尺	23.5
감로2년	銅方爐	23.75
신(新)	銅 撮	23.07

는 22.38cm이고, 서안 연홍 문촌에서 출토된 1尺의 길이는 23.75cm로서 1.39cm 격차가 있음을 알 수 있다. 당시의 출토 유물로 측정된 1尺의 길이는 〈표 6〉과 같다.

당나라에서 전해 주었다는 상아로 만든 자가 일본 나라[奈良] 동대사 정창원(東大寺 正倉院)에 보관되어 있다. 발종척(撥鐘尺)이라는 이름의 상아로 만든 것으로 일본에서 가장 오래된 자이다. 하나는 붉은색으로 길이가 30.2cm이고, 폭이 2.8cm이다. 다른 하나는 녹색으로 길이가 30.5cm, 폭 3cm이다. 자의 앞뒤에는 각종 화초문양, 새와 사슴문양들이 그려져 있어 매우 화려한 모습이다. 당시 일본의 사신들이 당나라에 갔을 때 이 자를 받아온 것으로 추측하고 있다.

3) 백제의 자

우리나라에서는 삼국시대 때 자(尺)와 관련된 자료가 처음 나타난다. 『삼국사기』 신라 문무왕 5년(A.D.665)에 1필이 10심(尋)이었던 견포(絹布)의 기준을 고쳐 길이 7보(步)와 넓이 2척을 1필(匹)로 삼게 하였다는 기사가 보이는데[24] 이때 길이에 대한 기준을 변경한 것이 아닌가 생각되기도 한다.

백제에서도 국가의 기준척도로 사용했을 것으로 추정되는 자가 발견되었다. 수많은 건축공사가 이루어지고 있었기 때문에 지역간의 척도기준

---

23) 이왕기, 중국 고대 건축생산기술에 관한 연구(Ⅱ) -한대의 건축연장과 기술적 성과를 중심으로-, 『대한건축학회논문집 6-5호』, 1990.10, 대한건축학회.
24) 『삼국사기』 권6 문무왕(상) '絹布 舊以十尋爲一匹 改以長七步·廣二尺爲一匹.'

을 정하지 않으면 혼란스럽기 때문에 기준척도가 필요했던 것이다.

백제의 도량형 중 가장 기본이 되는 척도제는 한성기에는 고구려나 신라와 마찬가지로 낙랑군을 통해 들어온 23cm 내외의 후한척(後漢尺)이, 웅진기와 사비기 전반에는 25cm 내외의 중국 남북조시대 척이, 사비기 후반에는 29.5cm 내외의 당척(唐尺)이 사용된 것으로 보인다. 특히 25cm 내외의 자는 부여 능산리절터 출토의 백제금동대향로와 창왕명석조사리감, 목간(木簡) 등에 적용되고 있다. 특히 목간 중 부여 궁남지 출토 글씨 연습용(習書用) 목간과 부여 능산리절터 출토의 '한성하부대덕소가로(漢城下部對德疏加鹵)' 먹글씨 목간은 그 길이가 각각 25cm, 24.5cm로 당시 1자였던 것으로 추정된다. 당척은 쌍북리 자에 적용되고 있으며 부여 외리 출토 무늬벽돌 또한 그 한변의 길이가 28~29.8cm 내외로 부여 쌍북리 출토 자의 1자 추정치와 거의 같아서 당척이 적용된 예로 보인다.

부여 외리 출토 무늬벽돌은 봉황이나 연꽃, 용, 구름 등 주된무늬의 바깥에 연주문(連珠文)이 돌아가는 점과, 연꽃의 양식변화에 따라 그 제작연대를 630~640년대로 비정하고 있어 7세기 전반에 이미 공식적으로 당척이 수용되었음을 보여주고 있다. 이는 당척제 시행시점이 문무왕 5년(665)에 가서야 비로소 국가의 새로운 기준척이 되는 신라보다 앞서고 있음을 시사하고 있다. 이처럼 백제의 당척 수용이 620년대에 시작된 중국에서의 당척제(唐尺制) 시행 시점과 거의 차이 없이 진행된 것은 중국의 새로운 변화에 능동적으로 대처한 결과로 풀이할 수 있다.[25]

지금까지 알려진 바로는 우리나라 삼국시기 초에는 한척(漢尺)을 주로 사용했으나 삼국시기 후반이 되면 동위척(東魏尺, 약 30.1cm)의 장척(長尺) 또는 이와 길이가 비슷한 고려척(고려척, 약 35cm)을 사용하였다. 이

---

25) 국립부여박물관, 백제의 도량형, 15쪽, 2003.

는 고구려, 백제, 신라의 여러 건축 유적에 사용된 용척을 분석해본 결과이다. 그러나 백

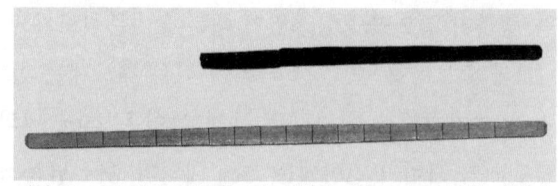

사진 67. 부여 관북리에서 출토된 자(상)와 이를 근거로 복원한 자(아래)

제에는 동위척과 고려척 외에 또다른 자가 사용되었을 가능성도 있다.

　1998년 부여 쌍북리 금성산 북쪽 경사면 끝자락에서 목간(木簡), 나무상자조각, 기와, 토기조각과 함께 자가 출토되었다. 지금까지 우리나라에서 출토된 삼국시대 3개의 자 중 하나이다. 직사각형의 단면으로 일부가 멸실되고 남아 있는 길이는 19.0㎝이다. 눈금은 넓은 면에 새겨져 있는데 첫 번째 눈금까지는 2.9㎝이고, 그 다음부터는 1.45, 1.45, 1.50, 1.45, 1.50, 1.45, 1.45, 1.45, 1.45, 1.45, 1.45㎝이다. 첫 번째 눈금이 2.90이고, 1.50㎝ 간격이 2개인 것을 제외하고 대부분 1.45㎝인 것을 보면 1칸의 간격은 1.45㎝가 표준인 것이 분명하다. 첫 번째 칸의 간격인 2.90㎝를 1치(寸)로 본다면 1.45㎝는 1치의 반이 되는 것이다. 이를 근거로 자를 복원할 경우 1자의 길이는 29㎝가 되는데 이는 북위에서 기원한 당척 29.5~29.7㎝이었던 것으로 추정된다(사진 67).

　당척이 언제 백제에 수용되었는지 알 수 없지만, 부여 외리 출토 무늬벽돌의 한 변 길이가 28~29.8㎝인 점으로 보아 이 무늬벽돌의 제작 년대인 630~640년으로 추정되는 7세기 전반기일 것으로 보인다.[26] 남아 있는 백제의 자는 쌍북리에서 출토된 것 외에는 없다. 당시 건축공사에 사용된 자는 여러 가지가 있었을 것으로 추정된다. 일반적으로 단순히 길이를 재는 자를 비롯하여 직각을 재기 위해서는 곡자(曲尺)가 사용되었고, 모서

---

26) 국립부여박물관, 백제의 도량형, 30쪽, 2003.

리 맞춤을 위해서 연귀자, 긴 거리를 재기 위해서는 줄자 등이 사용되었을 것이다. 이 밖에 다양한 자가 사용되었을 것으로 보이나 현존하는 사례가 없어 추정만 하고 있을 뿐이다.

도량형 제도의 정비는 국가의 경제제도를 정비하는 기초가 된다. 경제제도가 정비되었을 때 국가 경제가 안정되고 문화와 기술이 발전하게 되는 것이다. 백제가 강성했던 시기는 대체적으로 서해바다를 장악하고 있었던 시기이다. 백제가 서해바다를 장악하고 대륙과 원활한 교통로를 확보하고 있을 때 대륙과의 빈번한 교류를 통해 문화를 흡수하였던 것이 결국 백제문화의 수준을 높이는 결과를 가져오게 되었고, 이와 병행하여 건축기술적 성과를 높일 수가 있었던 것이라 하겠다. 대륙의 변화에 능동적으로 대처하면서 새로운 문물에 대한 개방성은 백제문화를 꽃피우는 자양분이 되었던 것이다. 삼국시대 백제의 건축기술이 다른 나라에 비해 발전할 수 있었던 요인은 외래문화에 대한 배타성을 버리고 과감하게 수용할 수 있었던 개방성과 이를 바탕으로 한 도량형 제도의 정비가 그 배경이었던 것이다.

2. 먹통(墨桶)

1) 먹통의 시작

부재를 자르고 치목을 할 때 가장 먼저 해야 하는 것은 금을 그어 표시를 하는 것인데 이때 먹통이 사용된다. 먹통은 먹실을 감아두었다가 부재에 일직선으로 금을 긋는데 사용하는 것으로 목수, 석공, 기와공 등 거의 모든 장인들이 사용하는 가장 기본적이고 필수적인 건축 연장이다. 먹통은 아주 오랜 옛날부터 사용되기 시작하였는데 처음에는 길다란 작대기에 뾰족한 글개로 선을 그어 사용하다가 나중에 실에 진한 흙물을 묻혀 먹줄대신 사용했다. 그 후 먹이 발명되면서 실에 먹물을 묻혀 사용하게 되었다. 지금과 같은 모양의 먹통이 만들어지게 된 것은 청동기시대부터 건축 연장이 급속히 발달하면서 나타나게 되었다. 우리나라에도 이 무렵 먹통이 처음 사용되었을 것으로 생각된다.

일본사람이 쓴 '먹통의 기원에 대하여'[27]라는 글을 보면 '1700년 전 응인(應仁)천황 때 신라의 배 만드는 사람이 먹통, 자귀, 대패 등을 가지고 온 것이 일본에서 최초의 일'이라고 적고 있다. 그 근거를 어디서 찾았는지 알 수 없지만 배 만드는 기술로 치면 신라보다 오히려 백제가 앞선다. 백제는 일찍부터 대륙과 교류를 하기 위하여 항해술을 익혔고, 항구를 만들 수 있는 천해의 조건을 지녔기 때문에 신라보다는 배 만드는 기술이 앞서 있다고 하겠다. 뿐만 아니라 백제의 장인 아비지가 신라에 가서 황룡사를 지어주고, 또 다른 백제 장인이 왜로 넘어가 절을 지어 주었다는 문헌의 근거를 미루어 보면 먹통을 일본에 전해준 것은 백제가 분명하다.

2) 먹통의 모양과 기능

먹통 모양을 보면, 장방형의 두꺼운 나무토막에 전후로 2개의 구멍을 파내어 한쪽(앞쪽)은 먹물을 묻힌 솜을 넣어두는 먹솜칸으로, 다른 한쪽(뒤쪽)은 먹줄(먹실, 墨糸)을 감을 수 있도록 타래(고패)를 끼워 놓는다. 이 칸을 타래칸이라 한다. 먹줄의 한쪽 끝을 타래에 묶어 감아 두고 다른 한끝은 타래칸과 먹솜칸 사이의 작은 구멍으로 빼내 먹솜에 잘 묻도록 하여 다시 먹솜칸 앞의 작은 구멍으로 빼낸다. 구멍으로 빼낸 먹줄 끝은 조그만 나무토막에 침을 꽂아 송곳과 같이 만든 먹줄꽂이에 묶어둔다. 먹줄은 명

---

27) 大阪建設業協會編集, 建築もののはじめ考, 新建築社, 1973.

주실이나 목화로 만든 실을 2~3겹으로 꼬아서 사용한다(사진 68).²⁸⁾

먹통을 사용하는 방법은 먹줄 끝의 송곳을 치고자 하는 직선 한쪽 끝에 꽂고 먹칼로 먹솜을

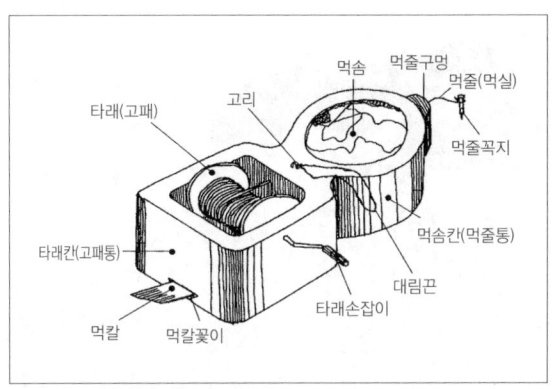

사진 68. 전통적인 먹통의 기본 구조

지그시 누르면서 줄을 풀어 반대쪽 끝에 먹통 줄구멍을 맞춘 다음 먹통을 단단히 고정하여 먹줄을 직각으로 들었다가 퉁기면서 놓게 된다. 이때 잘못 퉁기면 직선이 되지 않고 휘거나 곡선으로 되기 쉽다.

3) 백제의 먹통

익산 미륵사터에서 2개의 먹통이 발견되었다. 하나는 나무로 만든 것으로 동남쪽 배수로에서 발견되었고 또 하나는 동원 승방터 기단에서 발견되었다. 배수로에서 발견된 것은 목제로 만든 것인데 고패칸 부분은 결실되었고 내부 직경 4cm의 원형 홈이 파진 먹칸 부분만 남아 있다. 남아 있는 부분은 길이 17.5cm, 폭 6.8cm, 높이 5.2cm이다.²⁹⁾ 동원 승방터 기단에서 발견된 것은 특이하게도 흙을 빚어 구워서 만든 토제품으로 타래칸은 결실되고 먹솜칸만 남아 있다. 바탕흙은 정선된 고운 흙을 사용하였고 온도를 높여 구운 것으로 유약은 바르지 않았다. 남아있는 크기는 길이 6.1

---

28) 이왕기, 한국의 건축연장(2), 『꾸밈 46호』, 1984. 2.
29) 문화재연구소, 미륵사 유적발굴조사보고서 Ⅰ, 451쪽, 1989.

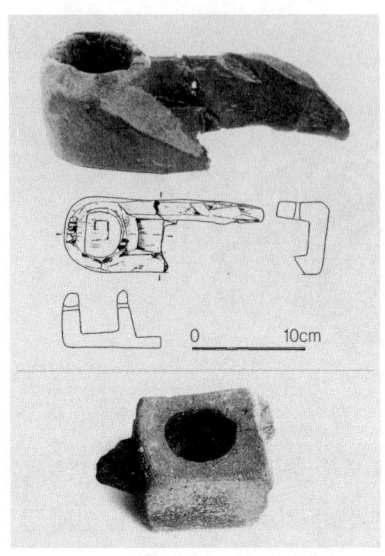

사진 69. 익산 미륵사 출토 나무먹통(위)과 토기 먹통(아래)(미륵사발굴조사보고서)

cm, 폭 4.1cm, 높이 3.4cm이다.[30]

비록 일부만 남은 것이지만 조선시대 먹통과 다를 바가 없을 정도로 세련된 모습이다. 먹통은 대개 목재로 만들어 사용하는데 이처럼 흙으로 빚어 만든 토제 먹통은 극히 드물다. 이 먹통은 후기신라 말 이전에 만든 것으로 추정하고 있는데 백제시대에도 이미 세련된 먹통이 만들어졌다고 볼 수 있다. 미륵사에서 출토된 2개의 먹통은 현존하는 먹통 중 가장 오래된 것이라 할 수 있다(사진 69). 이와 똑같지는 않겠지만 정림사를 건립할 때도 이와 유사한 먹통을 사용했을 것으로 추정된다.

3. 톱(鋸)

1) 톱의 시작과 발전

톱은 나무를 자르고 켜는데 없어서는 안 되는 중요한 연장이다. 톱은 이미 기원전 3,500여 년 전 이집트에서 청동톱이 사용된 흔적이 있었고, 중국에서도 청동기시대 사용된 톱이 발견되었다. 우리나라에서는 석기에 이빨을 만들어 썼던 유물이 발견되어 이미 선사시대부터 톱이 사용되기 시작했다는 것을 알 수 있다. 톱은 이미 석기시대부터 만들어졌으나 다른

---

30) 국립부여문화재연구소, 미륵사 유적발굴조사보고서 Ⅱ, 499쪽, 1996.

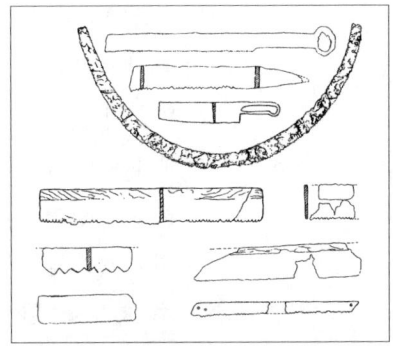
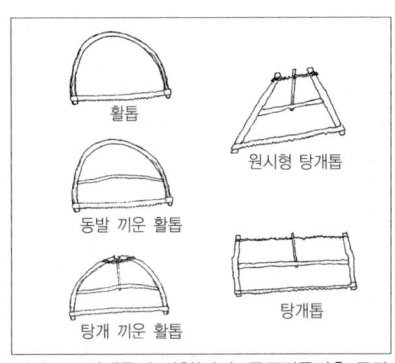

사진 70. 중국 철기시대의 각종 톱(이정, 중국전통건축 목작공구)

사진 71. 탕개톱의 변천(이정, 중국전통건축 목작공구)

도구에 비해 발달이 늦다. 석기시대 톱은 납작하고 길죽한 돌에 이빨과 같은 날을 세워 문질러 간단히 자를 수 있게 만든 것이었다. 철기시대에 들어와 철판의 한쪽에 날을 세워 나무를 자르는데 사용했다(사진 70).

차츰 톱의 기능이 다양해지면서 톱날의 강도를 강하게 만들 필요가 생기게 되자 고안해 낸 것이 탕개톱이다. 톱날을 강하게 하는 방법으로 날을 양쪽에서 당기는 방법을 생각하게 되었는데 그것은 활처럼 날을 당겨주는 것이다. 이러한 방법이 점점 발달하여 동발을 끼우고 날의 반대편에서 줄을 팽팽하게 당겨주면 강한 날이 되고 톱의 기능을 충분하게 발휘하게 되는 것이다(사진 71).

2) 톱의 기능과 모양

톱은 톱냥을 만드는 기술이 우수해야 기능적인 톱을 만들 수 있다. 톱은 크게 '톱냥', '톱자루', '동발', '탕개'의 넷으로 구분된다. 만드는 것을 보면 우선 좁고 긴 장방형 쇠판 한쪽에 일정한 간격으로 뾰쪽한 이빨과 같은 날을 내고 양끝에는 구멍을 뚫어두는데 이것을 '톱냥'이라 한다. 그 다음 톱틀을 만드는데 가운데 동발을 두고 양쪽에 하나씩 톱자루를 끼워

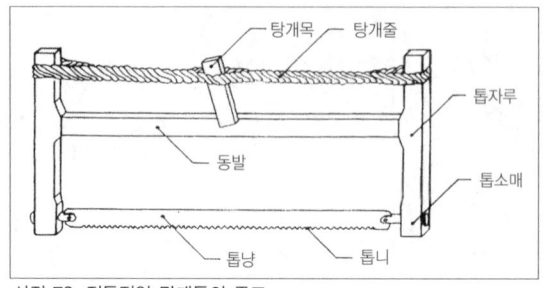

사진 72. 전통적인 탕개톱의 주조

아래는 톱냥을 끼울 수 있게 하고 위에는 끈을 꼬아 만든 탕개줄을 메어둔다. 탕개줄 가운데는 탕개목을 끼워 줄을 틀어 조일 수 있도록 한다. 이렇게 준비된 톱틀의 위아래에 톱냥과 탕개줄을 끼우고 탕개줄에 끼워둔 탕개목을 틀어 조이면 가운데 동발을 중심으로 톱냥이 당겨져 팽팽해지고, 부러지지 않으며 큰 힘을 발휘하게 된다. 톱날을 만들 때는 톱니를 좌우로 조금씩 번갈아서 날어김을 해둔다. 날어김은 대체로 톱냥 두께의 1.3~1.8배 정도로 한다. 날어김이 지나치게 크면 톱질이 힘들고 톱니의 마모가 심해진다. 톱냥은 대개 마모가 약한 강철로 달금질해 만들며, 톱자루는 단단하고 휨에 강한 참나무를 주로 사용한다. 동발로는 참나무 또는 보통나무를 많이 쓰나 압축에 강한 대나무를 쓸 때도 있다. 탕개줄은 삼, 닥나무껍질, 말총 등을 꼬아서 사용한다(사진 72).

3) 백제의 톱 흔적

백제에서도 톱을 많이 사용했을 것으로 생각되나 남아 있는 톱은 찾아볼 수 없다. 다만 톱으로 잘랐던 흔적을 보여주는 목부재가 출토되어 톱이 사용되었다는 것을 알 수 있다(사진 73). 뿐만 아니라 톱자루로 사용했을

사진 73. 부여 궁남지에서 출토된 목재의 톱 흔적(국립부여문화재연구소)

것으로 보이는 부재도 출토되었다. 궁남지에서 출토된 목재 중 탕개톱의 톱자루로 보이는 목부재는 길이 24.5㎝, 직경 3.5㎝이고 한쪽 끝에는 탕개줄이 미끌어 지지 말라고 턱을 깎아둔 흔적이 남아 있다. 이 목부재가 탕개톱의 자루라면 톱냥의 길이가 대략 60㎝ 내외가 되는 중톱 크기의 탕개톱이었을 것으로 추정된다(사진 74).

사진 74. 부여 궁남지 출토 톱자루(국립부여문화재연구소)

백제시기에는 톱의 기능이 다양하지 않았을 것으로 보이며 원목을 자르거나 큰 널판을 만들 정도의 대톱도 사용되지 않았을 것으로 생각된다. 목재는 섬유질이 있기 때문에 자르거나 켤 때 톱의 기능이 다르게 나타난다. 톱이 제기능을 발휘하기 위해서는 톱날이 날카롭고 단단해야 하며, 또한 충격을 잘 받아들여 날이 부러지거나 이가 부러져서는 안 된다. 이를 위해서는 단조기술이 발달되어 있어야 한다. 이러한 이유로 톱보다는 자귀, 도끼, 대패와 같은 다른 연장기술이 발달되었을 것으로 추정된다.

4. 자귀(錛)

1) 자귀의 기능과 백제자귀

자귀는 목재를 찍어서 깎고, 가공하는 연장이다. 도끼와 비슷하게 생겼으나 도끼는 날이 자루에 평행하게 박혀 있는 반면 자귀는 자루와 직각 방향으로 박혀 있다. 따라서 도끼는 세워져 있는 원목을 벌목하기에는 적당하지만 자귀로는 원목을 벌목하기가 어렵다. 눕혀진 나무를 가공하는 데는 도끼보다 오히려 자귀가 기능을 잘 발휘할 수가 있다. 이것이 도끼

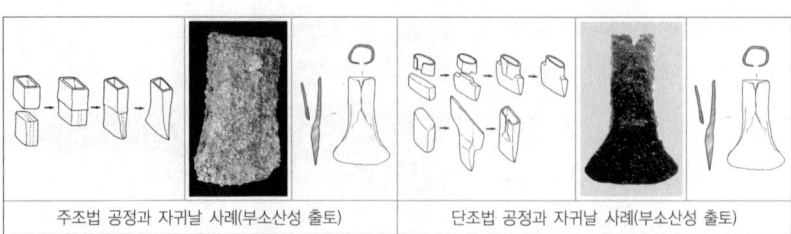

사진 75. 자귀날 만드는 2가지 방법

와 자귀의 근본적인 차이다.

자귀의 자루를 끼우는 방법으로 2가지가 있는데 하나는 자루가 끼워지는 날몸 상부에 홈을 파서 자루를 끼우는 주조법이고 다른 하나는 자루 끼우는 부분의 철판 양끝을 곡선으로 말아서 둥글게 만들어 자루를 끼우는 단조법이다(사진 75).

날몸 상부에 홈을 파서 자루를 끼우는 방법은 주로 형틀에 부어서 만든 주조인데 연산 표정리[31], 능사 강당터 주변[32], 부소산성 북문터로 추정되는 건물터 근처[33], 부소산성 사자루 근처[34] 등에서 출토된 사례가 있다. 철판 양끝을 둥글게 말아 끼우는 방법은 거의 대부분 대장간에서 두드려 만든 단조이며 부소산성 동문터 근처에서 발굴된 사례가 있다.[35]

날 만으론 명확히 도끼와 구분되지 않은 자귀도 있다. 그런데 원삼국시대 분묘인 의창 다호리 고분에서는 'ㄱ'자로 구부러진 자루를 끼운 자귀가 나와 나무를 찍어 베는 도끼와 다른 기능을 가진 연장임을 분명하게

---

31) 국립부여박물관 도록, 54쪽, 1997.
32) 국립부여박물관 · 부여군, 능사(부여 능산리사지발굴조사 진전보고서) 도면 · 도판, 95쪽, 2000. 이 보고서에서는 이 철제품을 도끼로 보고 있다.
33) 국립부여문화재연구소, 부소산성 발굴중간보고서Ⅳ, 98쪽, 2000 및 부소산성 발굴중간보고서Ⅴ, 137쪽, 2003.
34) 국립부여문화재연구소, 부소산성 발굴중간보고서Ⅲ, 154쪽, 1999.
35) 부여문화재연구소, 부소산성 발굴중간보고서, 350쪽, 1995.

드러냈다.³⁶⁾ 광주 신창동저습지에서도 자귀 자루 13점이 나왔다. 자연목의 일부와 가지를 이용하여 'ㄱ'자형으로 만든 자루로 자귀날이 장착되기 적합하게 턱을 마련하였다.³⁷⁾

궁남지에서 나온 목재 유물 중에는 자귀날을 끼웠던 것으로 추정되는 부재가 출토되었다. 하나는 길이 13㎝, 폭 3~4.5㎝, 두께 1.7㎝로 가운데에 자루를 끼웠던 홈이 파여 있다. 홈은 양쪽 크기가 달라 좁은 쪽에 자루를 끼운 뒤 넓은 쪽에서 쐐기를 박아 고정시켰을 것으로 보인다. 쇠날을 고정시키기 위한 홈 내지는 장착한 뒤 생긴 듯한 얕은 단이 측면에 나 있다. 다른 하나는 길이 17.5㎝, 폭 5.8㎝, 두께 2.4㎝이다. 자루는 부러져 없고 자귀날을 부착하는 부분만 남아 있는데 한 부재로 제작하였다.³⁸⁾

백제시기 건축연장은 조선시대에 비해 다양하지 못했다. 따라서 자귀와 같은 연장은 목재표면을 고르는데도 사용되었고, 홈을 파내거나 단면을 자르는데도 사용되었다. 말하자면 자귀는 목재 가공에서 기능을 다양하게 발휘하는 연장이었던 것이다(사진 76).

자귀질은 도끼와 같이 큰 힘으로 내려치는 것이 아니라 굴곡면을 깎을 때나 움푹 들어간 홈을 파낼 때 주로 사용하는 것이기

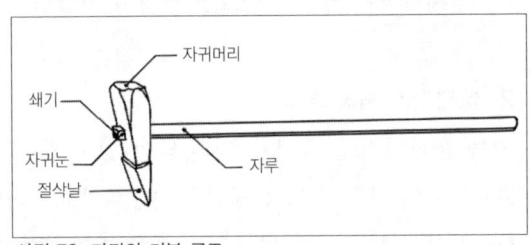

사진 76. 자귀의 기본 구조

---

36) 한림대학교박물관, 양주 대모산성, 157쪽, 2002.
37) 국립광주박물관, 광주 신창동 저습지 유적 Ⅱ, 66~70쪽, 2001.
38) 국립부여문화재연구소, 궁남지, 1999, 199쪽. 최근 조사 중인 광주 동림동 택지개발지구 문화유적 발굴조사에서도 자귀자루가 나왔다. 'ㄱ'자형으로 구부러진 자연재를 다듬고 자귀날이 끼일 수 있도록 턱을 마련하였다. 호남문화재연구원, 현장설명회자료, 2004.

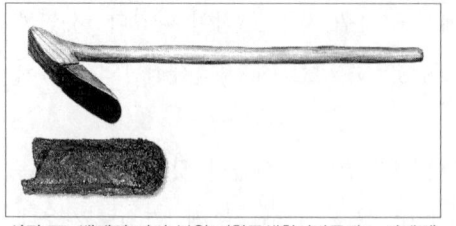

사진 77. 백제의 자귀 복원도(한국생활사박물관4, 사계절)

때문에 큰 힘보다는 정확하게 깎는 것이 더 중요하다. 따라서 자귀의 날 폭을 다양하게 만들어 깎는 장소에 따라 날 폭에 맞추어 사용하게 된다. 날 폭이 큰 것은 8~9㎝ 정도이며 좁은 것은 3~4㎝ 정도이다. 홈을 파내는 연장 중에는 끌이 있는데 끌은 날 끝을 목재면에 미리 맞춰놓고 메로 쳐서 홈을 파내는데 비해 자귀는 미리 맞추지 않고 위에서 내리쳐서 목재면을 깎게 된다. 그렇기 때문에 자귀질 면을 고르게 하기란 매우 힘들다. 자귀질이 숙달되어야 어느 정도 고른 표면을 만들 수 있다. 이때 깎아서 생기는 나무조각을 '자귀밥'이라 한다. 자귀는 크기에 따라 '대자귀', '중자귀', '소자귀'로 구분한다. 자귀는 주로 목수가 사용하지만 나중에는 배 만드는 선장(船匠)들도 많이 사용하게 되었다. 배 만드는데 주로 목재를 사용하기 때문에 자귀는 목재가공에 있어서 중요한 연장이 되었던 것이다(사진 77).

2) 백제자귀 치목 흔적

치목 흔적이 있는 부재는 거의 남아 있지 않지만 최근 저습지에서 나온 목재 가운데 가공 흔적을 살필 수 있는 자료가 있다. 2~3세기 유적인 풍납토성 가-2호 주거지 바닥을 노출한 결과 불에 탄 판재가 나왔다. 시커멓지만 표면에는 자귀로 치목한 비늘 같은 자국이 뚜렷하게 남아 있음을 볼 수 있다.[39]

궁남지에서 나온 목재유물 가운데도 자귀로 치목한 흔적이 분명하게 드

---

39) 국립문화재연구소, 풍납토성Ⅰ, 50쪽, 2001.

러난 부재가 몇 점 있다. 뚜렷한 치목흔적은 널가래로 불리는 연장에 남아 있다. 이 가래 양면에 자귀 같은 공구로 여러 번 다듬어 고르게 한 흔적을 볼 수 있다. 말목 같은 부재는 한쪽 끝을 뾰족하게 다듬었는데 자귀로 깎은 자국이 분명하다(사진 78).[40]

사진 78. 부여 궁남지 출토 목부재에 있는 백제의 자귀 흔적(국립부여문화재연구소)

도끼로 베어낸 부재는 끌이나 쐐기를 박아 떼어내는데 그 표면은 쪼개진 나무결로 인해 매우 거칠다. 이때 초벌 또는 거칠게 다듬는 연장으로 자귀를 써서 마감하게 된다. 풍납토성이나 궁남지 목재유물의 표면은 자귀로 마감하였으며, 조선시대 말까지도 자귀는 지속적으로 사용했으며 심지어 민가의 경우 자귀만으로 집을 짓기도 하였다.

5. 끌(鑿)

1) 백제의 끌

목조건축의 특징은 나무를 조립하여 건물을 세우는 것이다. 조립은 부재의 이음과 맞춤으로 구성되는데 이때 사용하는 연장이 끌이다. 나무를 잇거나 접합하기 위하여 구멍을 뚫고 촉을 만드는데 사용하는 연장이 끌이다. 좁고 긴 쇠봉에 한쪽 끝은 날을 세우고 반대쪽 머리를 메로 때려 나

---

40) 국립부여문화재연구소, 궁남지, 197쪽, 222쪽, 1999.

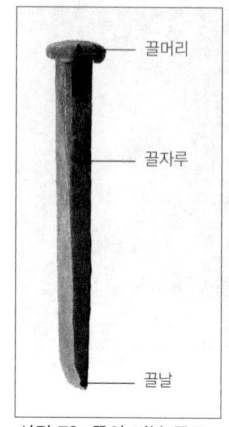

사진 79. 끌의 기본 구조

무에 구멍을 파내게 되는 것이다. 끌은 용도에 따라 여러 가지 모양이 있는데 대개 길이는 1자 미만으로 만든다. 백제시대 끌은 날부터 머리까지 통쇠로 만들어 썼다. 백제시대의 것으로 보이는 끌 유물은 여러 곳에서 발견되고 있어 당시 끌은 목재 가공에 중요한 연장이었음을 알 수 있다(사진 79).

  2~3세기 풍납토성에서 나온 끌은 모두 신부 단면이 방형에 가까운 세장한 형태이다. 머리 폭이 좁고 날도 발달되지 않았으며, 신부 단면은 말각방형이다. 한강유역 유적에서 나온 쇠끌은 그리 많지 않다. 몇 점을 제외하고는 풍납토성 출토 끌과 유사한데 공부(銎斧)가 없는 세장한 형태이다. 그런데 이 끌은 두께가 너무 얇고 길어서 끌이 아닐 가능성도 있다고 하였으나[41] 날이 한쪽으로 비스듬하게 형성되어 있어 못으로 보기는 어려우며 사용흔인지 밝히지 않았으나 뭉툭한 것으로 보고 하였다.

  그런데 특이하게도 중원 하천리 F-1호 주거지와 제원 양평리 2호 적석총에서 나온 끌은 자루를 끼우는 형태로 되어 있다. 용담동 고분에서 나온 끌도 두 가지여서 하나는 자루를 끼우는 형태이다. 보고서에는 끌 모양의 무기로 분류하였으나[42] 이것은 끌이 분명하다. 이 유적에서 출토된 끌을 보면 당시 통쇠로된 끌 뿐만 아니라 이처럼 자루를 끼워 사용하는 끌도 있었던 것으로 추정된다.

  삼국시대 고구려 유적인 아차산 제4보루에서 나온 끌은 단조품으로 단

---

41) 국립문화재연구소, 풍납토성, 423쪽, 582쪽, 2001.
42) 국립청주박물관, 청주용담동고분군 발굴조사보고서, 56~58쪽, 2002.

면이 원형에 가까운 타원형의 공부를 가지고 있으며 길이 6.5cm의 공부 중 약 3.0cm 부분만이 단접되어 있다. 신부는 단면 장방형에 가까운 사다리꼴인데 일부가 부러져 결실된 상태이다. 신부의 나머지 형태는 끝으로 가면서 두께가 점차 감소하지만

사진 80. 아차산 제4보루에서 출토된 고구려의 각종 끌(아차산 제4보루 발굴조사 종합보고서, 2000)

폭은 일정하게 유지했을 것으로 보인다. 공부의 끝부분은 사용할 때 타격으로 인해 눌리고 말려 있다. 단조품임에도 불구하고 신부가 부러진 것으로 보아 열처리가 가해졌다고 볼 수 있다. 표면에는 제작 과정 중의 타격 흔적이 남아 있다. 잔존 길이 10.2cm, 공부 길이 약 6.5cm, 공부 최대 외경 3.6cm, 공부 두께 0.3cm~0.4cm, 신부 폭 2.0cm, 신부 두께 0.9cm~1.2cm이다(사진 80).[43]

용인 수지 백제주거지에서 나온 끌은 2점 모두 완형으로 세장방형에 단면은 방형으로 되어 있다. 머리 부분은 타격을 받아 납작해진 형태를 보이고 있어, 상당 기간 사용된 것임을 알 수 있다. 날은 현재 남아 있는 상태로 보아 각각 홑날(片刃)과 양날(兩刃)인 것으로 판단된다.[44]

끌은 건축연장 뿐만 아니라 단야구 가운데 하나지만 다른 단야구와 한꺼번에 나온 것은 무안 사창리 뿐이다.[45]

---

43) 서울대학교박물관 · 구리시, 아차산 제4보루 발굴조사 종합보고서, 173쪽, 2000.
44) 한신대학교박물관, 용인 수지 백제 주거지, 154~155쪽, 1998.
45) 국립문화재연구소, 한국고고학사전, 249쪽, 2001.

익산 미륵사에서는 6개의
쇠끌이 출토되었다. 자루와
날이 하나의 쇠로 만들어진
것이다. 길이는 6개 중 5개는
약 19cm 내외, 자루 부분의
단면은 가로 세로 3cm 정도
되는 방형이고, 나머지 하나

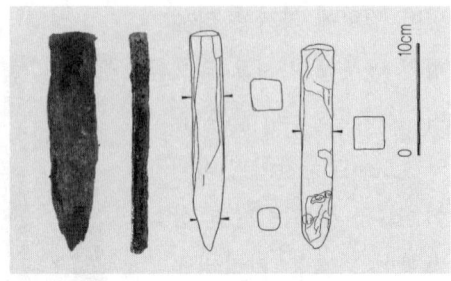

사진 81. 익산 미륵사지에서 출토된 각종 끌

는 길이 12cm, 너비 1.1cm, 두께 0.8cm로 다른 것에 비해 약간 납작한 단면이다.[46] 이밖에 미륵사에서 출토된 유물 중 끌로 보이는 금속재품이 있다. 길이 11~15cm, 폭 1.5cm 내외, 두께 1.5cm 정도 되는 철제품인데 크기나 두께로 보아 끌로 사용된 건축연장일 가능성이 크다(사진 81).[47]

부소산성 북문터 근처에서도 끌이 출토되었다. 크기는 길이가 약 20cm이고 날 폭은 2cm이다. 메로 때리는 머리 부분은 몸통보다 넓게 펴져있다.[48]

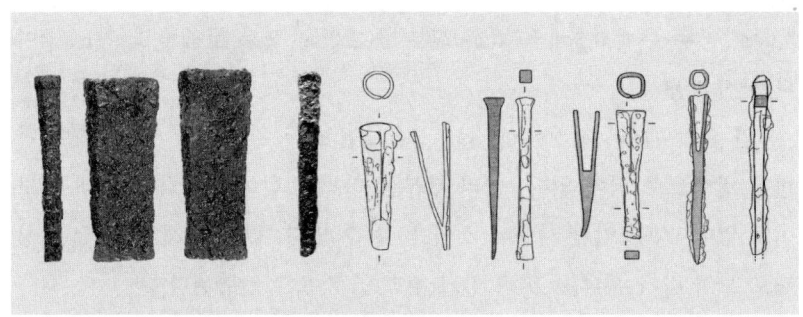

사진 82. 백제시대 부여에서 출토된 각종 끌

---

46) 국립문화재연구소, 미륵사 유적발굴조사보고서 I (1989)에 5개의 사례가 수록되었고, 나머지 1개는 미륵사 유적발굴조사보고서 II (1996)에 수록되어 있다.
47) 국립문화재연구소, 미륵사 유적발굴조사보고서 II (1996)에서는 이 출토품을 철제장식품으로 분류해두고 있다.

북문터 근처에서는 이밖에 끌로 추정되는 철제품이 6점 정도 출토되었다. 이처럼 백제 때의 끌 유물은 여러 곳에서 많이 출토되고 있다(사진 82).

2) 백제의 끌 치목 흔적

끌은 부재를 접합하기 위해 구멍을 파는데 사용하며, 거칠게 부재 면을 다듬는데도 썼다. 현존 목재유물 가운데 백제 때 사용했던 끌 흔적이 여러 목부재에서 확인되고 있다. 그 중 부여 관북리에서 출토된 목재품에서 홈을 파냈던 명확한 끌 흔적이 확인되었는데 여기에 사용된 끌의 폭은 2.3㎝임이 확인되었다. 궁남지에서 발견된 또 다른 목재품에서도 끌로 네모 구멍을 파낸 흔적이 출토되었다. 가로 세로 1.4㎝의 네모 구멍으로 이 구멍에 자루를 끼워서 사용한 자귀 날 몸인 것으로 추정된다. 능사 배수로에 세워진 나무다리에서는 받침목에 교각을 세우기 위하여 구멍을 파고 촉을 끼운 흔적이 출토되었다(사진 83).

목재와 목재를 연결하기 위하여 홈을 파서 끼운 부재도 출토 되었다. 사찰시설물은 아니지만 끌을 사용한 백제의 건축기술을 보여주는 또 다른 사례로 대전 월평산성의 지하시설물이 있다. 이 시설물은 사각형으로 받침목을 놓고 모서리에 구멍을 파서 방형 목재기둥을 세우고 기둥 사이에는 홈을 파내고 두꺼운 판재를 위에서부터 끼워 내부 공간을 만들어 두었다. 이렇게 촉 구멍을 파서, 기둥을 세우고, 홈을 파서 벽을 만들기 위해서는 기능적

사진 83. 능사 출토 다리의 끌 사용 흔적

---

48) 국립부여문화재연구소, 부소산성 발굴중간보고서Ⅴ, 137쪽, 2003.

사진 84. 부여 관북리 출토 부재에 보이는 끌 흔적

인 연장과 우수한 기술이 있어야 가능하다. 이때 사용한 연장이 끌이다.

긴결철물이나 못이 흔하지 않은 시기에 맞춤을 단단히 하기 위해서는 이와 같이 촉구멍이나 홈을 파야하고 이 홈을 파는 데는 반드시 끌을 사용해야하는 것이다. 백제시대의 끌은 단조기술이 우수하여 기능적이고 능률이 높았던 것으로 보인다. 지금과 같이 종류가 다양하지는 않지만 때려서 파내는 끌과 손으로 밀어서 쓰는 끌이 있었을 것으로 생각된다(사진 84). 이처럼 다양한 끌이 각종 토목 공사에 사용되었던 것을 알 수 있으며 정림사 건축공사에서는 끌을 이용하여 이보다 정교하고 치밀한 맞춤과 이음기법이 사용되었다는 것을 짐작할 수 있다.

6. 목메(木鎚)

1) 메의 모양과 기능

메는 다른 말로 나무망치라고도 하며 다용도로 쓰이는 연장이다. 건축현장 뿐만 아니라 실생활에서도 널리 사용되며 그 형태도 지금 것과 비슷하다. 메의 형태는 크게 몸통과 자루로 구성되어 있다. 몸통은 '대가리'라고도 하며 타격면을 말한다. 나무메는 주로 끌을 내리칠 때 쓰는 연장인데 남아 있는 유물을 보면 쇠끌을 때려서 움푹 파인 흔적이 남아 있다. 잘 썩기 때문에 나무망치가 지금까지 남아 있기는 어려우나 저습지나 반대로 건조한 곳, 공기가 차단된 공간에서는 보존될 수 있다. 최근 여러 곳에서 많은 목재 유물이 나왔다. 뿐만 아니라 백제 지역에서 출토된 목메 또한 여러 곳에서 그 유물이 확인되고 있다.

옛날에는 쇠가 귀했기 때문에 메의 몸통을 나무로 만들어 사용했다. 나무메에는 자루가 달려있다. 자루는 제나무일 경우도 있고 다른 나무를 끼워 사용하는 경우도 있다. 메로 쓰는 나무는 단단해야 오래 쓸 수 있기 때문에 연한 나무로는 잘 만들지 않는다.

2) 백제의 메

신창동 저습지에 나온 목재유물 가운데 공구류로 추정되는 것은 방망이, 자귀 자루, 도끼 자루, 연장형 목제품 등이 있다. 그 중 목메는 9점으로 상수리나무와 가시나무로 제작한 것이다. 남은 길이를 재보면 29cm, 27.4cm, 26.8cm, 25.8cm, 36.8cm, 33cm, 37.9cm, 33.3cm, 28.4cm이다. 움푹 파인 부분은 사용 흔적이다.[49]

이성산성에서 목메가 출토되었다. 하나는 거의 완벽한 형태로 남아있고, 다른 하나는 손잡이 부분을 제외한 나머지 부분은 긴 장방형 형태의 타원을 하고 있으며, 끝 부분은 파손되었다. 전자는 전체 길이 25.3cm, 머리 길이 16cm이다.[50] 후자는 길이 39.7cm이다. 직사각형이나 측면 부분을 둥글게 다듬었기 때문에 장타원형

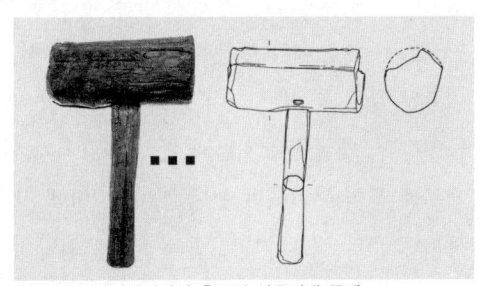

사진 85. 이성산성에서 출토된 삼국시대 목메

---

49) 광주 신창동 저습지 유적 II, 국립광주박물관, 62~64쪽, 2001.
50) 한양대학교박물관, 이성산성 제6차 발굴조사 보고서, 121쪽, 1999.

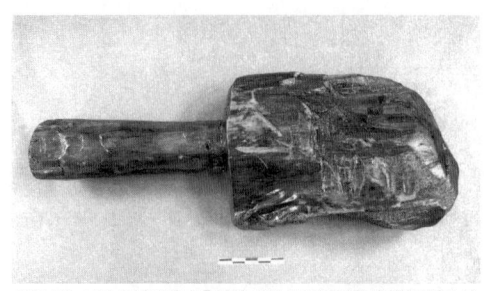

사진 86. 부여 궁남지에서 출토된 백제 목메(국립부여문화재연구소)

의 모습으로 보인다(사진 85).[51]

　부여 궁남지 발굴조사 당시 2개의 끌방망이가 출토되었다. 목간과 목간형 칠기, 연장, 부재, 말목, 용도를 알 수 없는 목재 유물이 토양과 함께 무질서하게 산재되어 있었다. 그 중 하나의 크기를 보면 전체 길이 32㎝, 방망이 머리 직경 13㎝, 방망이 머리길이 17.5㎝, 자루길이 14.5㎝, 자루직경 5㎝이다.[52] 이것은 비교적 많이 사용하지 않은 듯 방망이 머리가 크게 문드러지지 않았다. 다른 하나는 크기가 비슷하며 많이 사용하여 방망이 머리가 많이 문드러져 있다(사진 86).

　나무망치는 지금 쓰는 것과 형태적으로 다를 바가 없다. 대개 현장에서 남는 목재로 대강 가공하고 만들어 쓰고 폐기하는 편이다. 그러나 끌방망이로 쓰는 것은 다르다. 통 쇠로 만든 끌을 내리쳐야 하기 때문에 단단한 수종의 나무로 만들어야 수명이 오래 갈수 있다.

　요즘 끌은 손잡이 부분에 나무를 붙여 사용하지만 조선시대까지만 해도 대부분 끌은 통 쇠로 되어 있었다. 그렇기 때문에 웬만한 옹이를 만나도 잘 들어간다. 옛날에는 지금과 같은 쇠망치가 없고 주로 나무망치를 사용했기 때문에 끌이 무거워야 했던 것이다. 이때 사용하는 끌망치를 '끌방망이'라 하는데 주로 대추나무로 만들었으며 쇠망치가 나오기 전까지만 해도 이것을 사용했다. 그러나 너무 빨리 헤지고 쪼개져서 자주 갈아야 했다.

---

51) 한양대학교박물관, 이성산성 제8차 발굴조사 보고서, 90쪽, 2000.
52) 국립부여문화재연구소, 궁남지 Ⅱ(2001), 199쪽. 이 보고서에서는 가로망치로 분류하였다.

7. 도끼(斧)

1) 도끼의 기능과 모양

인간이 집을 지어 살기 시작하면서 무엇보다도 일찍 만든 건축연장이 도끼이다. 석기시대 돌을 갈아 만든 돌도끼는 수렵에도 사용되었지만 집을 짓기 위해 목재를 자르거나 가공할 때 중요하게 사용되었다. 도끼와 자귀는 형태도 차이가 있지만 날을 세로로 쓰는가, 가로로 쓰는가 하는 차이에 따라 나뉜다. 이에 따라 자루를 끼우는 방식도 달라져 도끼는 날과 같은 방향으로 자루를 장착하지만, 자귀는 'ㄱ'자로 장착되는 것이다.

날의 방향이 다르듯 쓰임새도 차이가 있다. 도끼는 벌채 또는 절단용으로 쓰고, 자귀는 목재 표면을 가공하는데 쓴다. 도끼도 형상과 날, 구조에 따라 여러 가지 용도가 있지만 머리가 통 쇠로 되어 사용할 때 강력한 힘을 발휘할 수 있기 때문에 원목을 베고 쪼개는 단계에서 기능을 발휘할 수 있다(사진 87). 그러나 도끼는 표면을 다듬거나 치목용으로는 적당치 않다. 큰 힘을 발휘하는 대신 정교하게 치목하는 데는 부족한 것이 특징이다. 특별히 정교하게 치목할 필요가 없는 부분에는 자귀보다 도끼를 사용하는 것이 좋고, 목재면을 좀더 고르게 치목하기 위해서는 자귀를 사용하는 것이 좋다.

도끼를 만드는 방법으로는 주조(鑄造)와 단조(鍛造) 두 가지 방식이 사용되었다. 초기에는 주조

사진 87. 도끼로 원목을 베는 백제 장인 모습

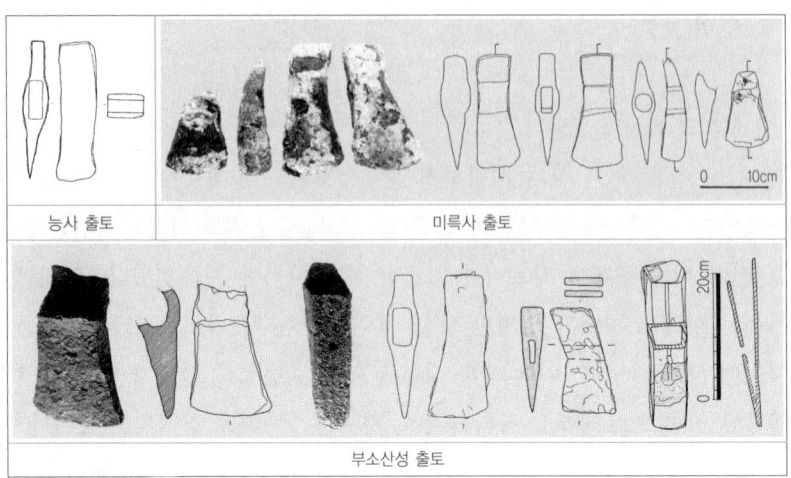

사진 88. 백제시대의 각종 도끼

방식이 주로 사용되었지만 점차 단조로 바뀌어 이후 대부분 단조기법으로 만들었다. 주조법은 미리 제작한 거푸집에 쇳물을 부어 원하는 형태를 만드는 방법이고 단조법은 철괴를 반 용융상태로 달구어 쇠망치로 두들겨가며 원하는 모양을 만드는 방식이다. 주조로 만든 철기는 단조품에 비해 견고하지 않지만 대량생산할 수 있다는 점이 장점이다. 자루 장착 방식은 도끼 몸에 자루장착용 구멍(공부)을 붙여 자루를 끼우는 방식과 도끼 몸에 구멍을 만들어 자루를 끼우는 방식이 있다. 이밖에 도끼날을 나무자루에 묶어 쓰는 것도 있다(사진 88).

2) 백제의 도끼

백제 절터에서도 많은 도끼가 출토되었는데 그 중 부여 능사에서 완제품 도끼 1점과 익산 미륵사지에서 15개의 도끼가 출토되었다. 능사에서 출토된 것은 길이 16.5cm, 너비 4.2cm, 날 너비 4.5cm이다.[53] 미륵사에서 출토된 것 중 길이가 제일 큰 것은 24cm이고, 너비가 제일 큰 것은 9cm이다.[54] 출토된 도끼는 완제품만 있는 것이 아니고 일부만 남아 있는 것도 있다. 이 중에는 고려시대나 조선시대 건물지에서 나온 것도 있지만 대부분 백제 때 만들어진 것으로 추정되고 있어 도끼의 쓰임새가 많았던 것을 알 수 있다. 뿐만 아니라 부소산성에서도 백제시대 도끼 완제품이 출토되었다. 부여 능사지와 익산 미륵사지에서 출토된 도끼유물 16개를 분석해 보면 현존하는 크기 중 길이가 가장 큰 것은 미륵사 강당터 내부에서 발견된 24cm

〈표 7〉 부여 능사 및 익산 미륵사에서 출토된 도끼

번호	크기(cm) 길이×너비×두께	무게(g)	출토위치	비고
1	16.5×4.5×3			능사 발굴보고서(2000)
2	11×6		동원 북회랑지 상층 후대	미륵사발굴보고서 I (1989)
3	15×3.5		동원 금당지북편 후대	
4	16.5×6.2		서원 승방지 기단토 상층	
5	16.8×7.6		동원 동회랑지	
6	18.3×5.6		동원 승방지 기단토 상층	
7	9.2×3.7×1.2	123	목탑지 동편기단부	미륵사발굴보고서 II (1996)
8	24×8.2×0.6	750	강당지 내부 서기단	
9	10×7.6×0.7	70	북승방지 동기단 내부	
10	7.0×9×3.2	480	고려시대 건물지4	
11	13.8×7.2×0.5	148	고려시대 건물지10	
12	12.6×5.3×4.3	554	동승방지 내부	
13	15.4×6.5×4.3	734	고려시대 건물지16	
14	14.2×4.9×3.5	810		
15	13×8.9×4.2	870	조선시대건물지	
16	18.3×8.7×4.5	808		

53) 국립부여박물관·부여군, 능사(부여 능산리사지발굴조사 진전보고서) 본문 113쪽, 2000.
54) 국립문화재연구소, 미륵사 유적발굴조사보고서 I, 478쪽, 1989.

이고, 너비가 가장 큰 것은 미륵사 고려시대 건물터에서 발견된 9㎝이다. 대개 길이의 평균은 14.5㎝정도이고 너비의 평균은 약 6.5㎝이다〈표 7〉.

8. 대패(鉋)

1) 대패의 시작과 변천

대패는 목재면을 매끈하게 하거나 표면을 필요에 따라 여러 가지 모양으로 깎기 위해 필수적으로 사용되는 중요한 연장이다. 현재와 같은 대패틀 속에 날을 끼워 사용하는 틀대패[55]는 우리나라에서 빨라도 17세기에 들어와 본격적으로 개발된 것으로 보인다. 백제시기의 대패는 날에 자루를 끼워 사용하는 자루대패[56]였고 그러한 자료가 중국과 일본의 오래된 그림 자료에 남아 있다. 모양은 작은 칼날을 긴 자루 끝에 끼워 사용하는 것이었다(사진 89).

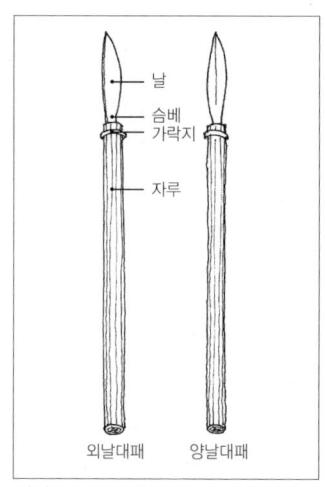

사진 89. 백제의 자루대패 복원도

석기시대의 연장은 여러가지 기능을 동시에 가지고 있다. 돌도끼는 사냥과 집짓는 기능을 동시에 지니고 있다. 때로는 농사일에도 사용되었다. 대패의 기능도 이와 같았다. 이와 같은 다용도 기능은 금속연장이 나타날 때까지 지속되었던 것이다. 청동기와 같은 금속연장을 사용하면서 인간사회

---

55) 대패 집에 날을 끼워 사용하는 흔히 보는 대패를 일컫는데 이러한 대패가 만들어지기 전에 사용되었던 자루달린 대패와 구분하기 위하여 필자가 붙인 이름이다.
56) 틀대패가 만들어지지 전에 사용하던 것으로 자루에 날을 끼운 것이다. 틀대패와 구분하기 위하여 필자가 붙인 이름이다.

는 직능에 따라 역할 분담 현상이 나타나기 시작하였다. 말하자면 조직사회가 형성되고 사회의 기능에 따라 전문기능인이 생겨나게 되었던 것이다.

지배자와 피지배자의 계층사회도 이때 형성되었을 것으로 보이며 이에 따라 건축의 형태도 다양하게 변화 발전을 이루게 된다. 집을 전문으로 만드는 장인도 이 시기 사회발전에 따라 생겨나게 되었고, 이들은 기술을 발휘하기 위하여 새로운 연장을 만들어 사용하였다. 건축연장의 기능은 이때부터 다양화되기 시작하였다. 나무를 자르기 위하여 톱이 사용되었고, 목재를 다듬기 위하여 도끼(斧), 정(錠), 자귀(鏟), 대패(鉋) 등이 사용되었다. 금속연장 시대가 도래되면서 대패는 보다 기능적인 연장이 되었다. 금속도끼가 대패를 대신하면서 변천되어 오다가 도끼와 같이 생긴 날에 직각으로 자루를 끼워 목재 다듬기에 편리하게 만든 것이 자귀(鏟)이다. 대패의 변천과정을 정리해보면 다음 〈표 8〉과 같다.

〈표 8〉 대패의 변천과정

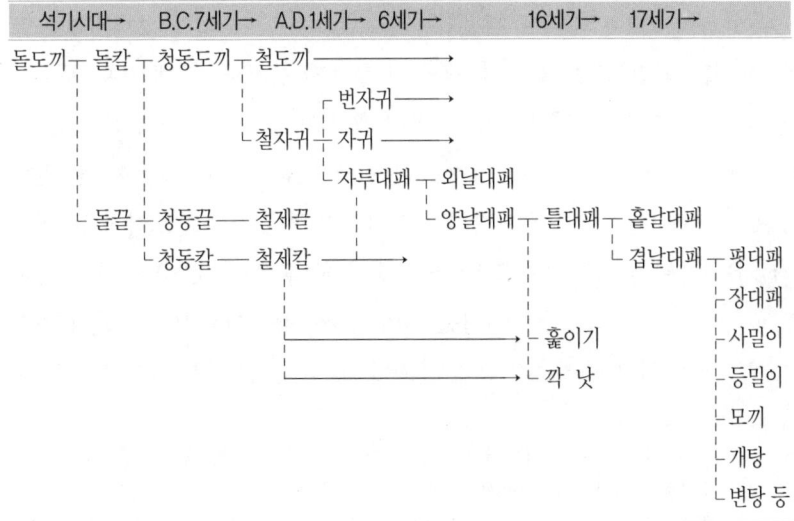

2) 백제의 자루대패

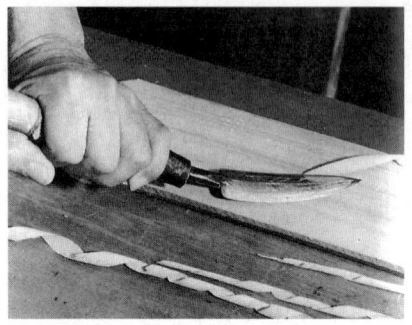

사진 90. 자루대패 사용 모습 복원

백제시대 자루대패는 날을 세우는 방법에 따라 양쪽에 세우는 양날이 있고, 한쪽만 세운 외날이 있다. 대패를 사용할 때는 자루를 옆으로 잡고 밀거나 당겨 사용하는 것이었다. 대개 외날의 경우 앞으로 밀어 사용하지만 양날의 경우 밀거나 당겨 사용하기도 한다. 자루대패로 목재면을 고르기 위해서는 기술이 숙달되어야 한다. 특히 넓은 판재를 일정하게 고르기란 그리 쉬운 일이 아니다. 날을 일정한 간격으로 유지한 다음 적당한 힘으로 자루를 밀거나 당겨 표면을 마름질해야 하는데 나무결의 방향에 따라 표면의 정도(精度)가 다르게 나타난다(사진 90).

부여 능사에서는 대패로 추정되는 금속 날이 출토되었다. 2개는 4차 발굴 때 출토되었고, 2개는 5차 발굴 때 출토된 것이다.[57] 4개 모두 자루는 없어지고 날만 남아 있다. 4차 발굴 때 출토된 것을 보면 첫 번째 것은 길이 6.4cm, 폭 1.6cm이고, 두 번째 것은 길이 5.7cm, 폭 1.2cm이다. 두 번째 것에는 슴베 부분에 은제 가락지가 끼워져 있었던 것으로 보아 이는 대패가 아니라 칼일 가능성이 크다. 5차 발굴 때 출토된 것 중 하나는 길이 8.5cm, 폭 1.5cm이고, 다른 하나는 길이 6.2cm, 폭 0.7cm이다. 날등의 두께는 약 2~3mm이고 무게는 가장 무거운 것이 11.2그램이고, 가장 가벼운 것

---

57) 4차 발굴은 금당, 목탑, 동회랑 북쪽끝 건물, 남회랑, 서쪽과 북쪽 배수로를 했고, 5차 발굴은 동회랑 남측과 전면의 동서 양 배수로를 했다. 보고서에서는 이 출토품을 '刀子'라고 하였으나 4개 중 은가락지가 있는 것을 제외하고 나머지는 대패일 가능성이 크다.

이 1.9그램이다. 날의 모양은 날끝을 뾰족하게 만들고 반대쪽은 슴베로 하여 자루를 끼울 수 있도록 했다. 그 중 하나는 날 부분이 둥글게 되어 있는데 처음부터 이런 모양인지 나중에 날끝이 부러졌는지 알 수가 없다. 날의 크기가 생각보다 작은 것도 있는데 이는 오래 사용하는 동안 숫돌에 갈아 작아진 것이 아닌가 생각된다. 부소산성에서도 대패날로 추정되는 5개의 철제날이 출토되었다.[58] 2개는 1996년도, 2개는 1997년도, 1개는 1998년도 발굴조사 때 출토된 것이다. 1996년도에 출토된 2개는 부식이 심하여 날끝이 없어져 둥글게 되어 있으나 대패날로 보기에 충분하다. 크기는 각각 19.4cm, 15.2cm로 미륵사지에서 출토된 것보다 크다. 이 역시 제작당시에는 이보다 큰 것이었으나 사용하면서 작아졌을 것으로 보인다. 1997년도에 출토된 2개는 길이가 각각 12.3cm, 21.5cm이다. 2개 모두 자루에 끼웠던 슴베 부분은 없어지고 거의 몸통만 남아있는 상태다. 실제 크기는 이보다 더 컸을 것으로 생각된다. 1998년도에 출토된 것은 길이 11.3cm, 폭 1.9cm로 날

사진 91. 백제 장인의 자루대패 사용 모습

---

58) 국립부여문화재연구소, 부소산성 발굴중간보고서 Ⅲ(1999) 및 국립부여문화재연구소, 부소산성 발굴중간보고서 Ⅳ(2000). 보고서 Ⅲ은 1996년도와 1997년도에 부소산성 서북편에 위치한 사자루 주변의 평탄지를 발굴조사 한 내용을 수록하고 있으며, 보고서 Ⅳ는 1998년도와 1999년도에 실시한 추정 북문터 성벽주변과 남문터 서편 성벽주변에 대한 발굴조사 내용을 수록하고 있다. 이 때 출토된 것으로 보고서에서는 이것을 모두 '鐵製刀子'로 보고 있다.

〈표 9〉 백제의 대패날

번호	사례도면	출토 시 날 크기(cm)			무게 (g)	비 고
		길이	폭	날등두께		
1		8.7	1.2	0.3		풍납토성 가-2호주거지
2		5.0	1.5	0.3		풍납토성 가지구 S5W1
3		9.2	1.4	0.3		풍납토성 가지구 S6W1
4		5.7	1.3	0.4		풍납토성 가지구 S6W1
5		9.6	1.0	0.6		풍납토성 나지구 N2E1
6		14.2	1.3	0.3		풍납토성 나지구 N4E2
7		6.4	1.6		4.2	능사지 4차발굴시 출토
8		5.7	1.2		1.9	능사지 4차발굴시 출토
9		8.5	1.5	0.3	11.2	능사지 5차발굴시 출토
10		6.2	0.7	0.2	2.8	능사지 5차발굴시 출토
11		19.4	2.5	0.6		부소산성1996년도 발굴
12		15.2	2.0	0.4		부소산성1996년도 발굴
13		12.3	1.7	0.2		부소산성1997년도 발굴
14		21.5	2.0	0.5		부소산성1997년도 발굴
15		12.8	1.2	0.3		공주 산의리 백제1호분 출토
16		14.3	1.2	0.3		공주 산의리 백제21호분 출토
17		10.5	1.3	0.2		공주 산의리 백제22호분 출토
18		12.5	1.2	0.4		공주 산의리 백제23호분 출토
19		10.5	1.2	0.3		공주 산의리 백제32호분 출토

등 두께는 0.4cm이다. 이 역시 날끝과 슴베 부분은 삭아 없어지고 일부만 남아 있다〈표 9〉. 부소산성에서는 이밖에 많은 량의 철촉이 출토되었는데 이 중에는 대패날로 보이는 유물도 있는 것으로 추정된다. 이와 같은 출토품을 보아 정림사 공사에서도 이와 같은 자루대패가 많이 사용되었던 것이 틀림없다(사진 91).

3) 백제의 자루대패 치목 흔적

사진 92. 부여 관북리 출토 목재품에 자루대패 흔적이 남아 있다(국립부여문화재연구소)

백제의 목조건축 유구가 남아있지 않아 이 대패흔적을 확인하기가 어렵다. 능사를 비롯하여 그 동안 발굴조사 되었던 절터에서 많은 량의 목부재가 출토되었으며 출토된 부재 중에는 대패자국이 남아 있는 것도 있었을 것으로 생각되나 출토품을 볼 수가 없어 확인이 되지 않는다. 그러나 부여 관북리에서 출토된 목부재에 자루대패의 흔적이 또렷하게 남아 있다. 유물은 길이 10.5cm 정도 되는 목재 표면에 섬유질 방향으로 자루대패를 사용하여 표면을 고르고 양 단면은 톱으로 잘라 사용한 것이다. 대패날의 크기는 알 수 없으나 대패로 잘린 흔적은 폭이 약 2~3cm로 간격이 일정하지는 않다(사진 92).

이와 같은 자루대패는 만들기 간단하고 쓰기도 쉬워 조선말기까지 오랫동안 사용되었다. 자루대패가 사용된 흔적을 경복궁 근정전 추녀부재, 강화도 정수사 법당, 덕수궁 대한문, 김재 귀신사 대적광전 등 조선시대에 지어졌던 수많은 건물에서 확인할 수 있다. 이러한

사진 93. 경복궁 근정전 해체보수공사 중 확인된 자루대패 흔적

흔적을 보면 틀대패를 사용하면서도 자루대패를 버리지 못하고 함께 사용하였다는 것을 알 수 있다. 이처럼 자루대패는 아주 오랫동안 건축공사에 사용된 연장이었다(사진 93).

9. 백제의 건축연장과 치목기술의 특징은 무엇인가

사찰을 건립하거나 집을 지을 때 치목기술을 발휘하기 위해서는 가장 중요하고 기본이 되는 연장으로 자(尺)를 꼽을 수 있다. 백제에서도 치목에 사용했을 것으로 추정되는 자가 발견되었다. 부여 쌍북리 금성산에서 여러 출토품과 함께 자가 출토되었다. 우리나라에서 출토된 삼국시대의 3개의 자 중 하나이다. 1칸의 간격은 1.45㎝이고 이를 1치의 반으로 보면 1자의 길이는 29㎝가 된다. 이를 통하여 당시 1자의 길이를 확인해 볼 수 있다. 이는 북위에서 사용했던 당척 29.5~29.7㎝이었던 것으로 추정된다. 부여 외리 출토 무늬벽돌의 한 변 길이가 28~29.8㎝인 점으로 보아 당척이 사용되었던 것으로 추정된다. 백제 건축유적을 중심으로 사용된 용척을 분석해 보면 1자의 길이가 약 30.1㎝ 정도 되는 동위척(東魏尺)과 약 35㎝ 정도인 고려척을 주로 많이 사용한 것으로 확인되었다. 그러나 금성산에서 출토된 자를 복원해 본 결과 북위시대의 당척인 것이 확인되었다. 따라서 사비시대 백제에서 언젠가 북위의 당척이 사용되었다는 것을 알 수 있다. 이런 유적과 유물을 통해 볼때 백제시대에는 동위척, 고려척, 당척이 시기를 달리하면서 쓰여졌을 것으로 생각된다.

익산 미륵사에서 완형은 아니지만 2개의 먹통이 발견되었다. 이것이 백제의 것인지 아니면 후기신라시대의 것인지는 명확치 않으나 우리나라에서 가장 오래된 먹통유물임에는 틀림없다. 이러한 유물로 보아 이미 당시에 현재와 같은 먹통 형태가 있었음이 확인되었다. 정림사 건축공사에서도 이와 유사한 먹통이 사용되었다는 것을 쉽게 추정해 볼 수 있다.

 백제의 톱(鋸)으로 확인된 사례는 발견되지 않았으나 톱 흔적으로 보이는 목재면이 출토되어 당시 톱이 사용되었다는 것을 짐작해 볼 수 있다. 그러나 톱 유물이 거의 출토되지 않은 것으로 보아 지금과 같이 적극적으로 사용한 것은 아닌 것으로 생각된다. 그러나 톱을 전혀 사용하지 않았던 것은 아니다. 백제의 목부재에서 톱을 사용한 흔적이 분명히 남아있었기 때문이다. 다만 톱으로 여겨지는 유물이 발견되지 않았을 뿐이다.

 백제 사찰건축 조영에서 가장 많이 사용된 것이 자귀(釤)였던 것으로 보인다. 자귀는 도끼와 함께 많은 유물이 출토되었을 뿐만 아니라 백제시대 목재에서 치목 흔적도 발견되었기 때문이다. 자귀는 크기가 다양하여 목재 표면을 고르거나 홈을 파거나 촉을 만들 때 크기와 기능에 맞춰 사용할 수 있기 때문에 치목에는 필수적인 연장이라 할 수 있다. 자귀로 치목한 백제 목재유적으로 풍납토성에서 출토된 판재를 비롯하여 부여 궁남지 출토 목부재, 부여 관북리 지하저장시설, 능사 다리 교각 및 받침목, 대전 월평산성 지하저장시설 등이 있어 그 흔적을 확인할 수 있다.

 끌(鑿)은 이미 많은 유물이 출토되어 사용한 유래가 오래된 것으로 보인다. 백제의 것으로 확인된 유적에서 출토된 목재유물을 보면 끌로 홈을 파고 장부를 끼운 사례가 있다. 따라서 백제시대에는 끌이 일반적으로 많이 사용되었던 것으로 보인다. 자귀로 파낼 수 없는 작은 장부구멍이나 촉구멍은 끌을 사용할 수밖에 없기 때문에 끌은 치목에서 필수적인 연장으로 취급되었다고 할 수 있다. 백제의 끌 유물은 풍납토성, 중원 하천리 주거지, 제원 양평리 2호 적석총, 용담동 고분, 아차산성, 용인 수지 백제 주거지, 익산 미륵사터, 부소산성 북문터 등 여러 곳에서 출토 수습되어 치목에 필수연장이었다는 것을 뒷받침해 주고 있다.

 목메는 목수의 기본적인 필수품이다. 치목공사 뿐만 아니라 석공사에서도 반드시 사용되는 연장이다. 흔히 나무망치라고도 하며 여러 곳에서 그 유물이 확인되고 있다. 신창동 백제유적지, 이성산성, 부여 궁남지 등에서 백제시기 목제가 출토되었다.

　도끼는 자귀 이상으로 많이 사용된 건축연장이다. 자귀가 목재표면을 치목하는데 주로 사용되는 것이라면 도끼는 목재를 베거나 쪼개는데 주로 사용된다. 정교한 치목보다는 거칠지만 힘을 많이 사용하는 베기, 쪼개기에 기능을 발휘하게 된다. 따라서 도끼는 건물을 지을 때 치목의 초기단계에서 주로 사용되는 연장이다. 백제시기 도끼유물은 여러 곳에서 확인되고 있다. 오히려 자귀보다 많이 출토될 정도로 그 수가 많은 것은 치목 외에 일상생활에서도 많이 사용되었기 때문으로 보인다. 미륵사지에서는 무려 15개의 도끼가 출토되었다.

　대패(鉋)는 목재면을 매끈하게 다듬는 연장이다. 백제에서도 대패가 사용되었으나 당시의 대패는 자루대패였다. 대패날은 마치 칼과 같이 생겼고 슴베를 긴 자루에 끼워 만든 것이다. 사용할 때는 자루를 옆으로 누이고 날을 목재 표면에 눕혀 대고 앞으로 밀면서 표면을 다듬는 것이다. 출토 유물을 보면 자루는 대개 부식되어 없어지고 대패날은 미륵사터, 부여 능사터, 부소산성 등 여러 곳에서 출토되었으며, 자루대패 사용 흔적도 부여 궁남지에서 출토된 목재면에서 확인되고 있다. 따라서 정림사 건축공사에서도 이와 똑같은 자루대패가 사용되었다는 것을 추정해 볼 수 있다.

　백제시기 건축연장은 크게 발달하지 않았으나 이미 우수한 제련기술을 바탕으로 기능적인 연장이 사용되기에 이르렀다. 남아있는 백제건축이 없어 치목기술의 전모를 확인할 수는 없으나 백제 유적에서 출토된 목재유물을 보면 기둥받침목에 홈을 파고, 장부를 만들어 기둥을 세우고 기둥 사이에 홈을 파내서 판재로 벽면을 막기도 하는 등 우수한 치목기술이 사용되었음을 확인할 수 있다. 신라와 왜(倭)에 사찰을 건립하는데 백제의 기술자를 보내주었던 사실은 백제의 건축기술, 치목기술이 뛰어났음을 말해주는 것이다.

V. 맺은말(정림사를 통해 본 백제의 건축기술)

 백제건축은 삼국 중에서도 선진기술을 지니고 있었다. 그 배경에는 외래문화를 배척하지 않고 받아들이려는 포용력과, 또 한편으로는 새로운 것에 대한 창조정신과 개척정신이 있었기 때문이다. 불교를 일찍 받아들인 것과 삼국 중에서도 유독 백제에서만 보이는 건축기술 등은 이것을 반증해주는 증거이기도 하다.
 정림사 건축조형에는 백제만의 특징을 지니고 있는 많은 요소들이 있다. 백제사찰의 배치는 기본적으로 1탑 1금당식이며, 건물의 배치는 중심부에 탑과 금당을 두고 탑 정면에 중문, 금당 후면에 강당을 두었다. 중심건물 주위로 회랑을 둘러두고 있으며 회랑은 중문 좌우에서 시작하여 탑과 금당을 감싸면서 강당과 이어지게 만들었다. 배치구조상 전후가 길고, 좌우가 짧은 장방형 배치를 하고 있는데 이는 건축공간의 위계성과 중심성을 강조하려는 종교적 특징을 공간적으로 표현한 것이라 할 수 있다. 이러한 1탑 1금당식 배치의 대표적인 사찰로 부여 정림사를 들 수 있다. 정림사가 건립될 당시는 백제의 왕권이 강력하게 발휘되면서 문화적으로는 주변의 다른 나라보다 훨씬 앞선 문화를 지니고 있었던 시기였다. 이무렵 백제의 건축문화 또한 우수한 기술을 구사하고 있었기 때문에 정림사와 같은 완성된 건축술을 발휘할 수 있었던 것이라 할 수 있다.
 백제 사찰은 대부분 중심부에 목탑 또는 석탑을 세우고 그 뒤에 금당을 세웠다. 백제 사찰에 석탑이 세워지는 것은 후기이고 그 전에는 주로 목탑을 세웠던 것을 알 수 있다. 사찰 유적으로 보아 목탑의 규모는 대단히 큰 것이어서 이미 당시 건축구조적으로 완벽한 기술을 발휘하고 있었다는 것을 알 수 있다. 그러나 목탑 재료가 지닌 내구성의 한계로 인해 백제 말기에는 석탑을 건립하기 시작하였다. 이 또한 백제의 석조 건축기술 수준이 앞서가고 있었다는 것을 말해주는 것이다. 부여 정림사 역시 목탑건립시기를 지나 석탑을 세우는 초기의 사찰이라 하겠다.

  백제 사찰건축 조영기법에는 백제만의 특징이 담겨져 있다. 기단은 판축기법을 이용한 토축기단과 석축(石築)기단, 전축(塼築)기단, 와축(瓦築)기단이 사용되었다. 백제적 특징을 보여주는 것으로 전과 흙을 번갈아 깔면서 만든 전토(塼土)혼용기단과 와축기단을 들 수 있다. 이는 백제에서만 볼 수 있는 독특한 것이다. 특히 와축기단 중에는 군수리절터에서와 같이 솟을합장식 쌓기 방법은 그 어디에서도 볼 수 없는 백제만의 독특한 것이다. 백제 와축기단은 일본으로 전해져 그 유적이 남아 있어 백제기술이 일본에 수출되었다는 것을 문헌 외에 실물로 확인할 수 있는 자료가 되고 있다. 2중기단은 삼국 중 백제에서 주로 보이는 기단기법으로 정림사지 금당을 비롯하여 금강사지 금당, 미륵사지 금당 등에서 확인되고 있다. 이는 금당 주변에 회랑층을 두어 금당 공간을 기능적으로 활용하려고 했던 건축기법이었을 것으로 생각된다. 불교전래 이후 중국 대륙과 교류를 하면서도 남북조시대의 화려한 장식초석과는 다른 소박한 형태를 유지하고 있는 것을 보면 백제의 건축조형이 화려함 보다는 실용적이고 기능적인 소박한 조형을 선호했던 것이 아닌가 생각되기도 한다.

  백제 건축은 중국의 남북조시대와 동시적으로 발전시켜 나갔고 그 흔적들은 공주와 부여지역에서 발견되고 있다. 남북조시대는 목조건축에 하앙구조가 나타나는 시대였고, 그 기법이 백제에 전해진 것으로 추청 된다. 그러나 동시대의 양 지역에 대한 유적과 유물을 상대적으로 비교 고찰해 보면 결코 중국의 영향이 생각보다 크지 않다는 것을 알 수 있었다.

그것은 중국과의 교류과정에서 보고 습득한 것을 자기 것으로 소화한 다음 백제성을 가미하여 새롭게 재해석하였기 때문이다. 건축물에 백제의 풍토와 자연환경, 시대문화를 가장 적절하게 표출하였던 것이다. 백제건축은 중국과 달리 복잡하거나, 화려함을 배제하였고, 중국에 없는 건축술을 개발하였으며, 나아가 백제 특유의 양식과 기법을 만들어 갔다. 특히 일본서기에 백제의 기술자가 왜에 들어가 사찰을 세워주었다는 기록과 신라 황룡사 9층 탑을 건립했다는 기록은 백제의 건축기술은 주변 나라 중에서 수준이 높았고 체계화되었음을 말해주는 것이라 하겠다.

　백제의 건축연장과 치목기술을 통해 백제건축의 기술적 수준을 알 수 있다. 이미 이 당시 다양한 건축연장이 사용되었다는 것을 확인할 수가 있다. 정림사는 이와 같이 발달된 건축연장을 사용하여 불전과 부속건물을 건립하였음을 알 수 있다.

　부여 쌍북리 금성산에서 여러 출토품과 함께 자가 출토되었는데 이 자는 우리나라에서 출토된 삼국시대의 3개의 자 중 하나이다. 완벽하지는 않지만 1자의 길이가 29cm라는 것이 확인 되었고, 이는 북위에서 사용했던 당척 29.5~29.7cm이었던 것으로 추정된다. 백제 유적을 조사해보면 1자의 길이가 약 30.1cm 정도 되는 동위척(東魏尺)과 약 35cm 정도인 고려척을 사용한 것으로 추정되지만 이 자가 출토됨으로써 북위의 당척도 사비시대 백제에서 사용했던 것으로 추정된다.

　백제 사찰건축 조영에서 가장 많이 사용된 연장으로 자귀(錛)를 들 수 있다. 도끼와 함께 많은 유물이 출토되었을 뿐만 아니라 백제시대 목재에서 치목 흔적도 발견되었기 때문이다. 당시 자귀의 날 폭이 다양한 것으로 보아 크기가 다양한 자귀를 사용했다는 것을 알 수 있다. 목재 표면을 고르거나 홈을 파거나 촉을 만들 때 크기와 기능에 맞춰 사용할 수 있기 때문에 치목에는 필수적인 연장이라 할 수 있다. 자귀 기술을 발휘한 대표적인 유적으로 부여 관북리 지하저장시설, 능사 다리 교각 및 받침목, 대전 월평산성 지하저장시설 등이 있고 이 유적을 통해 기술적 성과를 확인할 수 있다. 끌(鑿) 또한 이미 많은 유물이 출토되어 사용한 유래가 오래된 것으로 보인다. 백제의 것으로 확인된 유적에서 출토된 목재유물을 보면 끌로 홈을 파고 장부를 끼운 사례가 많다. 이러한 흔적으로 보면 백제시대에는 끌이 일반적으로 많이 사용되었던 것이 확실하다. 자귀로 파낼 수 없는 작은 장부구멍이나 촉구멍은 끌을 사용할 수밖에 없기 때문에 끌은 치목에서 필수적인 연장으로 취급되었다고 할 수 있다.

대패(鉋)는 목재면을 매끈하게 다듬는 연장이다. 백제시대의 대패는 자루대패였다. 대패날은 마치 칼과 같이 생겼고 슴베를 긴 자루에 끼워 만든 것이다. 사용할 때는 자루를 옆으로 눕히고 날을 목재 표면에 대고 앞으로 밀면서 표면을 다듬는 것이다. 출토 유물을 보면 자루는 대개 부식되어 남아있지 않고 대패날은 미륵사터, 부여 능사터, 부소산성 등 여러 곳에서 출토되었다. 이러한 자루대패 사용 흔적이 부여 궁남지에서 출토된 목재면에서 확인되고 있다.

백제시기 건축연장은 크게 발달하지 않았으나 이미 우수한 제련기술을 바탕으로 기능적인 연장이 사용되기에 이르렀다. 남아있는 백제건축이 없어 치목기술의 전모를 확인할 수는 없으나 백제 유적에서 출토된 목재 유물을 보면 기둥받침목에 홈을 파고, 장부를 만들어 기둥을 세우고, 기둥 사이에 홈을 파내서 판재로 벽면을 막는 등 우수한 치목기술이 사용되었음을 확인할 수 있다. 신라와 왜(倭)에 사찰을 건립하는 데 백제의 기술자를 보내주었던 사실은 백제의 건축기술, 치목기술이 뛰어났음을 말해주는 것이다. 이처럼 백제의 건축기술 문화가 우수했던 것은 정림사와 같은 건축공사를 통해 기술을 축적시켜 갔던 데서도 그 원인을 찾을 수 있다.

■참/고/문/헌

『삼국사기』

『삼국유사』

『漢書』「武帝紀」

『南史』「百濟條」

『日本書紀』

- 국립광주박물관, 광주 신창동 저습지 유적II, 2001

- 국립문화재연구소, 미륵사 유적발굴조사보고서 I, 1989

- 국립문화재연구소, 미륵사 유적발굴조사보고서II, 1996

- 국립문화재연구소, 풍납토성, 2001

- 국립문화재연구소, 한국고고학사전, 2001

- 국립부여문화재연구소, 궁남지, 1999

- 국립부여문화재연구소, 궁남지II, 2001

- 국립부여박물관·부여군, 능사(부여 능산리사지발굴조사 진전보고서), 2000

- 국립부여문화재연구소, 부소산성 발굴중간보고서, 1995.

- 국립부여문화재연구소, 부소산성 발굴중간보고서III, 1999

- 국립부여문화재연구소, 부소산성 발굴중간보고서IV, 2000

- 국립부여문화재연구소, 부소산성 발굴중간보고서V, 2003

- 국립부여박물관 도록, 1997

- 국립부여박물관, 백제의 도량형, 2003.

- 국립청주박물관, 청주용담동고분군 발굴조사보고서, 2002

- 박흥수, 한의 장안성 건설계획과 건설용척에 관하여, 『대동문화연구 제12집』 성균관대학교, 1978.

- 부여군, 백제의 고도 부여 -그 역사와 문화의 발자취-, 꿈이있는집, 1998
- 서울대학교박물관·구리시, 아차산 제4보루 발굴조사 종합보고서, 2000
- 윤무병, 부여관북리 백제유적 발굴조사보고(II), 충남대박물관, 1999
- 이왕기, 문화재 보수공사에 사용된 건축도구와 전통기술의 보존,『건축역사연구 41호』한국건축역사학회, 2005. 6
- 이왕기, 중국 고대 건축생산기술에 관한 연구(II) -한대의 건축연장과 기술적 성과를 중심으로-,『대한건축학회논문집 6-5호』, 1990. 10, 대한건축학회
- 이왕기, 한국의 건축연장(2),『꾸밈 46호』1984. 2
- 이왕기, 백제사찰건축의 조형과 기술, 주류성, 2006
- 이왕기, 백제의 건축연장과 치목기술에 관한 연구,『건축역사연구 45호』한국건축역사학회, 2006. 6
- 朝鮮古蹟硏究會, 扶餘に於ける百濟寺址の調査(槪要)『昭和15.16年 古蹟調査報告』1940.1941
- 조원창, 백제 건축기술의 대일전파, 서경, 2004
- 한림대학교박물관, 양주 대모산성, 2002
- 한신대학교박물관, 용인 수지 백제 주거지, 1998
- 충남대학교박물관·충남도청, 정림사, 1981
- 한양대학교박물관, 이성산성 제6차 발굴조사 보고서, 1999
- 한양대학교박물관, 이성산성 제8차 발굴조사 보고서, 2000
- 甘肅居延考古隊, 居延漢代遺址的發掘和新出土的簡冊文物『文物 1978年 第1期』文物出版社, 北京
- 長江流域第二期文物考古工作人員訓練班, 湖北江陵鳳凰山西漢墓發掘簡報『文物 1974年 第6期』文物出版社, 北京
- 大阪建設業協會編集, 建築もののはじめ考, 新建築社, 1973.

일본에 전래된 백제불교

7장

이다운
원광대학교 사범대학 국사교육과 조교수

7장

I. 머리말
II. 백제불교의 일본 전래
III. 백제불교의 일본 정착
IV. 일본에 전개된 백제불교
V. 맺음말

일본에 전래된 백제불교문화
- 사찰을 중심으로 -

Ⅰ. 머리말

 역사의 시대구분은 각 국가 또는 민족·지역의 정치·경제·사회·법률·종교·예술 등 여러 측면을 고려해서 구분하는데 같은 국가·민족·지역일지라도 학문분야에 따라 서로 다른 구분과 명칭을 사용하기도 한다.
 일본역사의 시대구분 또한 자국만의 특수한 역사에 기초하고 있어 우리가 듣기에는 좀 생소한 시대구분 명칭을 사용하고 있다.
 예를 들면 우리나라의 신석기시대·청동기시대를 일본에서는 토기를 중심으로 繩文시대라 부르며 초기철기시대·원삼국시대를 弥生시대라 부른다.
 弥生시대를 뒤이은 시기를 고분시대라 하는데 이 시기는 고고학상의 시대구분으로 일본 각지에 전방후원분(前方後圓墳)을 비롯한 수많은 고분을 축조하고 많은 부장품을 매장하는 등 당시의 특색 있는 시대상을 반영하고 있다. 이러한 고분과 출토유물을 통해 일본 고대국가의 발전과 통일과정을 살펴볼 수 있어 사용하고 있는 명칭이다. 시기적 범위는 대략 3세기 후반부터 일본 奈良시대(710~793) 이전으로 우리나라의 시대구분과 정확히 일치하지는 않지만 대체적으로 삼국시대에 해당하는 시기로 볼 수 있다.

　일본에 불교가 전래된 것은 이 고분시대 후기인데 특히 飛鳥지역에 수도를 두고 불교문화를 중심으로 한 시기를 飛鳥시대라 부르기도 한다.[1] 飛鳥시대는 고고미술사적 시대구분 명칭으로 그 범위가 학자에 따라 조금씩 다르지만 일반적으로 推古朝에 聖德太子의 섭정(攝政)이 이루어진 시기(593)부터 平城京 천도(710) 이전을 지칭하는데 이는 다시 大化改新(645)을[2] 기준으로 이전을 아스카시대, 이후를 白鳳시대로 세분하기도 한다.[3]

　飛鳥문화란 推古朝(593~628)를 전후한 시기, 즉 일본에 불교가 전래되어 大化改新까지의 불교문화를 말함으로 본 글에서는 飛鳥문화를 중심으로 백제의 불교가 일본에 어떻게 전래되어 정착해 가는가를 살펴보고자 한다.

---

1) 飛鳥는 奈良縣 高市郡 明日香村 일대를 지칭하는데 고분시대와 飛鳥를 합쳐서 정치사적 시대구분으로 야마토[大和]시대라고도 부른다.
2) 大化改新이란 中大兄皇子가 중심이 되어 당시 정치적 실권을 쥐고 있던 蘇我入鹿을 암살하고 호족 중심의 정치를 천황 중심의 정치체제로 바꾼 일종의 정치적 개혁이다. 그러나 아직도 많은 의문점과 이설이 남아 있다.
3) 천황이란 명칭은 7세기 말 天武天皇朝 이후부터, 일본이란 명칭은 8세기를 전후한 시기부터 사용된 것으로 추정하고 있다. 따라서 본 글에서 주로 다루는 시기의 천황과 일본은 왜왕·군주·왜국·왜·야마토[大和]란 명칭으로 표기하는 것이 좀 더 정확하다 할 수 있겠다. 특히 우리가 왕이라는 칭호를 사용하고 있는 것에 반해 일본이 천황이란 칭호를 사용하고 있는 것에 대한 거부감을 느끼는 사람 또한 적지 않다.
그러나 본 글에서는 양국의 존비를 떠나 천황을 일본 역대 군주에 대한 고유명사와 같은 칭호로 인식하고 한정적으로 사용하였으며 왜·야마토보다는 일본이란 명칭이 독자들에게 친숙하리라는 판단 아래 그대로 사용하였다.

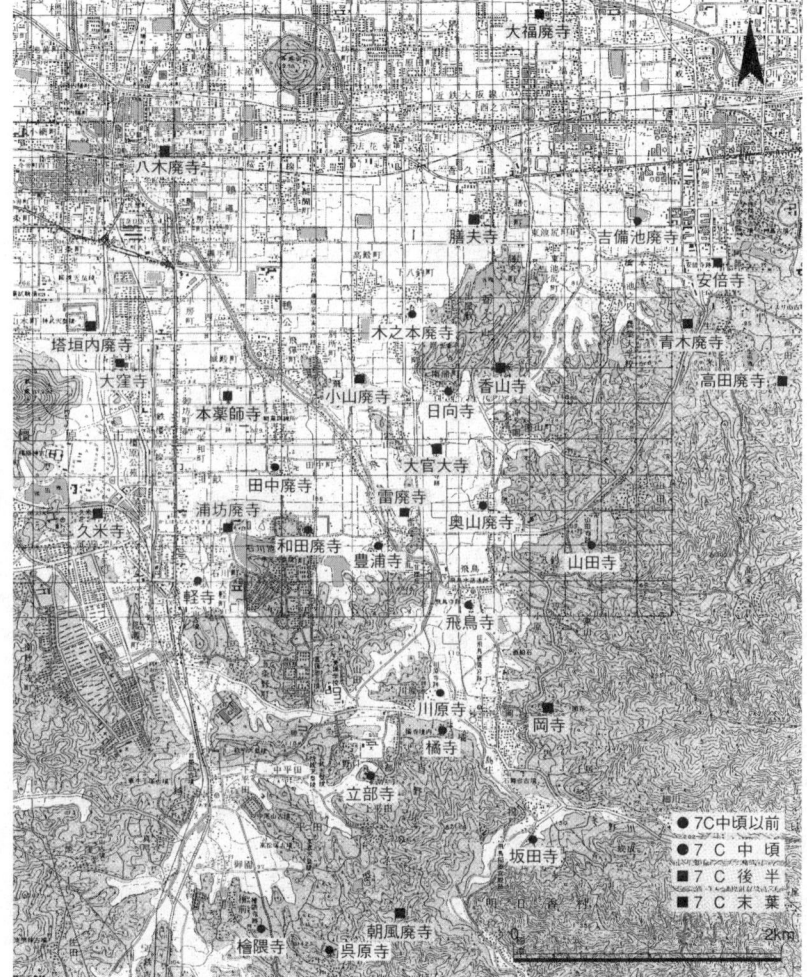

도면 1. 飛鳥시대 사찰 분포도

II. 백제불교의 일본 전래

1. 백제불교의 일본 전래 시기

　일본에 불교를 처음으로 전수한 나라가 백제라는 사실에 대해서는 일본 내외를 막론하고 별다른 이견이 없다. 다만 그 전래된 시기에 있어서 두 가지 가능성이 제기되고 있다.
　먼저 일본 최고의 정사『일본서기』[4]에 의하면 552년(성왕 30·欽明 13)에 백제 성명왕(성왕)이 서부(西部) 희씨(姬氏) 노리사치계(怒唎斯致契)들을 일본 조정에 보내 금동석가불 1구와 번개(幡蓋) 약간, 경론(經論) 약간 권을 전하였음을 알 수 있다.
　그리고 따로 올린 불교의 예배공덕을 찬양하는 글에서 말하기를 '이 법은 모든 법 가운데서도 가장 훌륭한 것입니다. 깨닫기 힘들고 입문하기 힘듭니다. 주공(周公)과 공자도 능히 알지 못하였습니다. 이 법은 무량무변(無量無邊)한 복덕과보(福德果報)를 낳고 무상(無上)의 보리(菩提)를 이룹니다. (중략) 또한 멀리 천축(天竺)에서 삼한(三韓)에 이르기까지 가르침에 의해서 받들어 모시고 존경하지 않는 자가 없습니다. 따라서 백제왕 明(聖王)은 배신(陪臣) 노리사치계를 파견하여 조정에 전해주고 기내(畿內)에 유통시키고자 합니다. 부처님이 내 법은 동쪽으로 전파될 것이라고 하신 말씀을 실현시키기 위한 것입니다'라고 하였다.
　이처럼『일본서기』만을 놓고 보자면 일본의 불교는 552년에 백제로부터 전래된 것으로 볼 수 있다. 그러나 元興寺의 성립과 변천과정을 기술한

---

[4]『古事記』(712)는『日本書紀』(720) 보다 먼전 편찬된 일본 최고의 역사서이지만 칙찬(勅撰)에 의한 정사는 아니다.

『원흥사가람연기병류기자재장(元興寺伽藍緣起幷流記資財帳)』(이하『원흥사연기』)과 聖德太子의 전기를 집성한『상궁성덕법왕제설(上宮聖德法王帝說)』에서는 이보다 빠른 538년(성왕 16·欽明 7)에 불교가 전래된 것으로 기록하고 있다.

『원흥사연기』는 백제 성왕이 태자상(太子像)·관불기(灌佛器) 한 구(具)와 설불기서권(說佛起書卷) 한 상자(一篋)를 전해주었다고 기록하고 있으며『상궁성덕법왕제설』는 성왕이 불상·경교(經敎)·승 등을 전한 것으로 기록하였다.

위 세 문헌은 조금씩 다른 내용을 전하고 있지만 성왕대에 일본에 불상과 불경 등을 공식적으로 전해주었다는 점에서는 일치한다.

문제는 552년 설과 538년 설 중 어느 것이 정확한 불교 전래 연대인가에 있다.

『일본서기』는 천황 중심의 정치사적 색채가 농후한 기술이 주를 이루고 있는 반면『원흥사연기』는 일본 최초의 본격적 불교사원인 飛鳥寺(法興寺·本元興寺)의『노반명(露盤銘)』과『장육광명(丈六光銘)』인용하고 있으며『상궁성덕법왕제설』은 불교를 정착시키는데 중심적 역할을 한 聖德太子의 전기라는 점에서『일본서기』보다 더 사실에 가까운 기록을 남겼을 것으로 판단된다. 이와 함께『일본서기』繼體~欽明까지의 기년론(紀年論) 비판을 통해서도 현재 일반적으로 받아들이는 불교전래 연대는 552년보다는 538년에 의견의 일치를 보고 있다.

불교를 전해준 백제 국내사정을 살펴보더라도 538년 설이 타당하다고 판단된다. 그 이유는 다음과 같다.

성왕은 551(성왕 29)년 백제의 오랜 숙원이었던 고구려로부터 빼앗긴 한강유역을 신라군과 연합하여 탈환한 후 신라는 한강 상류 10군을 차지하고 백제는 한강 하류 옛 땅 6군을 회복하였다. 그러나 이도 잠시 2년 후인

553년(성왕 31)에 신라는 남북으로 곤경에 처한 고구려와 밀약을 맺고 백제를 배신하여 한강 하류 6군마저 빼앗아 버린다. 이후 백제와 신라의 오랫동안 지속되어 왔던 동맹관계는 깨지고 이듬해인 554년(성왕 32)에 성왕은 신라와의 보복전쟁 관산성전투에서 전사하고 만다.

이처럼 552년을 전후한 시기는 백제 국내에 있어서 격동의 시기로 이 때 일본에 불교를 전해주었을 가능성은 다른 시기에 비해 적을 수밖에 없다.

그러나 538년은 성왕이 수도를 웅진에서 사비로 천도한 시기로 고구려의 남침과 한성 함락으로 인한 절체절명의 위기를 모면하기 위해 행해졌던 웅진천도와는 근본적으로 다른 것이다. 성왕은 선대인 동성왕과 무령왕의 정치적 안정과 왕권강화에 힘입어 국가발전을 꾀하기 위해 계획적으로 천도를 진행하여 국가진흥의 기틀을 마련하고자 하였다.

특히 불교에 있어서는 384년(침류왕 1) 이후 그 행방이 모호했던 백제불교가 성왕대부터 문헌에 다시 나타나기 시작할 뿐만 아니라 성왕은 많은 불교사원을 창건하고 중국 남조 양(梁)과의 교류를 통해 불경(涅槃等經義)을 수입하였으며 인도에서 돌아온 겸익과 고승들로 하여금 5부율을 번역시키는 등 불교와 관련된 많은 일을 행하였다. 고고학적으로도 사비천도 이후의 사지가 대부분을 차지하고 있다는 것도 성왕의 사비천도와 불교진흥이 밀접한 관계에 있음을 짐작케 한다.

백제사에 있어서 천도와 불교의 성행은 그 무엇보다도 중요한 일이라 할 수 있는데 이 모두가 538년과 연관돼 있다. 이처럼 기념할만한 해에 일본에 불교를 전해주었다는 것은 성왕의 남다른 의도가 엿보이며 대내외적으로 어수선했던 552년보다는 훨씬 자연스럽고 신빙성이 높다 할 수 있겠다. 따라서 백제의 불교가 일본에 전래된 것은 사비로 천도한 538년으로 이해하고자 한다.

그러나 사비천도 이전에도 많은 일본인이 백제를 왕래하였다. 이때 이들은 이국풍인 백제의 불교를 접하였을 것이고 이에 대한 지식은 538년 이전부터 갖고 있었으리라 생각된다. 이와 관련하여『부상략기(扶桑略記)』에는 522년(무령왕 22 · 繼體 16)에 백제계로 추정되는 司馬達等이 飛鳥 坂田原의 초당(草堂)에 불상을 안치하고 예배하였다는 기록을 남기고 있다.

즉 불교의 공식적 전래(538년) 이전에 이미 사적인 불교가 전해졌을 가능성도 충분히 상정해 볼 수 있을 것이다.[5]

2. 백제불교의 일본 전래 과정

성왕이 전래한 백제불교가 일본에 정착하기까지의 과정은 그리 순탄치 못했다.『일본서기』에 의하면 당시 欽明은 불교 수용 여부를 혼자서 결정하지 못하고 군신(群臣)들에게 묻는데 이 때 蘇我稻目[6]는 '서쪽나라 모두 예배하고 있는데 어찌 일본만이 배반할 수 있겠습니까'라고 하며 불교 수용에 찬성한다.

그러나 物部尾輿와 中臣鎌子는[7] '번신(藩臣)에 배례하는 것은 아마도 국

---

5) 『일본서기』·『부상략기』 등의 문헌에는 일본 최초의 와즙(瓦葺) 건물이며 본격적 사찰이라 할 수 있는 飛鳥寺 창건 이전에 사찰과 같은 기능을 한 小墾田家 · 向原家 · 櫻井道場 · 石川宅 · 北塔 · 吉野寺 · 大別王寺 등이 등장하지만 기와는 출토되지 않고 있다. 이러한 것을 가리켜 「草堂佛敎」 · 「私宅佛敎」라고도 한다. 田村圓澄, 1994,『飛鳥 · 白鳳佛敎史(上)』吉川弘文館.

6) 蘇我稻目는 한반도에서 일본으로 도래한 씨족으로서 飛鳥시대 정치의 중심에 섰던 인물이다. 宣化원년(536)에 대신(大臣)이 된 후 欽明代에는 두 딸을 천왕의 비로 삼아 외척세력으로 군림하였다. 用明 · 推古 · 崇峻의 외조부이기도 하다.

7) 物部尾輿는 安閑 · 欽明代의 대련(大連)으로 백제로부터 전래된 불교를 두고 蘇我稻目와 대립한 배불파(排佛派)의 중심인물이며 中臣鎌子는 欽明代의 련(連)으로 物部尾輿와 함께 불교를 반대한 중앙 호족이다. 「連(무라지)」은 지위가 가장 높은 중앙 가신집단의 성으로 그 중에서도 가장 유력한 자를 「大連(오무라지)」이라 한다. 「臣(오미)」「大臣(오오미)」과 함께 당대 최고의 씨족이다.

신(國神)의 노여움을 살 것입니다' 라고 하며 불교 수용에 반대하자 欽明은 불교 수용 찬반에 결단을 못 내리고 숭불파(崇佛派)인 蘇我稻目에게 불상 과 경론 등을 주어 시험 삼아 예배할 것을 권하며 방관적 태도를 취한다.

蘇我稻目는 기꺼이 자신의 집을 깨끗이 하여 절로 삼았는데 역병이 유행 하자 物部尾輿와 中臣鎌子는 이를 불교 탓으로 돌리고 蘇我稻目의 집(절) 을 불태우고 모셔두었던 불상을 강(堀江)에 던져 버렸다.[8]

이때 시작된 백제로부터 전래된 불교에 대한 군신들의 찬반 논쟁은 도 래계 숭불파인 蘇我家와 재지계 배불파인 物部家가 중심이 되어 치열한 싸움으로까지 확대되었다. 흔히 불교전쟁이라 하는 이 싸움은 향후 50년 간 펼쳐지는데 결과적으로는 聖德太子가 蘇我氏에 합류하여 物部氏家 멸 망시키고 飛鳥寺를 창건(588)함으로써 백제불교가 일본에 본격적으로 정 착하였다.

그럼 여기서는 불교 전래 후 飛鳥寺 창건에 이르기까지의 백제의 지원과 노력에 대해 연도별로 살펴보도록 하자.[9]

■ 554년(위덕왕 1 · 欽明 15)

백제는 이 해에 관리 · 승려 · 오경박사 등을 아래 표와 같이 대거 교체 시켰다.

---

8) 이 불상을 다시 건져 長野縣 長野市 元善町에 있는 善光寺에 모셨다는 설도 있으나 현 재 善光寺에 남아 있는 불상은 아미타여래삼존상(阿彌陀如來三尊像)으로 『일본서기』의 금동석가상과는 다르다.

9) 『일본서기』에 의하면 545년(성왕23, 欽明6)에 백제 성왕이 일본 천황을 위해 장육불상 (丈六佛像)을 만들었다고 한다. 이 내용이 사실이라면 백제가 일본보다 열악하여 천황 의 환심을 사기위한 행위라기보다는 성왕 자신이 일본에 전해준 백제불교가 좀처럼 정 착되지 않자 이를 촉진하기 위한 성왕의 노력으로 볼 수 있을 것이다. 그리고 553년(성 왕31, 欽明14)에는 바닷속에서 빛나는 장목(樟木)으로 불상 2구를 만들었다는 기록이 있 으나 그 주체가 백제인지에 대해서는 알 수 없다.

도심(道深)을 담혜(曇慧)[10]와 554년에 교체되었다는 기록을 통해 도심을 비롯한 7인의 승려가 그 이전에 일본에 파견되었다는 것을 알 수 있는데 동성자막고(東城子莫古)와 교체된 동성자언(東城子言)이 547년에 파견되었다는 『일본서기』의 내용을 참고한다면 도심 또한 이 때 함께 와 있었을 가능성이 높다.

그러나 도심과 담혜를 포함한 16명의 승려의 행방과 활동에 대해 『일본서기』는 더 이상 전하지 않고 있다. 이것은 蘇我氏와 物部氏의 불교전쟁이 끝나지 않은 상태에서 이들의 활약이 미비했음을 짐작케 한다.

당시 천황도 불교수용에 대해 방관적 태도로 일관한 것으로 보아 백제 승려들은 숭불파이며 친백제계인 蘇我氏와 함께 불교정착을 위해 노력하지 않았을까 추측된다.

〈표 1〉 위덕왕1년(554)에 파견된 백제인

직 종	교체 전	교체 후
승 려	道深 등 7인	曇慧 등 9인
관 리	奈率 東城子言	德率 東城子莫古
전문직	五經博士 固德 馬丁安	王柳貴
	?	易博士 施德 王道良
	?	曆博士 固德 王保孫
	?	醫博士 奈率 王有㥄陀
	?	採藥師 施德 潘量豊 固德 丁有陀
	?	樂 人 施德 三斤 季德 己麻次 季德 進奴 對德 進陀

---

10) 『本朝高僧傳』에 의하면 담혜는 일본 사문(沙門)의 시초가 되었다.

■ 577년(위덕왕 24, 敏達 6)

위덕왕은 일본 사신 大別王과 小黑吉士가 본국으로 돌아갈 때 약간의 경론과 함께 율사(律師)·선사(禪師)·비구니(比丘尼)·주금사(呪禁師)·조불공(造佛工)·조사공(造寺工) 6인을 보냈는데 이들은 難波에 있는 大別王의 절에 거주하였다.

大別王과 절의 실체에 대해서는 불분명하나 일본 내에서 飛鳥寺(588) 보다 먼저 창건된 와즙(瓦葺) 건물이 아직 밝혀지지 않고 있는 것으로 보아 '大別王의 寺'는 司馬達等과 蘇我稻目가 불상을 안치한 초당(草堂)과 같은 大別王 개인 저택에 백제로부터 파견된 불교관련 인물들을 거주케 함으로서 붙여진 이름이 아닐까 추측된다.

위덕왕은 이전 보다 더욱 구체적이고 전문적인 승려집단을 일본에 파견하였는데 그 중 조불공과 조사공의 역할이 주목된다. 즉 백제에서 완성된 불상을 일본에 전할 경우 단 한번의 전래에 지나지 않으며 이 또한 불교를 반대하는 物部尾輿와 같이 강에 던져버려 소실되는 경우도 있었기 때문에 위덕왕은 불상이 아닌 불상제작기술자를 직접 파견하여 보다 많은 불상을 제작하거나 기술자체를 전수하여 이러한 우려에 대비한 것이다.

그리고 당시 일본의 절이란 개인의 저택을 임시적으로 이용한 것이었기 때문에 백제의 중문·탑·금당·강당 등을 갖춘 웅장하고 화려한 사원과는 그 규모나 격에 있어서 초라하기 그지없었다. 위덕왕은 부왕이 전한 백제불교가 40여년이 지난 후에도 별다른 변화를 보이지 않자 백제의 사찰과 같은 위엄 있는 건축물을 조영함으로서 백제불교에 대한 인식을 바꾸고 하루 빨리 불교가 정착되기를 바라는 마음에서 조사공을 파견한 것으로 보인다.

■ 584년(위덕왕 31, 敏達 13)

녹심신(鹿深臣)과 좌백련(佐伯連)은 백제에서 불상을 1구씩 갖고 일본에 왔는데 좌백련이 갖고 온 불상의 종류에 대해서는 알 수 없으나 녹심신이 갖고 온 미륵석상에 대해서는 반가사유상이라는 견해가 있다.[11]

그 중 미륵석상은 蘇我馬子의 자택 동쪽에 불전을 짓고 안치하였는데 같은 해에 司馬達等의 딸 島(善信尼), 漢人 夜菩의 딸 豊女(禪藏尼), 錦織壺의 딸 石女(惠禪尼)를 출가시켜 비구니로 하였다.

蘇我馬子는 이 세 비구니를 초청하여 법회를 열며 司馬達等 · 池邊氷田과 함께 불법을 심신(深信)하고 石川의 집을 불전으로 하였다.

蘇我馬子의 자택 동쪽의 불전과 石川宅은 백제로부터 가져온 불상을 안치하기 위해 사택 부지 내에 추가 또는 개수하여 지은 건축물로 본격적 가람이 아닌 이전의 초당과 같은 건물로 이해된다.

■ 585년(위덕왕 32, 敏達 14)

蘇我馬子는 大野丘의 북쪽에 탑을 세우고 대법회를 열어 司馬達等에게서 받은 불사리를 탑 기둥에 저장하였다. 『일본서기』가 전하는 최초의 조탑(造塔) 기사로 577년에 파견된 백제 조사공의 관여도 추측되지만 이 탑지는 아직 밝혀지지 않고 있다.

이 해에 잠시 소원했던 불교전쟁이 蘇我稻目와 物部尾輿의 아들 蘇我馬子와 物部守屋에 의해 재발되었다. 物部守屋을 중심으로 한 배불파는 불상과 불전을 불태우고 승려들을 모욕하는 등 587년 物部家가 멸망할 때까지 치열하게 전개되었다.

---

11) 田村圓澄, 1978, 「百濟仏敎史序說」『百濟文化と飛鳥文化』田村圓澄 · 黃壽永編,吉川弘文館.

■ 587년(위덕왕 34, 用明 2)

善信尼・禪藏尼・惠禪尼는 585년에 배불파에 의해 금고까지 당하는 수모를 겪은 후 다시 숭불파에게 돌아왔는데 587년에는 蘇我馬子에게 백제에 가서 계법(戒法)을 배우고 싶다는 요청을 한다.

蘇我馬子는 이를 승낙하고 백제 사신에게 善信尼들을 데리고 가서 계법을 배우게 한 후 돌려보낼 것을 부탁하지만 백제 사신은 귀국하여 위덕왕에게 말씀드린 후에 보내도 늦지 않을 것이라고 대답하였다.

결국 善信尼・禪藏尼・惠禪尼는 이듬해(588) 飛鳥寺를 건립하기 위해 여러 기술자들을 데리고 온 은솔(恩率) 수신(首身)에게 딸려 백제로 출발하였다. 2년 동안의 유학생활을 마치고 정식 비구니(尼僧)가 되어 돌아와 櫻井寺에 머물렀다.

지금까지는 백제 승려가 일방적으로 일본에 불법을 포교하였지만 일본의 승려가 불법을 배우기 위해 해외로 유학한 것은 처음 있었던 일이다.

III. 백제불교의 일본 정착

用明이 병사한 후 천황즉위문제를 둘러싼 蘇我馬子와 物部守屋의 싸움에서 蘇我馬子가 승리하였다. 처음에는 物部守屋의 완강한 저항하에 세 번이나 퇴각하였지만 蘇我馬子와 聖德太子는 이 전쟁에서 승리하면 사찰을 건립하여 불법을 크게 펴겠다는 기도까지 올리며 전열을 가다듬고 재차 공격하여 마침내 物部守屋과 그 아들을 제거하는데 성공한다.

538년에 전래된 백제불교를 놓고 반세기 동안 전개된 불교전쟁은 物部家의 몰락과 함께 끝을 맺고 이때부터 백제불교가 일본 내에서 본격적으로 정착하게 되었다.

〈표 2〉 飛鳥寺 창건 이전의 백제불교 전래과정

서력	백제왕명 일본천황명	간지	내용	비고
522	무령왕22 繼體16	壬寅	일본으로 건너간 司馬達等은 飛鳥 坂田의 초당(草堂)에 불상을 안치하고 예배하였다.	
538	성왕16 欽明7	戊午	백제로부터 불교가 전래되었다.	
554	위덕왕1 欽明15	甲戌	도심(道深) 등 7인을 담혜(曇慧) 등 9인과 교체하였다.	성왕32년
577	위덕왕24 敏達6	丁酉	경론과 함께 율사(律師)·선사(禪師)·비구니(比丘尼)·주금사(呪禁師)·조불공(造佛工)·조사공(造寺工) 6인을 보내 難波의 大別王의 寺에 두었다.	
579	위덕왕26 敏達8	己亥		진평왕1. 신라가 枳叱政奈末을 보내 불상을 전했다.
584	위덕왕31 敏達13	甲辰	백제로부터 녹심신(鹿深臣)은 미륵석상 1구를, 좌백련(佐伯連)은 불상 1구를 가지고 왔다. 司馬達等이 蘇我馬子에게 사리를 헌상하였다.	고구려 승 惠便이 蘇我馬子의 스승이 되었다.
585	위덕왕32 敏達14	乙巳	蘇我馬子는 大野丘의 북쪽에 탑을 세우고 대법회를 열어 司馬達等에게서 받은 불사리를 탑 기둥 위에 저장하였다.	
587	위덕왕34 用明2	丁未	善信尼들이 蘇我馬子에게 백제에 가서 계법(戒法)을 배우고 싶다는 요청을 하였다.	

1. 문헌기록을 통해 본 飛鳥寺(法興寺) 창건

백제 위덕왕은 불교전쟁이 끝난 후 蘇我馬子에 의해 천황에 등극한 崇峻 원년(588년)에 관리·승려를 비롯한 기술자집단을 대거 파견하였다. 이 전과는 비교할 수 없을 정도의 대규모 집단이었는데 이들에 의해 창건된 사찰명칭 '法興'寺(=飛鳥寺=本元興寺)에 있어서도 일본에 불교를 본격적으로 정착시키려는 위덕왕의 의도가 엿보인다.

飛鳥寺 창건은 일본 최초의 사찰건축이라는 단순한 의미보다도 일본불교와 飛鳥문화의 원동력이 되었다는 점에 있어서 매우 중요한 의미를 갖고 있기 때문에 그 과정과 내용에 대해서는 『일본서기』와 『원흥사연기』에 전하는 『노반명』과 『장육광명』과 같은 문헌에 비교적 상세히 남아 있다.

먼저 위 문헌 내용에 대하여 간략히 살펴보도록 하자. 파견된 백제인들은 크게 관리·승려·전문직(기술자)으로 구분할 수 있는데 자세한 내용은 〈표 3〉과 같다.

〈표 3〉의 백제인들이 같은 해에 일본에 파견된 것은 사실이지만 『일본서기』는 마치 한 해에 두 번에 걸쳐 파견된 것과 같은 내용을 담고 있다.

즉 사신과 승려 혜총(惠總)·영근(令斤)·혜식(惠寔)과 불사리를 먼저 보낸 후 나머지 백제인과 불사리를 또다시 보낸 것처럼 나누어 기록하고 있다. 만약 이와 같은 기록이 사실이라면 다음과 같은 추론도 가능할 것이다.

위덕왕은 일본의 불교전쟁에서 숭불파인 蘇我馬子가 승리하였다는 기쁜 소식을 전해 듣고 많은 승려와 불교관련 전문기술자집단을 파견하여 또 다른 배불파가 일어나기 전에 백제불교를 일본 내에 뿌리내리고자 하였다. 그러나 이처럼 중요한 일에 아무나 보낼 수는 없었을 것이며 일본인들이 보고 듣고 감동할 만한 인물들을 엄정히 선정할 시간적 여유가 필요

〈표 3〉 飛鳥寺 창건에 파견된 백제인

직 종		인 명	별 칭
관 리		恩率 ①首信 德率 蓋文 那率 福富 味身	首眞
승 려		②惠總 令斤 惠寔 聆照律師 令威 惠衆 惠宿 ③道嚴 令開	惠聰・惠恩 令照律師 令契
전문직	사 공(寺工)	太良未太 文賈古子	丈(文)羅未大(太)
	노반박사(鑪盤博士)	將德 白昧淳	將德 自昧淳
	와 박 사(瓦博士)	麻奈文奴 陽貴文 㥄貴文 昔麻帝彌	麻那文奴 布陵貴
	화 공(畵工)	白加	④百加

① 수신은 588년에 파견된 백제인 중 가장 높은 관등(은솔:16관등 중 제3품)에 위치한 사람으로서 전체를 통솔 지휘한 관리이다. 蘇我馬子의 부탁을 받고 善信尼・禪藏尼・惠禪尼를 백제에 데려가 유학시켰다.
② 혜총은 일본서기의 기술 순서로 보아 9명의 승려를 대표하는 인물로 보인다. 혜총은 慧聰과 동일 인물로[12] 588년 飛鳥寺 착공식에 참석한 후 다시 백제로 돌아갔다가 준공 1년 전인 595년에 다시 와 고구려의 승려 혜자(慧慈)와 함께 일본 불교의 중심(棟梁)이 되어 불교를 포교하였다. 596년 飛鳥寺가 완성되자 혜자와 함께 처음으로 입주하여 살기 시작하였다.
③ 도엄은 653년(의자왕13, 孝德) 일본 견당(遣唐) 학문승의 일원으로 중국에 파견되었다.
④ 『노반명(露盤銘)』에는 화공(畵工)을 서인(書人)으로 표기하고 있는데 불교와 관련시켜 보았을 때 불화・벽화 등을 그리는 화공이 바른 표기이며 백가(白加・百加)외에 양고(陽古)가 추가로 기록되어 있다.

---

[12] 崔在錫, 1998, 『古代韓日佛教關係史』一志社. 최재석은 593년 불사리 안치식에도 혜총이 참가하여 식을 주도한 것으로 추정하고 있다.

하였을 것이다. 그래서 일본 내 백제불교가 정착되기를 그 누구보다도 원했던 위덕왕은 급한 대로 먼저 승려를 중심으로 한 축하 사절단을 보낸 다음 어느 정도의 시기적 차이를 두고 전문기술자로 구성된 집단을 2차적으로 파견하였으리라 생각된다.

그 후 飛鳥寺는 〈표 4〉와 같은 공정을 거쳐 완성된다.

〈표 4〉를 통해 보았을 때 飛鳥寺는 588년에 창건이 시작되어 606년(또는 609년)에는 본존이 완성되었다. 그러나 가람의 대부분은 596년에 완성되었으며, 이때부터 고구려 승 혜자와 백제 승 혜총이 함께 飛鳥寺에 입주하였다. 10여년이 채 되지도 않아 조영공사가 일단락된 것이다.

飛鳥寺는 1956년부터 발굴조사가 이루어져 백제의 전형적인 1탑1금당식과 다른 1탑3금당식이라는 가람배치가 확인되었다. 이러한 가람배치는 평양 청암리사지를 비롯한 고구려에서 주로 채택된 것이다. 조영공사에 주체적 역할을 한 것은 백제인데 왜 고구려의 가람 양식을 따랐는지에 대해서는 아직 불분명하다. 물론 고구려가 飛鳥시대 불교에 어느 정도 관여한 것은 사실이다. 더구나 605년에는 황금 300냥까지 원조하였다. 그러나 문헌을 통해 본 고구려와 飛鳥寺와의 관련은 조영공사 마무리 단계에 있었던 일로 설계단계부터 1탑3금당식이었던 가람배치와는 무관하다. 문헌에 기록되지 않은

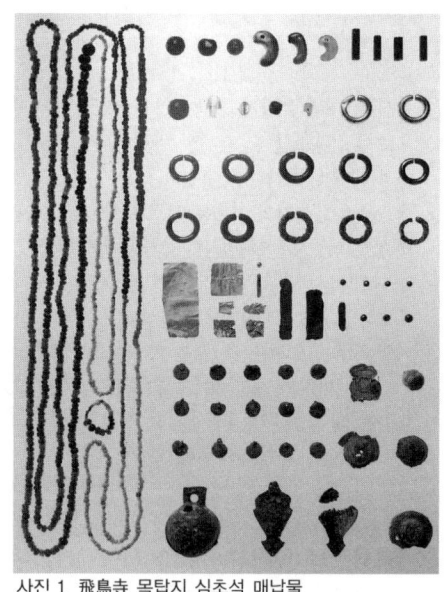

사진 1. 飛鳥寺 목탑지 심초석 매납물

〈표 4〉 飛鳥寺 창건과정

서력	백제왕명 일본천황명	간지	내 용	비고
588	위덕왕35 崇峻1	戊申	조영 시작	
590	위덕왕37 崇峻3	庚戌	산에서 조영에 필요한 재료(木)를 가져옴.	
592	위덕왕39 崇峻5	壬子	금당과 회랑 공사 시작	
593	위덕왕40 推古1	癸丑	① 불사리를 심초석(心礎石)에 안치하고 탑의 찰주(刹柱)를 세움.	蘇我馬子를 비롯한 백여명이 백제옷을 입고 참석
596	위덕왕43 推古4	丙辰	완성	
605	무왕6 推古13	乙丑	銅・繡의 장육불상과 협시(脇侍)를 제조하기 시작. 고구려가 황금 300냥을 보내 옴.	
606 (609)	무왕7 推古14 (推古17)	丙寅	장육불상을 완성하여 금당에 안치	

① 목탑은 1196년에 불타 없어졌다. 1957년 飛鳥寺 제3차 발굴조사에서는 지하식 목탑 심초석과 그 주변에서 금동제 사리용기・금구(金具), 무구(武具), 마구(馬具), 옥류(玉類) 등 많은 유물이 발견되었다(사진1). 소실 후 남은 것들을 鎌倉시대에 다시 묻은 것이지만 원래는 593년 불사리 안치식 때 매납(埋納)된 것이다.

② 602년에 백제 승 관륵(觀勒)이 역본(曆本)・천문지리서(天文地理書)・둔갑방술서(遁甲方術書)를 갖고 일본에 와 飛鳥寺(元興寺)에 머물렀다는 기록이 있다. 그러나 당시 飛鳥寺는 아직 완성이 되지 않은 상태라서 그가 어디에 머물렀는지에 대해서는 불분명하다. 관륵은 서생(書生)을 골라 이를 학습시켰고 624년에는 스스로 건의한 승직제도에서 일본 최초의 승정(僧正)이 되었다. 삼론(三論)에 정통하였다.[13]

---

13) 본 글에서 다룬 문헌 외에 『本朝高僧傳』・『元亨釋書』과 『朝鮮佛教通史』 등에서도 백제로부터 일본에 건너가 활약한 승려에 대한 기록을 남기고 있다. 일나(日羅)・혜미(惠彌 609)・도흔(道欣 609)・법명니(法明尼 655)・도장(道藏 684)・의각(義覺)・풍국(豊國)・도령(道寧)・상휘(常輝)・다상(多常)・원세(圓勢)・방제(放濟) 등으로 그 내용에 있어서 추상적이고 설화적인 부분이 적지 않다. 또한 이들의 행적을 뒷받침할만한 물적 증거가 없기 때문에 여기서는 깊게 다루지 않기로 한다. 그러나 이처럼 많은 백제 승려에 대한 기록이 남아 있다는 것은 백제불교가 일본불교에 미친 영향이 지대하였음을 말해주는 것으로 이해할 수 있다.

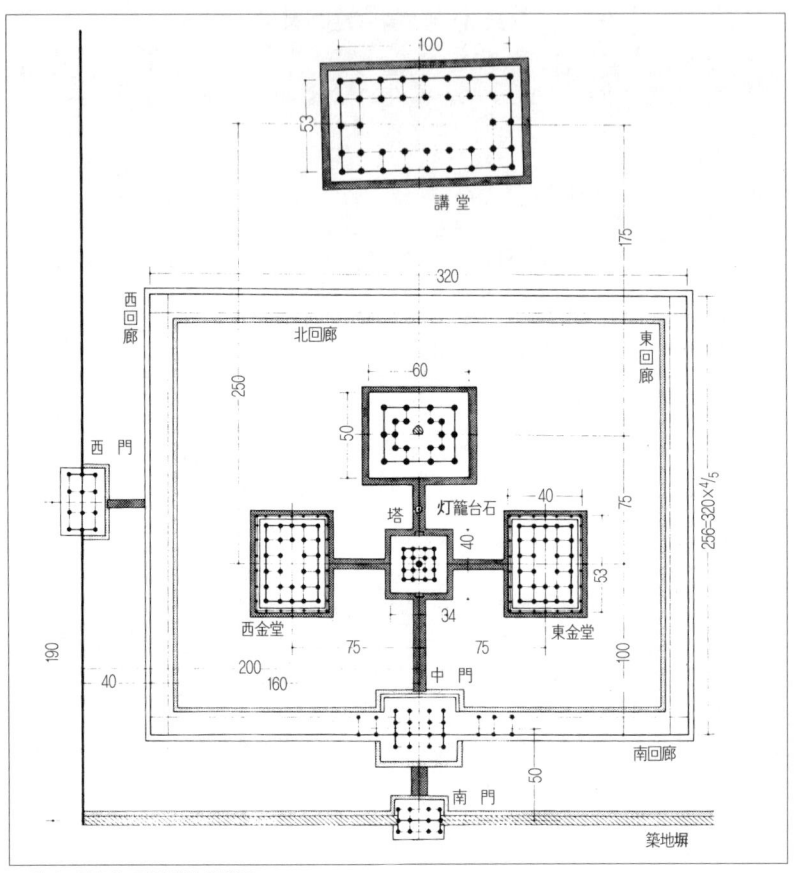

도면 2. 飛鳥寺 가람배치 복원도

또 다른 관련이 있었는지 아니면 1탑3금당식 가람배치 가능성을 남기고 있는 백제 군수리사지가 모델이 되었는지에 대해서는 앞으로 좀 더 살펴봐야 할 것이다.

飛鳥寺가 백제 기술자집단에 의해 완성되었다는 것은 문헌기록 뿐만 아니라 발굴조사를 통해 밝혀진 물적 증거를 보아도 의심할 바 없는 사실이다.

특히 588년 기사에서 백제 기술자들의 직종과 이름까지 자세히 언급하고 있다는 것은 우리나라의 문헌기록에서는 찾아 볼 수 없는 획기적인 일이라 할 수 있다. 물론 우리의 고대문헌이 신라사 위주로 기록되었다는 한계를 갖고 있지만 이를 감안하더라도 위와 같은 기록을 남기고 있다는 것은 일본에서 이들의 위상이 상당히 높았음을 짐작케 한다. 다만 아쉬운 것은 표에서 언급한 몇몇 승려를 제외하면 이들의 일본 내에서의 역할과 활동을 문헌기록만으로는 알 수 없다는 것이다.

유적·유물 등을 통해 문헌에 기록되지 않은 역사를 밝혀내거나 문헌기록을 뒷받침 또는 부정하는 것이 역사고고학이다. 역사고고학은 반대 개념인 선사고고학에 비해 시간적 범위는 좁지만 연구대상의 다양성과 수량에 있어서 탁월하다는 것이 특징이다. 불교고고학이란 불교관계 유적·유물을 주로 다루는 역사고고학의 하위분야이다. 기록에서 자취를 감춘 백제 기술자들이 일본불교에 어떠한 영향을 끼쳤는가에 대해서는 이와 같은 불교고고학적 연구방법을 통해 밝혀 낼 수 있다.

불교고고학에서 주로 다루는 유적은 사지이다. 왜냐하면 사찰이 천재지변이나 화재 또는 정치·경제·사상적 이유 등으로 그 기능을 상실하였을 경우 토지·건축물과 같은 부동산을 제외한 나머지 대부분의 물건은 이동이 가능한 동산이기 때문에 다른 곳으로 옮겨 재활용되는 경우가 많기 때문이다. 특히 소형 불상과 같은 경우는 이동의 용이성 뿐만 아니라 그 중요성에 있어서도 이와 같은 예가 많다. 현장보존이 중요한 고고학에서 어떤 단서가 이동되었을 경우 그 물건과 관련된 정보를 추정하는데 어려움이 뒤따른다. 따라서 부동의 사지 발굴조사를 통해 알 수 있는 건물배치와 지하구조·규모 등은 불교고고학에 있어서 아주 중요한 단서이다.

사지발굴조사를 통해 가장 많이 출토하는 유물은 기와이다. 단적인 예를 들어 사찰이 화재를 입었을 경우 가장 먼저 불상이나 불경과 같은 불

구들을 꺼내 올지언정 지붕위에 올라 가 기와를 내리는 사람은 없을 것이
다. 소실된 후에라도 잿더미 속에서 나오는 금속류는 수리하거나 녹여서
재활용할 수 있고 초석과 같은 석재는 원래 공을 들여 잘 만든 것이기 때
문에 사찰을 재건축할 때나 주변 민가의 초석으로 재활용하는 경우를 흔
히 볼 수 있다.

이에 반해 깨진 기왓장만큼은 아무 쓸모가 없어 누구하나 관심조차 갖
지 않고 무시된 채 그 자리에 그대로 잘 남아 있다. 깨진 기왓장에 대한
일반사람들의 생각은 '와해(瓦解)'나 '와력(瓦礫)'과 같은 단어를 통해서
도 엿볼 수 있다.

그러나 불교고고학에서는 이처럼 이동되지 않고 그대로 보존된 기와야
말로 최상의 조건을 갖춘 유물인 것이다.

유감스럽게도 飛鳥寺를 창건하기 위해 온 백제 기술자집단 중 와박사(瓦
博士)를 제외한 다른 기술자에 대해서는 위와 같은 이유로 인해 그 행방
을 추정하기 어렵다.

사공(寺工)은 대목장(大木匠)으로서 금당·강당·회랑과 같은 목족 건축
물을 지었을 것인데 일본 뿐만 아니라 세계최고의 목조건물이라는 法隆
寺의 5층 목탑(사진 10)과 금당(사진 11)도 7세기 중엽 이후의 것으로 시
기적 차이가 커 직접적인 관련성을 찾기 힘들다. 元興寺의 예처럼 건축부
재 일부가 남아 있다 하더라도 이와 비교할 수 있는 백제 목조 건축물이
남아 있지 않다.

노반박사(鑪盤博士)는 탑의 상륜부를 제작하는 전문가로 추정되는데 이
또한 백제와 일본 내에서 비교 추정할만한 자료가 없다.

화공(畵工)은 불화나 벽화 또는 단청을 그리는 전문로 추정되지만 고구
려의 담징이 그렸다는 法隆寺 벽화와 같이 그(白加)의 작품으로 추정할 만
한 그림은 현재까지 밝혀지지 않고 있다.

2. 기와생산을 통해 본 飛鳥寺 창건[14]

위에서도 설명한 바와 같이 역사시대를 연구하는데 있어서 기와는 유력한 자료이다. 내화성(耐火性) · 내구성(耐久性)을 추구하여 새로운 건축기술을 체득한 제와장과 기와생산의 배경에는 당시 국가와 국가, 중앙과 지방 간의 문화교류와 경제 · 사회상황이 잠재해 있기 때문이다. 특히 역사고고학과 불교고고학에서 기와의 역할은 매우 크다. 사찰을 비롯한 궁전 · 관아 · 산성 등의 유적에서 타지도 않고 썩지도 않는 특질상 방대한 양의 기와가 출토하여 문헌기록을 뒷받침하거나 조영물의 연대 · 명칭 · 위치 · 범위 · 규모 등을 밝히는데 뛰어난 고증력을 발휘하고 있다는 점에서 역사적 중요성이 한층 부각되고 있다.

일본의 기와생산이 백제로부터 파견된 '와박사'에 의해 시작되었고 이때 만들어진 기와가 일본 최초의 본격적 사원 飛鳥寺에 사용되었다는 것은 이미 많은 연구자들의 노력에 의해 밝혀진 사실이다. 그리고 이러한 사실을 뒷받침해 주는 자료로서 주로 인용이 된 것은 제작기법보다 비교적 쉽게 검토할 수 있는 수막새 문양이었다. 제작기법은 일본에 비해 전수국인 백제에서 아직 밝혀지지 않은 부분이 많아 비교 검토가 어려웠기 때문이다. 그러나 근년 백제 기와 제작기법에 대하여 많은 연구자들이 관심을 갖고 또한 적지 않은 부분이 새롭게 밝혀짐으로서 양국의 기와생산 · 전파에 대한 비교 검토도 어느 정도 가능해졌다. 따라서 본 글에서 일본 최초의 기와생산 성립과 그에 주체적 역할을 담당한 백제 瓦博士에 대하여 와당문양 뿐만 아니라 제작기법 · 문헌사료 등 다양한 각도에서

---

14) 이 내용은 필자의 2004년 논문을 일부 수정 보완한 것이며 일반 독자들이 좀 더 쉽게 이해할 수 있는 용어를 선택 사용하였다. 이다운, 2004, 『百濟瓦博士考』 호남고고학보 20호.

유추하고 그와 동시에 기와생산이라는 물질문화의 전파·전개과정에 나타나는 역사적 배경에 대해서도 검토하여 일본에 전래된 백제불교문화의 한 측면을 복원해 보고자 한다.

1) 두 번에 걸친 백제 제와장(製瓦匠)의 파견

飛鳥寺 창건은 蘇我馬子가 588년(위덕왕35·崇峻1)에 백제로부터 사공·노반박사·와박사·화공을 초청하여 시작되었다. 그런데 『일본서기』는 제와장에 대한 명칭을 '와박사', 이름을 마나문노(麻奈文奴)·양귀문(陽貴文)·능귀문(悛貴文)·석마제미(昔麻帝彌)로 기록하고 있는 것에 반해 『원흥사연기』에 전하는 탑의 『노반명』은 제와장의 명칭을 '와사(瓦師)', 이름을 마나문노(麻那文奴)·양귀문(陽貴文)·포능귀(布陵貴)[15]·석마제미(昔麻帝彌)로 기록하고 있다.

어느 쪽이 당시의 명칭에 가까운지 판단하기 어려우나 『일본서기』는 백제에서 파견된 기술자에 대하여 '博士'·'工'·'師'로 구별하여 기록하고 있는 것으로 보아 '博士'라는 칭호는 다른 기술자 보다 높은 신분, 또는 전문기술직을 담당하는 명장(明匠)을 의미하는 것으로 판단된다. 이렇게 제와장이 박사라는 칭호로 공식적으로 파견되었다는 내용으로 볼 때 사비시대에 설치된 중앙관청 22부 중 불교사원의 업무를 관장한 공덕부(功德部)나 토목·건축공사의 업무를 관장한 목부(木部)에 속한 제와장이 었을 가능성도 없지 않다. 이는 고대 한반도에서 일본으로 파견된 제와장에 대한 문헌기록으로서는 처음이자 마지막이다.

飛鳥寺 창건기와는 수막새 문양과 제작기법에 의해 두 그룹으로 나눌 수

---

15) 藤澤一夫는 왕궁리유적에서 출토된 「申」「布」명 인각와의 「布」와 와박사 「布陵貴」와의 관련성을 시사한 바 있다. 藤澤一夫, 1977, 「益山大官寺에 對하여」『馬韓·百濟文化』第2輯.

사진 2. 飛鳥寺 창건 수막새(星組)　　　사진 3. 飛鳥寺 창건 수막새(花組)

있다. 연꽃잎 끝부분이 하트(heart)모양을 한 수막새(사진 3·도면 3)를 생산한 제와장집단을 화조(花組), 연꽃잎 끝부분이 구슬과 같이 점으로 돌기한(점주문 點珠文) 수막새(사진 2·도면 4)를 생산한 제와장집단을 성조(星組)라 부른다.[16]

飛鳥寺 창건와가 계통을 달리하는 두 제와장집단에 의해 생산되었다는 것은 일찍부터 많은 연구자들에 의해 지적된 바가 있다.

花組와 星組는 수막새문양 뿐만 아니라 제작기법에 있어서도 서로 다르다. 수막새 뒷면을 마무리하는 방법(裏面調整)(사진 10)·수키와를 수막새 뒷면에 접합하는 방법(接合技法)(사진 11~13)·성형할 때 점토를 두드리는 도구의 문양(打捺文)·물손질 방향·암키와를 균등히 4분하기 위해 와

---

16) 大脇潔에 의하면 納谷守幸(1988)의 「軒丸瓦製作手法の變遷－飛鳥地域出土の七世紀前半代の資料を中心として－」은 발간되지 않았지만 여기서 納谷守幸氏는 「櫻の手」를 제작한 제와장과 그 제자들을 花組, 「星の手」를 제작한 제와장과 그 제자들을 星組로 부를 것을 제창하였다라고 하여 이때부터 두 제와장집단을 花組와 星組라 부르게 되었음을 알 수 있다. 大脇潔, 1994, 「飛鳥時代初期の同范軒丸瓦－蘇我氏の寺を中心として－」『古代』第97號.

통(사진 14)에 붙이는 표시(分割指標)(사진 15) 등에 있어서 전혀 다른 제작기법을 사용하고 있다.

그 내용을 좀 더 자세히 살펴보면 다음과 같다.

〈花組의 제작기법〉[17]

花組가 생산한 수막새는 (도면 3)의 ①~③이 172점, ④가 1점, ⑤가 8점, 계 181점이 출토되었다. 중금당과 탑에 주로 사용되었으며 창건와의 약 57%를 차지하고 있다. 그 중 ①~③은 동범으로 花組 수막새의 약 95%를 차지하는 창건와로 생산된 것이다. 하나의 와범을 수리(改范)하여 ①→②→③순으로 사용하였다.

백제와 같은 연꽃잎이 8개인 ④는 1점밖에 출토되지 않았다. 연꽃잎이 10개인 ①~③보다 백제에 가까우나 같은 형식의 백제 수막새에서도 ④와 같이 연꽃잎 끝 반전부분(裂入部)이 중심 깊숙이 길게 늘어져 있는 예는 찾아보기 힘들다. 이 수막새는 大阪府 藤井寺市 衣縫廢寺에 동범 예가 있어 주로 이 절에 공급하기 위해 생산된 것으로 추정되고 있다. 그러나 수막새 뒷면 마무리나 수키와 접합기법 등 花組의 다른 수막새와 동일한 제작기법에 의해 생산된 것이다.

---

17) 菱田哲郎, 1986, 「畿內の初期瓦生産と工人の動向」 『史林』 第69卷 3號.
   花谷浩, 1993, 「寺の瓦作りと宮の瓦作り」 『考古學研究』 第40卷 2號.
   花谷浩, 1998, 「大和飛鳥寺・豊浦寺の創建瓦」 『飛鳥時代の瓦づくり』 I, 第1回古代瓦研究會發表要旨, 奈良文化財研究所.
   大脇潔(1994) 앞의 논문.
   이다운, 1999a, 「百濟の瓦からみた飛鳥時代初期の瓦について」 『飛鳥・白鳳の瓦と土器-年代論-』 帝塚山大學 考古學研究所 歷史考古學研究會・古代の土器研究會 共催 심포지움 발표요지.
   이다운(2004) 앞의 논문.

⑤는 수막새 문양과 연꽃잎 수(11개)는 星組와 유사하나 ④와 같이 제작기법 등이 花組에 속한다. 이와 같이 花組의 수막새는 ①→②→③→④→⑤로 변천하고 있음을 알 수 있다.

수막새에는 무단식 수키와를 접합하였고 뒷면은 물손질로 마무리하였는데 그 중에는 손가락 끝으로 누른 자국도 확인된다.

암키와에는 평행선문(平行線文)을 새긴 후 좌우방향으로 물손질하였는데 星組와 같이 문양을 완전히 지우는 예는 많지 않다. 암키와를 균등하게 4분하기 위해 와통에 부착하는 표시로 긴 끈과 같은 도구만을 사용하였다(도면 5-⑤·사진 15). 내면에는 와통 흔적이 남아 있으나 묶은 끈 흔적은 보이지 않는다. 그리고 내면에 토기제작에 사용되는 도구(內拍子)의 흔적이 남아 있는 암키와도 출토된 것으로 보아 기와생산에 토기공인(須惠器工人)도 관여하였음을 알 수 있다.

생산지로는 飛鳥寺 동남측에 2기의 기와가마(瓦窯)가 조사되었는데 이 기와가마는 전장 12m, 소성실 바닥(床面)을 20단으로 축조한 지하식 등요(登窯)(도면 3)이다. 수막새는 출토되지 않았고 암·수키와가 소량 출토되었을 뿐이다. 수키와는 무단식이며 제작기법으로 보아 花組의 기와가마이었던 것만은 확실하다. 그러나 출토된 기와는 창건기가 아닌 7세기 전반의 것으로 花組가 처음부터 이 기와가마에서 생산 활동을 하였다고 판단하기에는 아직 확실한 증거가 없다.

〈星組의 제작기법〉[18]

星組가 생산한 수막새는 (도면 4)의 ①이 63점, ②가 38점, ③이 15점,

---

18) 菱田哲郎(1986) 앞의 논문. 花谷浩(1993) 앞의 논문. 花谷浩(1998) 앞의 논문. 大脇潔(1994) 앞의 논문. 이다운(1999a) 앞의 논문. 이다운(2004) 앞의 논문.

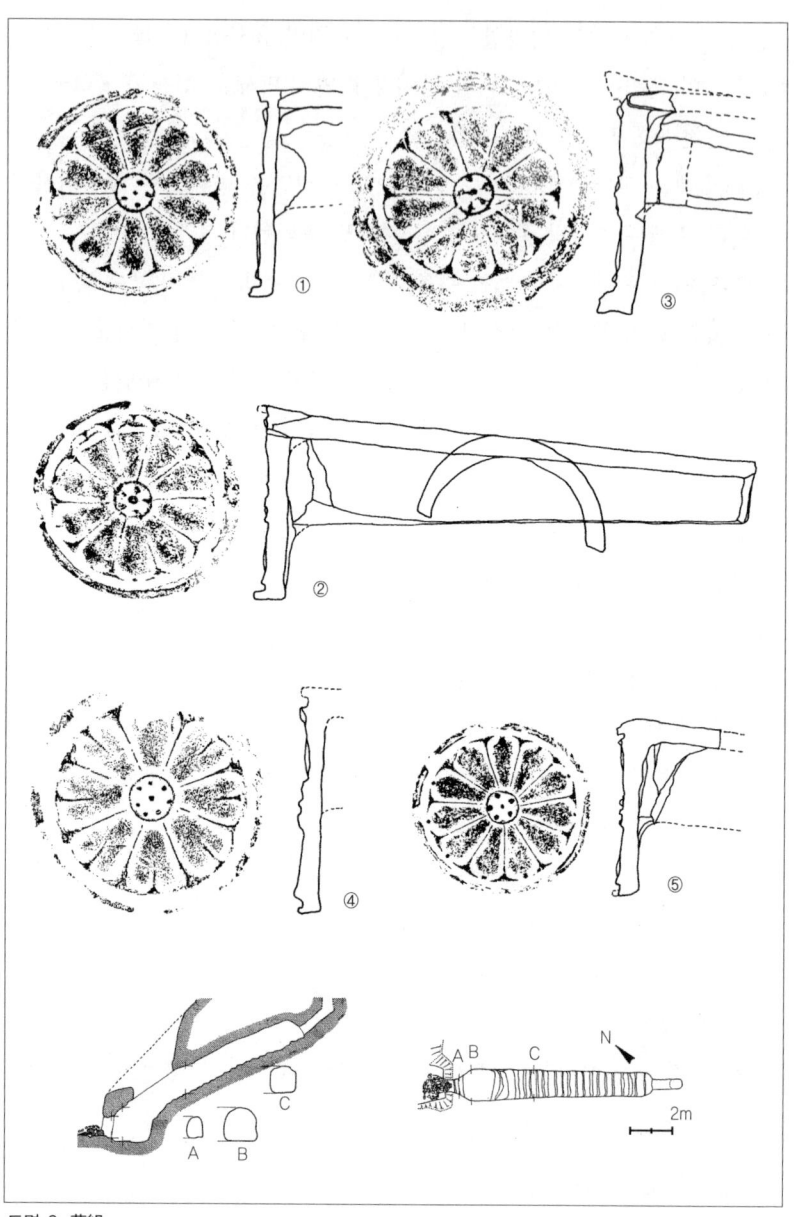

도면 3. 花組

④가 2점, ⑤가 14점, ⑥이 1점, ⑦이 2점, 계 135점이 출토되었다. 주로 중문과 회랑에 사용되었으며 창건와의 약 43%를 차지하고 있다. 星組의 수막새는 연꽃잎(蓮瓣)이 11개(①~③)와 9개(④·⑤)로 문양 비율이 불균등한 것이 대부분이다. 그 중에서 전자가 백제 수막새 문양에 가장 근사하고 星組의 수막새 약 86%를 차지하고 있어 창건 당초부터 생산된 것으로 판단된다.

후자는 연꽃잎 끝부분이 각진 것으로 같은 형식의 백제 수막새 문양과는 다소 상이하며 星組 수막새의 약 12%를 차지하고 있어 전자 보다는 그 생산시기가 늦다. 그리고 연꽃잎이 8개인 ⑥은 연꽃잎 수에 있어서는 백제와 가장 가까우나 연꽃잎과 가장자리(周緣) 사이(溝狀圈帶)가 넓고 1점 밖에 출토되지 않았다. 연꽃잎이 12개인 ⑦은 가장자리를 돌출된 원(圈線)으로 표현하고 있어 연꽃잎 수나 가장자리 표현이 모두 백제와 다르다. 이와 같이 星組의 수막새는 ①~③→④·⑤→⑥·⑦로 변천하고 있음을 알 수 있다.

수막새 뒷면은 중앙이 불룩하고 그 중에는 성형에 회전원판을 사용한 (回轉臺成形) 흔적(同心圓文)도 확인 되고 있다. 암키와는 평행선문과 격자문을 새긴 후 상하방향 물손질에 의한 무문(無文)이 대부분이다. 암키와를 균등하게 4분하기 위해 와통에 부착하는 표시로 상하 두 곳에만 끈 또는 나무를 고정시켜 놓았다(도면 5-⑥·⑦·⑧). 와통은 (도면 5-①·②·④)과 같은 방법으로 연결시켜 놓았다.

생산지는 아직 불확실하지만 동범(同范) 예가 奈良縣 御所市 上增과 佐田 부근에서 출토되고 있어 星組의 최초 생산지로 비정되고 있다. 또한 이 부근에서는 토기(須惠器) 생산지가 없는 것으로 보아 기와전용가마(瓦專業窯) 가능성도 지적되고 있다.

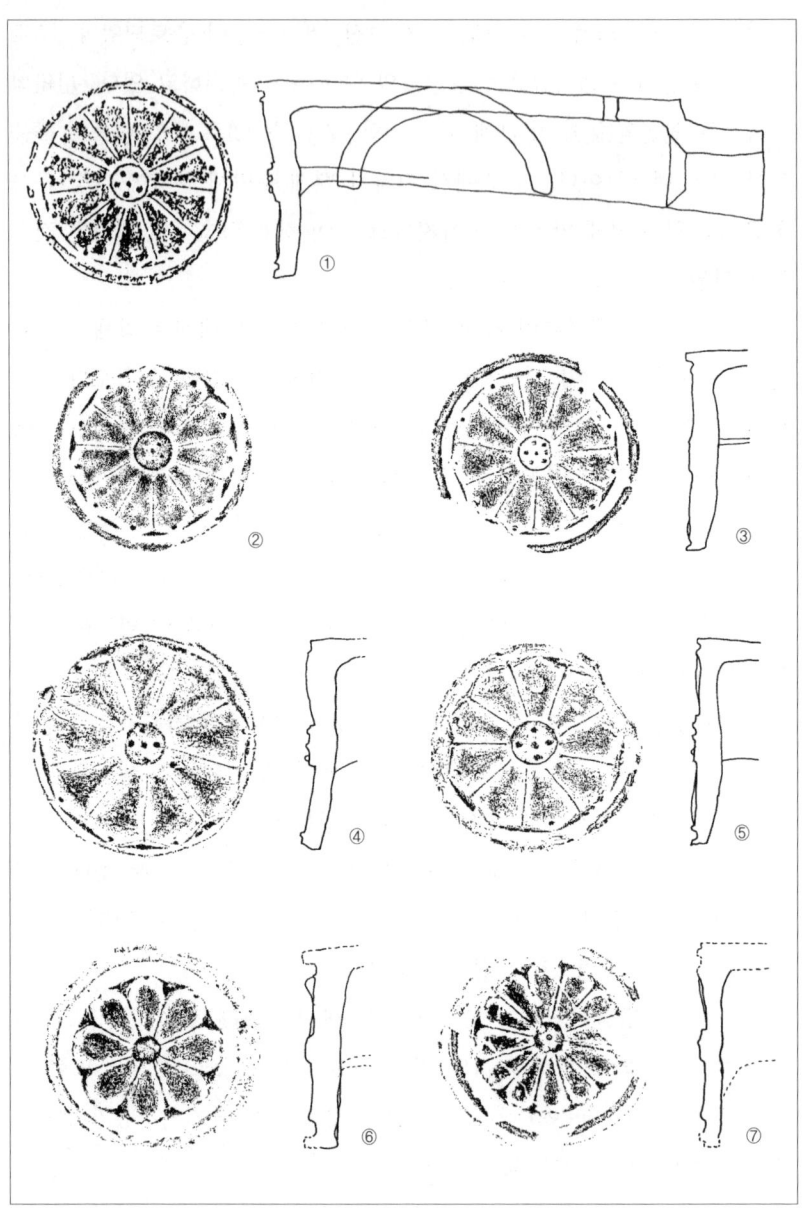

도면 4. 星組

〈花組・星組의 원류〉

飛鳥寺 창건와가 백제에서 파견된 두 계통의 제와장과 그 지도를 받은 星組와 花組에 의해 생산되었지만 문헌이 전하는 백제 제와장(와박사) 파견은 단 한 번에 불과하며 4명의 제와장 이름은 기록되어 있으나 그 계통은 알 수 없었다. 4명의 제와장이 처음부터 본국(백제)에 있어서도 계통이 다르고 일본에 파견된 후 둘로 나뉘어 花組와 星組를 지도하였을 가능성도 있으나 반대로 4명의 제와장은 같은 계통으로 또 다른 계통의 제와장이 시기를 달리하여 파견되었을 가능성도 충분히 생각해 볼 수 있겠다.

위에서 살펴 본 花組와 星組는 와당문양에서 제작기법・생산지에 이르기까지 서로 다르기 때문에 같은 시기에 파견된 4명의 제와장이 둘로 나뉘어 서로 다른 생산지에서 서로 다른 제작기법으로 기와를 생산하였다는 전자의 가능성은 적다.

奈良시대 정창원문서(正倉院文書)에 보이는 '生瓦作工'(점토로 기와를 성형하는 공인)・'瓦燒工'(건조시킨 기와를 가마에 채워 굽는 공인)・'瓦葺工'(기와를 지붕에 이는 공인)・'瓦窯作工'(기와가마를 축조하거나 수리하는 공인)은 작업 내용에 따라 달리 기록한 것인데 이러한 공인을 총칭할 경우에 '와공(瓦工)'이라 하였다.[19] 이를 참고 하면 제와장은 최소한 4명 이상이 한 조를 이룬 것으로 추측되며 다른 공인에 비해 '와박사'만 4명이 파견된 것 또한 이와 같은 맥락에서 이해할 수 있을 것이다.

지금까지는 花組의 수막새가 星組의 수막새 보다 빠른 초창기부터 생산된 것으로 알려져 있는데 그 근거는 출토량에 있어서 星組 보다 花組가 생산한 기와가 많고 가람 내에 있어서는 중금당과 탑등 花組의 기와가 주요

---

19) 일본 문헌 『造興福寺記』(1047)의 제와장에 관한 기록(瓦工・造瓦工・燒瓦工・葺瓦工)을 보아도 정창원문서와 매우 유사하다는 것을 알 수 있다. 大川淸, 1996, 『古代のかわら』窯業史博物館.

건물에 사용되었다는 것이다.[20]

 이와 같은 사실과 가능성을 검토하기 위해서는 花組·星組의 기와생산 활동이 일본 최초로 이루어진 것이기 때문에 일본 자료만으로 부족하다. 따라서 본고에서는 양자의 문양과 제작기법이 백제에 있어서 어느 제와장의 영향을 받았는가를 밝히고 나아가 花組·星組의 선후관계에 대하여 검토해 보고자 한다.[21]

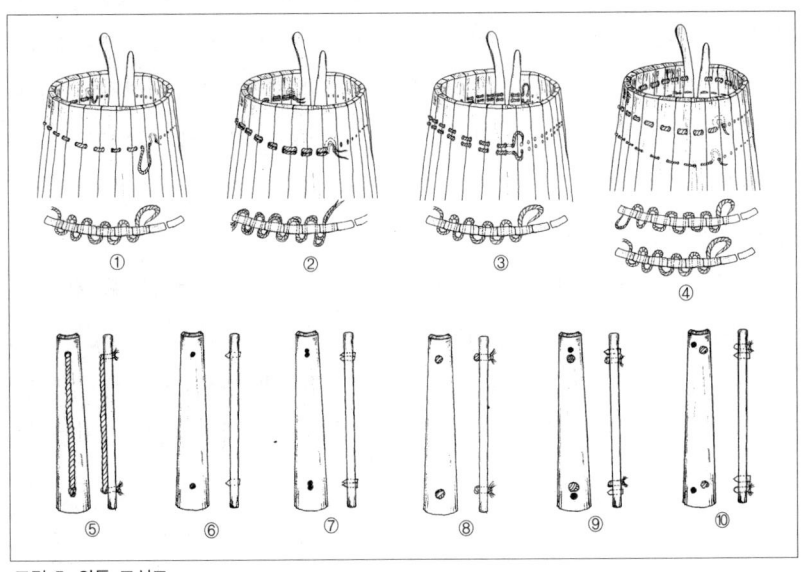

도면 5. 와통 모식도

---

20) 奈良國立文化財研究所, 1958, 『飛鳥寺發掘調査報告』奈良文化財研究所學報第五冊.
    龜田修一, 1981, 「百濟古瓦考」『百濟研究』第12輯.
21) 花組와 星組의 와당문양은 백제에서 가장 많이 사용한 문양이기 때문에 출토유적 또한 상당수에 이른다. 그리고 기와는 증수·보수용 기와는 오랜 시기에 걸쳐 산발적으로 생산되기 때문에 제와장의 계통을 추정함에 있어서 착오를 불러 올 수 있다. 따라서 본 글에서는 창건와를 중심으로 검토하였다.

花組의 원류(源流)

연꽃잎이 하트형을 하고 있는 수막새는 백제의 많은 유적에서 출토되고 있다. 그 중 사비시대의 유적으로서는 관북리유적·백제오함사지·금강사지·구아리유적·왕궁리유적·미륵사지·부소산성·용정리사지·가탑리사지·부소산사지·오금산성, 그리고 생산유적인 쌍북리유적 등을 들 수 있다.

창건기 건물을 소실(燒失) 또는 천재지변 등에 의해 모두 재건하거나 창건기 건물보다 더 큰 규모로 증축하지 않은 이상 건물지에서는 일반적으로 창건기 기와가 가장 많이 출토된다. 그렇다면 위 유적 중 花組와 같은 형식의 수막새가 창건와로 사용된 것은 관북리유적·왕궁리유적·용정리사지이며, 그 외 유적에서는 증수·보수 등에 사용된 것으로 판단된다.

관북리유적은 (도면 6)의 ①~④가 전체 수막새의 약 52%를 차지하며[22], 그 중 ①~③은 출토량과 출토 층위로 보아 창건와로서 538년 전후의 것으로 판단된다.[23] 그리고 쌍북리유적은 근접한 관북리유적·부소산성과 수급관계(需給關係)에 있으며, ⑤~⑧은 출토 수막새의 약 78%를 차지하고 있어 이 형식이 주로 생산된 기와가마임을 알 수 있다.

왕궁리유적 (도면 6)의 ⑨~⑪은 출토 수막새의 약 84%를 차지하며[24] 그 중 ⑨는 구아리유적과 동범(同笵)인 '丁巳(597)' 인각와와 무왕과의 관련

---

22) 출토율은 발굴조사보고서Ⅰ(윤무병, 1985, 『扶餘官北里百濟遺蹟發掘報告』Ⅰ,忠南大學校博物館)를 참고하였으며, 발굴조사보고서Ⅱ(윤무병, 1999, 『扶餘官北里百濟遺跡發掘報告』Ⅱ,忠南大學校博物館)에서도 대체적으로 Ⅰ과 유사한 출토율이 나타나고 있다.
23) 이다운, 2002, 「百濟の瓦生産-熊津時代·泗沘時代を中心として-」『韓半島考古學論叢』編集代表 西谷正,すずさわ書店.
24) 출토율은 발굴조사보고서Ⅰ(부여문화재연구소, 1992, 『王宮里遺蹟發掘中間報告』,扶餘文化財研究所 學術研究叢書 第4輯)과 Ⅱ(국립부여문화재연구소, 1997, 『王宮里發掘調查中間報告書』Ⅱ,國立扶餘文化財研究所 學術研究叢書 第16輯)를 참고하였다.

으로 보아 7세기 초에 창건와로서 사용된 것으로 추측된다. 이 수막새는 관북리유적 ①~③과 문양구성에 있어서 매우 유사하나 ⑩에는 연자(蓮子)의 다수화(多數化)가 나타나 있다. 용정리사지 (도면 6)의 ⑫는 상층 금당지의 수막새로 사용되었을 가능성이 높다. 왕궁리유적 ⑩과 같은 연자의 변화는 나타나 있지 않아 하층 금당지와의 관계에서 6세기 후반의 것으로 추정된다.[25]

이상에서 살펴 본 바와 같이 花組와 문양구성이 유사한 수막새는 538년을 전후한 시기부터 7세기 초까지 사용되었다. 그러나 수막새 뒷면 마무리 방법에 있어서는 7세기를 경계로 변화가 나타난다. 관북리유적과 쌍북리유적은 수막새 뒷면을 물손질로서 마무리하고 있는 것에 반해 왕궁리유적(도면 6-⑪)에는 회전원판를 이용하였다. 다만 물손질로 조정한 것도 있어 제와장(製瓦匠)집단 편성시에 제와장의 교착(交錯)이 있었던 것으로 추측된다. 나아가 왕궁리유적에서는 수막새에 유단식 수키와가 접합되어 있는 것을 확인할 수 있었다. 따라서 왕궁리유적은 수막새 뒷면 마무리 방법·접합에 사용된 수키와(유단식) 등 花組와 다르며 시기적으로도 飛鳥寺 초창기까지 소급하지 않는다.

한편 관북리유적·쌍북리유적의 시기와 飛鳥寺 초창기와는 약 반세기의 시기차가 있어 직접적인 관련을 찾기에는 다소 어려움이 없지 않다. 접합된 수키와의 결손으로 무단식과 유단식을 확인 할 수 없고 암·수키와의 제작기법도 상세히 검토하지 못하였으나 시기적으로는 같은 형식 수막새의 조형(祖型)으로 판단되며, 왕궁리유적과 같은 뒷면 마무리와 연자의 변화는[26] 나타나지 않기 때문에 문양구성에 있어서 용정리사지와의 관련

---

25) 이다운(2002) 앞의 논문.
26) 쌍북리유적 도면6-⑧은 연자를 이중으로 두르고 있기 때문에 ⑤, ⑥, ⑦보다 늦게 생산된 것이라 할 수 있다.

성도 생각해 볼 수 있겠다.

 용정리사지의 암·수키와는 출토위치로 보아 수막새와 같이 크게 두 시기로 나눌 수 있다.[27] 앞선 시기(하층 금당지)의 암·수키와는 승석문(繩蓆文)이 많고 기와를 분할한 후 다시 측면과 상단을 두드려 재조정하고 있으며, 깨진 면을 수차례에 걸쳐 다듬었다. 또한 암키와에는 분할을 바깥쪽에서 한 것도 보인다. 이에 반해 늦은 시기(목탑지·상층 금당지)의 암·수키와는 앞선 시기에 비하면 승석문이 적고 평행선문이 많다. 그리고 암키와는 앞선 시기와 같은 조정은 행하지 않고 분할을 안쪽에서 하고 있다.[28] 수키와는 무단식과 유단식 모두 출토되었고 분할을 바깥쪽에서 한 것과 안쪽에서 한 것이 섞여있는데 시기차는 보이지 않는다.

 그 중 상층 금당지에 사용된 것으로 추정되고 있는 수막새는 다시 두 계통(A·B)으로 세분할 수 있다.[29] 하나(A)는 무단식 수키와를 사용하고 평행선문을 새긴 후 물손질로 마무리한 수막새와 또 다른 하나(B)는 유

---

27) 扶餘文化財硏究所, 1993, 『龍井里寺址』扶餘文化財硏究所 學術硏究叢書 第5輯.
28) 늦은 시기의 유구에서도 분할을 바깥쪽에서 하고 측면을 재조정한 암키와도 소량 출토되었는데 보고서에서는 앞선 시기의 유구에 사용된 것으로 판단하고 있다. 扶餘文化財硏究所(1993) 앞의 책.
29) 용정리사지는 사역의 일부만 조사되었는데 수막새의 출토양이 극히 적고 그 종류 또한 다양하지 않다. 더구나 상층금당지에 대응하는 수막새가 출토되지 않은 것은 조사보고서에서도 지적한 바와 같이 조사범위가 한정되었고 유적 자체가 경작과 삭토에 의해 대부분 파괴되었기 때문이다. 이 유적은 오래 전부터 수많은 수막새가 채집되어 여러 도록에 소개되었다. 그 중 가장 많은 것이 도면6-⑫인데 이 수막새가 가장 심하게 파괴된 상층금당지에 사용된 것으로 추정된다. 李다운(2002) 앞의 논문.
그리고 조사보고서는 용정리사지에서 채집된 수막새가 『百濟瓦塼圖錄』에 실려 있다고 기술하고 있으며 도록에도 출토지를 「용정리」라 기재하고 있다. 필자는 경희대학교 중앙박물관에 소장되어 있는 이들 수막새를 조사하여 A와 B로 구분하였는데 A는 도록 유물번호 260·296에 해당하며, B는 255·256·267에 해당한다. 246은 A·B와 연꽃잎과 연자에 있어서 약간의 차이가 있으나 무단식 수키와·타날 등 제작기법은 A와 유사하다.

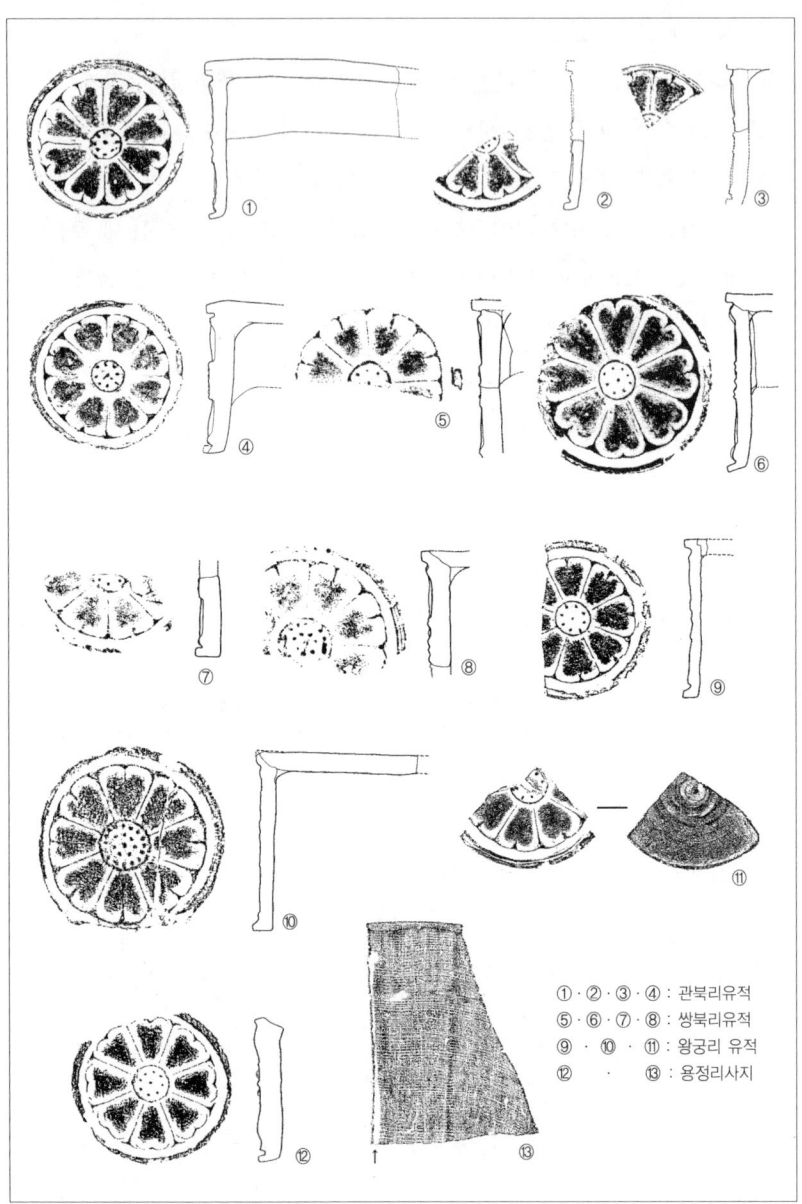

도면 6. 花組 관련 백제 수막새

단식 수키와를 사용하고 물손질로 문양을 완전히 지운 수막새이다. 또한 A는 수키와 바깥 끝부분을 타날구(打捺具)로 조정한 흔적을 확인할 수 있는데 B에는 이러한 흔적이 나타나지 않는다. 뒷면은 양쪽 다 불룩하지만 동심원문은 찾아 볼 수 없고 손가락 끝으로 누른 자국이 전면에 걸쳐 확인되고 있다. 이처럼 같은 형식의 수막새가 제작기법이 다른 두 계통의 제와장에 의해 생산된 것으로 이해할 수 있는데 그 중 A가 花組에 더욱 가깝다.

용정리사지의 늦은 시기 암·수키와의 측면 조정·타날구는 백제의 일반적인 제작기법이기 때문에 꼭 花組에만 연관시켜 이야기할 수는 없다. 그러나 무단식 수키와를 사용한 A와 암키와를 균등히 분할하기 와통에 부착하는 도구로 긴 끈이나(도면 5-⑤) 막대만이 사용되었다는 것은 다른 유적과 구별되는 花組와의 공통점이다. 또한 A에는 평행선문 타날구를 사용하였고 이면에 손가락 자국이 남아있다는 점도 花組와의 공통점이라 할 수 있다. 따라서 花組를 지도한 백제 제와장(製瓦匠)은 용정리사지 상층 금당지의 A수막새를 생산한 제와장집단에서 그 계통을 찾아 볼 수 있을 것이다.

星組의 원류(源流)

연꽃잎에 점주문(點珠文)을 띠는 수막새는 대통사지(527)를 비롯하여 여러 유적에서 출토되고 있다. 특히 사비시대 유적으로는 구아리유적·동남리유적·군수리사지·능산리사지·관북리유적·용정리사지·부소산성·정림사지·가탑리사지·금성산건물지·미륵사지·수덕사 등을 들 수 있다.

위 유적 중에서 星組와 같은 형식의 수막새가 창건와로 사용된 것은 구아리유적(약 85%)·가탑리사지·금성산건물지(약 83%)이다.[30]

금성산건물지의 창건와로 추측되는 수막새(도면 7-①)는 연꽃잎과 가장 자리 사이(溝狀圈帶)에 양각의 원을 두르는 새로운 문양구성을 갖고 있어 星組와 다르다. 가탑리사지 창건와로 추측되는 수막새(도면 7-②)는 수키와와의 접합부위에 흠집을 내 접합하고 있어 이 또한 星組의 접합기법과 다르다.

구아리유적에서 연꽃잎이 점주문을 하고 있는 수막새는 71점이 출토되었는데 그 중 (도면 7)의 ③이 68점으로 약 96%를[31] 차지하고 있어 창건와로 추측된다. 생산 연대에 대해서는 「丁巳」인각와와의 층위적 관계에서 538~597년을 전후한 시기로 추정할 수 있다. 뒷면은 중심부가 불룩한 것이 많고 그 중에는 회전원판에 의한 가는 동심원문(도면 7-⑥)도 확인된다.[32]

또한 수막새와의 세트관계까지는 확인할 수 없었으나 다음과 같은 암·수키와가 출토되었다. 수키와는 소량이지만 무단식과 유단식이 모두 출토되었다. 유단식인 경우 미구 내면에 포목(布目) 흔적이 없는 것으로 보

---

30) 수덕사는 미조사이지만 星組와 같은 형식의 수막새 두 종류만 출토되어 창건와로 사용되었을 가능성이 높다. 그러나 자방의 연자가 다수화되어 있어 星組의 수막새 연자 (1+5개, 1+4개)의 형태와 다르며 그 시기 또한 6세기대까지 소급하지 않는다. 동남리 유적에서 출토된 星組와 같은 형식의 수막새가 구아리유적과 동범(同笵)관계라는 것을 충남대학교박물관과 국립부여박물관에서 실견할 수 있었다. 이 수막새가 동남리유적 창건와의 하나로 사용되었을 가능성이 있으나 현재 발굴조사보고서 출간 예정에 있기 때문에 이에 대해서는 따로 검토하고자 한다.

31) 출토율은 발굴조사보고서(부여문화재연구소, 1993, 『扶餘舊衙里百濟遺蹟發掘調査報告書』扶餘文化財硏究所 學術硏究叢書 第7輯.)를 참고하였다.

32) 이다운(1999a) 앞의 논문.
  清水昭博은 「대통사식」수막새와 동형식이면서 뒷면을 회전 물손질로 조정하고 수키와 끝은 ㄱ자형으로 가공하여 접합하는 수막새를 「금덕리계」로 구분한 후 동범 수막새가 능산리사지·용정리사지·관북리유적에서 출토되었으며 그 시기를 능산리사지 창건 연대(567)를 중심으로 한 6세기 중엽으로 추정하였다. 清水昭博, 2003, 「百濟「大通寺式」 수막새의 성립과 전개-中國 南朝系 造瓦技術의 전파-」『百濟硏究』第38輯.

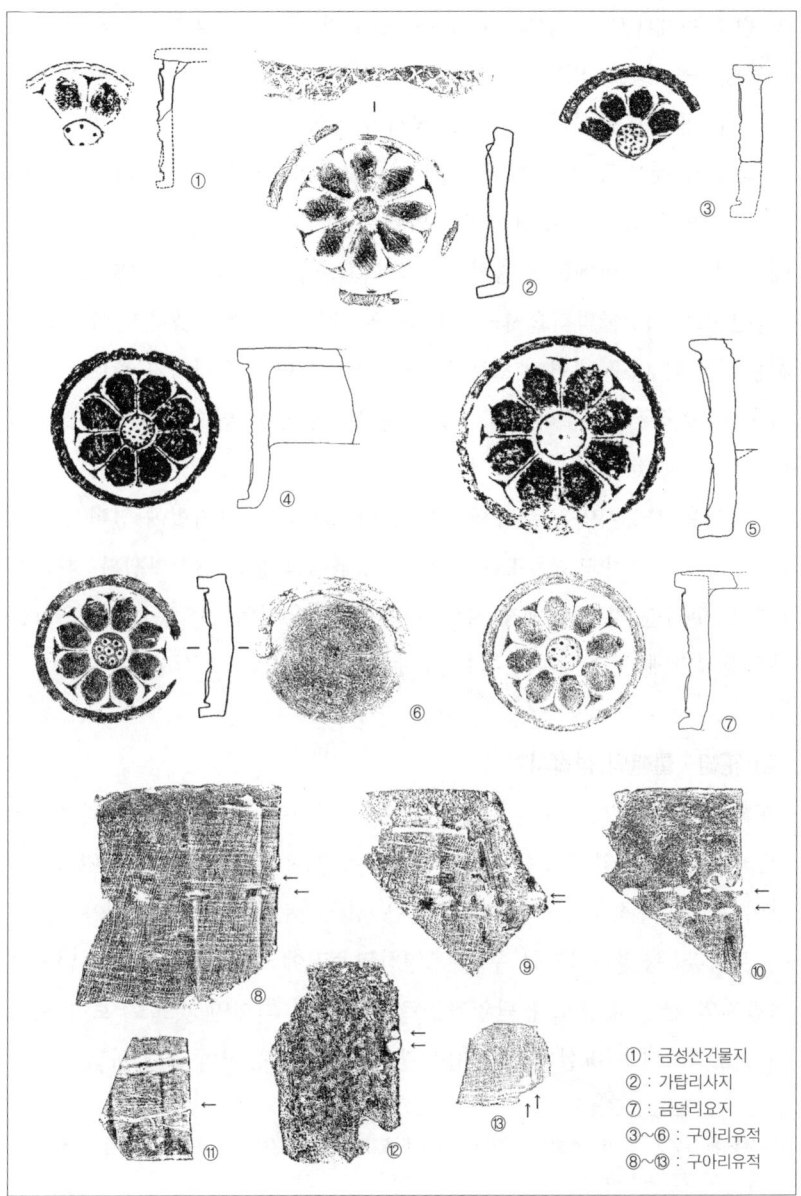

도면 7. 星組 관련 백제 기와

① : 금성산건물지
② : 가탑리사지
⑦ : 금덕리요지
③~⑥ : 구아리유적
⑧~⑬ : 구아리유적

아 원주형(圓柱形) 모골(模骨)을 사용하여 미구는 몸통부분과 다른 점토로 만들었음을 알 수 있다. 암키와는 균등하게 분할하기 위한 표시로 와통 상하 두 곳에만 끈이나 나무로 고정시켜 놓았다. 이러한 제작기법은 星組와 공통된 것으로 백제 유적 중에서는 구아리유적의 특징이라 할 수 있다. 평기와의 문양은 무단식 수키와에는 평행선문과 무문, 유단식수키와에는 무문, 암키와에는 평행선문·격자문(소량)·무문이 확인된다.

생산지로서는 금덕리요지를 하나의 후보지로 들 수 있겠다.[33] 이 요지에서는 수키와 미구 내면에 포목 흔적이 없는 유단식 수키와가 출토되었다. 아직 미발굴로 두 유적간의 수급관계(需給關係)는 앞으로의 발굴조사에 의해 밝혀질 것이다.

구아리유적의 기와는 수막새 문양 뿐만 아니라 제작기법에 있어서도 星組과 공통된 점이 많다. 또한 그 연대도 飛鳥寺 창건기에 가깝다. 따라서 飛鳥寺 星組를 지도한 백제 제와장은 구아리유적의 기와를 주로 생산한 제와장집단에서 그 계통을 찾아 볼 수 있다.

2) 花組·星組의 성립시기

花組·星組와 같은 수막새 문양은 이미 백제에서 527년(星組)과 538년(花組)에 채용되었다. 그런데 여기서 주목되는 것은 星組 보다 花組의 문양이 관북리유적·왕궁리유적과 같은 왕실관련유적에 주로 사용되었다는 것이다. 용정리사지를 누가 조영하였는지에 대한 문헌기록은 없으나 목탑지와 금당지 규모가 단일건물로서는 백제 최대인 것으로 보아 귀족이나 호족보다는 왕실이나 국가가 관여하였을 가능성이 크다 하겠다.[34]

---

33) 金鐘萬, 1992,「舒川 金德里 百濟窯址 出土遺物」『부여 정암리 가마터』Ⅱ, 國立扶餘博物館古蹟調査報告 第4册.
34) 탑지 : 동서18.5m×남북18.5m, 하층금당지 : 30.75m×20.19m, 상층금당지 : 32.15m×21.59m.

따라서 수막새 문양의 격차만으로 보았을 때 588년에 공식적으로 파견된 제와장(製瓦匠)은 花組를 지도한 제와장으로 볼 수도 있을 것이다. 그러나 기와 제작기법으로 보면 다음과 같다.

花組의 수키와 접합기법 중에서 최초로 사용된 접합기법[수키와 접합부위를 바깥쪽(凸面)에서 잘라 내는 방법]은 아직까지 백제에서 확인된 바가 없으며 그 후에 사용된 기법도 동남리유적[35]에 그와 유사한 접합기법이 보일 뿐 주로 사용된 것은 아니다. 그리고 용정리사지 뿐만 아니라 백제 암키와 내면(凹面)에는 통쪽 연결끈 흔적이 남아있는 것에 반해 花組의 암키와 내면에는 통쪽 흔적은 남아있지만 통쪽 연결끈 흔적은 보이지 않는다. 이것은 통쪽을 연결한 위치가 와통 상단과 하단에 치우쳐 있어 점토를 절단하는 작업이 연결끈 안쪽에서 이루어졌기 때문이라 생각되는데, 제와장의 제작습관으로서는 큰 차이라 할 수 있겠다. 이렇듯 花組가 백제 제와장의 지도하에 형성된 제와장집단임에도 불구하고 제작기법에 차이점이 나타나는 것은 위에서 언급한 바와 같이 구성원에 일본의 토기(須惠器)공인이 다수 포함되어 있었기 때문에 점토를 제와장 못지않게 다룰 수 있는 이들에 의해 기존의 제작기법에서 변화 또는 고안해 낸 것으로 이해할 수 있다.

星組의 수키와 접합기법은 백제 수막새에 가장 일반적으로 사용된 기법이며 암키와 내면에는 통쪽과 연결끈 흔적이 남아 있다. 또한 星組의 통쪽 엮기법(도면 5-①·②)도 접합기법과 마찬가지로 백제에서 가장 일반적으로 사용된 기법이며 물론 구아리유적(도면 7-⑧·⑨)에서도 확인되고 있다. 따라서 제작기법상으로 보았을 때 星組가 백제 제작기법을 충실하게 지키고 있어 그 파견시기 또한 花組보다 앞선 것으로 추측된다.

---

35) 龜田修一(1981) 第2圖-18 참조. 와당문양은 花組와 다르며 오히려 星組에 가깝다.

그런데 星組의 기와는 회랑과 중문에 주로 사용되고 있는 것에 반해 花組의 기와는 탑·중금당 등 가람 중추부에 사용되고 있으며 기와가마도 인접해 있기 때문에 花組가 星組보다 먼저 파견되어 생산활동을 펼쳤을 또 다른 가능성을 남기고 있다. 그러나『일본서기』崇峻 5년조에 의하면 금당(佛堂)과 회랑(步廊)은 같은 시기에 기공한 것으로 기록되어 있고 花組의 기와가마에서는 마지막 단계의 암·수키와만 출토되었기 때문에 이러한 상황만으로 양자의 시기차를 밝히기는 어렵다.[36] 즉 수막새 문양의 격차 외에는 花組가 星組보다 먼저 생산활동을 시작하였다는 근거는 없다.

이와 같이 588년에 파견된 4인의 제와장(와박사)은 星組를 지도하여 생산활동을 펼쳤으며 이후 또 하나의 계통을 달리하는 제와장이 파견되어 花組를 지도하였다. 그 시기는 596년에는 탑이 완성되기 때문에 588~596년으로 추정된다. 그리고 늦게 형성된 花組에는 일본에서 변화·고안된 제작기법도 같이 사용되었다.

나아가 수막새 문양에 관해서는 기와를 올릴 때 가람 중추부에는 백제의 왕실·국가와 관련된 건물에 주로 사용되었던 와당문양이 선택된 것으로 추측된다.

---

36) 花谷浩는 『일본서기』에 飛鳥寺의 중문·회랑·중금당이 동시에 기공되었다는 기록을 근거로 "星組"의 문양이 「稚拙」하기 때문에 그 시기를 내려 생각할 필요는 없다."라고 하였다.
花谷浩(1998) 앞의 논문.

3. 조불공·조사공

1) 飛鳥寺 준공시기

위에서 살펴 본 바와 같이 飛鳥寺를 조영하기 위하여 백제 제와장(製瓦匠)은 두 차례에 걸쳐 일본에 파견되었다. 당시 일본으로서는 신기술이라 할 수 있는 기와제작기술의 전수는 새로운 건축문화의 장을 열어 주었기 때문에 역사적으로 큰 의미가 있다 하겠다. 따라서 『삼국사기』·『삼국유사』와는 달리 『일본서기』에 와박사의 이름까지 자세히 남기고 있는 것도 그와 같은 맥락에서 이해할 수 있을 것이다.

그런데 두 제와장집단에 의해 생산된 기와는 기능면에 있어서는 같다 하겠다. 즉 하나의 사원을 조영하는데 신기술의 전수는 한 번만으로도 충분하다는 것이다. 그럼에도 불구하고 왜 백제 제와장이 두 차례나 파견 또는 초청되었는가에 대해서는 많은 의문을 갖게 한다.

이러한 의문을 풀기위해서는 다음과 같은 문헌의 재검토와 飛鳥寺 조영이 갖는 역사적 의미, 그리고 당시의 시대적 상황에 대한 검토가 필요하리라 생각된다.

먼저 문헌은 飛鳥寺 조영에 관하여 588년에 시작되어 596년에 완성(造竟·旣)된 후 다시 606년(609년)에 장육불상(丈六佛像)을 완성하여 금당에 안치한 것으로 전하고 있다. 조영이 완료된 시기를 가람이 완성된 596년으로 보아야 될 것인가 또는 본존이 완성된 606년으로 보아야 될 것인가에 대해서는 어디에 주안점을 두느냐에 따라 다를 수 있다.

그러나 『일본서기』는 '(推古)四年(596)冬十一月 法興寺造竟', 『노반명』은 '丙辰年(596)十一月旣'라고 전하고 있으며 이때부터 사사(寺司)로 조영주체자인 蘇我馬子의 아들 善德臣가 임명되고 고구려와 백제 승 혜자·혜총이 입주하기 시작하는 것으로 보아 596년을 준공시기로 보는 것이 타당

할 것이다.[37]

2) 조불공의 행적

물론 본존이 없는 사원이란 있을 수 없겠지만 飛鳥寺 창건 이전에 백제로부터 이미 여러 차례 불상이 전래되었기 때문에 그 중 하나의 불상을 장육불상이 만들어지기까지 금당에 안치하지 않았을까 생각된다. 그 이유 중 하나가 605년에 만들기 시작한 장육불상을 606년(609)에 금당에 안치하려고 하였을 때 문보다 커서 들어 갈 수 없었다고 전하는 『일본서기』의 기록이다.[38] 즉 금당은 처음부터 장육불상을 본존으로 설계된 것이 아니라는 것이다.

그리고 이와 관련된 또 하나의 가능성은 577년에 파견된 조불공(造佛工)의 존재이다. 이때는 아직 불교전쟁이 종식되지 않았던 시기라 조불(造佛)이 이루어졌는지에 대해서는 알 수 없지만 거대한 장육불상을 불과 1년 또는 4년만에 완성하였다는 것을 참고하면 불교전쟁이 종식된 587년부터 飛鳥寺가 준공되기까지의 10여년간, 또는 장육불상이 완성된 시기까지의 20여년간 조불공에 의해 만들어진 불상의 존재와 그것이 飛鳥寺에 안치되었을 가능성도 충분히 생각해 볼 수 있다. 이것은 596년을 준공기로 보았을 때 장육불상이 완성되기까지의 10여년간 본존이 없는 금당

---

37) 일본 학계에서는 596년을 塔이 완성된 시기로 보고 조영이 완료되는 시기를 606년 또는 609년으로 보는 견해도 적지 않다. 그러나 필자는 위에서 언급한 것 외에도 『장육광명』에 혜자·혜총·선덕에 대하여 『日本書紀』와 같은 내용을 기술한 후 「以建元興寺」라 전하고 있는 것과, 596년 이후 금당을 비롯한 다른 건물 또는 절이 완공되었다는 기록이 없기 때문에 이 시기를 조영이 완료된 시기로 보고자 한다. 즉 여러 문헌이 하나의 절에 대하여 상술하면서도 塔이 완성된 시기만을 공통적으로 기록하고 절이 완공된 시기를 다 같이 누락하였다고 보기는 어렵기 때문이다.
38) 『일본서기』 推古天皇 13~14년조 참조.

을 상정하지 않아도 된다는 것과 같은 맥락에서 이해할 수 있다.

鞍作鳥가 제작한 장육불상은 飛鳥大佛로 알려진 석가여래상(釋迦如來像)으로 현재 安居院의 본당에 안치되어 있다(사진 4). 安居院은 飛鳥寺의 전신(前身)으로 현재의 건물은 1825년에 소규모로 재건된 것인데 발굴조사 결과 본당의 위치가 창건당시의 중금당(中金堂)의 위치와 같아 飛鳥大佛이 중금당 본존이었음을 알 수 있다.

현재의 불상은 1196년 화재로 크게 파손되고 남은 머리부분과 손가락 일부로 복원해 놓은 것이다. 鞍作鳥는 法隆寺 금당 본존인 석가삼존상(釋迦三尊像)도 제작하였는데(사진 5) 飛鳥大佛도 원래의 모습은 좌우 협시불이 있는 석가삼존상이었을 것으로 추측된다.

鞍作鳥는 백제계 호족으로 그의 조부 司馬達等은 불상을 가지고 일본에 왔으며 부친 鞍作多須奈도 불상을 만들었다. 불상과 관련이 깊은 집안의 3대 鞍作鳥는 飛鳥시대의 많은 불상을 제작하였고 그 영향을 받은 불상을

사진 4. 飛鳥寺 중금당 석가여래상

사진 5. 法隆寺 금당 석가삼존상

일본에서는 '止利(鳥)樣式'이라 한다.

鞍作鳥가 백제 조불공과 어떠한 관련이 있었는지에 대해서는 알 수 없으나 일본 최초의 불상 제작자가 백제에서 파견되었고 그 후 일본을 대표하는 불상 제작자가 백제계이었다는 점에 있어서 '止利(鳥)樣式'의 원류는 백제에서 찾아 볼 수 있을 것이다.

3) 조사공의 행적

그렇다면 飛鳥寺는 588년 백제 기술자집단이 파견된 후 10년이 채 되지도 않아 준공되었다는 것인데 이 또한 하나의 사원을 이처럼 조속히 완성할 수 있을까하는 의문을 갖게 한다.

백제의 사원을 참고하면 오함사는 약 18년[39], 미륵사는 약 30년[40], 왕흥사는 약 34년[41]에 걸쳐 창건되었음을 알 수 있다.

일본 최초의 사찰조영이 백제 보다 빨리 진행되었다고는 보기 어렵다. 당시 일본인이 아닌 백제 기술자집단에 의해 조영공사가 이루어졌다는 것을 감안하더라도 飛鳥寺 정도의 본격적 사원이라면 20여년에 가까운 시간이 필요할 것이다.

그런데 여기서 주목되는 것이 앞서 언급한 조불공과 함께 577년에 파견된 조사공의 존재이다. 조사공 또한 이후의 행적을 알 수 없는데 조사(造

---

39) 『숭암산성주사사적』에 의하면 법왕이 태자의 신분으로 초창(599)하여 무왕17년(616)에 완성된 것으로 추측된다. 李道學, 1989, 「泗沘時代 百濟의 4方界山과 護國寺刹의 成立-法王의 佛敎理念 擴大施策과 관련하여-」『百濟研究』第20輯. 이다운, 1999b, 「百濟烏含寺跡の造瓦集團」『瓦衣千年』森郁夫先生還曆記念論文集.
40) 미륵사지 출토 인각와 중 간지로 추정되는 것은 「壬戌‥」(602), 「乙丑」(605), 「丁亥」(627), 「己丑」(629)으로 이를 참고하면 창건에 약 30년이 소요되었음을 짐작할 수 있다.
41) 『삼국사기』에 의하면 왕흥사는 법왕2년(600)에 창건이 시작되어(創王興寺) 무왕35년(634)에 완성(王興寺成)되었음을 알 수 있다.

寺)라는 최신기술을 가지고 전혀 다른 업종으로 전업하였을 리는 만무하기 때문에 불교전쟁이 종식된 후 飛鳥寺 조영공사에 관여하였을 가능성을 충분히 생각해 볼 수 있다.

그러나 조사공이 파견된 후 飛鳥寺 조영공사가 시작되기까지는 10여년이란 공백기간이 있다. 일본에 사찰을 조영하기 위하여 백제 위덕왕이 공식적으로 파견한 조사공이 10여년을 허송세월로 보냈으리라고는 생각되지 않는다. 물론 당시는 배불파의 반대로 가시적인 조영물은 만들 수 없었겠지만 숭불파가 승리하였을 경우에 시작될 사찰조영에 필요한 준비를 하고 있었을 것으로 추측된다.

여기서 주목되는 것이 元興寺의 건축부재이다. 奈良縣 奈良市 中院町에 위치한 元興寺(사진 6)는 남도7대사(南都7大寺)의 하나로 平城京 천도와 함께 飛鳥寺를 이전해 온 것이다. 그러나 飛鳥에도 사찰(安居院)은 계속 존속하였기 때문에 이를 奈良 元興寺와 구분하여 本元興寺라 부르기도 한다.

사진 6. 元興寺 전경

사진 7. 元興寺 飛鳥시대 목재

이전할 때 목재(사진 7)와 기와(사진 8)도 일부 옮겨져 온 것으로 밝혀졌는데 1400여년 전에 백제 와박사를 비롯한 기술자집단에 의해 만들어진 건축 부재가 지금도 멀쩡히 사용되고 있다니 놀랍기 그지없다.

그런데 목재를 연륜연대측정법(年輪年代測定法)[42]으로 조사한 결과 582년이란 연대가 나왔다.[43] 즉 飛鳥寺 창건 시작(588) 전에 필요한 목재를 벌목하여 미리 준비해 놓은 것인데 당시 사찰조영에 관한 기술이 없었던 일본에서 이러한 일을 행할 사람은 백제 조사공밖에 없었을 것이다.

따라서 577년에 파견된 조사공은 588년에 파견된 기술자집단과 함께 飛鳥寺 조영에 관여한 것으로 보이는데 여러 공정 중 특히 건물 가구(架構)까지는 급진적으로 진행되었을 것이다. 그 이유는 여러

사진 8. 元興寺 飛鳥시대 기와

---

42) 연륜연대측정법이란 일년에 하나씩 생기는 나무의 연륜과 환경에 따른 연륜 폭의 변화를 분석하여 연대를 추정하는 것으로 현재 고고학에서 많이 사용되고 있는 연대측정법 중의 하나이다.

43) 奈良文化財研究所, 2002, 『飛鳥·藤原京展-古代律令國家の創造-』.

공인 중 사공(寺工)만이 두 번에 걸쳐 파견되었기 때문이다.[44]

이러한 추론에 기초하여 보았을 때 조사공보다 늦게 파견된 제와장(와박사)은 빠르게 진행되는 조영공사에 맞춰 기와를 생산해야만 하였을 것이고 이는 문헌에 기록되지 않은 또 다른 계통의 제와장을 파견하는 계기가 되었을 것이다.

그리고 星組보다 늦게 파견된 백제 제와장에 의해 조직된 花組의 구성원에 일본 토기(須惠器)공인이 다수 포함되었다는 것도 공기(工期)를 맞추기 위한 일련의 방편으로 판단된다.

IV. 일본에 전개된 백제불교

『일본서기』의 '경내(京內)의 24절에 보시하였는데 각각 차이가 있었다. 이날 처음으로 금광명경(金光明經)을 궁중(宮中) 및 여러 절에서 강설시켰다'라는 기록으로 보았을 때 당시(680, 天武 9) 飛鳥에는 적어도 24개의 사찰이 있었다는 것을 알 수 있다.

飛鳥寺 창건이 시작된 후 약100년 사이에 경내에만 24개의 사찰이 세워졌다는 것은 불교가 완전히 정착되어 빠른 속도로 전개되었음을 의미한다.[45]

경(京) 내외의 모든 절이 백제불교의 영향을 받아 성립되었다고는 볼 수 없지만 일본불교의 시작과 급진적 발전의 계기를 만든 것이 백제불교라

---

44) 577년에 조사공이 다른 기술자보다 먼저 파견된 것도 건물을 만드는데 있어서 사공(寺工)이 가장 많은 역할과 시간을 필요로 하기 때문이다.
45) 이와 관련하여 『일본서기』 推古2년(594) 「모든 오미와 무라지(諸臣連)가 임금과 어버이의 은혜를 갚기 위해 다투어 불사를 지었다」라는 기사가 주목되며 경내 24개 사찰의 위치 선정은 연구자에 따라 약간씩 의견을 달리하고 있다.

는 점에 있어서는 그 누구도 부정할 수 없는 사실이다.

이 장에서는 飛鳥시대 백제와 관련된 사찰을 창건 순서에 따라서 살펴 보고자 한다.

1. 豊浦寺

1) 문헌을 통해 본 豊浦寺

奈良縣 高市郡 明日香村 豊浦에 위치한 豊浦寺는 向原寺・櫻井寺・等由良寺・豊浦尼寺・建興寺[46]라는 다양한 명칭을 갖고 있으며 飛鳥寺 다음으로 창건된 고대사찰이다.

豊浦寺는『일본서기』에 기록된 蘇我稲目가 백제로부터 전래된 불상을 안치한 向原家, 그리고 善信尼를 비롯한 3인의 여승이 백제로부터 돌아와 거주한 櫻井寺(櫻井道場)의 전신이다.『상궁성덕법왕제설』에 의하면 처음에는 櫻井寺라 불렀으나 후에 豊浦寺로 고쳐 불렀음을 알 수 있다.

『원흥사연기』에 推古1년(593)에 等由良宮을 사찰로 고쳐 等由良寺[47]라 하였다는 기록으로 보아 상당히 이른 시기에 사찰이 존재한 것으로 보이는데 이 때는 飛鳥寺에서 불사리를 탑 심초석(心礎石)에 안치하고 탑의 찰주(刹柱)를 세우는 등 조영공사가 한창 진행 중이었던 시기이다.

위 문헌과『만엽집(万葉集)』을 종합해 보면 豊浦寺는 蘇我家가 法師寺(僧寺)인 飛鳥寺에 대해 尼寺로서 세운 사찰이다.

창건시기에 대해서는 여러 문헌이 전하는 바가 조금씩 다르기 때문에 다양한 설이 제기되고 있으나『일본서기』舒明 즉위 전기(前紀)(628)의 山

---

46)『속일본기』에 의하면 建興寺는 豊浦寺의 법호(法號)이다.
47) 豊浦와 等由良는 일본식 발음으로 동일하게 읽힌다. 따라서 等由良宮는 豊浦宮, 等由良寺는 豊浦寺와 같다.

背大兄王⁴⁸⁾이 숙부 蘇我蝦夷⁴⁹⁾를 병문안하기 위해 豊浦寺에 있었다는 기록으로 보아 7세기에서도 이른 시기에 사찰이 완성되었음을 짐작케 한다.

따라서 豊浦寺가 蘇我家에 의해 세워진 사찰이라면 조영공사에 백제 기술자집단이 관여하였을 가능성이 높다.

2) 발굴조사로 밝혀진 豊浦寺

■ 가람배치

여러 차례의 발굴조사를 통해 탑ㆍ금당ㆍ강당ㆍ회랑ㆍ승방이 확인되었다. 금당 하층에서는 豊浦宮으로 추정되는 건물지도 발견되어 문헌기록을 뒷받침하고 있다.

탑과 금당 그리고 강당이 각각 하나씩이라는 점에 있어서는 백제와 같은 1탑1금당식이지만 탑은 남북자오선상에 위치해 있는 반면 금당ㆍ강당은 서쪽으로 치우쳐 있다.

발굴조사가 한정된 범위 내에서 단편적으로 이루어졌기 때문에 정확한 이유는 알 수 없지만 지형상의 제약 때문일 수도 있고 또는 탑 주변에서 시기가 늦은(鎌倉時代) 기와가 집중적으로 출토되고 있는 것으로 보아 탑은 금당ㆍ강당과 같은 시기 즉 창건기에 조영된 것이 아닐 가능성도 있다.⁵⁰⁾

앞으로 금당 앞에서 창건기의 탑지가 발견될 가능성도 있으나 설사 그

---

48) 山背大兄王은 聖德太子와 蘇我馬子의 딸 刀自古郎女에서 태어났으나 蘇我蝦夷에 의해 천황위에 오르지 못했다.
49) 대신(大臣)으로서 推古天皇代부터 皇極天皇에 이르기까지 일본 정치의 중심에 섰던 인물이다. 蘇我馬子의 아들이며 蘇我入鹿의 아버지이다.
50) 花谷 浩, 2000, 「京內二十四寺について」『研究論集 XI』奈良國立文化財研究所學報 第60冊.

렇지 않더라도 탑과 금당을 하나씩 만들어 배치한 것은 큰 범위에서 백제식 가람배치라 할 수 있다.

이러한 가람배치의 채용 배경에는 豊浦寺(櫻井寺)가 백제에서 유학을 마치고 온 비구니(尼僧) 善信尼·禪藏尼·惠禪尼가 거주한 尼寺이었다는 것과 조영공사에 백제 기술자집단의 관여가 상정된다.

■ 출토유물

창건기(탑 출토 기와 제외)에 사용한 수막새는 27종류로 출토위치에 따라 크게 양분된다.

먼저 금당에 사용된 수막새는 飛鳥寺의 星組가 사용한 것과 같은 와범(瓦范)으로 제작하였는데 다른 제작기법도 일치한다.

더구나 태토(胎土)까지 동일하다는 것은 같은 장소에서 동일한 제와장에 의해 생산했다는 것을 의미하기 때문에 飛鳥寺의 중문·회랑과 豊浦寺의 금당의 기와는 星組가 한 곳에서 생산하여 공급하였음을 알 수 있다.

그런데 豊浦寺 금당 수막새는 飛鳥寺 수막새(도면 9-①)보다 문양이 선명치 못하다. 수막새는 규격이 동일해야 암·수키와와 빈틈없이 맞물릴 수 있고 장식 효과도 노릴 수 있다. 따라서 하나의 와범을 오랫동안 사용하는 것도 그와 같은 이유에서인데 豊浦寺 수막새도 飛鳥寺에서 어느 정도 사용한 와범으로 제작하였기 때문에 문양의 선명도가 떨어지는 것이다.

이것을 확실히 증명해 주는 것이 (도면 9-②) 수막새이다. 이 수막새는 (도면 9-①)과 동범이지만 자방의 연자 수가 1+6개로 전자의 1+4개 보다 2개가 더 증가하였다. 보통 이러한 경우 서로 다른 와범에 의해 제작되었다고 판단하지만 정밀한 검토를 통해 동일한 와범에 의해 제작되었음이 밝혀졌다. 즉 飛鳥寺의 와범을 豊浦寺에서 계속 사용하다 보니 와범이 상하게 되고 이를 다시 복원하기 위해 문양을 다시 조각해 넣다보니 이와 같은 현상이 일어난 것이다. 시기적으로 보아 백제 기술자집단은 일본 최초의 法師寺인 飛鳥寺를 창건한 다음 곧 바로 일본 최초의 尼寺인 豊浦寺 조영공사에 참여하였음을 알 수 있다.

강당에 사용된 수막새는 '船橋廢寺式'이라 불리는 기와이다. 와당문양은 백제 무령왕릉의 연화문전과 공주와 부여에서 출토되는 이른 시기의 수막새와 유사하나 가운데 자방이 반구형(半球形)이라는 점에서 차이가 있다. 제작기법이 星組나 花組와 다르며 생산지도 달라 백제와 어느 정도 관련이 있는지 추정하기 어려우나 고구려·신라의 문양과는 크게 달라 최소한 와당문양 채용에 있어서만큼은 백제의 영향을 받았다고 볼 수 있겠다.

豊浦寺에서는 '豊浦寺式'이라 불리는 고구려계 수막새(도면 10-③)도 출토되었다. 이 수막새는 연판사이에 점주문을 배치한 문양으로 고구려계 수막새라고는 하지만 고구려에서 출토되고 있는 수막새 문양과 제작기법에 있어서 많이 다르다. 그러나 연꽃잎 사이에 점주문을 배치는 등 문양구성이 백제·신라 보다 고구려에 가깝기 때문에 고구려계로 보고 있는 것이다. 어떤 건물에 사용되었는지 아직 정확히 밝혀지지 않고 있지만 금당과 강당이 아닌 다른 주요건물에 사용한 것으로 생각된다.[51]

豊浦寺는 이처럼 적어도 3계통의 제와장집단에 의해 기와가 생산 공급되었다. 백제의 사지에서도 한 종류의 수막새가 출토되기보다는 여러 종류의 수막새가 출토되는 경우가 많다. 그러나 창건기 수막새라 하면 보통 한 종류만을 생각하는 경향이 없지 않다. 백제의 영향을 받은 飛鳥寺나 豊浦寺처럼 발굴조사시에 백제의 사찰도 각 건물마다 서로 다른 독창적인 문양을 한 수막새가 사용되었을 가능성을 충분히 생각해 볼 필요가 있겠다.

---

51) 奈良縣立橿原考古學研究所付屬博物館, 1999, 『蓮華百相-瓦からみた初期寺院の成立と展開-』春季特別展.

2. 斑鳩寺

1) 문헌을 통해 본 斑鳩寺

飛鳥寺와 豊浦寺가 蘇我馬子에 의해 창건된 蘇我家의 사찰이라면 斑鳩寺는 蘇我馬子와 함께 불교전쟁에서 승리한 聖德太子에 의해 창건된 上宮王家의 사찰로 현재 奈良縣 生駒郡 斑鳩町 法隆寺 普門院 남쪽에 위치한 法隆寺의 전신 若草伽藍이 이에 해당한다.

斑鳩寺의 창건연대는 문헌에 정확히 남아 있지 않지만 다음과 같은 문헌 기록과 불상에 새겨진 명문을 통해 늦어도 7세기 초에는 창건이 시작되었음을 추측해 볼 수 있다.

斑鳩寺와 관련이 깊은 유적은 근접해 있는 斑鳩宮이다.『일본서기』에 의하면 斑鳩宮은 聖德太子가 601년(推古 9)부터 짓기 시작하여 605년(推古 13)부터 거주한 곳이다. 그리고 이듬 해 606년(推古 14) 聖德太子가 岡本宮에서 법화경을 강설하자 推古가 크게 기뻐하고 播磨의 논 100町을 聖德太子에게 주자 이것을 다시 斑鳩寺에 시주하였다는 기록으로 보아 7세기 초에는 어느 정도 사찰로서의 기능을 하고 있었음을 알 수 있다.

현재 法隆寺 금당에 안치되어 있는 약사여래상(藥師如來像) 광배에는 607년(推古 15)에 불상과 사찰을 만들었다는 명문이 남아 있어 위에 내용을 뒷받침하고 있다.

2) 발굴조사를 통해 본 斑鳩寺

■ 法隆寺 재건 · 비재건 논쟁

일본의 자랑이자 세계문화유산으로 등록된 세계 최고의 목조건축물 法隆寺는 건축물 뿐만 아니라 불상을 비롯한 수많은 문물이 전해져 내려오

사진 9. 法隆寺 전경

사진 11. 法隆寺 금당

사진 10. 法隆寺 5층 목탑

고 있는 그야말로 문화유산의 보고(寶庫)이다.

그러나 이 法隆寺를 둘러싸고 일본 내에서는 약 반세기 동안 격한 논쟁이 전개되었다. 그 이유는 『일본서기』에 法隆寺가 670년(天智 9)에 소실(燒失)되었다는 기록 때문이다.

그 내용은 '法隆寺에 화재가 있었는데 한 집도 남지 않았다'로 이 기록이 사실이라면 현재의 法隆寺는 670년 이후에 재건된 것인데 그 진위에 대한 찬반 논쟁이 문헌사·건축사·미술사의 각 분야의 연구자들에 의해 다양하게 전개되었다.

法隆寺는 서원가람(西院伽藍)·동원가람(東院伽藍)으로 구분된다. 세계 최고의 목조건축물로 널리 알려진 가람은 서원가람이며 몽전(夢殿)을 포함한 동원가람은 문헌기록과 발굴조사를 통해 斑鳩宮이 폐기된 후 그 위에 세워진 가람으로 밝혀졌다.

문제는 서원가람인데 위에서 언급한 聖德太子가 7세기 초에 창건한 사찰 斑鳩寺가 현재의 法隆寺 즉 서원가람에 해당하는지 아니면 『일본서기』의 기록대로 斑鳩寺는 670년에 소실되어 없어지고 이후 다시 재건한 것이 서원가람인지에 대한 사실 여부이다.

비재건론은 건축사 연구자들이 중심이 되어 다음과 같은 근거를 제시하고 있다.

法隆寺의 건축양식은 일본 내에서 유례를 찾아 볼 수 없는 고풍으로 중국 당(唐)의 건축양식의 영향을 받은 8세기를 전후한 藥師寺의 東塔과 8세기 중엽의 唐招提寺의 經藏보다 시기적으로 앞서 한반도 건축양식의 영향을 받은 것이다. 그리고 法隆寺에 사용된 기준 척(尺)은 大和改新(645) 이후에 사용된 당척(唐尺) 보다 오래된 고려척(高麗尺)이기 때문에 『일본서기』의 기록은 잘못됐다고 보는 것이다.

이에 반해 재건론 지지자 중 문헌사 연구자들은 대체적으로 『일본서기』의 신뢰성을 강조하였으며 고고학, 특히 기와 연구자들은 현 法隆寺의 수막새는 飛鳥시대가 아닌 白鳳시대에 속하는 것으로 재건론이 타당하다는 견해를 내놓았다.

재건·비재건 논쟁은 1939년의 발굴조사에 의해 일단락되었다. 발굴조사는 서원가람 남동 若草지역에서 이루어졌는데 남북으로 위치한 탑과 금당지가 검출되었고 여기서 서원가람보다도 시기가 앞서는 飛鳥시대의 백제계 기와가 출토되어 670년 소실 이전의 사지로 밝혀진 것이다.

若草伽藍이란 이때부터 붙여진 명칭으로 소실이전의 法隆寺 즉 斑鳩寺를 가리킨다.

그런데 한 가지 재미있는 사실은 최근에 발표된 法隆寺 목재에 대한 과학적 연대측정 결과이다. 중문·5층 목탑·금당에 사용된 목재를 연륜연대측정법으로 조사한 결과 5층 목탑 심주(心柱)[52]를 제외한 다른 목재는

668~685년 사이에 벌목된 것으로 밝혀져 재건론을 뒷받침해주지만 심주만큼은 594년에 벌목된 것으로 밝혀져 비재건론을 뒷받침해주고 있다.

 5층 목탑의 심주를 594년에 여벌로 하나 더 벌목해 놓았던지 또는 목탑만 유일하게 소실을 면했다든가 아니면 심주만 타지 않고 남았다는 것을 밝혀내지 않은 이상 法隆寺를 둘러싼 재건·비재건론의 불씨는 다시 살아날 것이다.[53]

■ 가람배치

斑鳩寺에는 현재 탑 심초석만이 남아 있는데 발굴조사를 통해 밝혀진 가

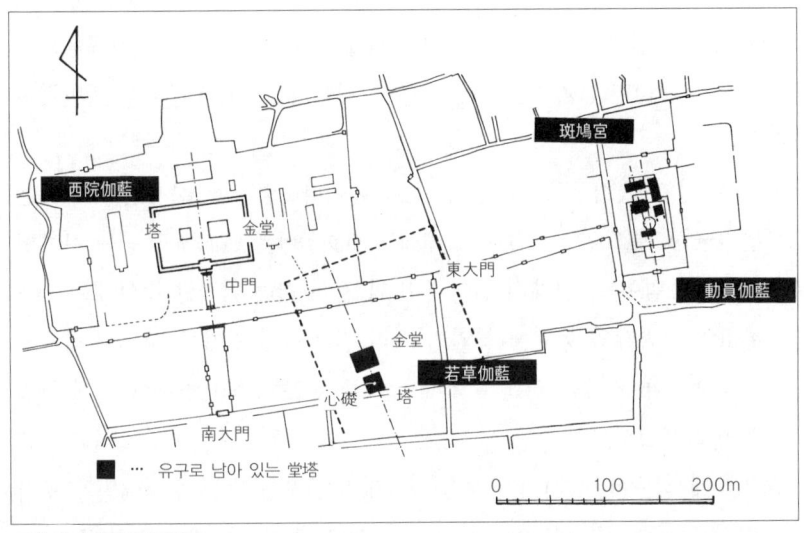

도면 8. 法隆寺 가람배치

---

52) 심주란 목탑의 심초석(心礎石)위에 세워 탑의 버팀목과 같은 역할을 하는 목재이다.
53) 참고적으로 法隆寺는 처음부터 두 개의 사찰이 있었는데 670년에 불타 없어진 것이 탑 심초석을 남기고 있는 若草伽藍이며 현재의 法隆寺(서원가람)는 원래 그대로의 것이라는 2사 병존설도 있다.

람은 남북으로 늘어선 탑과 금당으로 유구의 중복관계로 보아 금당이 먼저 조영되었다. 강당과 회랑은 아직 발견되지 않았지만 사역(寺域)을 둘러 싼 담의 흔적도 일부 밝혀져 그 가능성을 남기고 있다.

이러한 가람배치는 백제의 전형적인 1탑1금당식이다. 현재 남아있는 法隆寺(서원가람)는 동측에 금당, 서측에 5층 목탑을 배치한 신라의 당탑병렬식으로 가람배치만으로 보아도 斑鳩寺(若草伽藍)가 法隆寺(서원가람)보다 먼저 창건되었으며 백제불교의 영향을 받았음을 알 수 있다.

■ 출토유물

재건·비재건 논쟁과 함께 출토 기와에 대한 연구도 오랫동안 지속되어 왔다. 그 결과 670년 이전의 飛鳥시대 기와는 주로 斑鳩宮(동원가람 하층유적)과 斑鳩寺(若草伽藍)에 사용된 것이 밝혀져 재건론을 뒷받침하고 있다.

斑鳩寺 창건에 사용된 수막새는 13종류이다. 금당에 사용한 수막새는 (도면 9-③)과 (도면 9-④)로 그 중 (도면 9-③)은 豊浦寺 금당에 사용한 수막새와 동범이다. 앞에서 설명한 바와 같이 豊浦寺 금당 수막새는 飛鳥寺 星組의 수막새와 동범이나 와범 수리 전 1+4개 연자를 갖는 수막새와 수리 후 1+6개 연자를 갖는 수막새가 모두 출토해 飛鳥寺보다 늦게 창건된 것이 밝혀졌다.

斑鳩寺에서는 이 중 시기가 늦은 1+6개의 연자를 갖는 수막새만 출토하고 있다. 즉 飛鳥寺→豊浦寺→斑鳩寺 순으로 조영공사가 시작된 것이다. 이처럼 세 사찰은 백제 제와장을 중심으로 성립된 星組에 의해 창건와의 일부가 생산되었다. 다만 飛鳥寺·豊浦寺는 인접해 있고 기와 태토나 소성에 있어 일치하고 있는 반면 斑鳩寺는 위 두 사찰과 떨어져 있고 태토와 소성이 다른 것으로 보아 星組는 飛鳥寺·豊浦寺의 기와를 생산한 후

장소를 옮겨 斑鳩寺의 기와를 생산한 것으로 추정된다.[54]

불교전쟁에서 승리한 聖德太子가 최초로 세운 斑鳩寺는 가람배치 뿐만 아니라 기와생산에 있어서도 백제불교의 영향을 받았음을 알 수 있다.

3. 四天王寺

1) 문헌을 통해 본 四天王寺

四天王寺는 聖德太子가 건립한 7대사의 하나로 현재 大阪府 大阪市 天王寺區에 위치해 있다.

창건과 관련된 『일본서기』의 기록은 두 가지가 있다. 첫 번째는 587년 聖德太子가 蘇我馬子와 함께 物部家를 제거할 때 사천왕상을 만들어 전승을 기원하고 승리 후 사천왕을 모신 절을 만들었다는 기록이며, 두 번째는 593년에 처음으로 四天王寺를 難波의 荒陵에 만들었다는 기록이다. 이 두 기록을 종합해 보면 587년에 전승을 기원해 四天王寺를 발원한 다음 6년 뒤인 593년에 조영공사를 시작한 것으로 이해 할 수 있다. 이때 필요한 재원으로 物部家로부터 몰수한 토지와 노비를 사용하였다.[55]

『일본서기』의 기록만으로 보았을 때 四天王寺는 飛鳥寺와 거의 같은 시기에 조영공사가 시작되었다. 그러나 앞서 설명한 바와 같이 飛鳥寺는 일본에서 처음으로 창건된 본격적 사찰이었기 때문에 사찰건축기술을 보유하고 있지 못한 일본으로서는 백제 기술자집단을 초청하여 겨우 완성을

---

54) 奈良縣立橿原考古學硏究所付屬博物館(1999) 앞의 책.
花谷 浩, 2000, 「斑鳩寺の創建瓦」『古代瓦硏究Ⅰ』奈良國立文化財硏究所.
55) 『四天王寺御手印緣起』의 기록을 참고하여 四天王寺는 처음에 大阪市 天王寺區 玉造에 있었는데 593년에 현재 위치로 이전해 본격적으로 사찰조영이 시작되었다는 주장도 있다. 그러나 이를 뒷받침할만한 근거는 없다.

볼 수 있었다.

그렇다면 이와 비슷한 시기에 시작된 四天王寺 조영공사에는 또 다른 백제 기술자집단의 관여가 불가결한데 이에 대해서 문헌은 아무런 기록을 남기고 있지 않다.

四天王寺는 法隆寺와는 대조적으로 잦은 화재로 인해 당시의 건축물을 남기고 있지 않다.

따라서 창건연대를 추정하는데 있어서 고고학적 조사 성과에 의존할 수밖에 없는데 그 내용을 살펴보면 다음과 같다.

2) 발굴조사를 통해 본 四天王寺

■ 가람배치

四天王寺는 남문 · 중문 · 탑 · 금당 · 강당이 남북 일직선상에 늘어서 있는 전형적인 백제 1탑1금당식 가람배치이다. 豊浦寺 · 斑鳩寺 등도 1탑1금당식이지만 일본에서는 이러한 가람배치를 통틀어 '四天王寺式 가람배치'라 부를 정도로 아주 정형적이고 대표적인 가람이다.

현재의 가람은 창건기의 것이 아닌 후세에 재건된 것이지만 발굴조사를 통해 四天王寺는 초창기부터 가람배치가 변하지 않았음이 판명되었다.

■ 출토유물

창건기부터 사용된 수막새 중 가장 많이 사용된 것은 (도면 9-⑤)이다. 이 수막새는 斑鳩寺 금당에서 사용된 또 다른 수막새 (도면 9-④)와 같은 와범으로 제작되었다.

四天王寺는 斑鳩寺의 수막새보다 문양이 선명치 않은 것이 많다. 즉 斑

鳩寺에서 사용한 와범이 그대로 四天王寺에서 사용되었고 장기간 사용에 의한 와범의 손상으로 와당문양이 많이 일그러진 것이다.

제작기법도 星組와 일치하고 있어 동일한 제와장집단에 의해 생산되었

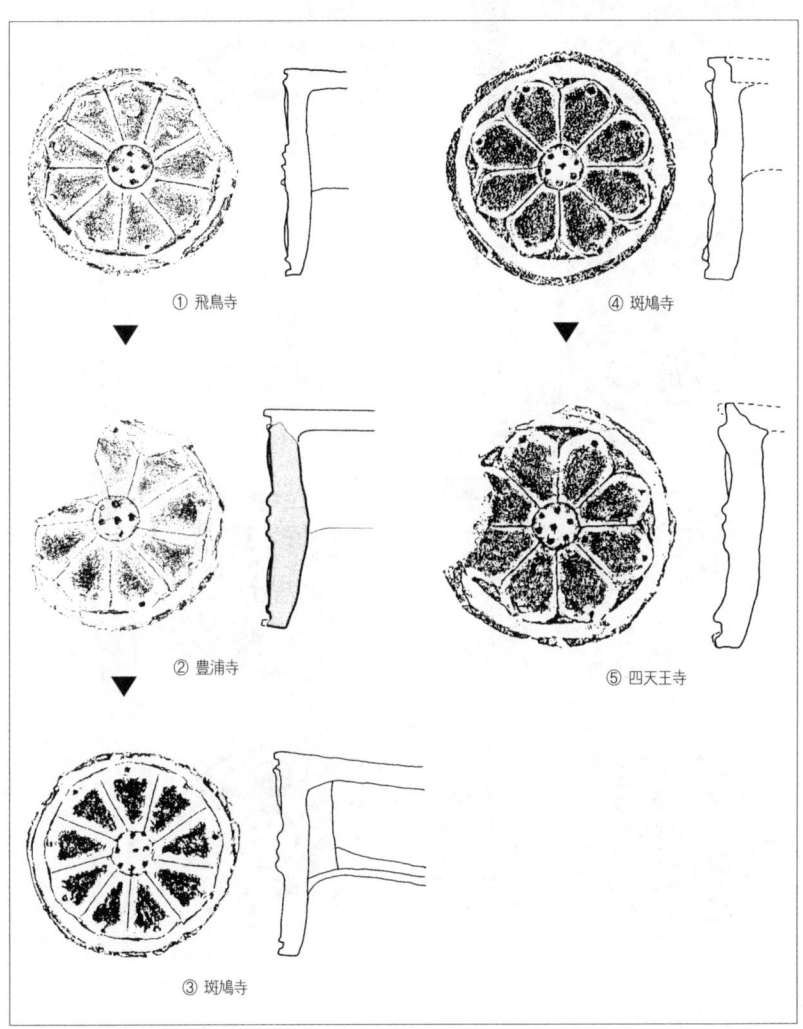

도면 9. 星組의 이동

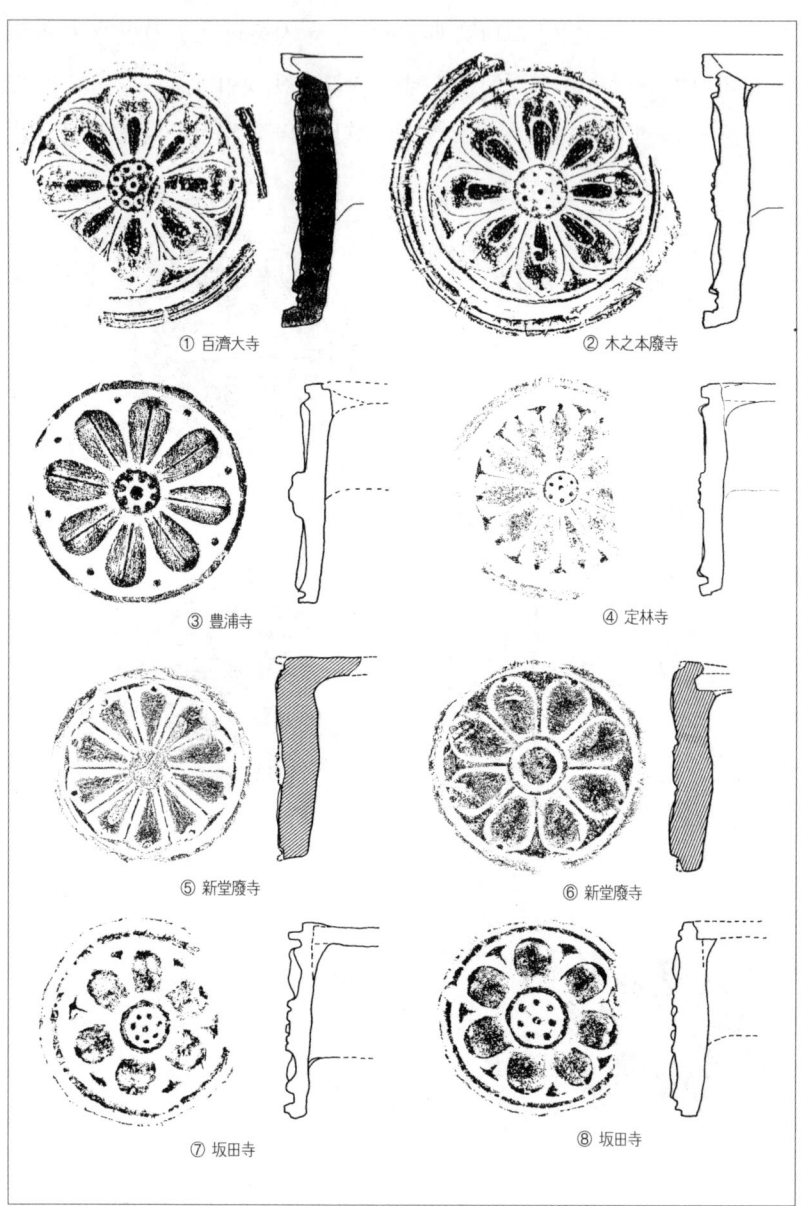

도면 10. 飛鳥시대 수막새

음을 알 수 있다. 생산지는 楠葉平野山瓦窯로 밝혀져 斑鳩寺 기와를 생산한 후 이곳으로 다시 이동하여 四天王寺에 기와를 공급한 것으로 판단된다.[56]

이처럼 수막새의 동범과 상흔(傷痕) 과계를 통해 사찰 조영이 飛鳥寺→豊浦寺→斑鳩寺→四天王寺 순으로 시작된 것이 밝혀졌다. 蘇我馬子의 飛鳥寺・豊浦寺와 聖德太子의 斑鳩寺・四天王寺 창건에 사용된 기와를 星組가 장소를 이동해 가며 생산한 것은 백제 와박사의 파견과 일본에서의 활동이 처음부터 계획적이었으며 그 목적은 백제불교의 일본 내 확산에 있다 하겠다.

4. 백제대사(百濟大寺)

1) 문헌을 통해 본 백제대사

백제대사는 일본천황이 발원한 최초의 사찰이다. 『일본서기』에는 639년(舒明 11) 백제천변(百濟川邊)에 서쪽 백성이 대궁(大宮)을 짓고 동쪽 백성이 대사(大寺)를 지었다는 기록이 남아있는데 이처럼 많은 인원을 동원하여 宮과 寺에 '大'를 붙일 정도의 대규모 토목건축공사를 일으킨 것에는 당시 정치적 실권을 쥐고 있던 蘇我家로부터 탈피하여 天皇家 위엄을 나타내려한 舒明의 정치적 의도가 엿보인다.

『大安寺伽藍緣起』에 의하면 백제대사는 그 후 高市로 이건(移建)하여 高

---

56) 四天王寺 수막새와 동범이나 문양이 많이 일그러진 수막새가 難波宮下層遺跡에서도 출토되었다. 태도와 소성도를 보아 생산지가 楠葉平野山瓦窯에서 上町台地瓦窯로 이동되었을 가능성이 제시되고 있으나 제작기법으로 보아 여전히 星組에 의해 생산된 것으로 판단된다.
  佐藤 隆, 2000, 「四天王寺の創建瓦」 『古代瓦研究Ⅰ』奈良國立文化財研究所.

市大寺(673)가 되었고 다시 사명(寺名)을 大官大寺(677)로 개칭한 다음 平城京 천도와 함께 또 다시 이건하여 현재의 大安寺(716)가 되었다.

백제대사는 大寺라는 명칭이 일관적으로 사용될 정도로 특별한 사찰이었으며 탑 또한 당대 최대 규모의 9층 목탑이었다.

『일본서기』에는 조영공사를 지휘한 사람을 대장(大匠) 서직현(書直縣)이라 하였는데 그의 출신과 그 후의 행적에 대해서는 알 수 없다. 다만 사찰 명칭이 백제대사라는 점으로 미루어 보아 飛鳥寺 조영공사시 백제로부터 건너온 장인의 후손이나 그 계통을 이어 받은 장인이었을 가능성도 조심스럽게 생각해 볼 필요가 있다.[57]

2) 발굴조사를 통해 본 백제대사

■ 가람배치

서쪽에 목탑, 동쪽에 금당, 그리고 이를 둘러싼 회랑과 그 북쪽에서 승방지가 발굴조사를 통해 밝혀졌다. 전체적인 가람배치는 法隆寺(서원가람)와 같은 신라의 당탑병렬식을 하고 있다.

9층 목탑의 심초석은 없어졌지만 놓여 있던 자리로 추정해 보면 직경이 약 6m에 달하며 기단은 한변이 28m로 法隆寺 5층 목탑의 2배에 달한다. 가람의 일부가 저수지안에 수몰돼 있어 아직 밝혀지지 않은 부분이 많지만 '大寺'에 어울리는 규모라 할 수 있다.[58]

---

[57] 滋賀縣 東近江市에도 백제사가 존재한다. 聖德太子가 606년에 창건한 것으로 전해져 내려오고 있지만 문헌에 나타나는 것은 1089년 이후이다. 사찰 명칭으로 보아 백제계 씨족에 의해 창건되었을 가능성도 있지만 현재로서는 이를 확인할만한 어떠한 자료도 없는 실정이다.

[58] 奈良文化財研究所, 2003, 『吉備池廢寺發掘調査報告-百濟大寺跡の調査-』.

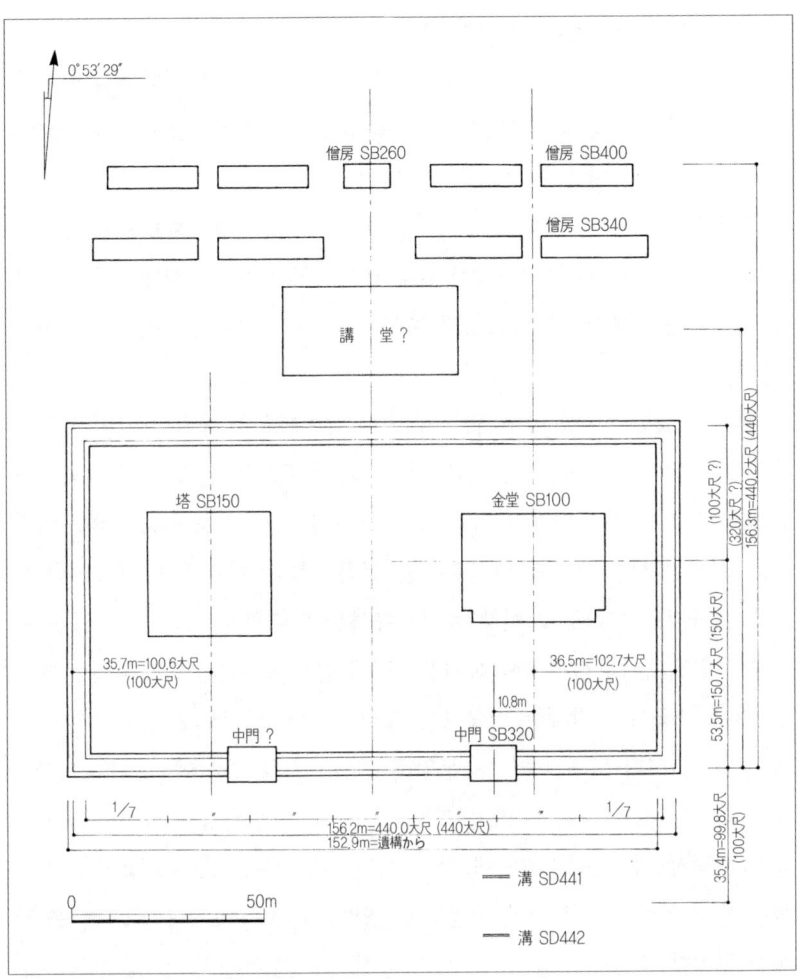

도면 11. 百濟大寺(吉備池廢寺) 가람배치 복원도

■ 출토유물

백제대사의 위치에 대해서는 『三代實錄』이란 문헌을 바탕으로 일찍부터 奈良縣 北葛城郡 廣陵町 百濟寺 일대로 추정하였다. 백제라는 지명과 백제사로 불리는 사찰 그리고 3층 목탑이 현존하는 상황에서 자연스럽게 백제대사가 있었던 곳으로 인식한 것이다.

그러나 백제사와 그 주변에서는 『일본서기』의 내용을 뒷받침할만한 유적이나 유물은 발견되지 않았다. 중요문화재로 지정된 3층 목탑도 鎌倉時代에 지어진 것이다.

따라서 廣陵町 百濟 일대가 부정되고 이후 거론된 곳이 奈良縣 橿原市 木之本町 都多本神社 부근의 木之本廢寺이다.[59] 여기서는 백제대사 창건연대에 어울리는 기와(도면 10-②)가 출토되어 여러 연구자들로부터 지지를 받았다.

그런데 奈良縣 櫻井市의 吉備池에서도 木之本廢寺와 동일한 와범으로 제작한 수막새가 출토되었다. 처음에는 기와의 출토 범위가 좁고 기와가마터에서 주로 나오는 뒤틀린 기와 등이 발견되어 木之本廢寺의 기와가마터로 추정하였으나 1997년 발굴조사를 통해 기와가마터가 아닌 飛鳥시대 최대의 사지로 밝혀졌고 현재는 출토유물의 연대와 유적의 상태 등을 종합하여 백제대사로까지 인식하기에 이르렀다.[60]

창건에 사용한 수막새는 大寺라는 명칭에 어울릴 정도로 飛鳥시대 수막새 중 가장 크다(도면 10-①). 문양은 지금까지의 수막새와는 많이 다른데 이과 같은 수막새를 '山田寺式'이라 부른다. 그 특징은 불상의 광배와 같이 수막새 가장자리(周緣)에 여러 개의 원을 두른 것과 불상의 대좌나 석등 등의 연화문과 같이 연꽃잎(蓮瓣) 안에 또 하나의 연꽃잎(子葉)을 장식한 것이다.

앞에서 살펴본 백제계 제와장(星組)이 생산한 기와와는 문양구성과 제

---

59) 和田 萃, 1988, 『古墳の時代』大系日本の歷史2.
60) 小澤 毅, 1997, 「吉備池廢寺の發掘調査」『佛敎藝術』235号.
  伊藤敬太郎, 2000, 「吉備池廢寺·木之本廢寺の創建瓦」古代瓦硏究 I』奈良國立文化財硏究所.

작기법에 있어서 서로 다르며 백제에서 출토되고 있는 기와와도 많이 다르기 때문에 직접적인 연관성은 찾아보기 힘들다. 기와 제작기술이 백제로부터 일본에 전래되어 약 반세기나 지난 시기로 이미 일본화된 것으로 이해할 수 있겠으나 백제대사의 창건 기와로 사용하였다는 점에 있어서는 어느 정도의 관련성도 생각해 볼 수 있겠다.

백제대사가 밝혀지기 전에는 이러한 문양적 특징을 갖는 수막새가 山田寺에서 처음 사용된 것으로 보고 '山田寺式'이라는 명칭이 생겨난 것인데 山田寺의 조영공사(643년)보다 百濟大寺의 조영공사(639)가 먼저 시작되었음으로 그 조형(祖型)은 백제대사에서 찾을 수 있다.

'山田寺式' 수막새는 전국적으로 분포하고 있다. 그 배경에 대해서는 여러 가지 설이 있으나 어찌됐든 百濟大寺에서 처음 채용된 수막새 문양이 일본 전역에 퍼져나갔다는 것은 백제불교의 일본 내 전개과정과도 어느 정도 관련이 있을 것으로 추측된다.

5. 동명이사(同名異寺)

飛鳥시대 사찰 중에는 백제의 정림사[61]·오함사·금강사와 동일한 명칭의 사찰이 존재한다. 여기서는 동명이사(同名異寺)간에 어떠한 관련이 있는지 살펴보도록 하자.

---

[61] 백제 정림사지는 강당지에서 출토된 「태평 8년 무진 정림사 대장당초(太平八年 戊辰 定林寺 大藏唐草)」명 명문기와에서 붙여진 명칭으로 적어도 1028년(현종19)경에는 정림사라 불렸음을 알 수 있다. 이 명칭이 백제시대부터 사용되었는지에 대해서는 불분명하나 이를 부정하고 다른 사명(寺名)을 추정할만한 자료도 없기 때문에 초창기부터 정림사란 사명을 갖고 있었을 가능성이 높다.

1) 定林寺(立部寺)

일본 내에서 정림사라는 명칭을 갖고 있는 사찰은 여러 곳에 있다. 정림(定林)이라는 불교와 관련된 명칭때문으로 생각되는데 그 중 飛鳥시대에 속하는 정림사는 奈良縣 高市郡 明日香村 大字立部에 위치한 정림사적이다. 지명과 관련하여 立部寺跡이라고도 부른다.

이 사찰은 聖德太子 또는 平田忌寸가 창건하였다고도 전하며 法隆寺의 말사라고도 전하나 아직 명확하지는 않다.

탑·금당·회랑으로 추정되는 유구가 조사되었다. 탑과 회랑은 창건당시의 것이지만 금당은 鎌倉시대에 재건한 것으로 밝혀졌다. 현재까지 확인된 가람배치는 탑과 그 북동쪽에 위치한 금당 그리고 이를 둘러싼 회랑인데 이것만으로는 백제 정림사지와 전혀 다를 뿐만 아니라 일본 내에서도 유례를 찾아 볼 수 없는 아주 특이한 가람배치이다. 그러나 전면적인 발굴이 이루어지지 않았기 때문에 앞으로의 좀 더 구체적인 가람배치가 밝혀질 것을 기대한다.

출토유물 중 창건 수막새로 보이는 것은 단 한 종류(도면 10-④)에 지나지 않는다. 연꽃잎 수가 11개로 백제의 일반적인 연꽃잎 수(8개)보다 많고 작은 자방(子房)에 1+6개의 연자를 배치하였는데 대체적으로 星組가 생산한 수막새 문양과 유사하다. 그러나 제작기법에 있어서는 花組를 따르고 있어 백제 제와장을 중심으로 성립한 두 제와장집단의 계통이 무너지고 새롭게 재편성된 제와장에 의해 생산된 것임을 알 수 있다.

그렇다면 정림사는 星組와 花組의 재편성이 이루어지기전에 기와가 공급된 豊浦寺·斑鳩寺·四天王寺보다 늦게 조영이 시작된 것으로 볼 수 있는데 그 시기는 대략 7세기 전반으로 추정된다.

현재까지는 백제 정림사지와의 관련성을 찾아볼 수 없으나 동명 사찰인 만큼 앞으로의 조사 성과에 기대를 해 본다.

2) 新堂廢寺(烏含寺)⁶²⁾

大阪府 富田林市에는 南河內 최고의 河內新堂烏含寺跡가 존재한다. 河內新堂은 지명에 의한 명칭이고 烏含寺址는 사명(寺名)으로 추정되어 붙여진 명칭인데, 따로 이곳의 옛지명 新堂村과 관련지어 新堂廢寺로 부르기도 한다.

烏含寺는 寺域 북서 방향에 인접한 ヲガンジ[오간지]池에서 연유된 명칭인데, ヲガンジ가 백제 烏含寺와 음독(音讀)이 같고 출토 기와가 백제계인 것에 주목해 寺名을 烏含寺로 추정한 것이다.⁶³⁾

飛鳥時代의 수막새는 연꽃잎 수의 많고 적음에 따라 크게 두 종류로 나누어진다. (도면 10-⑤)은 연꽃잎이 10개로 끝부분(瓣端)이 구슬과 같이 돌기해 있다(점주문). 연꽃잎 사이(間瓣)는 T자형으로 처리되었으며 돌출한(凸형) 자방에는 1+4개의 연자를 배치하였다.

(도면 10-⑥)은 연꽃잎이 8개로 (도면 10-⑤)보다 끝부분이 둥글며 자방 주위에 홈(溝)을 두른 차이점이 있다.

문양과 제작기법 등으로 판단해 (도면 10-⑤)가 (도면 10-⑥)보다 시기가 빠른 것으로 밝혀졌다.⁶⁴⁾

백제오함사지에서는 12종류의 다양한 수막새가 출토되었지만 河內新堂烏含寺跡와 같은 연꽃잎 끝부분을 점주문으로 장식한 수막새는 출토되지 않아 서로 다른 문양이 채택되었음을 알 수 있다.

제작기법에 있어서는 일부 공통된 점도 있으나 불일치하는 부분도 적지 않아 두 사찰의 직접적인 연관성을 찾아보기 힘들다.

---

62) 오함사에 대한 내용은 이다운(1999b) 앞의 논문을 수정 보완하였다.
63) 大阪府敎育委員會, 1961,『河內新堂·烏含寺跡の調査』.
64) 大阪府敎育委員會, 1996,『新堂廢寺發掘調査槪要』.
   大阪府敎育委員會, 1997,『新堂廢寺發掘調査槪要』Ⅱ.

백제오함사지의 가람배치는 남향 1탑1금당식이다. 河內新堂烏含寺跡의 가람배치가 남향 1탑1금당식일 가능성이 높다고 생각되지만[65] 이와 같은 가람배치는 주지하는 바와 같이 백제의 전형적인 가람배치로서 백제오함사지와만 관련되었다고 추정할 수는 없다.

백제오함사지와 지금까지 출토된 河內新堂烏含寺跡의 기와는 문양과 제작기법에서 제와장의 관련성을 찾아보기 어렵다. 물론 河內新堂烏含寺跡 출토 기와는 백제의 제작기법과 유사한 부분도 없지 않다. 그러나 이러한 제작기법은 이미 백제 와박사에 의해 일본에 전래된 기술로서 백제오함사지의 기와를 생산한 제와장이 또다시 일본에 건너가 河內新堂烏含寺址의 기와를 생산 또는 기술을 전래해줬다고만은 볼 수 없는 것이다. 따라서 河內新堂烏含寺址 기와는 백제오함사지보다도 주변의 飛鳥寺・斑鳩寺・四天王寺 등 영향을 받아 생산된 것으로 추측된다.

그러나 오함사라는 동명의 사찰이 양국에 존재한다는 점에 대해서는 좀 더 신중한 검토가 필요하다. 그 이유는 河內新堂烏含寺址 앞을 흐르는 石川지역이 『일본서기』에 기록된 石川百濟村, 下百濟河田村으로 비정되고 있으며 이 지역의 권력층이 바로 백제계 씨족 石川錦織首, 石河股合首로 추정되고 있다는 점이다.[66]

河內新堂烏含寺址의 기와를 생산한 제와장집단은 서로 다른 제작기법을 소유한 제와장을 모아 형성되었다는 가능성이 지적되고 있다.[67] 사찰조영이 막대한 경제적인 뒷받침 없이 이루어질 수 없다는 점을 감안해 볼 때

---

65) 河內新堂烏含寺跡의 가람배치는 남향 1탑1금당식+서방건물, 동향 좌우1탑1금당식+북방건물, 동금당을 상정한 남향 1탑3금당식 등 여러 의견으로 나눠져 있었다. 富田林市史編集委員會, 1985, 『富田林市史』第1卷.
66) 富田林市史編集委員會(1985) 앞의 책.
67) 井西貴子, 1998, 「河內新堂廢寺의 創建瓦について」『飛鳥時代の瓦づくり』Ⅰ, 第1回 古代瓦硏究會發表要旨, 奈良國立文化財硏究所.

河內新堂烏含寺跡의 조영자가 주위의 원조 즉 여러 곳에서 제와장 또는 기와를 지원 받았다면 제와장과 조영자와의[68] 종속관계는 따로 구분해 검토해야 할 필요가 있을 것이다.[69]

즉 제와장은 서로 다를지라도 종영 주체자들 사이의 관련성은 충분히 생각해 볼 수 있으며 백제불교가 飛鳥에서 멀리 떨어진 南河內지방에 정착하였다는 점에서도 의미가 크다 하겠다.

3) 坂田寺(金剛寺)

坂田寺는 高市郡 明日香村 阪田에 위치한 飛鳥시대 사지인데 법호가 금강사(金剛寺)로 백제 금강사지와 동명의 사찰이다. 坂田寺에 관한 기록은 飛鳥寺 보다 먼저 보인다.

『扶桑略記』에 의하면 繼體16년(522)에 일본으로 도래한 司馬達等이 坂田原에 초당(草堂)을 짓고 본존을 안치하였다. 또한 『일본서기』에 의하면 用明2년(587)에 鞍部多須奈가 천황의 병 치유를 기원하여 출가하여 장육불상과 함께 절(坂田寺)을 지었다.

문헌기록만으로 보았을 때 坂田寺는 飛鳥寺보다 앞서 조영되었으나 이를 뒷받침할만한 근거는 없다.

다시 『일본서기』에 의하면 推古14년(606) 鞍作多須奈의 아들 鞍作鳥가 飛鳥寺의 본존 안치에 성공한 공적으로 坂田郡의 토지를 하사받아 천황을 위해 坂田尼寺(金剛寺)를 지었고 朱鳥원년(686)에는 돌아가신 천황을 위

---

68) 富田林市史編集委員會(1985) 앞의 책.
河內新堂烏含寺址 북서 방향에 お龜石古墳이 위치하고 있는데 이 고분은 河內新堂烏含寺址 조영주체와 관계 있는 호족의 고분으로 추정되고 있다.
69) 이다운, 1998, 「聖住寺址 出土 百濟 기와와 日本 烏合寺址 출토 기와 比較考察」, 『聖住寺』 忠南大學校博物館.

한 법회를 坂田寺를 비롯한 5개의 절에서 열었다.

이 두 문헌기록이 창건과 관련해 생각해 볼 수 있는 기사이다.

발굴조사에서는 8세기 후반의 추정금당지와 회랑지 일부만 확인되었을 뿐 창건기 가람은 아직 밝혀지지 않고 있어 현재로서는 동향 1탑1금당식의 백제 금강사지 가람배치와의 연관성은 비교할 수 없는 상황이다.

창건연대는 飛鳥寺 花組·星組와 동범 수막새가 정지층(整地層)에서 출토하고 있어 7세기 초에는 조영공사가 시작된 것으로 추측된다.

坂田寺의 수막새 중 7세기 전반의 (도면 10-⑦·⑧)은 다른 사찰 수막새에 비해 지금까지 없었던 아주 독특한 문양을 하고 있다. 연꽃잎 끝부분이 좌우로 오목하게 들어갔으며 가장자리(周緣)를 양각 선으로 돌출시켜 표현하였다. 수막새 뒷면 조정과 수키와 접합기법 등 제작기법에 있어서는 星組에 속하나 문양이 너무 달라 한반도에서 새롭게 건너온 제와장에 의해 생산된 것으로 추측하는 견해도 있다. 그러나 星組도 花組도 아닌 또 다른 제와장을 추정하기에는 이들 수막새가 星組의 제작기법을 너무 충실히 따르고 있어 그 가능성은 희박하다.[70]

다만 좌우로 오목하게 들어간 연꽃잎 표현이 백제 금강사지 수막새의 영향을 받은 익산 왕궁리유적의 수막새와 유사하기 때문에 문양에 있어서만큼은 조심스럽게 그 연관성을 생각해 볼 수 있다.

坂田寺는 아직 전모가 밝혀지지 않아 더 이상 비교 검토하기 어려우나 鞍作家의 개인 사찰이었다는 점에 있어서는 백제와 깊은 관련이 있다. 위 문헌에서 살펴 본 坂田寺와 관련된 鞍作家는 3대(司馬達等·鞍作多須奈·鞍作鳥)에 걸쳐서 불교를 숭상한 집안으로 鞍作多須奈는 장육불상을 만들고 鞍作鳥는 法隆寺 금당 본존으로 전해져 내려오는 석가삼존불의 제작자

---

70) 이다운(1999a) 앞의 논문.

로서 알려져 있다.[71] 특히 백제불교가 정착하는 과정과 밀접한 관련을 맺고 있다는 것은 鞍作家를 백제계로 볼 수 있는 하나의 근거이기도 하다.

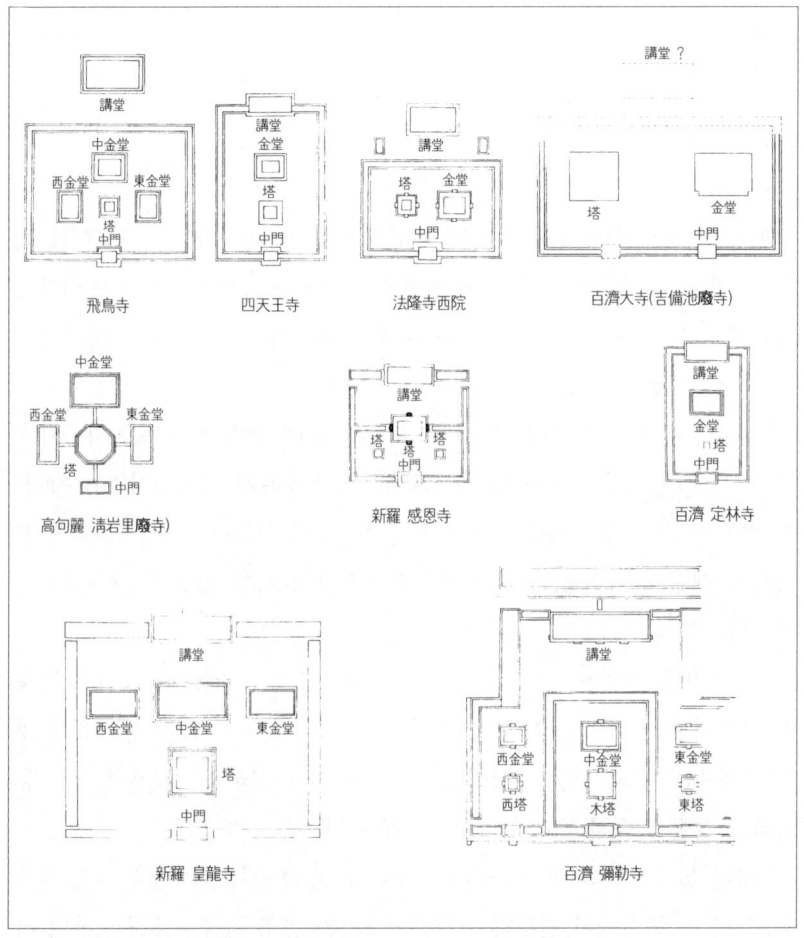

도면 12. 한일 고대 가람배치·규모 비교

---

71) 司馬達等의 司馬는 백제에서 사용한 성이고 鞍作多須奈·鞍作鳥의 鞍作은 일본에서 사용한 성이다.

따라서 坂田寺는 大臣(飛鳥寺・豊浦寺)・太子(斑鳩寺・四天王寺)・天皇(百濟大寺)도 아닌 일개 중소호족에 의해 창건된 최초의 사찰이며 이 모든 것이 백제불교정착과 깊은 관련이 있다는 점에서 그 의미를 찾아 볼 수 있겠다.

V. 맺음말

백제 성왕에 의한 불교 전래와 위덕왕에 의한 계속적인 불구(佛具) 전수・기술자 파견 등에도 불구하고 일본은 불교를 공인하기까지 반세기가 소요되었다. 그 원인이 숭불파인 蘇我氏와 배불파인 物部氏와의 불교전쟁 때문이라는 것은 잘 알려진 사실이다.

일본을 제외한 동아시아의 각국이 불교를 통해 강력한 왕권을 이룩하고 그 중 가장 늦게 불교를 공인한 신라에서조차 흥륜사 조영공사가 한창 진행 중일 때 불교가 전래된 일본은 후발주자로서 하루라도 빨리 불교를 정착시켜 사상적 통일을 이루고 중앙집권적인 강력한 왕권을 확립하고자 하였다.

그러나 배불파로 인해 반세기가 더 늦어지고 결국 배불파 제거에 성공한 숭불파는 이전의 초라한 초당(草堂)과 같은 약한 모습의 불교에서 벗어나 와즙(瓦葺)의 사찰을 서둘러 창건하여 불교전쟁에 종지부를 찍고 웅장하고 강한 모습의 불교를 일반인에게 보여주려고 하였다.

따라서 동아시아의 어느 나라보다도 신속한 조치를 취하였는데 그것은 불교전쟁이 종식되기 전부터 조사공・조불공 등의 기술자를 초청하여 사찰조영을 준비하고 있었다는 것과, 불교전쟁이 끝나자마자 곧 바로 飛鳥寺 창건에 착수하였다는 사실에서도 엿볼 수 있다.

飛鳥寺 창건 후 백제에서 파견된 기술자 집단은 잠시 쉴 틈도 없이 백제

불교를 일본 내에 뿌리내리고자 수많은 사찰조영에 주도적 역할을 하였다. 이에 대해서는 사지에서 출토되는 기와를 중심으로 살펴보았고 두 계통의 제와장집단(星組·花組)이 飛鳥시대 초기 사찰조영에 어느 정도 깊게 관여하였는가에 대해서는 (도면 13)·(도면 14)를 통해 쉽게 짐작할 수 있다.

  일본의 불교문화에 영향을 준 것은 비단 백제만은 아니다. 고구려와 신라도 승려와 불상 또는 재정적 지원 등을 통해 불교문화발전에 일조하였다. 그러나 백제가 여러 차례에 걸쳐 많은 인적자원과 문물, 그리고 기술을 전해준 것에 비하면 소극적이고 간접적이라 할 수 있겠다. 불교문화로 대표되는 飛鳥문화가 성립·발전하는데 있어서 백제의 역할과 노력은 지대하였다.

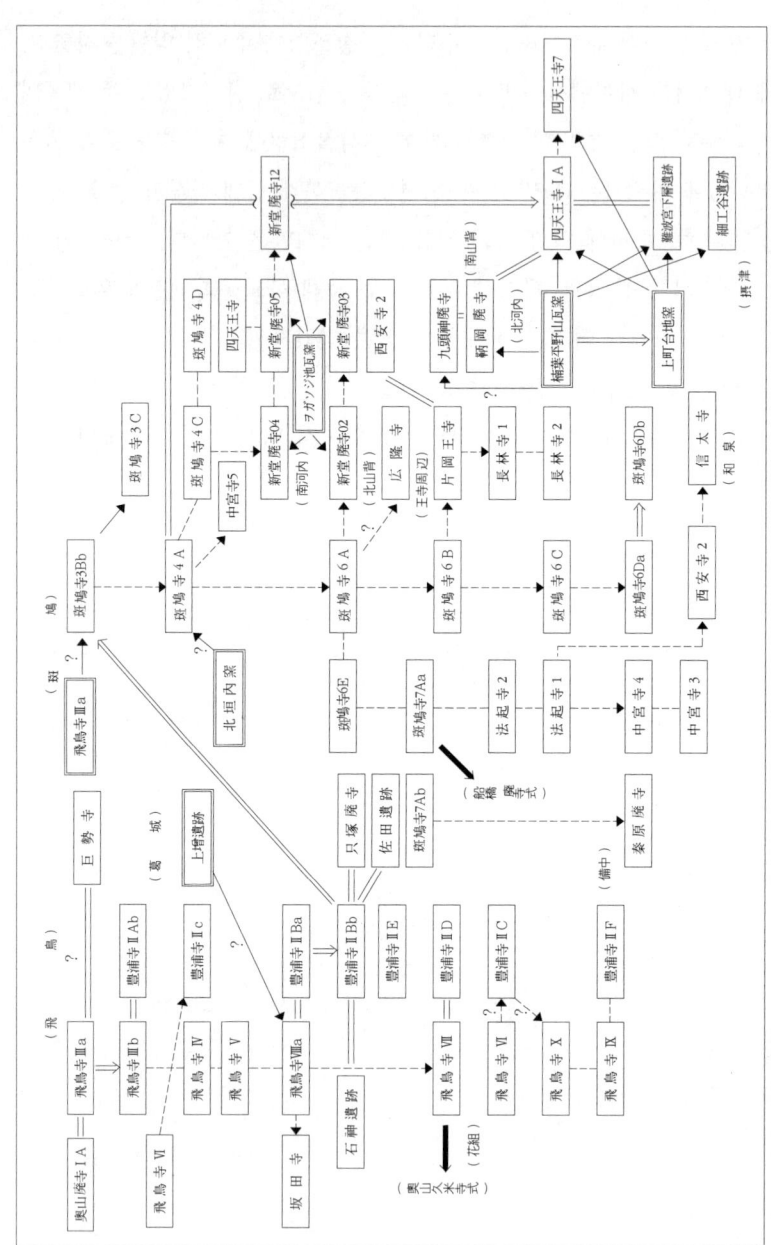

도면 13. 星組 수막새의 전개

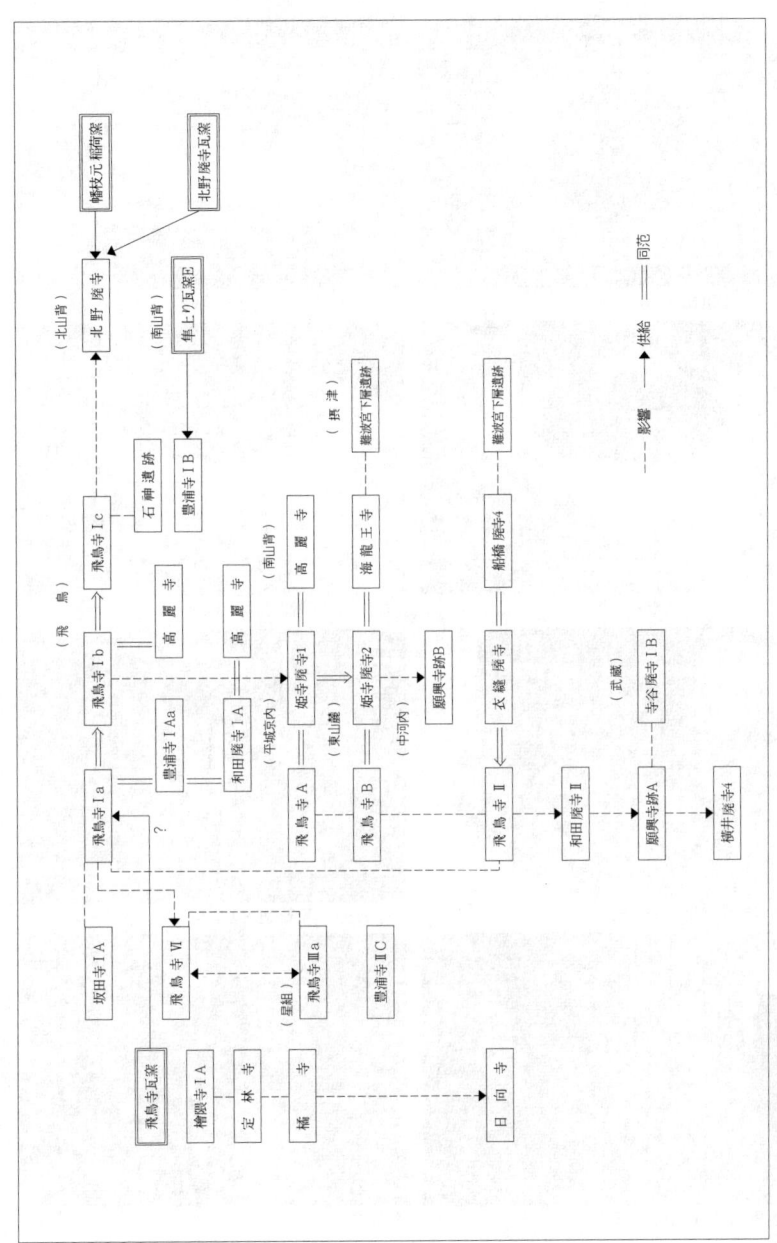

도면 14. 花組 수막새의 전개

사진 9. 와범(瓦范)
사진 10. 수막새 뒷면 조정
사진 11. 수막새 접합기법 1
사진 12. 수막새 접합기법 2
사진 13. 수막새 접합기법 3
사진 14. 암키와 와통
사진 15. 암키와 분할지표
사진 16. 수키와 모골

〈표 5〉 본문에 나오는 고유명사 표기

한자표기	일본어(히라가나)표기	한글표기
繩文	じょうもん	죠몽
弥生	やよい	야요이
飛鳥	あすか	아스카
奈良	なら	나라
小墾田家	おはりだのいえ	오하리다노이에
櫻井寺	さくらいでら	사쿠라이데라
向原家	むくはらのいえ	무쿠하라노이에
飛鳥寺	あすかでら	아스카데라
法興寺	ほうこうじ	호코지
元興寺	がんごうじ	간고지
安居院	あんごいん	안고인
豊浦寺	とゆらでら	도유라데라
斑鳩寺	いかるがでら	이카루가데라
若草伽藍	わかくさがらん	와카쿠사가란
法隆寺	ほうりゅうじ	호류지
四天王寺	してんのうじ	시텐노지
坂田寺	さかたでら	사카타데라
新堂廢寺	しんどうははいじ	신도하이지
河內新堂烏含寺跡	かわちしんどうおがんじあと	가와치신도오간지아토
衣縫廢寺	いぬいはいじ	이누이하이지
百濟大寺	くだらのおおでら	구다라노오데라
吉備池廢寺	きびいけはいじ	기비이케하이지
木之本廢寺	きのもとはいじ	기노모토하이지
高市大寺	たけちのおおでら	다케치노오데라
大官大寺	だいかんだいじ	다이칸다이지
大安寺	だいあんじ	다이안지
藥師寺	やくしじ	야쿠시지
唐招提寺	とうしょうだいじ	도쇼다이지
宣化	せんか	센카
欽明	きんめい	긴메이
敏達	びだつ	비다츠

V. 맺음말 437

한자표기	일본어(히라가나)표기	한글표기
用明	ようめい	요메이
崇峻	すしゅん	스슌
推古	すいこ	스이코
舒明	じょめい	죠메이
皇極	こうぎょく	고교쿠
孝德	こうとく	고토쿠
齊明	さいめい	사이메이
蘇我稻目	そがのいなめ	소가노 이나메
蘇我馬子	そがのうまこ	소가노 우마코
蘇我蝦夷	そがのえみし	소가노 에미시
蘇我入鹿	そがのいるか	소가노 이루카
物部尾輿	もののべのおこし	모노노베노 오코시
物部守屋	もののべのもりや	모노노베노 모리야
中臣鎌子	なかとみのかまこ	나카토미노 가마코
聖德太子	しょうとくたいし	쇼토쿠타이시
上宮王家	じょうぐうおうけ	죠구오케
司馬達等(止)	しばたつと	시바타츠토
鞍作多須奈	くらつくりのたすな	구라츠쿠리노타스나
鞍作鳥(止利)	くらつくりのとり	구라츠쿠리노토리
山背大兄王	やましろのおおえのみこ	야마시로노오에노미코
中大兄皇子	なかのおおえのおうじ	나카노오에노오지
善信尼	ぜんしんに	젠신니
夜菩	やほ	야호
禪藏尼	ぜにざに	제니자니
錦織壺	にしごりのつぶ	니시고리노츠보
惠禪尼	えぜんに	에젠니
難波	なにわ	나니와
荒陵	あらはか	아라하카
河內	かわち	가와치
藤井寺市	ふじいでらし	후지이데라시
大化改新	たいかのかいしん	다이카노카이신

■ 도면·사진 출전

(도면 1) : 奈良文化財研究所(2002), 앞의 책

(도면 2)·(사진 8) : 飛鳥資料館, 1986, 「飛鳥寺」飛鳥寺資料館일錄 第15冊

(도면 3)~(도면 7) : 이다운(2004)

(도면 8)·(사진 4)·(사진 5) : 奈良國立博物館, 2004, 「法隆寺-日本佛敎美術の黎明-」, 春季特別展

(도면 9) : 花谷 浩(2000)·佐藤 隆(2000), 앞의 논문

(도면 10) : 花谷浩(1998)·伊藤敬太郎(2000)·이다운(1998) 앞의 논문

(도면 11)·(도면 12) : 奈良文化財研究所(2003), 앞의 책

(도면 13)·(도면 14) : 奈良縣立e原考古學研究所付屬博物館(1999)

(사진 1) : 奈良國立文化財研究所, 1994, 「飛鳥資料館案內」